KB266914

고전일까 정치일까
정치(인)의 품격 찾기
봄 지음
『논어』
『맹자』
『대학』
『중용』
『도덕경』
『장자』
『삼국지』
『한비자』
『국민청서』
『고조기타고지탑』
『목민심서』
휴앤스토리

CONTENTS

처음의 의도는 단순했다.

정치가 불만이었다. 근시안적이고 미흡한 행정들과 언행에 있어서 시정잡배보다도 못한 정치인들의 행태가 너무도 창피했다. 비록 오래전의 책이지만 동양 그리고 바로 우리들의 무의식에서 여전히 강력한 영향력을 행사하고 있는 사고방식의 뿌리이기에, 그런 동양 사상의 핵심인 『논어』·『맹자』·『대학』·『중용』이라는 사서(四書) 속에서 시정(是正)과 품격 회복의 실마리라도 찾아볼 수 있지 않을까 하는 마음에서 기웃거려 봤다. 나아가 세계 문명의 축이 아시아로 옮겨오는 지금, 유학 그 자체인 사서가 글로벌 지도 이념으로 재차 부활하려고 기지개를 켜고 있지 않은가! 그래서 다스림[정치]을 논하자니 관리자[정치인]의 품격부터 건드려야 했고, 그러자니 인격을 갖춘 사람이 먼저 되는 게 순서였으며, 또 그러자니 배움이 있어야 했다. 이것이 고스란히 목차가 되었다.

그런데 뭔가 부족함이 느껴졌다.

같은 동양인이고 같은 시대를 풍미하면서 같은 고민을 다양한 시도로 해결하려고 노력한 이들이 있는데, 시야를 공자와 맹자와 주희라는 유가

(儒家)에만 고정하는 건 너무 좁기도 하고 불공평해 보이기도 했다. 그래서 유가와는 많이 다른 도가(道家)의 대표인 노자의 『도덕경』과 장자의 『장자』 내편과 외편을 추가했다. 아주 벅찼다.

그러나 여기에서 끝맺음하지 못했다.

유가도 도가도 일견 뜬구름 잡는 글들로 도배되어 있다. 배움의 자세와 사람의 됨됨이, 나아가 군자라는 정치인의 품격까지야 어찌저찌 커버할 수 있다고 해도, 막상 현실의 정치에선 거의 인용할 게 없었다. 유가는 정치에 발 하나 정도 담근 경험 정도만 있는 이론가였고 도가는 재야인사에 지나지 않았다. 정치의 현실에서 제대로 실무를 담당하고 성과까지 내 본 적 있는 경력직이 아니라는 말이다. 그런 경력직을 찾는 건 어렵지 않았다. 진나라의 부국강병을 이끌었던 상앙과 그것을 발판으로 진시황을 도와 중국 최초의 통일국가라는 결과물까지 만들어 낸 한비, 즉 법가(法家)가 있었으니 말이다. 그래서 울며 겨자 먹기로 상앙의 『상군서』와 한비의 『한비자』도 추가했다. 미치는 줄 알았다.

미치기 직전이라, 정말이지 눈에 뵈는 게 없어졌나 보다.

이왕 이렇게 된 바에야, 조금 더 살을 붙여 줄 사람은 없을까를 찾기 시작했다. 갈 데까지 가보자는 심산이었다. 찾지 않아서 그렇지, 찾을라치면 참 많다. 소위 우정 출연 셈 치고, 조선 실학의 대표 정약용의 『목민심서』와 힌두교와 불교의 근원지인 인도인의 영원한 원픽(one pick) 『바가바드기타』까지 손대고 말았다. 『바가바드기타』의 두 가지 핵심 중 하나가 '지극한 정성[간절함]'인데 그것이 바로 『중용』의 '성(誠)' 그 자체이고, '결과에 얽매이지 않고 맡은 바 자리에서 해야 할 일에 최선을 다하라'라는 또 다른 하나는 공자의 정명 사상과 『도덕경』의 '무사(無事)'와도 연결되니 일거양득인 셈이다. 그리고 마지막으로 특별 출연 셈 치고, 서양에서 한

명을 골랐다. 그것이 마키아벨리의『군주론』이다. 이렇게 해놓고 보니, 간신히 영양실조는 면해 보여 독자들 앞에 내놓게 되었다. 죽는 줄 알았다. 의도와는 상관없이 스케일이 너무 커져 버렸다.

　지금 우리의 삶에서 배움과 사람됨과 정치(인으로서)의 품격을 회복하는 데 도움이 될 만한 부분을 '현재의 필요성'이라는 체로 걸러냈다. 그 과정에서 언급한 책들의 전문(全文)을 싣지 못했다는 단점을, 언급한 책들의 전체를 꿰뚫는 통찰의 획득으로 상쇄할 수 있을 듯하다. 또 부분적인 문장이나 구절이 아닌, 그런 전체적인 통찰만이 응용과 적용으로 나아갈 수 있는 길을 제시할 수 있기에 어느 정도 만족한다.
　궁금하다. 특히 사서는 늘 함께 언급되는 책들임에도 불구하고, 왜 친숙함에선 큰 차이를 보이는 걸까? 저자가 달라서? 아니다. 사서의 저자는 단 한 사람, 공자라고 할 수 있다.『논어』는 공자의 말을 제자들이 기록한 것이고,『맹자』의 저자인 맹자는 공자의 사상을 계승하고 부활시키는 게 목적이었으며,『대학』과『중용』두 권은 공자와 그 후학들이 쓴『예기(禮記)』의 일부다. 그렇다면 아무래도 번역상의 문제가 아닐까 싶다.『논어』는 마치 격언처럼 쓰여 있어서 누구나 읽을 만하고,『맹자』는 대화체로 쓰여 있기에 조금만 생각하면 그 뜻을 알 수 있지만,『대학』과『중용』은 지금과 맞지 않는 내용이 대부분일 뿐만 아니라 번역도 한글임에도 도무지 무슨 말인지 알 수 없는 경우가 태반이라서 그럴 것이다. 물론 이렇게 따지자면,『도덕경』과『장자』도 못지않게 할 말이 많다.
　누구나 읽어야 할 귀한 책들이기에 번역해서 출판할 것이다. 그렇다면 누구나 이해할 수 있는 말로 풀어서 써야 하지 않을까? 가령『중용』2장의 마지막 문장을 대체로 '소인의 마음을 가지고 있으면서 아무런 거리낌 없이 행동한다'라고 번역하는데, 이조차도 자연스럽지 않아서 생각의 흐름을 방해한다. '있으면서'라는 말은 "왜 할 수 있으면서 안 하니?"처럼 앞뒤 내용이 다를 때 쓰는 표현이다. 따라서 '있으면서'를 '있기 때문에'로 바꿔야 자연스럽다. 나는 이것을 본문 74번에서, '소인이기에 (모든 행위를) 어떤 (부끄러움이나) 거리낌도 없이 (제 마음대로) 한다'라고 번역했다. 물론 나는 일반인이라 많은 부분에서 잘못된 해석이 있을 수 있다. 그러나 잘 됐든 잘못되었든, 우리말 해석만큼은 누구나 읽어서 알 수 있고 이해할 수 있어야 비로소 그다음에, 그에 대한 비판이 제대로 이뤄지지 않을까 싶은 생각이다.

『대학』《전문》7장 〈정심/수신〉의 내용인 '심부재언(心不在焉) 시이불견(視而不見) 청이불문(聽而不聞) 식이 부지기미(食而 不知其味)'를 예로 들어, 이 책을 어떻게 읽어야 하는지 설명해 보겠다. 7개의 번역과 함께 이 책의 내용을 같이 보자.

1. 마음에 있지 않으면 (주어 '무엇'이 없다) / 2. 마음이 있지 않으면 / 3. 마음이 없으면 (마음은 누구나 갖고 있다) / 4. 마음이 여기에 있지 않으면 ('여기'가 어디인가?) / 5. 바른 마음이 없으면 (법적인 '바른'인가 아니면 도덕적인 '바른'인가?), 보아도 보이지 않고, 들어도 들리지 않고, 먹어도 그 맛을 모른다. / 눈으로 보려고 해도 보이지 아니하며, 귀로 들으려 해도 들리지 아니하고, 입으로 먹어도 그 맛을 알지 못한다.

✻ 212. 마음이 (다잡아져서 한곳에 집중되어) 있지 않으면[심부재언(心不在焉)], 보아도 (제대로) 보이지 않고[보아도 보는 게 아니고][시이불견(視而不見)], 들어도 (제대로) 들리지 않고[들어도 듣는 게 아니고][청이불문(聽而不聞)], 먹어도 그 맛을 (제대로) 알지 못한다[먹어도 먹은 게 아니다][식이 부지기미(食

而 不知其味)].

… 『대학』《전문》 7장 〈정심/수신〉

문장마다의 번호는, 주제별로 재배치하면서 설명을 달거나 인용할 때
편의를 위해 임의로 붙인 것이다. 번역은 원문을 거의 그대로 유지했다.
아무리 좋다고 해도 나만의 번역만 싣는 건, 독자들을 잘못된 길로 인도
하는 지름길이라는 생각에서다. 다만 소괄호 '( )' 안에 나만의 해석과 설
명을 넣어, 원문의 앞말과 뒷말에 자연스럽게 연결되는 동시에 빠진 내
용을 채우거나 보충해서 문장의 이해를 도우려고 노력했다. 대괄호 '[ ]'
는 바로 앞 단어나 구(句)를 대체할 수 있는 동의어로, 역시 문장의 이해
를 돕기 위해 내가 임의로 추가한 설명이다. 대괄호 '[ ]' 속 한문은, 해석
에 있어서 중요하거나 아니면 특별히 기억하기를 바라는 부분에만 추가
했다. 그리고 인용문마다 마지막 부분에 출처를 밝혔다. 목차 마지막의
'계륵'은 글자 그대로 네 가지 주제에 넣을 수도 없고 그렇다고 제외하자
니 그러기도 뭐했던 내용들의 모음이다.

지금 우리의 모습과는 완전히 다르게, 예전 동양의 정치는 아무나 하지
못했고 아무나 하지도 않았다. 사람의 속내야 변함이 없지만, 대화와 표현에
있어서는 적어도 고상함과 품격(品格)이 있었다. 직설적으로 말할 때도, 우회
해서 말할 때도 그랬다. 배움과 생각과 인격에 깊이가 있어서, 말할 때도 글
을 쓸 때도 어휘 선택의 고상함을 비롯해 인용과 비유가 넘쳐났다. 대화의
품격으로 가장 단적인 예를 들자면, 26년의 나이 차에도 불구하고 서로를
존중하고 인정하는 자세, 상대를 이기기 위한 것이 아니라 더 확실한 앎
에 도달하기 위해 상대의 의견까지 수용하면서 자기의 생각을 수정하고

넓혀가는 변증법적인 자세를 보여준 퇴계 이황(退溪 李滉)(1502~1571)과 고봉(高峰) 기대승(奇大升)(1527~1572)의 사단칠정(四端七情) 논쟁을 들 수 있다. 표현의 품격으로 가장 단적인 예를 들자면, 영화 〈남한산성〉(2017)에서 이병헌이 맡은 이조판서 최명길과 김윤석이 맡은 예조판서 김상헌이 왕 앞에서 자기들의 주장을 펼칠 때를 들 수 있다.

이 책의 목적이 바로, 있었는데 없어진, 관리자[정치인]의 됨됨이와 언행의 품격 찾기다. 정치권·교육계·종교계·가정·온라인 그 어느 곳을 돌아보더라도 우리에게 남아 있는 건, 오로지 독선적(獨善的)인 자기주장의 관철(貫徹)뿐이다. 모두 귀가 막혀서 타인의 말은 들리지도 않는다. 간혹 들릴 때도, 확증편향에 사로잡힌 머리와 마음은 욕으로 번역한다. 나이 불문하고, 학벌과 경력 상관없이, 입만 벌리면 천박한 어휘와 비논리가 튀어나온다. 입만 벌리면 싸우자는 투의 억양으로 시작한다. 참으로 못났다. 시기와 비난과 악성 댓글이 난무하는 건, 우리가 타인을 인정하지 않기 때문이고, 타인을 인정하지 않는 건 우리에게 자존감이 부족하기 때문이며, 자존감이 부족한 건 품격이라고 할 수 있는 인격(人格)을 지닌 개인이 되려는 노력이 부족해서다.

동양의 고전들은 일점일획도 건드리면 안 되는[1] 『성경』도 그리고 불교 경전도 아니다. 동양 고전을 업(業)으로 삼고 계신 분들께는 미안한 말이지만, 지금의 우리에게 동양의 고전들은 여기저기 색이 변한 바나나와 같다. 예전 처음에야 정말로 매우 귀한 것이어서 하나도 버릴 게 없었겠지만, 지금은 그렇지 않다. 귀한 것이었다고들 하니 어떻게든 먹어볼까 해

---

1 〈마태복음〉 5:18

 고전일까 정치일까

서 봤는데, 이미 여기저기 색이 변해버렸다. 당연히 많은 시간이 흘렀고, 그러는 동안 많은 변화가 있었기 때문이다. 이것이 지금 우리가 동양 고전 읽기를 주저하거나 읽어야 할 필요성을 느끼지 못하는 이유다. 그런데도 그저 귀한 것이었다는 과거의 사실만 강조한 채 눈 딱 감고 다 먹으라고 하는 건, 꼰대들의 폭력이나 다름없다. 나는 색이 변하지 않은 부분만 골라서 먹으라고 말하고 싶다. 그것이 왜 그토록 바나나가 귀했었는지 그 이유를 알기 위해 맛이라도 보려는 사람들에게 제시할 수 있는 가장 합리적인 방법이 아닐까 한다.

편의성과 접근성을 고려해서, 분량은 모른 척한 채 언급한 11권을 하나로 모았다. 바람 맞기 십상이겠지만, 그래도 마음과 눈이 있는 이들은 보겠지 싶은 바람을 안고서. 윗사람이 무례하고 아래에 있는 사람들이 배움이 없으면 나라를 해치는 사람들이 일어나 금방 망할 것이라는(298번) 맹자의 말에 온전히 의지했다. 지금, 소위 윗사람들은 충분히 무례하다. 그렇다면 나라를 지키는 길은 단 하나, 우리에게 배움이 있어야 하지 않을까? 이런 무모한 뜻에 흔쾌히 동참해 주신 휴앤스토리 맑은샘 출판사의 김양수 대표님을 비롯한 출판사 분들께 깊이 머리 숙여 마음을 전해 본다.

2025년 4월 인천의 한 골방에서
우연찮게 시간을 얻게 된 점에 감사하며…

〔 1장 〕

배경 설명

혈연과 주종관계에 기초한 봉건제 : 주례(周禮)

전설적인 성군(聖君)의 대명사로 여겨지는 요(堯)임금은 '당(唐)'이라는 나라를 그리고 순(舜)임금은 '우(虞)'라는 나라를 다스렸지만, 중국의 역사는 그들의 뒤를 이은 우(禹)임금이 세운 최초의 세습 왕조인 '하(夏)'(기원전 2070~기원전 1600)를 시작으로 '은(殷)[상(商)]'(기원전 1600~기원전 1046)을 거쳐 '주(周)'(기원전 1046~기원전 256)에 이르렀다고 보는 것이 일반적이다.

삼황오제(三皇五帝)라는 신화 속 인물들이 다스리던 시대는, 요임금과 그 뒤를 이은 순임금 때까지다. 농경 시대의 핵심은 물이었고, 그래서 순임금은 능력 있는 사람에게 왕위를 물려주던 당시까지의 전통대로 치수(治水) 전문가인 우에게 왕위를 물려주었으며, 우임금이 하나라 건국을 선포하면서 신화는 막을 내리고 역사가 시작되었다. **우임금의 가장 큰 실수는, 능력 있는 사람에게 통치를 맡기던 전통을 거부하고 아들을 후계자로 책정하는 왕위세습제를 정착시켰다는 점이다.** 그렇게 하나라의 왕위는 걸왕(桀王)에게까지 이어졌다. 그에게는 매희(妹喜)라는 여인이 있었다. 하루는 걸왕이 전국에서 데려온 수많은 후궁에게 술을 따라 주는 데 시간이 너무 많이 들자, 매희가 술로 연못을 만들고 그 둘레에 고기로 숲을 만들어 즐기자고 제안했다. **주지육림**(酒池肉林)이라는 고사성어의 주인공이 하나라의 걸왕과 매희다.

우리나라는 고려나 조선 같은 하나의 왕조가 충분히 다스릴 수 있을 정도로 영토가 좁지만, 중국은 그렇지 않다. 그래서 하 왕조 즉 하나라가 중국을 다스린다고 말할 때도, 그 밑으로 수십 개의 독자적인 작은 나라들이 존재했다. 미국을 예로 들어 단순화해 보자. 미연방 정부가 하나라라면, 각각의 주(州)는 하나라 밑의 수십 개의 작은 나라들 즉 제후국(諸侯國)이라고 할 수 있다. 하나라 제후국들의 대표[방백(方伯)]였던 은(殷)의 탕왕(湯王)과 그의 재상(宰相) 이윤(伊尹)이 걸왕의 행태를 보다 못해 여러 차례 간언하다가 간신히 죽을 고비를 넘긴 일이 있었다. 이후 탕이 쿠데타를 일으켜 걸왕을 죽이면서, 하나라는 막을 내리고 은나라가 시작되었다.

은나라의 왕위는 주왕(紂王)에까지 이어졌다. 주왕은 힘이 장사였고 문무(文武) 또한 겸비해서 여러 차례 동이족을 정벌해 많은 노예와 재물을 획득했다. 그러나 얼마 지나지 않아 간언을 듣지 않을 뿐만 아니라 포악하고 괴팍한 행동을 일삼는 독재자로 변했으며, 달기(妲己)라는 여인에게 빠져 주색을 일삼기 시작했다. 그러자 주왕의 이복형인 미자(微子)는 그 꼴을 보기 싫어 은나라를 떠났고, 주왕의 친척인 기자(箕子)는 "군주가 간언을 듣지 않는다고 그 곁을 떠나는 것은 군주의 악행을 더욱 부추기는 것"이라고 미자를 책망했다. 맞는 말이다. 그런데 그러면서 기자가 한 행동이란, 머리를 풀어 헤친 채 미친 척 행세하면서 스스로 천민이 된 것이다. 이게 뭐지? 역시 주왕의 친척이던 비간(比干)은 "신하가 목숨을 걸고 간언하지 않으면 백성들의 안위는 누가 돌보겠냐?"라며 기자를 책망했다. 그리고 비간은 끝끝내 간언하다가 처절한 죽임을 당했다. 주왕은 "옛날부터 성인(聖人)은 심장에 구멍이 7개나 있다는데 확인해 보자”라며 비간의 간을 도려내었다고 한다. 미자의 행동은 미래의 준비요, 비간의 행동은 현실을 향한 맞섬으로 인정할 여지가 충분하지만, 기자의 행동은 너무도 허무하다. 여하튼 하나라의 마지막 왕인 걸왕과 은나라의 마지막 왕인 주왕을 함께 묶어, 폭군의 대명사인 ‘걸주(桀紂)’라고 부른다.

당시 은나라 서쪽 제후국들의 대표[서백(西伯)]였던 주(周)의 문왕(文王) 창(昌)은, 주왕의 노여움을 사 3년간 감옥에 있을 때 주역(周易)[역경(易經)]의 ‘괘사(卦辭)’ 부분을 썼다고 할 정도로 태생이 학자였다. 소위 강태공(姜太公)으로 불리는 태공망(太公望) 강상(姜尙)[여상(呂尙)]을 단번에 재상으로 발탁한 이가, 바로 문왕이다. 태공망이라는 이름은, 문왕이 위수라는 강에서 낚시하고 있던 강상을 보자마자 그가 바로 자기 부친인 태공(太公)이 오랫동안 바라던(望) 인재라고 여긴 데서 유래했다. 어떻게 낚시하는 모습과 한두 마디의 대화로 그렇게 판단할 수 있는지는 알 수 없는 일이다. 문왕이 관상에 일가견이 있었나? 그땐 그래도 됐고, 또 그것이 낙하산 인사(人事)를 충분히 정당화시킬 수 있을 정도로 통용되던 방법이었나 보다. 백성들이 너무도 무지(無智)하고 무지(無知)했던 때였음을 알 수 있다.

문왕이 죽자마자 그 뒤를 이은 문왕의 아들이자 태공망의 외손자 무왕(武王) 희발(姬發)이 쿠데타를 일으켰고, 결국 끝에 다다랐음을 느낀 주왕이 자살하면서 은나라는 막을 내리고 주나라의 시대가 시작되었다. 바로 그 직전에 동방 고죽국(孤竹國)의 왕자들인 백이(伯夷)와 숙제(叔齊)는, 문왕의 성품이 훌륭하다는 소식을 듣고 그를 만나기 위해 주나라로 길을 떠났다. 사실, 그들의 아버지가 동생 숙제를 왕위에 세우려 했는데, 숙제가 형 백이에게 왕위를 양보했고 백이도 받아들이지 않아 결국엔 함께 나라를 떠난 것이다. 그러나 그들이 주나라에 도착했을 땐 이미 문왕은 죽고, 무왕이 문왕의 장례도 치르지 않은 채 은나라 주왕을 치러 출병하려던 참이었다. "아비의 장례도 치르지 않고 전쟁을 일으키는 것을 과연 '효(孝)'라고 할 수 있습니까? 그리고 신하로서 임금을 죽이려 하니 그것을 '인(仁)'이라고 할 수 있습니까?"라고 무왕을 나무라다가 죽임을 당할 찰나에 태공망이 간신히 그들을 살려주었다.

그 후 주나라가 천하를 차지하자, 백이와 숙제는 주나라 곡식은 먹지 않겠다며 수양산(首陽山)에서 고사리만 캐 먹다가 영양실조로 죽었다고 전한다. 왜 고사리만 먹었을까? 스님들처럼 다양한 채식으로 건강하게 살 수도 있었을 텐데. 백이와 숙제는, 당시의 패러다임(paradigm)에 철저히 갇혀 있던 사람들이었다. 그들은 부모의 장례와 국가 간의 전쟁은 범주(範疇)가 다름을 몰랐다. 서로 다른 범주를 무턱대고 섞으면, 혼란만 더 가중될 뿐 해결은 불가능해진다. 자동차 접촉 사고로 인해 서로 차에서 내려 언쟁을 높이다 보면, 나이와 부모의 유무를 묻다가 결국엔 싸가지가 있네 없네 하는 인성(人性) 논쟁으로까지 번지기 일쑤인 것처럼 말이다. 이것을 범주의 오류(fallacy of category)라고 한다.

그들은 천부혈통(天賦血統) 또는 천부계급(天賦階級)으로 대변되는 군주제(君主制)를 유일한 통치 형태로 인식하고 있었고, 그래서 한번 신하 된 자가 한번 임금 된 자를 죽이는 건 있을 수 없다고 말했다. 왕은 하늘이 정해서 내린 범접(犯接) 불가능한 인물이자 불변하는 지위이고, 자신들은 그 왕을 평생 받들어야 하는 백성일 뿐이라는 고백이다. 왕이 운 좋게 성군(聖君)이라면 천만다행이지만, 만약 폭군(暴君)이라면 왕 스스로 자기의 잘못을 깨우치기만을 바라야 하는 그러니까 다시 말해서 왕이 기분 좋을 때 던져주는 자비(慈悲) 부스러기만 평생 바라며 받아먹는 견돈(犬豚) 같은 삶이다. 이건 결코 그들의 잘못이 아니다. 당시엔 모두가 평등하고 동등한 가치를 지닌 주인이라는 민주주의(民主主義)를 알거나 생각해 낼 수 있는 시대가 아니었으니까.

그런데 2024년 12월 3일부터 2025년 4월 4일까지의 대한민국에서, 위와 같은 말도 안 되는 일이 나라를 시끄럽게 했다. '대통령은 하늘이 내리는 것'이고 그래서 '대통령은 곧 왕'이라는 믿음, 즉 삼신할미가 아이를 지정하듯 하느님이 한 번 지정한 대통령은 영원한 대통령이므로 미천한 신하와 백성들이 대통령을 끌어 내리려고 하는 건 있을 수도 없는 일이며, 따라서 우리가 할 수 있는 일이라곤 오로지 대통령이 마음을 착하게 먹어 자비 부스러기를 던져주는 횟수가 많아지기만을 기다리는 것뿐이라는 것이다. 이런 이상한 믿음을 창피한 줄 모른 채 공공연히 내뱉을 수 있는 사람은, 군주제의 '백성'일 뿐 결코 민주주의의 '시민'일 수 없다. 그렇다면 여타의 의무와 혜택은 누리게 하되, 선거권은 박탈하는 게 마땅하다. 민주주의 사회에서 선거란 '왕'을 뽑는 게 아니라, 생업으로 바쁜 시민들을 대신해 시민들 다수의 뜻을 따라 공정하게 여러 업무를 전담해서 처리해 줄 '일꾼'을 뽑는 것이기 때문이다.

서양의 그리스도교에서 하늘은 하나님 즉 초월적인 인격체이지만, 중국 고전(古典) 즉 동양에서 하늘은 우주의 보편적인 이법(理法)을 뜻한다. 따라서 '천명(天命)'이라고 할 때의 '명(命)'은, 초월적 인격체인 하나님이나 신(神)의 명령이 아니라 '사람과 우주의 이치 간의 상호작용에 의한 일시적이고 특정한 때나 일시적이고 특정한 결과'로 봐야 한다. 인간의 본성을 '하늘이 내렸다'라고 표현할 때도, 그것은 결코 고정불변하는 어떤 것을 의미하는 것도 아니고 결코 인간의 노력과 변화 가능성을 부인(否認)하는 것도 아니라는 사실을 기억하는 게 중요하다.

주나라를 세운 무왕은 은나라를 떠났던 미자를 다시 불러 복직시켰고, 기자를 조선의 왕으로 임명했다고 한다. 물론 중국만의 주장일 뿐이다. 기자가 조선으로 향하던 중 은나라의 옛 수도를 지나면서, 더없이 화려했던 곳이 이제는 한낱 보리밭으로 변한 걸 보고 세월을 한탄하며 노래를 지어 불렀더니 백성들이 듣고 모두 눈물 흘렸다고 하는 데서 맥수지탄(麥秀之嘆)이라는 말이 유래했다. 무왕의 좌청룡(左靑龍)이 주나라 문왕·무왕·성왕(成王)·강왕(康王) 4대에 걸쳐 태사(太師)를 지냈으며 춘추전국시대 제(齊)나라의 창시자이기도 한 태공망이라면, 우백호(右白虎)는 공자가 그렇게도 칭송하던 무왕의 친동생 주공(周公) 단(旦)이라고 할 수 있다. 무왕이 죽은 뒤 나이 어린 그의 아들 성왕(成王) 희송(姬誦)이 즉위하자, 무왕의 친동생 관숙(管叔)과 채숙(蔡叔)이 쿠데타를 일으켰다. 그 쿠데타를 어렵사리 진압한 주공 단은 이후 왕족들을 각국의 제후로 임명하고 영토도 증여하는 대가로 충성과 주종관계를 요구하는 봉건제(封建制)를 시행하고, 예(禮)와 법도(法度)를 세세히 제정한 주례(周禮)를 작성해서 고유의 제도를 확립했다.

그 후 기원전 770년 쿠데타가 일어나 수도를 현재의 뤄양[낙양(洛阳)]인 낙읍(洛邑)으로 옮기면서 이전을 서주(西周)(기원전 1046~기원전 771), 이후를 동주(東周)(기원전 770~기원전 256)라고 부르게 되었고, 동주 시대가 바로 '춘추시대'(기원전 770~기원전 476)와 '전국시대'(기원전 475~기원전 221)를 합쳐서 부르는 춘추전국시대(春秋戰國時代)이다. 춘추시대의 '진(秦)·초(楚)·연(燕)·제(齊)' 4개국은 전국시대까지 유지되었고, '오(吳)·노(魯)·진(晉)·진(陳)·채(蔡)·위(衛)·정(鄭)' 7개국은 '조(趙)·위(魏)·한(韓)'으로 해체 통합되었다. 진(秦)나라의 고위 관료였던 여불위(呂不韋)의 아들 정(鄭)이 우여곡절 끝에 왕이 되었고, 마침내 기원전 221년 중국 최초의 통일왕국을 선포하면서 세계 최초로 황제라는 칭호를 사용했다. 그가 바로 진시황(秦始皇)이다.

춘추전국시대의 제자백가(諸子百家)

공자의 정신적 스승이라고 할 수 있는 주공이 확립한 주나라의 예(禮)와 법도(法度) 즉 **주례(周禮)의 핵심은 '혈연에 기초한 주종관계인 봉건제'였고, 봉건제의 핵심이 '삼강오륜(三綱五倫)'이다.** 군주는 신하의[군위신강(君爲臣綱)], 아버지는 자녀의[부위자강(父爲子綱)], 남편은 아내의[부위부강(夫爲婦綱)] 기준과 본보기(롤모델, role model)가 되어야 한다. 그리고 군주와 신하 사이에는 정당성이[군신유의(君臣有義)], 아버지와 아들 사이에는 친밀함이[부자유친(父子有親)], 남편과 아내 사이에는 서로가 맡은 역할의 구별이[부부유별(夫婦有別)], 어른과 아이 사이에는 위계질서가[장유유서(長幼有序)], 친구 사이에는 믿음이[붕우유신(朋友有信)] 있어야 한다는 것이다. 이런 주나라의 봉건제는, 춘추시대에 접어들면서 '지식인[사(士)] 위주의 중앙집권적 관료제'로 대체되었다.

약 550년간 이어진 전쟁과 눈물의 시대 속에서, 아이러니하게도 지금 우리의 무의식과 문화의 틀을 규정짓는 동양 사상의 정수(精髓)가 싹을 틔웠다. **말세가 다가온 듯한 시대 상황의 원인에 대해 서로 내놓은 답변은 달**

랐지만, 모두가 혼란과 전쟁과 죽음의 시대를 어떻게 견뎌내야 하는지를 고민했다는 점에서는 공통된다. 그래서 동양의 사상은, 현실적이고 인간 중심적이며 정치적인 동시에 종교적이기도 하다. 춘추전국시대의 수많은 사상가 즉 제자백가(諸子百家)를 가장 먼저 체계적으로 정리한 것이, 기원전 210년 진시황이 갑자기 사망한 후 유방(劉邦)이 항우(項羽)를 무찌르고 세운 전한(前漢)(기원전 202년~기원후 8년)의 역사가 사마천(司馬遷)의 『사기(史記)』다. 춘추전국시대가 끝나고 약 120년의 세월이 흐른 후였다.

　사마천은 제자백가를 '지금의 재야(在野) 지식인 집단이라고 할 수 있는 도가(道家)·지금의 교수나 학자 집단이라고 할 수 있는 유가(儒家)·지금의 군인 집단이라고 할 수 있는 묵가(墨家)·지금의 정치인 집단이라고 할 수 있는 법가(法家)·지금의 철학자 또는 과학자 집단이라고 할 수 있는 음양가(陰陽家)·지금의 법조인 집단이라고 할 수 있는 명가(名家)' 등 6개 학파로 단순화했다. 이 외에도 수많은 학파가 있지만, 그들을 일일이 정의하는 것은 초원의 무수한 풀들을 일일이 설명하려는 것과 같아서 나도 사마천을 따라 생략한다.

　'자연과 인간이 공존하는 방법[길]'이자 서양 고대 철학의 '이성(理性)(로고스, logos)'과도 유사한 '우주의 궁극적인 원리 또는 궁극적인 실체(實體)'를 의미하는 '도(道)'를 추구한 도가도, 통념과는 달리 천하 통일을 또는 전쟁통 속에서 자신의 보전(保全)을 위한 한 가지 대안으로 등장한 사상이었다. 세상이 왜 전쟁의 소용돌이 속에 휘말렸는가? 저마다 순리에 역행해서 억지로 천하를 통일해 보려는 욕심, 즉 인위(人爲)[작위(作爲)] 때문이라는 것이 도가의 분석이다. 따라서 해법도 간단하다. 인위적으로 그리고 의도적으로 욕심을 내서 뭔가를 하려 하지 말고, 흘러가는 대로 자연과 시대의 흐름[도(道)]

에 몸을 맡긴 채, 괜스레 어수선한 시국에 나대다가 죽지 말고 눈치껏 잘 묻어 살면[덕(德)] 된다는 것이다.

어떤 일이 터졌을 때, 사람들이 가장 쉽고 가장 빨리 취하는 방법이 바로, 정확한 분석 없이 '몰라 몰라' 하며 '회피'하는 것이다. 그래서 도가의 입장이 충분히 이해는 된다. 그러나 시간이 약이니 시간이 해결하리라는 도가의 주장은 수백 년이 지나도 큰 변화라고는 찾을 수 없는 당시의 농경사회에서는 어느 정도 통용될 수 있었을지 모르지만, 지금 시대에 응용하기란 거의 불가능해 보인다. 혼란한 세상을 하루라도 빨리 바로잡기 위해 질서와 예(禮)를 세우려 했던 유가에게도, 당연히 무책임한 말로 들릴 수밖에 없었을 테고. 도가는 무엇이든 분류하고 구별하려는 분별지(分別智)를 쫓지 말고, 대립물을 정반대의 두 개가 아니라 하나로 보라고 말한다. 도가가 추구하는 성인(聖人)인 지인(至人)[진인(眞人)]은, 세속적인 집착과 미혹을 초탈하고 무명(無名)과 하나가 된 사람이다. 이런 면이, 후에 도가가 불교와 매우 밀접하게 연결되는 지점이다.

춘추시대 말기인 기원전 6세기 후반부터 기원전 5세기 초반까지[2] 활동했던 공자는 당시 사회적 혼란의 원인을, 인간과 인간을 올바르게 관계 맺게 해주던 사회 규범인 주례가 파괴되었기 때문이라고 판단했다. 지금의 혼란은 직전의 평화가 깨졌기 때문이라는 건데, 이 또한 정확한 원인을 분석하려고 할 때 가장 쉽게 취하게 되는 논리이다. 하지만 더 큰 이유는, 공자의 본국인 노나라가 바로 주나라 무왕이 동생 주공 단에게 봉해준 나라였기 때문

---

2 '기원전'에 '초반, 중반, 후반'이라는 말을 붙일 땐, 초반이 후반보다 지금을 기준으로 더 먼 시대를 가리킨다. 예를 들어 '기원전 580년'은 '기원전 6세기 초반'이고, '기원전 520년'은 '기원전 6세기 후반'이다. 기원후는 이와 반대다.

일 것이다. 즉 노나라의 건국자가 주공 단이다. 따라서 공자가 주공 단을 이상적인 통치자로 설정한 이유도 그리고 주나라의 주례 보존에 평생을 바친 것도, 어쩌면 자국 문화에 대한 자부심에서 기인한 것이리라. 사회와 국가의 질서 확립이 목표였던 유가가 일상적인 의식(儀式)과 삶의 모든 부분을 규제하는 규칙에 얽매이는 건 당연했고, 그런 의식과 규칙을 제정하고 시행하기 위해 학식 있는 정치인 즉 군자(君子)를 배출하는 것이 모든 것에 우선할 수밖에 없었다.

묵가의 대표로 기원전 5세기 중반부터 활동했던 묵자(墨子)는 반(反)유교적·반(反)귀족적·반(反)전통적이다. 의외인 건, 하층 계급 출신의 용병(傭兵)인 묵자가 '겸애(兼愛)'를 주장했다는 점이다. 공자의 '인(仁)'이 '차별적인 사랑'이라고 비판하면서, 구별하지 않고 모든 사람을 똑같이 사랑하는 '보편적인 사랑'을 주장한 것이다. 전쟁과 혼란 속에서 고통받고 신음하는 피지배계층 사람들이 너무도 안타까웠나 보다. 군인이면서 이런 마음을 가지고 실천하려 한 사람이 있다니, 놀랍다.

겸애는 사랑과 혜택만 받는다는 의미의 '박애(博愛)'와도 다르다. 모든 사람이 똑같은 사랑을 받아야 하는 만큼, 모든 사람이 똑같이 주어진 규율에 복종할 의무도 있다는 것이 겸애다. 『묵자』는 아홉 장에 걸쳐서 전쟁에 필요한 여러 전술을 기록하고 있지만, 상대를 먼저 침략하는 전쟁은 지지하지 않는다[비공론(非功論)]. 묵자에게 전쟁과 혼란의 원인 분석은 찾아보기 어렵다. 다만 외부의 침략으로부터 어떻게든 삶의 터전을 방어하고, 같은 삶의 터전을 공유하는 사람들 모두 어떻게 하면 살아남을 수 있는지 자력 생존에 대한 고민만이 있었다. 그리고 바로 이런 이유로, 묵가는 진시황의 중국 통일 이후 사람들에게 잊혔다. 강력한 중앙집권제의 통일국가에서는 용병도 그리고 자력 생존도 필요 없었을 테니까.

　법가는 이름 그대로 법치(法治)를 주장했다. 법가의 주요 인물로는, 법가의 시작으로 기원전 4세기 중반에 활동했던 한나라의 신불해(申不害)와 진나라의 상앙(商鞅) 이후 유가의 인물인 순자(荀子) 밑에서 함께 공부한 사이로 기원전 3세기 중반에 진나라에서 활동했던 이사(李斯)와 한비(韓非)가 있다. 공자를 계승한 순자의 목표 역시 국가와 사회 질서의 확립이었고, 그 방법 역시 예(禮)였다. 다만 예(禮)를 통한 지배계층의 자발적인 변화만 끌어낸다면 피지배계층의 변화는 저절로 뒤따르리라고 낙관한 까닭에 지배계층에만 몰두했던 공자와는 달리, 순자는 계층에 상관없이 사회 전체가 예에 의해 이끌어져 가야 한다고 생각했다. 공자가 아무리 외쳤어도, 달라진 건 없었다. '자발적' 그리고 '저절로'가 실패했다는 건, 순자가 보기에 인간의 본성이 선하지 않다는 증거였고, 인간의 본성이 악하다는 '성악설(性惡說)'과 교육은 순자에겐 자연스러운 결론이었으리라.

　이런 순자의 사상을 계승한 한비가 순자와 다른 점 한 가지는, 애매한 면이 많은 예(禮)를 명약관화한 법(法)으로 대체한 것이다. 불문율인 '도덕·예·인의(仁義)' 따위 대신 성문율인 '법'으로 인간의 삶을 강력하게 규제해야만 세상을 안정시킬 수 있다는 것이다. 한비를 '동양의 마키아벨리(Machiavelli)'라고 부르곤 하지만, 통찰의 깊이나 연대상으로도 마키아벨리는 16세기 초반에 활동했으므로 거꾸로 마키아벨리를 '서양의 한비'라고 부르는 게 옳다. 중국을 통일하려는 목표를 지녔던 진시황에겐 반드시 강력한 중앙집권제가 필수였고, 그에 가장 부합하는 게 법가의 사상이었다. 그로 인해 진시황은 중국을 통일하고 안정을 찾는 듯했지만, 그 속에 사는 피지배계층의 삶은 안타깝게도 공산주의나 군부독재 하의 삶과 같아졌다. 성문법을 처음 시행해 본 것이니, 강도(剛度) 조절에 실패한 건 어쩌면 당연한 일이다.

가장 오래전부터 알려져 있던 사상인 음양가는, 우주를 지배하는 두 가지의 기본 원리에 관심을 두었다. 음은 수동적이고 여성적이며 양은 능동적이고 남성적이라는, 음양 사상이 그것이다. 음과 양은 서로 얽힌 채 상호작용하면서 만물과 모든 현상을 창조한다. 음과 양의 조화가 깨진 것이 혼란과 갈등의 원인이고, 그렇기에 음과 양의 조화를 추구하는 게 안정과 평화를 되찾는 방법이라는 것이다. 이렇게 보니, 우리의 사상은 유교보다 음양가에게 훨씬 더 큰 빚을 지고 있는 듯하다. 전국시대 말기인 기원전 3세기 중반에 이르러서 음양 사상은 우주의 작동 원리를 64괘로 설명하는 『역경(易經)』과 통합되어 음양오행설로 발전했다. 자연이나 우주의 원리와 조화를 추구했다는 점에서는 도가와 유사하고, 도가보다 더 깊이 들어가 우주의 원리를 음양과 오행으로 분석했다는 점에서는 차이를 보인다.

고대 그리스의 소피스트(sophist)들과 스위스 언어학자 페르디낭 드 소쉬르(Ferdinand de Saussure)의 『일반언어학 강의』(1916) 그리고 오스트리아/영국 철학자 루트비히 비트겐슈타인(Ludwig Wittgenstein)이 『논리 – 철학 논고』(1922)에서 고민했던 주제와도 유사성이 큰 명가는, 모든 단어의 정확한 개념과 그 단어가 가리키는 대상과 단어와의 관계에 관심을 두었다. 모든 것의 성정(性情)에 맞는 올바른 이름을 붙여야만 거짓과 오류를 피할 수 있다는 것인데, 이들의 주장엔 한자(漢字)가 지닌 애매함, 그러니까 하나의 글자에 수많은 뜻이 있다는 어려움이 크게 작용했던 것으로 보인다.

명가의 주장에서는 딱히 혼란의 원인 분석뿐만 아니라 사회 통합의 해결책 비슷한 것조차 찾기 어렵다. 당시 사상 조류의 돌연변이로 보일 정도로 말이다. 기원전 3세기 중반에 활동했던 공손룡(公孫龍)의 '백마비마론(白馬非馬論)'과 '견백동이론(堅白同異論)'이 대표적이다.

공손룡이 말을 타고 국경을 넘으려고 하자, 성문을 지키는 병사가 말은 지나갈 수 없다고 막았다. 그러자 공손룡이 병사에게 말했다. "자네가 말하는 말(馬)은 보편적인 말(馬)을 의미하는 거겠군?" "당연하죠." "지금 내가 타고 있는 말(馬)은 흰말인데, 흰말이 보편적인 말(馬)일까?" "보통의 일반적인 말은 아니죠. 특별한 말(馬)인 건 맞습니다." "보편적인 것과 특별한 것은 다르다는 것을 자네도 인정하겠지? 그렇다면 내 흰말은 말(馬)이 아닐세. 그러니 타고 가도 되잖은가?" 이것이 백마비마론인데, 핵심은 '보편적'이라는 단어의 개념을 서로가 다르게 사용하고 있었던 것에 있다. 병사가 의도한 건 '모든 걸 아우르는 대표'라는 개념이었지만, 공손룡이 의도한 건 '다수(多數)'라는 수(數)였다.

우리 앞에 단단하고 흰 돌이 있다. 그것을 눈으로 볼 때는 희다는 것만 알 수 있고, 눈을 감고 손으로 만져 볼 때는 단단하다는 것만 알 수 있다. 눈에는 촉각이 없고, 손에는 시각이 없기 때문이다. 따라서 단단한 돌과 흰 돌은 같은 게 아니며 동시에 성립하는 개념도 아니라는 것이 견백동이론이다. 세상엔 단단하면서 동시에 흰 돌은 존재하지 않는다는 주장인데, 억지스럽다. 그 돌을 손바닥 위에 올려놓은 채 눈으로 보면 되니까. 공손룡을 빗대, 당시에 잡힌 어떤 소도둑이 "저는 우연히 길바닥에 끈이 보이길래 끈만 가져간 것일 뿐, 끈에 매달린 소가 절 따라온 줄은 몰랐습니다"라며 무죄를 주장했다는 에피소드도 있다.

탄핵 선고가 있기까지 자신이 했던 언행에 대해 한국사 강사 전한길은

"우리가 추구한 가치는 국민 통합이었고, 자유민주주의를 수호하는 것이었으며, 법치와 공정과 상식이 존중되는 사회를 원했다. 비록 욕먹고 희생이 있었지만, 우리의 요구가 국가와 국민과 미래 세대들까지도 지켜내고 그들을 위한 투쟁이었기 때문에 우리는 진실했다"(〈뉴스엔〉 배효주 기자 2025.4.4.)라고 말했다. 사회 통합을 말하면서 그는 다른 쪽을 향한 비방을 자행했다. 국가와 국민과 미래 세대를 지켜내기 위한 투쟁이었다면서, 그는 한 개인의 감정적인 판단일 뿐 발동(發動)의 세 가지 요건 중 하나도 충족시키지 못한 계엄령을 계몽령으로 미화했다. 민주주의를 말했지만, 그가 수호하려고 했던 건 분명 한 개인이었다. 상식과 공정을 외치면서, 그는 아니면 말고 식의 근거도 없는 가짜 뉴스를 쏟아냈다. 법치를 말하면서, 그는 "다가오는 대선에서 반드시 승리하여 개헌을 통해 헌법재판소를 가루가 되도록 할 것"(〈bnt뉴스〉 이현승 기자 2025.4.7.)이라고 말했다. 그가 사용한 '통합'과 '민주주의'와 '법치'와 '국가'와 '국민'은, 우리 대다수가 익히 알고 있는 개념과는 전혀 다른 것이었음이 분명하다.

대화가 통하지 않는 가장 큰 이유는, 서로가 사용하는 개념의 합의를 끌어내지 못한 채 스스로 생각하는 개념으로 타인의 말을 해석하기 때문이다. "자기야 나 사랑해?"라는 연인의 질문에, 누구나 그렇다고 대답할 것이다. 그런데 바로 이 지점이, 오해가 쌓이고 싸움이 시작되고 급기야 분열이 발생하는 포인트다. 서로가 생각하는 '사랑'의 개념이 다를 테니 말이다. 앞으로는 대답하기 전에, 먼저 묻자. 예를 들면 이렇다. "당신이 생각하는 '사랑'은 어떤 거지? 난 당장이라도 내 목숨을 줄 수 있을 정도가 돼야만 '사랑한다'라는 말을 할 수 있다고 생각해. 미안하지만 아직 그 정도는 아니라서 '사랑' 대신 '좋아한다'라고 말할 수밖에 없는 점 이해해 줘." 처음엔 업무용 말처럼 딱딱하거나 자신을 사랑하지 않는 것 같아 실망스

럽게 느껴질 수도 있겠지만, 조금만 익히면 훨씬 깔끔해진다. 몸에 좋은
약이 입에는 쓴 법이다.

그리고 맹자(孟子)

　　춘추시대 말기에 활동했던 공자 사후(死後) 100년쯤 뒤 전국시대 말기인 기원전 4세기 초반에 태어나 중후반에 활동했던 맹자(孟子)를 비롯해 유가의 인물들은 대체로 지배계층을 위한 자문위원 또는 정책기획실장 같은 역할을 담당했다. 춘추시대의 지배계층이라면 누구나 잘 알고 있긴 했으나 한동안 관심을 두지 않아서 어느덧 서재 한구석에 처박혀 있던 과거 주나라 지배계층의 행동 지침인 주례의 먼지를 털어 서재의 중앙에 깨끗하게 다시 걸어놓으려 했던 이가 공자였다. **수없이 많은 '군자 vs. 소인'이라는 극단적인 이분법을 통해 공자가 지향한 바는, 그런 자극을 통한 지배계층의 생각과 행동의 변화 다시 말해서 '지배계층의 자정(自淨) 능력의 회복'이었다. 공자에게 주인공은 오로지 능동적인 지배계층뿐이었다. 여성과 아이와 일반 백성들처럼 수동적인 피지배계층은 고려의 대상이 아니었다.**

　　지배계층만 변한다면, 그 외 모든 건 자연스럽게 따라서 변할 것이다. 공자에게 있어서 소인[피지배계층]이 군자[지배계층]를 따르는 건, 숨 쉬는 것만큼이나 너무도 자연스러운 본능이자 자연의 섭리 같은 것이었기 때문이다. 지배계층이 주례에 따라 행동하면 할수록 사회 질서도 올바르게 확립될 것이고, 그런 지배계층에서 비롯되는 인(仁) 즉 나쁘게 말하면 지배계층이 어쭙잖게 던져주는 자비 부스러기의 양도 늘어날 것이며, 여성과 아이와 일반 백성들은 그 늘어난 자비 부스러기 정도만 먹어도 충분히 좋은 삶을 누리는 셈이라고 여겼던 공자의 해결책은 윗물이 맑아지면 아랫물도 맑아진다는 하향식 정치였다.

맹자도 공자와 똑같은 문제의식을 느끼고 있었지만, 시간이 흘렀고 시대도 변했다. 겉으로의 행동만 주례(周禮)에 맞추는 게 그다지 어렵지는 않았겠지만, 이제 지배계층은 주례 소리만 들어도 지겨워했다. 지배계층의 서재에서 주례는 아예 사라져 버렸고, 백성들은 그런 게 있었다는 것조차 들어본 적도 없던 때가 되었다. 그래서 공자가 인간이라면 마땅히 따라야 할 본보기로 지배계층 누구나 알고 있었기에 편하게 가져다 쓴 '외부의 주례'를, 맹자는 새로운 것으로 대체할 수밖에 없었다. 나아가 지배계층이라는 구분 선 자체도 흐릿해지고 넓어져서 더 많은 사람을 아우를 수 있는 보편적인 뭔가가 필요했다. 누구나 그 존재를 명확히 알 수 있고 그래서 누구에게나 적용할 수 있는 게 과연 무엇일까? 맹자는 공자와는 반대로 눈을 모든 사람의 마음속 저 아래 깊은 곳으로 돌렸고, 고민 끝에 찾아낸 게 바로 '내면의 인간 본성(本性)'이었다. 거기에서 지하수를 끌어올리듯 자기의 모든 주장의 정당성을 끌어올렸다.

그러다 보니 인간의 본성이 선한지 악한지를 확정하는 게 최우선 과제가 되었고, 그 본성으로부터 온갖 선하고 올바른 것들을 꺼내려 했던 맹자에게 '인간의 본성은 선(善)하다'라는 결론은 필연적으로 도출될 수밖에 없었다. 만약 본성이 악하다면, 거기에서 꺼내는 모든 것도 악한 것들뿐일 테니 말이다. 하지만 현실은 오히려 그와 반대라는 사실이 맹자를 고민에 빠뜨렸다. 온갖 불의와 이기심과 부정부패와 전쟁만이 가득한 현실 앞에서, 어찌 인간의 본성이 선하다고 말할 자신이 있었겠는가! 이런 딜레마 속에서 맹자는 자신이 찾아낸 답에 현실을 끼워 맞추고자 했고, 그 결과 인간 본성 전체가 아닌 부분에 그것도 특히 '측은지심' 하나에만 지푸라기 잡는 심정으로 매달렸다.

모든 사람의 본성엔 적어도 곤경에 처한 사람을 불쌍히 여기는 마음[측은지심(惻隱之心)], 옳지 못함을 부끄러워하고 나쁜 것을 미워하는 마음[수오지심(羞惡之心)], 인간관계와 사회생활에 있어서 예의를 아는 마음[사양지심(辭讓之心)], 옳고 그름을 판단할 줄 아는 마음[시비지심(是非之心)] 정도는 기본값으로 장착되어 있단다. 그리고 이런 네 가지 선한 본성만 잘 성장시키면, 그것들이 각각 차례로 인(仁)·의(義)·예(禮)·지(知) 즉 '사덕(四德)'이라는 열매를 맺어 갈등도 혼란도 전쟁도 없는 모두가 행복하게 사는 세상이 올 것이다. 따라서 정치인과 통치자의 역할은 모든 사람이 사덕을 맺을 수 있게 잘 보살피고 가꾸는 농부나 관리자고, 그런 '왕도정치(王道政治)'를 행하는 지배계층이야말로 진정한 성인(聖人)이요 군자(君子)다. 이 얼마나 멋진 이론인가! 선하지 않은 본성상 지배계층 사람들에게 천사가 되라고 강요하는 것보다, 네 가지 마음만 신경 쓰라고 말하는 게 훨씬 더 현실적이고 가능성도 큰 건 당연해 보였을 것이다.

물론 맹자가 실제로 꿈꿨던 건 공자의 꿈과 다름없는 하향식 정치였고, 저마다 자기 내면의 측은지심만 발현(發現)시킨다면 사회의 질서 확립은 '저절로' 되리라는 생각도 공자와 같았다. 다만 오로지 자기 마음만 쳐다보면 되었기에, 사회의 질서 확립에 필수적인 사람과 사람 사이의 관계성을 완전히 놓친 건 단점이다. 그리고 더 중요한 점은 맹자가 주장한 네 가지 마음이, 정말로 모든 사람의 마음에 있느냐 하는 것이다. 내가 볼 땐 아니다. 네 가지 마음은 누구나의 마음속에 선천적으로 있는 게 아니라, 시대와 사회와 문화마다 고유하게 형성되고 변화하는 후천적인 패러다임(paradigm)인 '양심' 속에 있는 것이다. 그래서 반사회성인격장애를 지닌 악랄한 범죄자들에겐, 애초부터 그런 네 가지 마음은 있지도 않다.

어쨌든 이렇게 관점을 바꾸고 나니, 예상치 못하게 결론마저 바뀌게 되었다. 오로지 이론의 논리성으로만 보자면, 맹자에게서 지배계층은 모든 걸 정하고 변화시키는 능동적인 리더가 아니라, 모든 사람이 본성을 잘 키워 나갈 수 있도록 보살피고 보호하는 수동적인 관리자로 강등됐다. 공자와는 반대 즉 주객(主客)이 뒤바뀌었다. 그렇다면 최악의 경우, 지배계층이 관리자 역할을 제대로 해내지 못할 땐 어떻게 해야 할까? 그럴 땐 백성들이 지배계층을 몰아내고 바꿀 권리가 있다는 결론이 도출된다. 이런 논리의 마지막 종착점을 맹자 자신도 알고 있었을까? 서양 민주주의의 시작을 프랑스혁명(1789)으로 본다면, 거의 2000년이나 앞선 생각이다. 그러나 이건 맹자의 의도가 아니라, 논리적으로 봤을 때 그렇다는 것뿐이다. 핵심에 있어선, 맹자도 공자와 크게 다를 바가 없었다. 공자가 지배계층의 어쭙잖은 '자비'에 기댄 것처럼, 맹자 역시 지배계층의 마음 한구석에 있는 타인의 불행을 불쌍하게 여기는 '연민(憐愍)'에 기댄 셈이니 말이다.

맹자와 '맹모삼천(孟母三遷)'은 뗄 수 없다. 세 살에 아버지를 여의고 홀어머니 밑에서 세 번 이사한 감동적인 스토리. 그러나 감동과는 별개로, 거짓이다. 맹자는 관직에 있을 때 아버지의 장례를 치렀다. 맹자는 당대에 그다지 유명하지는 않았다. 성인군자는커녕 한 성질 했다. 만나는 통치자마다 '왕도(王道)'를 행해야 한다고 설득하다가, 진지하게 듣지 않으면 그 쉬운 것조차 못 하겠다는 게 말이 되냐며 대놓고 욕과 비난을 퍼부었다고 한다. 맹자는 뛰어난 제자들을 두지 못한 탓에 그저 그렇고 그런 제자백가 중 한 사람으로 기억되고 있었지만, 맹자보다 80여 년 후에 태어나 기원전 3세기 초중반에 활동했던 순자의 명성과 영향력은 엄청났다. 제자들을 잘 둔 덕택으로 말이다.

맹자와 순자 둘 다 인간의 본성에 주목했고 교육의 필요성을 주장했다는 점에서는 공통되지만, 교육의 목적과 방법에서는 차이를 보인다. 맹자의 교육목적은, 네 가지 선한 마음을 흐리게 만드는 것들을 걷어내는 것이었다. 불교도 마음공부이다 보니, 맹자와 불교가 비슷한 게 당연한지도 모르겠다. 그러나 순자는 과감했다. 순자에게 '교육'은, 악(惡) 친화적인 인간의 본성을 교화하기 위한 '인위(人僞)'였다. 어차피 인간의 본성 자체가 악하다면, 교육을 통해 인위적으로 바꾸거나 안 되면 억누르기라도 해야 했다. '교육을 통한 인간 본성의 교화[화성기위(化性起僞)]', 이것이 순자의 교육목적이자 핵심이다. 그러나 교육 방법에 있어선, 누가 둘 다 유가의 인물 아니랄까봐 공자를 따라 '예(禮)'를 내세운다. 다만 순서에서는 조금 차이가 있다. 맹자에게 예는, 네 가지 선한 마음을 성장시키는 수단이자 과정이었다. 하지만 교육을 통해 교화되어야 예가 확립된다고 본 순자에게, 예는 일종의 목적이자 결과였다.

본성과 본능을 어느 정도 비슷한 개념으로 볼 수 있다면, 우리가 봐도 인간의 본성은 결코 선할 수 없다. 개체의 생존과 번식이라는 단 두 가지만 고려하는 본능은 필연적으로 이기적일 수밖에 없고, 더불어 살아야 하지만 자원은 한정되어 있기에 개체들의 이기주의는 생존과 번식을 위해 상충하고 투쟁할 수밖에 없으며, 그런 모습은 분명 선이 아니라 악일 테니까 말이다. 본성과 본능 성향 자체는 '사실 판단'으로, 선하지도 악하지도 않다. 선과 악은 개체들이 더불어 살 수밖에 없기에 필연적으로 발생하는 '가치 판단'이다. 그래서 순자의 성악설은, 인간의 본성은 악하다는 외침이라기보다는 인간의 본성은 그대로 둘 경우 자연스럽게 더불어 살아감을 방해하는 악으로 기우는 경향이 매우 크다는 통찰로 받아들이면 될 듯하다.

맹자보다 조금 앞서서 활동했던 양주(楊朱)[양자거(楊子居)]는, 묵가의 겸애와는 정반대의 주장으로 나름 큰 위세를 떨쳤다. 생명의 주체는 '자신(我)'이며, 그래서 자기 자신을 위해서 하는 것은 무엇이든 옳다는 극단적 개인주의인 '위아설(爲我說)'이 양주의 주장이었다. '자아를 온전히 보전하는 게 가장 귀한 일[전성보진(全性保眞)]'이라는 건데, 비싼 밥 먹고 굳이 소리 내어 주장할 필요도 없는 말이다. 그것이 바로, 생명을 지닌 존재라면 가만히 내버려 둬도 누구나 '자연스럽게' 그렇게 하게 되는, '생존과 번식'이라는 본능의 두 측면 중 하나이기 때문이다.

마음으로야 양주의 주장에 동의할 수는 있어도, 더불어 살아야 하는 인간의 속성상 양주의 주장을 변화의 기준으로 받아들이기는 어렵다. 누구나 본성 또는 본능상, 서 있으면 앉고 싶고 앉아 있으면 눕고 싶고 누워 있으면 자고 싶기 마련이다. 누구나 빵이 세 개 있을 때 나눠야 한다면, 내가 두 개 타인에게 한 개를 주고 싶어 한다. 누구나 빵이 두 개라면 하나씩 나눌 수 있겠지만, 빵이 하나라면 타인에게 주기보다는 자기가 먹는다. 맹자가 보기에 양주의 주장은, 이런 악(惡) 친화적인 인간의 본성에 기름을 부어 더욱더 활활 타오르게 만드는 꼴이었다. 이것이 맹자가 기를 쓰고 양주를 욕한 이유다.

〔 **Ⅳ** 〕

신유학(新儒學): 성리학(性理學)과 양명학(陽明學)

중국 격언 중 "관직에 나가서는 유가 신봉자가 되고, 관직에서 물러나서는 도가 신봉자가 된다"라는 말이 있듯이, 기원전 3세기 끝 무렵 진시황의 통일 제국 이후부터 기원후 960년경까지 1000년 이상 유가와 도가는 서로 잘 지냈다. 기원 전후로 전해지긴 했으나, 기원후 2세기 후반 불경이 번역되면서 불교도 유교와 도교의 사이로 비집고 들어가 본격적으로 터를 잡고 세를 확장하기 시작했고. 그러던 중 수(隋)나라(581~617) 문제(文帝) 양견(楊堅)이 중국을 통일하면서 드디어 유교가 정신을 차려 오디션에 지원하게 되었고, 당(唐)나라(618~907) 고조(高祖) 이연(李淵)이 622년에 과거제도를 시행해 유교 경전을 국가 제도의 중심으로 만들면서 유교는 일단 합격 통지를 받았다.

하지만 연예인이라고 다 같은 레벨의 연예인이 아니듯, 주연급으로 성장한 도교와 불교와는 달리 유교는 조연에 머물러 있었다. 사람들이 원하는 대답을 주고 모든 게 좋고 다 잘될 거라며 칭찬하는 도교와 불교와는 달리, 유교는 하라거나 하지 말라는 제약이 많았으니 어쩌면 당연한 일이었다. 도교와 불교가 멘토였다면, 유교는 깐깐한 꼰대였다. 그래도 묵묵히 자기의 길 가기를 근 200년, 당나라 중기인 9세기 초반 사제 관계였던 한유(韓愈)와 이고(李翱)가 유가를 재해석함으로써 이미 톱스타로 명성을 떨치던 까마득한 후배 순자와는 달리 무려 1,000여 년 동안 저승 한 귀퉁이에서 존재감 없이 찌그러져 있던 맹자를 깨웠고, 이것이 기폭제가 되어 드디어 유교도 주연급으로 성장한다.

외국에서 건너온 불교가 유행하는 것도 가뜩이나 꼴사나운데 도가의 사이비 버전과 미신까지도 자기들한테 비슷한 것이 많다며 불교의 유행에 슬쩍 편승해서 판을 치자, 참다못한 유학자들이 토착적인 동시에 전통 있는 학문으로서 유학[유가]의 부흥을 외치며 일어선 것이었다. 인간의 본성을 선하지 않다고 보는 불교의 대항마(對抗馬)로, 인간의 본성이 선하다고 강조한 맹자의 사상은 가뭄의 단비였을 것이다. 게다가 중국 본토의 사상이기도 했으니, 그보다 더 좋은 게 어디 있었겠는가? 반면에 의도치 않게, 성악설을 주장한 순자는 한순간에 반(反)유학적이요 반(反)중국적인 어용(御用) 인물로 전락했다. 나아가 12세기 중후반에 활동했던 남송(南宋)(1127~1279)의 주희(朱熹)[주자(朱子)]가 『맹자』에 사서(四書) 중 한 자리를 부여함으로써, 이후 맹자는 영광스럽게도 공자와 더불어 '공맹지도(孔孟之道)'라는 이름으로 후세에 길이 남게 되었다. 사람 팔자 모를 일이다.

하지만 한 번 반짝 떴다가 지는 별이 얼마나 많던가! 다행히도 초심을 잃지 않고 여러 악플에도 의연했던 유교는 또다시 근 200년 만인 11세기 중반에 들어서, 마침내 전성기를 맞이하게 되었다. 그 전성기 시기 유교의 예명(藝名)이 바로 '신유학'이고, 그 전성기를 프로듀싱하면서 유교의 신비주의 마케팅을 기획한 사람들이 북송(北宋)(960~1127)의 주돈이(周敦頤)[주염계(周濂溪)] 그리고 이정(二程)이라고 불리는 정호(程顥)와 정이(程

頤) 형제다.

주돈이는 『태극도설(太極圖說)』에서 무극·태극·음양·오행의 이치를 인간의 본성과 행동에 적용했다. 유교에 최초로 형이상학적인 체계를 입힌 것이다. 그리고 이정 중 형 정호는 '심즉리(心卽理)' 즉 '마음이 곧 우주의 원리'라는 심학(心學)을 주장했고, 동생 정이는 '성즉리(性卽理)' 즉 '본성이 곧 우주의 원리'라는 이학(理學)을 주장했다. 정이에 수십 년 앞서 장재(張載)[장횡거(張橫渠)]라는 사람이 만물은 기의 변화일 뿐이라는 '기일원론(氣一元論)'을 주장한 것에 반해, 정이의 주장은 '이기이원론(理氣二元論)'이었다.

가시적인 형태를 이루는 것이 '기(氣)'고, 그런 기를 이끄는 비(非)가시적인 도(道)가 곧 '이(理)'다. '기'는 형이하학적인 개별 원리이고 '이'는 형이상학적인 보편 원리이므로, 이와 기는 전혀 다른 별개라는 말이다. 이때부터 서서히 이와 기가 다른지를 시작으로, 같다면 왜 다른 이름으로 부르는지 그리고 다르다면 무엇이 먼저인지에 관한 논쟁이 신유학의 가장 중요한 쟁점이 되었다. 이것은 '이데아 vs. 개별 사물' 또는 '정신 vs. 물질'의 이분법을 놓고 고민한 서양과 다를 바 없었고, 이학과 심학의 대립은 서양의 '로고스(Logos)[이성(理性)] vs. 파토스(Pathos)[감성(感性)]'의 대립과도 다를 바 없었다.

그로부터 또 100여 년이 흐른 12세기 중반, 드디어 그 유명한 주희가 등장해서 주돈이와 정이의 사상을 집대성했다. 주희 당시의 불교와 도교를 '가난한 지식인'이라고 한다면, 유교는 뜨긴 떴는데 '머리는 빈 톱스타' 또는 '돈 많은 졸부' 격이었다. 불교와 도교와 함께 자리라도 할라치면 괜스레 기가 죽고 자존심 상해 하던 유교에 공식적으로 학위를 수여해서 자존감을 회복시키는 것, 다시 말해서 유교에 논리적이면서 규모도 있는 이론

체계를 확립해 주는 것, 이것이 주희가 당면한 과제였다. 공자의 주나라 주례만 보던 시선이, 맹자의 마음속 측은지심을 거쳐 주희에 이르러서는 하늘을 우러러 '우주의 원리'까지 보게 되었다. '인간의 본성'이 곧 '우주의 원리'라는 '성리학(性理學)'이 완성된 것이다. 이런 격세지감(隔世之感)이 또 있을까? 단칸방에서 20평 아파트로 이사했다가, 결국엔 경치 좋은 곳에 떡하니 전원주택을 산 셈이다.

> 생각이 아직 싹트지 않고 사물이 마음에 이르지 않은 때가, 바로 희로애락이 아직 드러나지 않은[미발(未發)] 상태다. 여기에는 지나치거나 미치지 못하는 일이 없고 치우침과 기울어짐이 없으므로 그 상태를 일러 '중(中)'이라고 한다. 평소에 함양(涵養)하는 공부를 지극히 하여 욕망의 사사로움이 그것을 어지럽히는 일이 없게 하면, 미발의 상태는 거울에 먼지가 끼지 않은 것처럼 깨끗하고, 그것이 발동할 때는 절도에 맞지 않는 때가 없을 것이다.
>
> … 주희, 『주자문집(朱子文集)』

본성을 현실에서 실현하기 위해 주희가 제시한 방법 두 가지 중 하나는 마음속의 본성을 외부로 꺼내는 '미발함양(未發涵養)'이고, 다른 하나는 반대로 외부 사물의 이치를 끝까지 파고들어 본성에 관한 진정한 앎에 이르는 '격물치지(格物致知)'다. 맹자가 그랬던 것처럼, 주희에게서도 본성을 꺼낼 땐 깨끗하게 닦아서 그대로 고스란히 꺼내기만 하면 된다. 본성이 곧 하늘의 이치인데, 뭘 더 첨가하거나 뺄 필요가 있겠는가? 하지만 격물치지의 정확한 의미가 과연 무엇이고, 어떻게 해야 한다는 말인지는 논쟁의 여지가 있다.

　　주희는 이기일원론과 이기이원론의 조화를 추구했지만, 명백히는 정이처럼 이기이원론을 지지한다. 주희가 생각한 이(理)는 동일성과 보편성의 원리이자 인간의 본성이었고, 기(氣)는 개별성의 원리였다. '무극(無極)인 동시에 태극(太極)'인 이(理)[도(道)]는 하나지만, 나뉘고 달라져서 모든 개별적인 기(氣)[음양(陰陽)] 속에 온전히 들어있다[이일분수(理一分殊)]. 이(理)는 하늘의 달과 같아서 비록 그것이 강과 호수에 비치고 어느 곳에서나 볼 수 있지만, 우리는 그것이 여러 개라고 말하지는 않는다[월인천강(月印千江)]. 그러나 똑같다고도 말하지 않는다는 데 문제가 있다. 우리 몸에 있는 약 30조 개 이상의 세포마다 각각 '온전하고 똑같은' 염색체 23쌍[46개]이 들어있다. 그래서 어느 세포에서 얻든, 염색체는 동일하다. 하지만 이일분수와 월인천강의 비유는 이렇지 않다. 주희가 격물치지를 강조한 이유는, '1물1리(一物一理)' 즉 개별 사물마다 하나의 온전한 이의 '일부'가 들어있으므로, 많은 사물을 파고들어 이를 얻을수록 그만큼 온전한 이에 더 가까이 다가갈 수 있다고 생각한 듯하다. 퍼즐 맞추기처럼 말이다. 그런데 만약 염색체처럼 생각했다고 해도 문제다. 평생 무엇이건 하나의 사물만 파고들면 온전한 이, 즉 하늘의 이치를 완전히 알 수 있다는 결론이 나오기 때문이다. 그렇다면 더는 배울 필요가 없어지는 셈이니까.

　　미발이란 (마음인) 기쁨·노여움·슬픔·즐거움만이 아직 드러나지 않았다는 것뿐이다. (따라서 그것이) 어찌 말라 죽은 나무와 꺼진 재처럼 어떤 생각도 없어서, 마치 불교에서 참선에 들어가는 것과 같은 것이겠는가! 미발이란 (마음인) 기쁨·노여움·슬픔·즐거움은 비록 드러나지는 않았다고 할지라도, 다른 감정들은 가능한 상태이다. 즉 삼가하고 두려워할 수도 있고, 이치를 탐구하거나 의로움을 생각할 수도 있으며 이 세상의 변화도 헤아려 볼 수도 있다.

… 정약용, 『중용강의보(中庸講義補)』(1814)

주희가 죽은 지도 어느덧 500여 년의 긴 시간이 흐른 후인 18세기부터, 강제로나마 우리나라는 서양과 대면하기 시작했다. 세상의 중심인 줄로만 알던 중국 말고도 다른 세계가 있고, 나아가 그 세계의 문화와 문명 앞에서 기고만장하던 중국이 바짝 엎드린 모습은 충격 그 자체였을 것이다. 그렇다고 일순간에 중국의 영향력을 벗어 던지자? 우리나라 유학자들의 보수 성향상 턱도 없는 일이었다. 그들의 정치적·경제적 기반이 바로 중국의 영향력이었으니까. 그래도 고칠 건 고쳐야 하지 않겠냐고 소리를 내는 이들이 있었으니 바로 실학자들이었고, 그 중심엔 정약용이 있었다.

다시 유학의 근본으로 돌아가자는 취지로, 정약용은 사서에 대한 주석서를 직접 다시 썼다. 주희의 해석 하나하나에 이의를 제기하는 것조차 불경(不敬)으로 치부되던 당시 우리나라에서, 이것은 주희의 『사서집주(四書集註)』에 대한 선전포고였고 조선 유학의 독립 선언문이었다. 나아가 정약용은 식물과 동물과 인간의 내면에는 종(種)에 따른 각각의 고유한 본성이 있다고 주장했다. 천하엔 오로지 중국만 있다고 믿었던 것처럼, 하늘의 이치인 본성은 오로지 인간만 가지고 있다고 믿었었다. 그러나 서양과 대면하면서 중국 외의 다른 세계도 있음을 알게 된 것처럼, 본성 역시 인간 외의 식물과 동물 등 각각의 종(種)마다 고유하게 있을 수 있음에 대한 깨달음이자 인정이었다. 『중용』에 대한 주희와 정약용의 해석을 비교해 보라. 주희에게 당당하게 맞선 위용(威容)이 느껴지지 않는가?

인의예지의 명칭은 반드시 행사(行事)[행위] 이후에 성립된다. 어린아이가 우물에 빠지려 할 때 측은지심이 생겨도 가서 구해주지 않는다면, 그 마음의 근원만을 캐 들어가서 인(仁)이라 말할 수 없다. 선한 사람이 무고(誣告)를 당했을 때 시비지심이 생겨도 분명하게 분별해 주지 않는다면, 그 마음의 근원만을 캐 들어가서 지(智)라 말할 수 없다.

… 정약용, 『맹자요의(孟子要義)』(1814)

사람이 세상을 살아갈 때 선과 악은 모두 사람과 사람이 서로 만나는 관계에서 일어난다. 사람과 사람이 서로 만나는 관계에서 자신의 본분을 다하는 것을 '인(仁)'이라고 한다. 따라서 인은 언제나 두 사람을 필요로 한다. 임금과 신하도 두 사람이요, 남편과 부인도 두 사람이다. 어른과 아이도 두 사람이며, 백성과 목민관(牧民官)도 두 사람이다.

… 정약용, 『대학공의(大學公議)』(1814)

인간의 선한 본성이 원인이 되어 측은지심이라는 결과로 발현된 것이기에, 맹자나 주희에겐 측은지심이 생기는 순간만이 중요했다. 그러나 대담하게도 정약용은 측은지심을 원인, 즉 인간을 윤리적으로 행동하게 만드는 출발점에 지나지 않는다고 말한다. 따라서 정약용에게 측은지심은 인(仁)이 아니라, 인간이라면 누구나 지닌 감정일 뿐이다. 아직 '행동[실천]'의 영역이 채워지지 않았기 때문이다. 선천적인 도덕적 감정들은 긍정하지만, 그것들 자체를 선(善)이나 덕(德)으로 보지는 않는다는 점에서 맹자나 주희와 다르다. 우물에 빠진 아이를 구하려고 했는지 아닌지 그리고 아이는 어떻게 되었는지는 따지지 않은 채, 우물에 빠진 아이를 보는 순간 자기 마음에 측은지심이 들었다는 사실에만 기뻐하는 건 너무 무서운 모습이다.

데카르트(René Descartes)의 '나는 생각한다. 고로 존재한다(cogito ergo sum)'[3]라는 선언으로 시작된 근대철학은, 맹자나 주희의 철학과 너무도 닮았다. 오로지 자기라는 개인에게만 집중했다. 맹자와 주희는 마음에 집중한 반면, 데카르트는 정신[생각]에 집중했다는 차이점은 지나쳐도 될 만큼 사소하다. 방구석에서 자기 생각에만 빠져 있던 개인을 끌고 나와, 사람들을 만나게 하고 사회생활을 하게 한 사람이 마르크스다. "2 인간이 대상에 관한 진리를 가질 수 있는가의 문제는, 이론의 문제가 아니라 실천의 문제다. 6 인간의 본질은 '사회적 관계들의 앙상블(ensemble)'이다. 11 지금까지 철학자들은 세계를 단지 다양하게 해석만 해왔을 뿐이다. 그러나 정작 중요한 건, 세계를 변화[변혁]시키는 것이다."[4] 맹자와 주희를 반격한, 아니 맹자와 주희가 놓치고 있던 핵심을 정확히 짚어낸 정약용이 마르크스인 셈이다.

> 상반되는 두 의지가 동시에 일어나는 지점이 바로 선과 악이 나뉘는 곳으로, '인심(人心)'과 '도심(道心)'이 서로 싸워 의로움[의(義)]이 이길지 욕망[욕(欲)]이 이길지 판가름 나는 때이다. 하지 않아야 할 것과 하고자 하지 말아야 할 것은 도심에서 발하니, 그것이 곧 '천리(天理)'이다. 하지 않아야 할 것을 하고 하고자 하지 말아야 할 것을 하고자 하는 것은 인심에서 발하니, 그것이 곧 '사욕(私慾)'이다. 하지 않아야 할 것을 하지 않고 하고자 하지 말아야 할 것을 하고자 하지 않는 것은 인심을 제어하고 도심의 명령을 듣는 것이다. 이것이 공자가 말한 극기복례(克己復

---

3 르네 데카르트, 『방법서설』 (1637)
4 카를 마르크스, 『독일 이데올로기』 〈포이어바흐에 관한 테제〉 (1845)

禮)의 진정한 의미이다.

··· 정약용, 『맹자요의(孟子要義)』(1814)

정약용에게는 개인의 내면적 갈등이 매우 중요했다. 쇼펜하우어에게 의지(意志) 간의 싸움이 그랬듯 말이다.[5] 내면적 갈등 없이 본성만 가지고 해결되는 윤리적인 문제는 없다. 나아가 너무도 쉽게 본성을 두 발로 딛고 서서 사회 질서 확립을 꿈꾸는 건, 세상을 몰라도 너무나 모르는 철없는 소리다. 사람과 사람 사이의 윤리적인 문제에 얼마나 많은 딜레마가 웅크리고 있는지를 못 본 것이다. **윤리는, 갈등에 직면한 개인의 결단과 의지 그리고 실천의 영역에서만 비로소 진정한 의미를 지닐 수 있다.**

주희의 업적은 엄청나다. 사서 각각에 일일이 주석을 단 『사서집주』도 남겼으며, 제자들이 주희의 어록을 정리한 『주자어류(朱子語類)』도 있다. 이미 주희 이전에, 공자와 공자를 계승한 후학들이 지었다고 알려진 100편이 넘는 『예기(禮記)』 중 42편과 31편 단 두 편만 따로 떼어내 각각 『대학』과 『중용』이라는 이름으로 부르며 읽고 있었다. 물론 『논어』는 두말할 것도 없고. 주희는 거기에 『맹자』를 추가해 '사서(四書)'라는 이름을 붙여 '삼경(三經)'에 버금가는 권위를 부여했고, 그 후 사서는 과거시험의 교과서가 되었다. 우리가 '성경'이나 '불(교)경(전)'이라는 말을 쓰고 있듯, '경'이란 성인(聖人)의 말씀으로 누구도 건드릴 수 없는 영역을 의미한다.

『시경(詩經)』은 서주(西周) 말부터 춘추시대가 시작된 동주(東周) 초까지 약 200년에 걸쳐 지어진 305편의 시가(詩歌)를 모은 것이고, 『상서(尚

---

5 아르투르 쇼펜하우어, 『의지와 표상으로서의 세계』(1819)

書)』라고도 불리는 『서경(書經)』은 공자가 요순시대·하나라·은[상]나라·주나라의 역사와 당시와 관련된 이야기들을 각각 모아 총 4부(部)로 편찬했다고 알려진 책이며, 『역경(易經)』은 '변화하는 자연현상의 원리를 기록한 책'이라는 뜻인데 하나라·은[상]나라·주나라 각각 『연산(連山)』과 『귀장(歸藏)』과 『주역(周易)』이라는 독자적인 역경을 가지고 있었다고 한다. 그러나 지금은 전해지는 게 주역뿐이고, 그래서 흔히 역경과 주역을 동의어로 사용하고 있다. 공자가 그의 본국인 노나라 242년의 역사를 기록한 『춘추(春秋)』와 『예기』를 삼경에 더해 '오경(五經)'이라고도 부른다.

사서 중 『맹자』를 제외한 세 권이 공자의 것인데 맹자가 공자를 계승했다는 데 특별한 이견이 없으므로, 사서 모두 공자의 사상이라고 해도 크게 틀리지 않을 것이다. 그리고 오경 중 『서경』·『춘추』·『예기』 세 권은 공자가 썼거나 아니면 편찬한 것이고, 공자의 손길에서 벗어나 있는 듯 보이는 『시경』과 『역경』은 공자가 그토록 그리워했던 주나라의 것들이다. 사서의 편찬 시기에 있어서 『논어』가 가장 먼저이고 『맹자』가 마지막이라는 데는 이견이 없다. 다만 나머지 두 권 중 주희는 『대학』이 먼저이고, 기원전 5세기 중반에 활동했던 공자의 제자 증자(曾子)가 적어도 공동 저자일 거로 추정했다. 하지만 『중용』이 먼저이고, 기원전 5세기 중후반에 활동했던 공자의 손자 자사(子思)와 그의 제자들이 『중용』을 저술하고 곧이어 『대학』도 저술한 것으로 보는 게 정설이다. 우리나라를 비롯해 동양 사상의 핵심인 유교라는 편의점에, 공자가 모든 물건을 대고 주희가 깔끔하게 매대 정리를 한 셈이다.

한편, 정호에게서 시작된 심학은 주희와 동시대 사람인 육구연(陸九淵)[육상산(陸象山)]이 계승했다. 육구연도 이(理)가 우주의 원리인 건 인정했지만, 그것을 어떻게 파악할 수 있는가에 대해서는 의구심을 가졌다. 이것은 서양 근대철학과 함께 등장한 인식론(認識論, epistemology)의 문제와 똑같은 고민인데, 내가 파악한 이가 정말 이가 맞는지 아니면 다른 것인지 누가 객관적으로 보증해 줄 수 있느냐는 것이다. 갑이 파악한 이가 정말 이가 맞다고 을이 확정해 준 경우, 을의 증언이 맞는지 틀리는지는 또 누가 확정해 줄 것이며, 이런 질문은 무한히 계속되기 때문이다.

주희의 격물치지는 동문서답일 뿐이었다. 핵심은, 파악해서 얻을 수 있는지가 아니라 얻은 것이 정말로 얻고자 했던 바로 그것인지 확언할 수 있느냐 하는 것이었기 때문이다. 다시 말해서 '개별적인 다양한 이'가 아니라 '보편적인 단 하나의 이'가 핵심이었다. 결국 이학으로는 이(理)와 관련한 인식론의 문제를 해결할 수 없다고 판단한 육구연은, 과감히 시선을 심학으로 돌렸다. 그렇게 시선을 돌리자마자, 그가 그토록 원하던 해답이 그의 눈앞에 있었다. '마음'은 누구나 갖고 있고 누구나 그 존재를 확신하는 것이며, 심학이 주장하듯 그런 마음이 이(理) 즉 우주의 원리라면, 골똘히 고민하거나 고생 고생해서 격물치지를 해야 할 필요가 전혀 없는 게 되기 때문이다. 불교나 맹자가 주장한 것처럼, 우주의 원리이자 이(理) 그 자체인 마음을 가리고 미혹하게 만드는 것들만 제거하면 '진정한 앎[양지(良知)]'에 이를 수 있다는 결론이 자연스럽게 나온다.

그러나 현실은 육구연의 깨달음과는 다르다. 마음의 존재야 확실하지만, 내 마음과 똑같은 마음을 지닌 사람은 존재하지 않음도 확실하니까 말이다. 모든 사람이 다 내 맘 같지 않은 법이다. 그래서 '1심1리(一心一理)'도 결국 '1물1리'나 '월인천강'과 아무것도 다를 게 없다. 그리고 『역경』에서 '1음(一陰)과 1양(一陽)이 곧 도(道)'라고 했으므로 이와 기의 구분 자체가 잘못되었다는 주장도 온전히 동의할 수 없다. 음과 양이 늘 '따로 또 같이' 존재하는 것처럼, 이와 기도 각각 별개의 개별적인 존재인 동시에 온전한 하나다. 입자와 파동이 별개의 것이지만 그것들이 통합되면 빛이 되듯이, 음과 양은 별개의 것이지만 그것들이 통합되면 태극 또는 도가 된다. 따라서 이와 기를 구분하는 건 문제가 있지만, 구분하지 않는 것도 문제가 있다고 말하는 게 최선이다. 확실한 걸 원하는가? 안타깝지만, 우리가 사는 세상에서 확실한 것은 그 어떤 것도 없다. 양자역학(量子力學)을 보라. '상황' 또는 '관점'에 따라 달라지는 결과만 있을 뿐이다.

여하튼 육구연의 심학은, 16세기 초반에 활동했던 명(明)나라(1368~1644) 왕수인(王守仁)[왕양명(王陽明)]에 의해 완성되었다. 육구연이 정이라면, 왕수인은 주희인 셈이다. 양지[진정한 앎]에 따르는 행동은 모두 선(善)하며, 어떤 외적인 규범에도 속박되지 않는다. 왕수인과 육구연의 일치점은 여기까지다. 그러므로 마음을 깨끗하게 씻기만 하면 충분하다고 생각한 육구연과는 달리, 비록 마음 자체는 선악을 초월한 그 무엇이긴 해도 일상에서 그런 마음이 드러나는 '의도[뜻]'나 '의지'에서는 반드시 선악이 나타나므로, 마음을 깨끗하게 씻은 후에도 로션을 바르고 가끔은 팩도 하면서 항상 잘 케어(care)해야 한다는[치양지(致良知)] 게 왕수인의 주장이다. 불교와 도교의 현실 도피적인 태도를 비판하면서, 현실적인 삶 속에서 지행합일(知行合一)을 강조했고. 이렇게 집대성된 심학을, 그의 호를 따 '양명학(陽明學)'이라고 부른다.

사서의 구성

주나라의 예절을 다시 되살리면 혼란도 종식되리라 굳게 믿었던 공자는, "말세네. 말세야." "나 때는 말이지…"라며 지나간 옛것에 대한 향수(鄕愁)에 매몰되어 있었던 셈이다. 역사 속에서 그때까지 한 번도 겪어보지 못한 혼란 그리고 처음으로 그 원인과 해결책에 대해 고민을 한 사람이라는 점을 참작한다면, 충분히 이해할 수 있다. 분명 정신이 하나도 없었을 테고, 어찌해야 할지 우왕좌왕(右往左往)했을 터. 따라서 지금의 시선으로 공자의 여러 주장을 이것저것 멋지게(?) 비판할 수도 있겠지만, 그보다는 드라마나 영화를 보듯 감정이입을 통해 공자의 마음을 느끼면서, 그가 말한 한마디 한마디를 음미하는 게 더 바람직한 자세라고 생각한다. 이런 다양한 생각과 멋진 말을 기록으로 남겨준 것만 해도 나는 고마울 뿐이다.

공자에게는 이복형이 있었고, 세 살 되던 해 아버지를 여의고 홀어머니 밑에서 자랐다. 19세 때 결혼해서 이듬해에 아들 공리(孔鯉)를 낳았고, 24세에 어머니도 여의었다. 특별한 선생이 없었던 공자는, 그가 만나는 모든 사람에게 무엇이라도 배우려 했다. 아마도 30대에 들어서면서부터 사람들을 가르쳤을 것이다. 34세쯤 주나라 수도 낙읍에 가서 노자에게 예(禮)에 관해 물었다고 전해지는데, 논쟁의 여지가 있다. 노나라에서 관직 생활을 했고, 이런저런 사건에 휘말려 자의 반 타의 반 55세 때부터 이후 14년간을 주유천하 하다가 68세가 되어서야 다시 노나라로 돌아올 수 있었다. 그러나 바로 이듬해 아들 공리가 50세의 나이로 사망하자 공자는 며느리를 개가(改嫁)시킨 후 세 살짜리 손자 자사(子思)를 손수 키웠고, 자사는 후에 성장해서 공자의 수제자 중 한 명이었으며 공자가 죽었을 때 상주(喪主) 역할까지 맡기도 했던 증자(曾子)의 제자가 되었다. 그리고 잘 알다시피, 자사의 제자의 제자 중 한 명이 맹자의 스승이었다.

삶의 고통은, 아들을 먼저 하늘로 떠나보낸 아버지의 슬픔에서 끝나지 않았다. 공자가 70세 되던 해, 가장 아끼던 제자 안회(顔回)[안연(顔淵)]가 31세의 나이로 사망했다. 아들을 잃었을 때보다 훨씬 더 큰 슬픔에 아파하던 공자는, 이후 정치판을 떠나 후학양성과 집필 활동에 몰두해서 이듬해인 71세에 중국 최초의 역사책 『춘추』를 편찬했다. 그러나 아직 감당해야 할 고통이 더 남아 있었음을 공자도 몰랐으리라. 『춘추』를 편찬한 이듬해인 72세 때, 성격이 엄격하고 과격하기는 해도 "내가 뜻하는 도(道)가 이 세상에 행해지지 않아 뗏목을 타고 멀리 떠난다면, 나를 뒤따를 사람은 아마도 자로(子路)일 것"(『논어』 5편 〈공야장〉)이라며 최고의 신의(信義)를 가진 제자로 아끼던 자로가 63세의 나이로 타국에서 벼슬을 하다 내란에 휘말려 사망했다. 이제 더는 버틸 수 없었나 보다. 이듬해 공자도 세상을 떠났다.

그다지 많은 분량이고는 할 수 없는 총 20편 482장 600여 문장으로 구성된 『논어』는, 기원전 2세기 말에서 1세기 초 사이에 쓰인 사마천의 『사기』보다 기껏해야 수십 년 정도 앞서 완성된 것으로 보고 있다. 공자가 6세기 중반에 태어났으니, 지금의 형태로 완성되기까지 400년을 넘는 긴 시간이 소요된 셈이다. 상론(上論)[1~10편]은 공자가 죽은 후 그의 직계 제자들에 의해 기록되었고, 하론(下論) 중 11~15편은 증자의 제자들에 의해 기록되었으며, 16~20편은 맹자 때 혹은 맹자가 죽은 후 전국시대 말기의 학자들에 의해 불확실한 자료들이 추가되어 편찬되었다. 각 편의 이름은 해당 편을 시작하는 첫 문장의 첫 두 글자를 딴 것으로, 특별한 이유나 뜻이 있는 건 아니다.

『논어』가 일종의 시(詩)라면, 『맹자』는 에세이다. 맹자가 활동하던 시대는, 주나라의 희미했던 그림자마저 사라져 더 혼란스러웠던 전국시대였다. 그러나 긍정적인 면도 있었다. 사람은 적응의 동물이라 그러려니 하면서 어느새 혼란에 어느 정도 충분히 적응되어 있었다는 점이다. 그래서 우왕좌왕하던 공자와는 달리 맹자는 조금 더 차분히 생각할 수 있었고, 그것이 사람의 마음속까지 들여다볼 수 있는 여유를 준 계기가 되었을 것이다. **수백 년간 이어지고 있는 혼란이라면, 앞으로도 한순간에 끝나리라는 희망을 품기는 어려웠을 터. 그래서 맹자는 그에 대처하려면 장기적인 대비책이 필요하다고 봤다. 혼란의 종식(終熄)이 장기적인 싸움이라면, 일단 백성들이 배는 곯지 않아야 한다. 그래야 버텨낼 수 있으니까. 그래서 "일정하고 지속적인 생업이 없으면[무항산(無恒産)] 통치자나 나라를 향한 일정하고 지속적인 마음도 가질 수 없다[무항심(無恒心)]"로 대표되는 '왕도정치'를 강조한 게 아닐까?**

『맹자』는 《양혜왕(梁惠王)》(상 7장/하 16장)·《공손추(公孫丑)》(상 9장/하 14장)·《등문공(滕文公)》(상 5장/하 10장)·《이루(離婁)》(상 28장/하 33장)·《만장(萬

章)》(상 9장/하 9장)·《고자(告子)》(상 20장/하 16장)·《진심(盡心)》(상 46장/하 38 장) 등 총 7편 261장으로 구성되어 있지만, 편마다 상하로 나뉘기 때문에 14편으로 볼 수도 있다.

양혜왕은 전국시대 위(魏)나라 혜왕(惠王)(기원전 400~기원전 370~기원전 334)으로, 『장자』에는 문혜군(文惠君)으로 기록되어 있다. 공손추는 맹자의 제자이고, 등문공은 노나라의 속국으로 산둥성[산동성(山東省)] 남부에 있 던 등나라의 왕이다. 이루는 삼황오제(三皇五帝)가 다스렸다는 신화시대의 전설적인 인물이고, 만장은 맹자의 제자다. 맹자보다 약 50년 먼저 태어 나 기원전 4세기 초중반에 활동했고 본명이 고불해(告不害)인 고자는 '성 무선악설(性無善惡說)'을 주장한 사상가이고, 진심은 마음을 다한다는 뜻 이다.

전반의 세 편(또는 여섯 편)은 맹자가 중국 전역을 돌아다니던 시절의 언행을 기록한 것이고, 후반의 네 편(또는 여덟 편)은 은퇴 이후의 언행을 기록한 것으로 추정된다. 통념과는 달리, 전체 내용에서 인간의 본성을 다룬 '성(性)'이라는 단어는 37번 그것도 《고자 상(上)》 앞부분에 22번 집중 적으로 나오고 비슷한 의미의 '명(命)'과 함께 《진심 상(上)》에 몇 번 등장 할 뿐, 다른 곳에선 거의 나타나지 않는다. 따라서 맹자의 본업은 철학자 라기보다는 정치가라고 보는 게 어울린다.

✳✳✳

『논어』와 『맹자』와는 달리, 『대학』을 누가 썼는지는 불분명하다. 『대 학』의 저자는 불분명하다. 그나마 분명하게 남아 있는 건, '경(經)'은 공자 의 말을 증자가 기록한 것이고, '전(傳)'은 경에 대한 증자의 해석을 증자의 제자들이 기록한 것이라는 주희의 주장뿐이다. 논쟁의 여지가 많지만, 그렇다고 확실하게 반박할 만한 다른 근거도 없는 상황이다. 주희가『대학』을 증자의 작품으로 못 박은 것은, 시대순으로 보자면 '공자의『논어』· 공자의 제자인 증자의『대학』· 증자의 제자이자 공자의 손자인 자사의『중용』· 그리고 자사의 제자의 제자인 맹자의『맹자』' 이렇게 사서를 완성함으로써, 유학의 체계와 적통(嫡統)을 확립하기 위한 포석이었다.

『논어』와『맹자』와는 달리, 『대학』의 주제는 한 단어로 요약할 수 있다. 자기의 마음과 몸의 수양 그리고 '동시에' 가문과 나라와 천하를 다스리는 방법인 '수기치인(修己治人)'이다. '명명덕(明明德)· 신민(新民)[친민(親民)]· 지어지선(止於至善)'이라는 세 개의 근본 뼈대[강령(綱領)]와 '격물(格物)· 치지(致知)· 성의(誠意)· 정심(正心)· 수신(修身)· 제가(齊家)· 치국(治國)· 평천하(平天下)'라는 여덟 개의 개별 주제[조목(條目)]로 되어 있다. 내가 '동시에'를 강조한 건, 주희부터 시작해서 대부분 사람이 '완성한 이후의 순서'라는 점을 강조하기 때문이다. 물론 치지는 격물에 '뿌리를 둬야' 하고 성의는 치지에 '뿌리를 둬야' 한다는 식의 '선후(先後) 관계'는 전적으로 동의한다. 하지만 격물을 '완성한 이후라야' 치지가 가능하고, 치지를 '완성한 이후라야' 수신이 가능하다는 식의 해석은 받아들일 수 없다는 것이다.

예수나 부처 정도를 제외하고, 그 누가 있어 수신을 '완성했다'라고 말할 수 있겠는가? 수신을 '완성한 이후라야' 제가가 가능하다면 결혼할 자격이 있는 사람도 예수나 부처 정도에 불과할 텐데, 하필 그 둘 다 제가에는 전혀 관심이 없었다. '완성한 이후의 순서'를 강조하는 건, '단번에 깨달은 후에도[즉각성] 지속적인 수행이[점진성] 반드시 수반되어야 한다'라는 교관겸수(敎觀兼修)· 정혜쌍수(定慧雙修)· 돈오점수(頓悟漸修)와도 맞지 않는다. 변화 속에 있기에 늘 고정되고 불변하고 완전한 그 무엇을 찾을 수밖에 없는 인간적인 오류일 뿐이다. 따라서 부족하나마 그 여덟 가지 모두를 함께 조금씩, 단 상황에 따라 퍼센티지에 변화를 주면서 끌고 가야 한다.

11세기에 활동했던 북송(北宋)(960~1127)의 사마광(司馬光)이 처음으로 『예기』 중 42편 하나만 따로 떼어내 『대학광의(大學廣義)』라는 이름으로 편집했고, 정호와 정이 형제가 따로 사마광의 편집 순서에 문제가 있다면서 순서를 재편집했는데, 주희는 한술 더 떠서 순서뿐만 아니라 빠지거나 잘못된 부분도 있다면서 '경(經) 총 1장(章)·전(傳) 총 10장(章)'으로 구분한 후 주석(註釋)을 달아 총 1,700여 자 길이의 『대학장구(大學章句)』라는 이름의 최종본을 완성했다. 주희가 채워 놓은 부분은 전(傳) 5장의 '격물치지보망장(格物致知補亡章)' 134자다. 그 후부터 『대학』이라고 하면 주희의 『대학장구』를 가리키게 되었고, 『예기』에 있던 『대학』 원문은 『고본대학(古本大學)』으로 불리고 있다.

주희는 사서를 『대학』 → 『논어』 → 『맹자』 → 『중용』의 순서로 읽어야 한다고 말할 정도로 『대학』을 가장 중요하게 생각했지만, 주희만의 생각이라고 할 수 있다. 개인적으론 어느 모로 보나 공자의 어록인 『논어』가 우선이고, 공자의 계승자가 되고 싶어 했던 맹자의 『맹자』를 이어서 읽는 게 유교 사상의 연결성을 확보할 수 있으며, 다음으로 『대학』 그러고 나서 마지막으로 『중용』을 읽는 걸 추천한다. 『대학』이 겉이라면 『중용』은 속과 같다면서, 이 둘을 '표리지학(表裏之學)'이라고 부르기 때문이다.

독대학법(讀大學法) ··· 주희, 『대학장구』

『논어』와 『맹자』는 (당면한) 문제(事)를 묻고 (그것에 관해서만) 답한 것이어서 (학문의 방법과 방향에 관한) 정수(精髓)[요령(要領)]를 엿보기 어렵지만, 『대

　　　　　고전일까 정치일까

학』은 공자가 옛사람들이 학문하던 시작과 끝에 대해 말한 것을 (증자가) 기록하고 또 (증자의) 제자들이 그 뜻을 밝혀 적은 것이다. 그래서 앞뒤 순서가 서로 연결되고 전체의 체계가 갖춰져 있는 까닭에, 이 책을 (가장 먼저) 곱씹어 맛보면 옛사람들이 학문을 통해 지향했던 바를 알 수 있다. 그 후에 『논어』와 『맹자』를 읽으면 이해하기가 훨씬 더 수월한 이유는, 그것들의 분량이 많긴 하나 『대학』을 통해 그 뼈대가 이미 서 있기 때문이다.

『대학』의 효용성은 천하를 다스림[평천하(平天下)]에 이르지만, 천하를 다스리려면 먼저 나라를 다스릴 수 있어야 하고[치국(治國)], 나라를 다스리려면 먼저 가정을 다스릴 수 있어야 하며[제가(齊家)], 가정을 다스리려면 먼저 자기 자신을 다스릴 수 있어야 하고[수신(修身)], 자기 자신을 다스리려면 먼저 마음을 올바르게 해야 하며[정심(正心)], 마음을 올바르게 하려면 먼저 뜻을 올바로 세워야 하고[성의(誠意)], 뜻을 올바로 세우려면 먼저 (자신의 본성에 대한 앎을 포함해) 만물의 도리(道理)를 깨우쳐야 하며[치지(致知)], 만물의 도리를 깨우치려면 먼저 만물의 이치를 탐구해야 한다[격물(格物)].

거꾸로 밟아가 보면, 격물부터 수신까지의 다섯 항목이 3강령(綱領) 중 첫 번째로 지배계층이 자기의 덕(德)을 쌓는 단계인 '명명덕'이고, 제가부터 평천하까지의 세 항목이 두 번째로 덕을 쌓은 지배계층이 그렇지 못한 피지배계층을 교육하고 다스리는 단계인 '신민[친민]'이며, 이 두 강령이 완성된 모습이 세 번째로 국가와 사회 전체가 지극히 선한 경지에 도달한 상태를 일컫는 '지어지선'이다.

『대학』을 읽을 때 먼저 '전(傳)'을 통독하고 숙지한 후 '경(經)'을 보는 것이 좋은 이유는, 대의(大意)를 모른다면 (짧게 요약해 놓은) 경을 이해하는 것이 어렵기 때문이다. (…) 책을 읽을 땐, 그 내용을 (최대한) 많이 암기하는 것을 목표로 삼으면 안 된다. 단락마다 정독(精讀)하고 생각해서 (그 뜻을) 정확히 마치고 분명하게 한 후 다음 단락으로 넘어가되, 다음 단락을 볼 때는 앞 단락을 생각하고 헤아림으로써 글의 뜻이 연결되게 해야 막힘이 없을 것이다. 조금[대충] 읽은 후에 다른 책으로 넘어가는 건 좋지 않다. 정독하라. 애쓰고 노력함이 깊으면 깊을수록 그 쓰임은 더욱 넓어질 것이다.

책을 읽을 땐 처음엔 100%의 힘이 들지만, 다음엔 80~90%의 힘만 들이면 되며, 그다음엔 60~70%의 힘만 들이면 되고, 그렇게 읽기가 점점 쌓이면 스스로 깨치게 되어 (이후의) 다른 책들은 많은 힘을 들이지 않아도 된다. **전체 맥락을 보아야 하되, 글자 하나하나도 놓쳐서는 안 된다. (…) 책을 읽는 것이 어찌 그 언어만 보는 것에 있겠는가?** (읽은 내용에 비추어) **그 마음이** (실제로) **어떠한가를** (일상생활에서) **시험[실천]하는 것이어야 한다. (…) 이처럼 할 줄 모르면, 책은 책이고[서자서(書自書)] 나는 나일 테니[아자아(我自我)], 무슨 유익함이 있겠는가?**

공부든 계획이든 '전체 속에서 부분으로' 들어가야 하되, 정독해야 한다. 우리나라의 교육법 중 안타까운 부분이 바로 '선행학습'이다. 빨리빨리 성향상 그런 것이겠지만, 우리의 뇌는 느리고, 계속해서 중간중간 쉼이 필요하다. 배움에 있어서, 성급하게 앞서나가려 하는 대신 배운 것을 정확하게 소화하는 것이 가장 중요하다. 이것이 '누적(累積)되는 기본의 힘'이다. 배운 것만 철저히 숙지해 간다면, 처음엔 느리겠으나 어느 정도 후엔 엄청난 속도를 지니게 된다.

부디 조심해야 할 것은, 책의 내용을 암기하는 것을 목표로 삼는 일이다. 이것이 가능하다면 좋게 보면 축복이지만, 나쁘게 보면 타인에게 자기의 지식을 자랑하고 그럼으로써 타인보다 자기가 우월함을 드러내려는 호승심(好勝心)으로 기울기 쉽기 때문이다. 전체 문맥 속에서 한 단어 한 구절 한 문장의 뜻과 의미를 새기며 천천히 정독하라! 책을 읽는 목적은, 자랑하기 위함이 아니다. 한 권의 책을 읽음으로써, 그로 인해 자기의 생각과 가치관과 일상생활 속에서의 행동을 그 책의 가치만큼 조금씩 변화시켜 나가기 위함이다. 스스로 하지 않은 것은 그 무엇이든 아무 소용이 없고, 고생스러울수록 그만큼 얻어 내게 마련이다. 인스턴트 식품과는 달리, 김치찌개나 된장찌개는 오랜 시간을 들이거나 오랜 시간을 들인 재료를 사용한다. 어느 것이 몸에 좋은 것인지는 묻지 않으련다.

『대학』 속에는 원문[정경(正經)]이 있고 (원문에 대한 주석인) 장구(章句)가 있으며 (쉽게 이해하지 못할까 봐 장구를 또다시 주석한) 혹문(或問)이 있으니, 보고 또 보면 혹문은 건너뛰고 장구만 보아도 될 때가 오고, 또 오래 보면 정경만 보아도 될 때가 오며, 또 오래 보면 『대학』 전체가 마음속에 있게 되어 정경 또한 필요 없게 될 것이다. (…) 학문함에 있어서는 다만 즐겨 하는가 즐겨 하지 않는가만 따질 뿐이니, 학문을 즐겨 하지 않는다면 요약한 설명이라도 (그 의미를 이해하고 풀어서) 생각할 줄 모를 테고, 학문을 즐겨 한다면 (내용이나 설명이) 상세하면 상세한 만큼 더욱 (생각하고 적용하는) 재미가 있을 것이다.

동양이 워낙 숫자 '3'을 좋아하다 보니, 흔히들 말한다. 인생의 레벨엔 3단계가 있다고. 가장 낮은 1단계는 가장 무지해서 어떤 지식도 없는 상태이고, 다음은 대다수 사람이 머무는 2단계로 눈앞에 산재한 수없이 나뉜 분별(分別)로 혼란함이 있는 상태이며, 가장 높은 3단계는 그 모든 분별이 무의식 속에서 통합되고 체화(體化)되어 1단계 사람들처럼 어떤 분별되고 개별적인 지식도 없는 것처럼 보이는 상태이다.

계획표를 예로 들어보자. 1단계는 계획표라는 것 자체를 짜지 않고 그러다 보니 짤 줄도 모르는 상태이고, 2단계는 초등학교 시절의 동그라미 계획표부터 시작해서 중고등학교 시절의 시간별 또는 분 단위까지 쪼개서 빽빽하게 세운 계획표에 조바심을 내며 자신의 삶을 맞춰가는 상태이며, 3단계는 그 빽빽한 계획표가 몇 가지로 단순화되고 통합되고 무의식 속에 체화되어 계획표 자체를 찢어 버린 탓에 겉으로는 1단계처럼 계획표가 없어 보이는 상태이다. 겉으로야 1단계와 3단계가 똑같아 보이지만, 속으로는 천지 차이다. 1단계는 어떤 것도 아예 없지만, 3단계는 없는 듯 있고 있는 듯 없다. 2단계는 계획표라는 외부의 통제하에 끌려다니며 쉼 없이 바쁜 삶을 살지만, 3단계는 매사를 자신이 통제하며 여유로운 삶을 산다.

이소룡(李小龍, Bruce Lee)은 말했다. "인간은 쌓아 가는 것이 아니라 없애 나가야 하는 존재다. 날마다 늘어나는 것이 아니라 날마다 줄어들어야 한다. (무술인에게) 수련의 최고단계가 항상 단순함으로 귀결되듯이 말이다." 이건 사실 노자의 말이다. 이소룡이 『도덕경』 48장을 읽은 걸까(313번)? 오스트리아/영국 철학자 루트비히 비트겐슈타인이 말했다. "나를 이해하는 사람은, 만일 그가 나의 명제들을 통해 — 나의 명제들을 딛고서 — 나의 명제들을 넘어 올라탄다면, 결국 나의 명제들을 무의미한 것으로 인식한다. 사다리를 타고 올라간 자는 그 사다리를 던져버려야 한다. 그는 이 (책의 모든) 명제들을 극복해야 한다. 그러면 그는 세계를 올바로 보게 된다."[6] 배는 강을 건너는 사람에게만 필요할 뿐, 이미 강을 건넌 사람에게는 소용이 없다.

미국 이론물리학자 파인만(Richard Feynman)이 말했다. "현상은 복잡하고, 법칙은 단순하다. '버릴 게 무엇인지' 알아내라!" 당나라 말기인 9세기 초반 활동했던 선종(禪宗)[선불교(禪佛敎)]의 고승 임제의현(臨濟義玄)이 말했다. "부처를 만나면 부처를 죽이고[봉불살불(逢佛殺佛)], (특정 학파를 세운 시조인) 조사(祖師)를 만나면 조사를 죽이고[봉조살조(逢祖殺祖)] (…) 부모를 만나면 부모를 죽이고[봉부모살부모(逢父母殺父母)] (…) 그러면 해탈을 얻을 것이다[시득해탈(始得解脫)]."[7] 법정(法頂) 스님은 『무소유(無所有)』(1976)를 남겼다.

***

『중용』은 손자인 자사가 할아버지 공자의 말을 중심으로 자신의 주장을 덧붙인 책이다. 첫 문장부터 하늘과 만물이라는 엄청난 스케일을 배경으로 '성(性)·도(道)·교(敎)'가 등장하는 까닭에, 번역자들 대부분이 철학적이고 형이상학적인 책이라며 겁을 주고, 그래서 일반 독자도 알든 모르든 '아멘'으로 받아들이고서 그저 읽었다는 뿌듯함만 느끼는 책이 바로 『중용』일 것이다. 『중용』도 『대학』처럼 주제를 요약하는 것이 가능하다. **『중용』의 핵심은 두 가지, 즉 지극한 정성이자 간절함인 '성(誠)'과 치우침 없는**

---

6   루트비히 비트겐슈타인, 『논리-철학 논고』 6.54 (1922)
7   임제의현, 『임제록(臨濟錄)』 (1120)

 그런데 처음에는 제목처럼 '중용'을 이야기하는가 싶지만, 내용이 거듭될수록 자꾸만 다른 길로 빠지기 시작한다. 문맥상 통하지도 않고 내용도 말이 안 되는 『시경』의 구절들을 발음만 비슷해서 마구잡이로 갖다 붙이고, 공자를 존경 그 이상으로 신격화하며, 지배계층[군자]을 일반 백성들과는 태생 자체가 다른 존재로 만들어 버린다는 문제점이 있다. 즉, 지금의 기준으로 버릴 게 많다.

『예기』 중 31편 하나만 따로 떼어낸 『중용』은, 『대학』과는 달리 원문의 순서와 내용을 하나도 건드리지 않았다. 『중용』의 저자는 공자의 손자인 자사다. 역시 주희가 총 33장으로 구분한 후 주석을 달아 『중용장구』라는 이름으로 정리했다. 표리지학이라는 말처럼, 『대학』의 3대 강령인 '명명덕·신민[친민]·지어지선'은 『중용』의 첫 문장에서 '성(性)·도(道)·교(敎)'로 이어진다. 한마디로 『중용』은, 우주의 원리인 순수한 인간 본성으로 돌아갈 방법을 설명한 책이라고 한다.

모두가 『중용』을 철학적(philosophical)이라 매우 어렵다고 말한다. 아니 웬만한 고전(古典)에는 늘 이런 평가가 따라다닌다. 과연 그럴까? 대체로 타인의 이런 평가가, 아직 그 책을 읽지 않은 사람들에겐 편견을 넘어 사실(fact)로 인식되고, 그 결과 향후의 접근 가능성마저 차단하며, 간신히 접근했다고 해도 읽으면서 느끼는 어려움과 이해 불가능을 모두 개인의 능력 부족으로 만들어 버린다. 나는 '그렇게 해서 특정 지식을 독점하려는 주체는 누구이고, 그 의도는 무엇인가?'라며 지식과 권력의 관계를 지적한 미셸 푸코(Michel Foucault)의 계보학(係譜學)적 질문을 똑같이 던지고 싶다.

물론 어려울 수 있다. 그중에서도 특히 철학적이라는 수식어가 붙는 책들은 더욱 그렇다.

적인 지식이 아니다. 예를 들어 '세계관·인생관·가치관'처럼, 인간 자신 그리고 인간의 삶을 구성하는 세상의 구조나 원리나 이치를 아는 지식을 뜻한다. 쉽게 말해서 철학이란 '호기심을 가지고 깊이 오래 생각하기', 즉 주희가 말하는 '격물'이다. 따라서 철학적인 책들이 어려운 이유는 간단하다. 호기심도 없고, 깊이 오래 생각하는 능력도 잃어버렸기 때문이다. 여하튼 『대학』과 『중용』을 읽을 땐 주희라는 조미료가 전혀 첨가되지 않은, 인간적인 공자라는 재료 본연의 맛을 느끼려고 하는 게 가장 좋은 방법이 아닐까 싶다.

노자와 장자

도가(道家)는 대부분 역관(歷官)[역사학자] 출신인데, 그들은 '성공과 실패·보존과 멸망·재난과 행복'에 대한 과거와 현재의 기록[책]에서 그 핵심[법칙]과 근본[도(道)]을 잡게 되었다. 그들이 주장한 것은 군주가 통치하는 방법[군인남면지술(君人南面之術)]이었다.

… 반고(班固), 『한서(漢書)』〈예문지(藝文志)〉(82)

상편(1~37)인 도경(道經)(총 37장)과 하편(38~81)인 덕경(德經)(총 44장) 총 81장으로 이루어진 『도덕경』은 서너 가지 판본이 있다. 3세기 중반 왕필(王弼)이 정리한 것으로 가장 널리 읽히는 왕필본[통용본], 1973년 발견된 기원전 3세기 중반[갑본]과 2세기 초[을본]로 추정되는 두 종류의 백서본(帛書本), 그리고 1993년 발견된 기원전 5~4세기로 추정되는 죽간본(竹簡本)[곽점본]이 그것이다. 저작 시기상으로 보면, 죽간본이 가장 초기 형태이고 이어서 백서본 그리고 왕필본의 순서라고 한다.

사마천의 『사기』〈노장신한열전〉에 따르면, 백발의 노자가 푸른 소[청우(靑牛)]를 타고 국경[함곡관]을 통과해 서역(西域)으로 가려 할 때, 노자를 알아본 함곡관 병사 관윤희(關尹喜)의 요청으로 하룻밤 새 일필휘지(一筆揮之)로 5,000자 정도의 『도덕경』을 썼다고 전한다. 그러나 전설일 뿐, 노자와 관련해서 확실한 것은 하나도 없다. 다만 사서처럼, 노자의 사상이 뼈대가 되고 오랜 시간에 걸쳐 그 위에 도가 사람들의 손때가 쌓인 것이리라. 도(道)는 성리학의 이(理)처럼 우주의 근본 원리로 자주 물에 비유되며, 덕(德)은 성리학의 기(氣)처럼 도(道)가 인간의 삶 속에서 구체적으로 이루어지고 드러나는 작용을 의미한다.

특히 '도(道)'가 갖는 뜻을 보자. 노자가 도를 말할 땐 넓게는 '우주와 자연의 원리[이치]' 그리고 좁게는 '국가의 보편적인 흥망성쇠의 원리[법칙]'를 뜻하지만, 장자가 도를 말할 땐 거의가 '우주와 자연의 원리[이치]'를 뜻하고, 공자가 도를 말할 땐 거의가 '예(禮)'를 뜻하며, 맹자가 도를 말할 땐 거의가 '하늘이 내린 본성을 따르는 것'을 뜻한다. 그런데 주희는 도에 대해서 노자의 뜻과 맹자의 뜻을 혼용한다. 그러면서도 동시에 거꾸로 하늘의 원리이자 이치가 덕[명덕(明德)]이라고 하고, 그런 덕을 추구하는 걸 도라고 말하기도 한다. 자기 마음대로다. 일상 대화에서도 그렇지만, 개념 정의부터 명확하게 세우지 않으면 너무 많은 혼란과 오해를 일으키게 된다.

노자 당시의 중국은 수많은 군소 국가가 난립했던 춘추시대 말기였고, 노자는 주나라의 장서(藏書) 관리자 즉 일종의 역사학자였다고 한다. 혼란의 시대를 끝내고 세상에 질서를 가져올 방법은 없을까? 도가(道家)가 보기에 유가의 방법은 최소한의 강제성도 없어서 국가의 통치 원리가 될 수 없었고, 한겨울 서릿발처럼 냉정하며 엄격한 티를 대놓고 드러내는 법가의 통치는 그 속에 과연 행복과 평화가 있을 수나 있는지 의심스러웠을 것이다. 노자가 내놓은 해답은 도(道)와 덕(德)이었다. 그것이 어떤 의미인지는 본문에서 마주할 때마다 생각해 보자. 분명한 건, 노자는 호랑이를 타고 다니며 길고 흰 수염을 기른 신선 할아버지가 아니라는 사실이다.

과장해서 말하자면 저마다 다른 책이라고 해도 될 정도로 책들의 수만큼 수많은 번역이 있는 것이 『도덕경』이다. 『도덕경』은 이상(李箱)의 '건축무한육면각체'처럼, 한 편의 암호로 된 시(詩)라고 할 수 있다. 장(章)마다 내용은 짧지만, 그것이 우리글이 아닌 한자(漢字)이고 그것도 2,000년을 훌쩍 넘는 아주 옛날의 한자이기에 암호라고 봐도 무방하다는 말이다. 우리말이라고 해도, 550여 년 전의 훈민정음으로 쓴 '월인천강지곡'조차 벌써 생소하지 않은가? 그런 『도덕경』을 해석하는 데 있어서 여러 해석 및 번역이 존재하는 건 당연하고, 또 그래야 그것을 읽는 우리도 여러 관점을 보는 즐거움을 누릴 수 있기에 일단은 좋다.

그런데 『도덕경』과 관련한 문제는, 해석은 수없이 다양한데 '관점'은 없다는 사실이다. 관점이란 『도덕경』 1장부터 81장까지를 하나로 꿰뚫는 '연결성' 또는 '일관성'을 말한다. 거의 모든 번역자가 지엽적(枝葉的)인 글자 해석에서 우왕좌왕하는지라, 같은 장(章) 속에서도 앞 문장과 뒷 문장 간의 연결성조차 찾기 어려울 때가 많았다. 게다가 사용된 한글은 한글이 아니고. '큰 걱정을 귀하게 여기되 내 몸과 같이 하라'라는 식의 해석들이 난무한다. 과연 번역자 자신은 알까 싶다. 이런 해석을 읽고, 심지어 전문(全文)을 필사까지 하면서 많은 은혜(?)를 받았다는 사람들도 있다. 놀라울 뿐이다. 물론 **읽어서 이해가 어려운 책들은 정말 많다. 하지만 이해가 '어려운' 책과 논리성과 일관성을 상실해서 '지저분한' 책 정도는 구별할 수 있어야 하고, 그런 지저분한 책들을 향해서는 경고도 날릴 수 있어야 한다.**

많은 번역자가 택한 방법은, 『도덕경』의 해석은 원래가 어렵다며 대충만 해놓고서 그에 대한 본인의 해설은 장황하게 하는 것이다. 이것은 번역자 본인들도 그리고 일반 독자들까지도 아전인수(我田引水)격 해석으로 빠질 수밖에 없게 만드는 구조다. 예를 들어 사랑하는 사람에게 차인 누군가가 "여러분! 사랑합니다!"라고 외치는 연예인의 말을 듣고는 생각한다. '사랑? 나를 차버린 연인도 나를 사랑한다며 접근한 후 내 모든 걸 빼앗아 갔는데, 사랑? 그렇다면 저 연예인도 내 모든 걸 빼앗아 가겠다고 선전포고하는 건가? 그리고 사랑은 한 사람만 향해야 하는데 팬들 모두를 사랑한다니, 저 사람은 사랑을 모욕하는 것 아니면 혹시 변태?' 물론, 이건 말도 안 되는 상황이다. 그런데 놀랍게도 많은 『도덕경』 번역이 이런 식이다.

노자는 통념과는 정반대로 그리고 매우 과격할 만큼 두 가지를 강조한다. 첫 번째는 백성들의 삶을 생존만 가능한 상태로 유지한 채 한없이 착하고 겸손하고 부드러운 척 백성들을 철저히 속여야 한다는 '통치의 묘(妙)'이고, 두 번째는 통치자가 억지로[인위(人爲)] 개입하지 않아도 톱니바퀴 돌아가듯 잘 돌아갈 수 있는[무위(無爲)] '시스템 구축'이다. 첫 번째를 위해서 수많은 도(道)와 덕(德)과 역설(逆說)로 『도덕경』을 채운 것이고, 두 번째를 위해서 수많은 왜곡과 오독(誤讀)의 원천이 된 무위(無爲)를 주장한 것이다. 이 두 가지가 『도덕경』의 핵심이라는 사실만 잊지 않는다면, 비록 성능은 전문가들의 것에 비해 많이 떨어진다고 해도 적어도 『도덕경』이라는 망망대해에서 길을 잃거나 익사하지는 않을 정도의 내비게이션 역할은 할 수 있으리라. 그리고 신선 할아버지가 아닌 춘추시대의 학자(學者) 노자를 만날 수도 있고.

사실 신선 할아버지의 이미지는, 전설상의 인물인 세 명의 황제(黃帝)와 노자(老子)를 시조(始祖)로 숭상한다고 해서 '황로학(黃老學)'이라고도 불리던 도교(道敎)의 것이다. 2세기 말 민속신앙과 장생불사를 추구하는 신선 사상이 결합해 탄생한 후 당나라 때 절정을 구가했던 도교는, 불로장생하는 신선을 추구한 미숙한 수준의 종교였다. 노자의 얼굴만 도용해서 신선 할아버지로 탈바꿈시켜서 자기네가 믿는 신 중 하나로 만든 도교와, 제자백가의 한 학파였던 이론적인 도가는 엄격히 구분해야 한다.

***

노자보다 200여 년 후에 활동한 장자(莊子)[장주(莊周)]의 생애에 대한 기록은 적지만, 지금의 하남성(河南省)에 해당하는 같은 송(宋)나라 사람으로 위나라 혜왕(惠王) 때 재상을 지낸 혜시(惠施)[혜자] 같은 인물과 교류하고 많은 제자를 가르쳤다는 기록은 남아 있다. 장자도 노자처럼 도(道)를 천지 만물의 근본 원리로 삼았다. 『장자』는 진시황의 친아버지라고 알려진 여불위(呂不韋)가 기획한 『여씨춘추』(기원전 239)에 총 52편이라는 기록이 남아 있지만, 현재는 33편만 전해진다. 그중 내편(內篇) 총 7편만 장자가 직접 쓴 것이고, 외편(外篇)은 장자의 제자들이 써서 어느 정도 장자의 그림자가 보이지만, 잡편(雜編)은 장자의 그림자마저 너무 희미해진 느낌을 준다. 그래서 본문에 잡편은 인용하지 않았다.

『장자』는 총 7편의 내편(內編) … 〈소요유(逍遙遊)·제물론(齊物論)·양생주(養生主)·인간세(人間世)·덕충부(德充符)·대종사(大宗師)·응제왕(應帝王)〉과 총 15편의 외편(外編) … 〈변무(騈拇)·마제(馬蹄)·거협(胠篋)·재유(在宥)·천지(天地)·천도(天道)·천운(天運)·각의(刻意)·선성(繕性)·추수(秋水)·지락(至樂)·달생(達生)·산목(山木)·전자방(田子方)·지북유(知北遊)〉 그리고 총 11편의 잡편(雜編) … 〈경상초(庚桑楚)·서무귀(徐无鬼)·칙양(則陽)·외물(外物)·우언(寓言)·양왕(讓王)·도척(盜跖)·설검(說劍)·어부(漁父)·열어구(列禦

寇)·천하(天下)〉로 구성되어 있다. 총 33편 6만 5,000여 자(字)니, 『도덕경』의 13배에 달하는 엄청난 분량인 셈이다.

내편은 장자가 써서 그런지, 전체적으로 일관성이 있다. 세상사에 얽매여 아등바등 살지 말고 우주를 벗 삼아 한평생 그저 흘러가는 대로 유유자적 노닐다가 가면 그만이라며 '곤(鯤)'과 '붕(鵬)'의 우화(寓話)로 시작하는 〈소요유〉, 그런 소요유의 삶을 살 수 있는 이론적인 근거는 바로 모든 대립 쌍이 사실은 도(道)라는 단 하나에서 빚어진 것이기 때문이라는 〈제물론〉, 이 두 부분을 바탕으로 개인이 살아가야 하는 방향을 제시하는 〈양생주〉, 그러나 안타깝게도 그런 삶은 사실 현실 속에선 힘든 일임을 보여주는 〈인간세〉, 그나마 그런 힘든 현실을 극복하는 방법이 있긴 한데 그것은 덕(德)을 기르는 것이라는 〈덕충부〉, 그렇게 해서 도(道)를 터득하고 덕(德)을 베푸는 지인(至人)이나 진인(眞人)의 모습이 어떤 것인지를 설명하는 〈대종사〉, 그리고 끝으로 세상의 모든 임금이라면 마땅히 그런 지인이나 진인의 모습을 지녀야 한다는 게 〈응제왕〉이다.

공자와 노자는 춘추시대를 살았고, 맹자와 장자는 전국시대를 살았다. 시대가 사람을 만드나 보다. 공자와 노자의 시선은, 이전에는 겪어보지 못했던 혼란에 빠진 사회 질서의 확립이었다. 공자가 주례(周禮)를 그리고 노자가 무위(無爲)를 강조한 이유이고, 둘 다 지배계층만을 바라봤던 이유다. 그러나 어느덧 혼란이 일상처럼 익숙해진 전국시대에 접어들어 맹자가 그나마 백성들도 쳐다봤다면, 장자는 온전히 개인에게 집중했다. 글의 형식에도 공통점이 있다. 공자와 노자가 한자에 익숙한 지배계층을 위해 자기들의 사상을 시(詩)로 표현했다면, 맹자와 장자는 풀어서 설명하는 에세이를 택했다. 특히 장자는 거기에 우화라는 흥미 요소까지 곁들였고. 공자와 노자는 절대적인 체계를 원했지만, 맹자는 거기에 일단 백성들을 먹고살게는 해줘야 한다는 전제를 달았고, 나아가 장자는 모든 게 상대적이므로 차이를 경험해서 흡수할 수 있는 명경지수(明鏡止水) 같은 '맑은 마음[허심(虛心)]'과 그로 인한 '변화' 그리고 그것들을 가능하게 하는 '자유'를 주장했다. '사람은 객관적인 세상이 아니라, 저마다 만든 표상(表象)의 세계에서 살아간다.'[8] 그리고 항상 그런 표상의 세계를 구성하고 해체하고 재구성하는 과정이 우리의 삶이다.

하지만 장자도 놓친, 아니 순자와 한비 정도를 제외한 제자백가 거의 모두가 놓친 하나의 큰 결함이 있다. 전제가 빠졌다는 것이다. 바로 '인간의 본성은 그 모습 그대로 완전한 선(善)'이라는 전제 말이다. 만약 그렇지 않다면, 본성에 가까울수록 그리고 본성을 해치지 않을수록 개인과 사회에 그만큼 더 해가 되고 악이 되기 때문이다. 우리의 본성이 과연 믿을 만한 것인가? 믿을 만하다면 맹자와 주희와 노자와 장자를 따르고, 믿을 만하지 못하다면 순자와 한비를 따르면 될 듯하다.

---

8 송민령, 『송민령의 뇌과학 연구소』 8장 (2017)

(Ⅶ)

상앙과 한비

개혁을 시행한 지 10년이 지나자, 진나라 백성들은 크게 기뻐했다. 길에 떨어진 물건을 주워 가는 사람이 없어졌고, 산에는 도적이 사라졌으며, 집마다 풍족했다. 백성마다 공적인 전투에 용감하고 사적인 싸움은 피했다. 모든 고을이 기막히게 잘 다스려졌다.

… 사마천, 『사기』 〈상군열전〉

기원전 4세기 중반에 활동했던 상앙(商鞅)[공손앙(公孫鞅)]은, 실력과 인지도(認知度)는 반비례함을 보여주는 인물이다. 부국강병에 어긋나는 모든 학문과 사상을 철저히 억압했다. 인구는 적고 국력은 약한 변방의 진(秦)나라를, 불과 15년도 안 되는 기간에 전국시대의 강대국으로 성장시켰다. 『상군서』는 총 29편이지만 현존하는 것은 26편이고, 두 편(16편·21편)은 제목만 있기에 사실 24편인 셈이다. 상앙보다 100여 년 후에 활동했던 한비의 『한비자』에 『상군서』의 존재에 관한 언급이 최초로 실려 있고, 한비보다 100여 년 후의 사람인 사마천의 『사기』에 비로소 각 편의 이름까지 구체적으로 언급되어 있다.

기원전 453년 진(晉)나라가 대부들이던 위(魏)씨·한(韓)씨·조(趙)씨에 의해 분할되면서 춘추시대는 막을 내렸고, 그 후 50여 년이 지나 7개국이 자웅(雌雄)을 겨루는 전국시대에 돌입했다. 봉건제를 대신해 강력한 중앙집권제로 변화하기 시작했다. 그중 위나라가 법가의 정책을 채택해 부국강병을 이루자, 중국 전역은 법가적인 개혁의 열풍에 휩싸였다. 공·경·대부들이 독점하던 지식은 그들의 몰락과 함께 대부의 가신(家臣)이었던 사(士)로 넘어갔고, 그들은 지식을 축적해 '지식인'이라는 새로운 정치세력으로 등장하기 시작했다. 그러나 당시 진나라는 정치적·문화적으로 뒤처져 있었다. 함곡관(函谷關)이라는 천혜의 요새가 지켜주고 비옥한 토지에 강한 백성들이 살고 있는데 왜 그렇게 뒤처져 있을까를 고민하던 효공(孝公)(재위 기원전 361~기원전 338)은, 놀랍게도 천하의 현인(賢人)을 초빙한다는 구인 광고[초현령(招賢令)]를 냈다. 당시 위(魏)나라에서 작은 벼슬을 하고 있던 상앙은 곧바로 진나라로 향했고, 효공과 며칠을 토론한 끝에 재상으로 발탁되었다.

상앙은 기원전 359년(1차)과 350년(2차) 두 차례에 걸쳐 변법(變法)[대대적인 법률 개정]을 시행했다. 옛 시대의 모든 건 절대 건드려서는 안 되고 건드릴 수도 없는 진리 그 자체라 믿고 있던 당시의 패러다임 자체를 과감히 뒤집어 버린 셈이다. 역사상 최초로 다섯 집을 하나로 묶어 서로 감시하면서 연대책임을 지게 하는 오가작통법(五家作統法)과 연좌제(緣坐制)를 시행했고, 적의 수급(首級) 하나마다 관작(官爵)[관직과 작위]과 상금을 주었으며, 생산량이 많은 농민에겐 세금과 요역(徭役)을 면제해 준 반면 게으른 농민과 상공업자들은 처자식까지 노비로 삼았다. 종법제를 폐지하고 군현제(郡縣制)로 중앙집권화를 꾀했으며, 도량형(度量衡)을 통일했고, 토지 등급과 생산량에 따라 세금에 차등을 뒀다. 호패법(號牌法)을 시행해 호패가 없으면 다른 지역에 가서 투숙이나 식사조차 할 수 없었다. 1차 변법 때 태자 영사(嬴駟)가 실수로 법을 어기자, 상앙은 영사의 스승이자 백부(伯父)였던 건(虔)의 얼굴에 먹물로 죄명을 문신하는 경형(鯨刑)에 처했고, 2차 변법 땐 건이 법을 어기자, 그의 코를 잘랐다.

이런 엄격함에 모두가 상앙에게 원한을 품을 수밖에 없었지만, 상앙만큼 오로지 나라의 부국강병을 위해 모든 걸 공적(公的)인 자세로 한치의 예외와 흔들림 없이 처리한 인물도 찾아보기 어렵다. 이론과 실천을 겸한 보기 드문 사상가이자 정치가였다. 그래서였을까? 효공은 죽을 때 상앙에게 왕위를 물려주려고까지 했다. 상앙이 사양하면서 태자 영사가 뒤를 이어 혜문왕(惠文王)으로 즉위한 후, 기원전 338년 상앙을 체포해 오우분시(五牛分屍)[오마분시(五馬分屍)], 즉 몸을 다섯 곳을 소나 말에 묶어서 찢어 죽이는 거열형(車裂刑)에 처했다. 이 거열형도 상앙이 최초로 제정한 형벌이었다. 상앙의 업적은 140여 년 후 진시황이 중국을 통일하는 데 있어서 밑거름이자 뼈대가 되었다. 신념에 찬 한 사람의 개혁이 그렇게 짧은 시간에 나라 전체의 풍속을 바꾸고 부국강병을 이뤄냈다는 사실은 정말 놀라운 일이다. 다만 너무 강하고 조급한 나머지, 열린 마음을 가질 여유는 없었던 듯하다.

상앙의 삶은 법에 대한 신념과 국가를 위한 마음과 함께, 부국강병이라는 단 하나의 목적을 실현하기 위해 얼마나 많은 희생이 따라야 하는지도 보여준다. 왼쪽으로 90도 휘어져 있는 철사의 중간 부분을 곧게 만들려고 한다. 그렇다면 오른쪽으로 얼마나 휘어야 할까? 90도 휘어졌다고 오른쪽으로도 90도만 휘면, 철사는 왼쪽으로 45도 휘어져 있을 것이다.

오른쪽으로 180도를 휘어야 곧게 된다. 온건한 수정과 변화라면 문제없다. 하지만 아예 처음부터 전부 뜯어고쳐야 한다면, 잘못된 상태의 2배에 해당하는 힘을 반대편으로 가해야 한다. 지금으로부터 2,400여 년 전이라는 시대 상황과 여전히 혈연에 기초한 봉건제로 유지되던 후진국 진나라라는 국가 상황을 염두에 두고 상앙을 평가하는 게 옳다. 그러나 전문가라는 사람들의 비판은 그렇지 않다.

첫째, 새로운 법치를 위해 선인들의 지혜에서 근거를 찾고 잠재적인 문제점과 해결 방법을 모색하는 데 유효한 전통을 상앙은 철저히 거부했단다. 맞다. 하지만 이런 비판은 온건한 수정과 변화에 맞을 뿐, 대대적인 변혁에는 맞지 않음을 모르고 하는 소리다. 무엇을 어디까지 어떻게 참고하자는 것인지에서부터 의견이 갈리고 여러 문제가 발생할 수 있다. 우리가 우리나라의 경제 성장에 자부심을 느끼고 세계가 감탄하는 이유는, 빨리 빨리를 통해서 이룩한 것이기 때문이다. 느긋한 나라들은, 비록 처음엔 우리보다 앞서 있었더라도 현재 우리보다 한참 뒤처져 있다.

둘째, 상앙이 농민과 상공업자를 차별한 것 그리고 농민 중에서도 생산량에 따라 차별을 둔 것은 온전히 잘못이다. 그러나 사람의 이기심을 부추겨서 목적을 달성하는 건 무리가 있다는 비판은 틀렸다. 애덤 스미스는 개인의 이기심이 사회 전체로는 이타심이 될 수 있음을 증명했다. 셋째, 상앙은 스스로 행복을 창조해 가는 인간의 이성 능력을 인정하지 않았단다. 틀렸다. 이것은 지금 우리의 관점에서 과거를 재단하는 것일 뿐, 당시 사람들은 이런 생각을 결코 하지 못했다. 시대의 패러다임 자체가 달랐다. 넷째, 법을 제외한 나머지 지식은 필요 없다는 상앙의 반(反)지성주의는 문제가 있단다. 이것도 셋째와 같다. 독재는 일시적으로는 효과를 가져오지만, 결국엔 국민의 저항에 부딪히게 된단다. 이 역시 그런 과정을 겪어본 우리의 관점일 뿐이다. 당시엔 그런 선례가 아예 없었다. 법치를 최초로 시도해 보던 상황이었다.

마지막으로, 법과 통치자에 대한 상앙의 존중은 상대적으로 신하와 백성들에 대한 비하를 전제하고 있단다. 정치판에서 음과 양 둘 다를 만족시키는 사람은 지금도 없다. 거꾸로 보면, 이순신의 백성들에 대한 존중이 상대적으로 다른 신하들과 왕에 대한 비하를 전제하고 있다는 말과 같다. 국가의 기본 정책이나 정치 노선을 한 사람이 결정하면 안 된단다. 이 또한 지금의 시선이다. 당시 군주제는 유일한 진리였고, 백성은 보살핌을 받아야만 하는 미개하고 무지한 대상이던 시대였다. 이렇게 반박하고 보니, 상앙과 한비 즉 법치에 대한 나의 호(好)가 너무 드러난 듯하기도 하다.

상앙의 사상을 다섯 가지로 정리하면 이렇다. 첫째, 시대는 변하기 마련이고 변하는 시대마다 요구하는 게 달라진다[세변도이(世變道異)]. 둘째, 공과 사를 철저히 구분해서 공적인 일은 누구든 예외 없이 법(法) 단 하나를 중심으로 돌아가야 한다[명분공사(明分公私)]. 셋째, 부국강병의 유일한 길은 오직 농사와 전쟁뿐이고 이 두 가지를 제외한 나머지는 모두 나라에 해만 될 뿐이다[농전(農戰)]. 그런데 본성상 농전을 좋아할 사람은 없기에 넷째, 백성들을 농사와 전쟁에 매진하게 하는 방법[상벌(賞罰)]을 제시했다. 다섯째, 상벌을 시행할 때도 포상보다는 형벌에 초점을 맞춰야 하고 가벼운 죄라도 처벌은 무겁게 해야 한다[경죄중벌(輕罪重罰)]. 상앙이 포상보다 형벌에 더 초점을 맞춘 이유는, 형벌이 주된 것이고 포상은 형벌의 효과를 거들 뿐이라고 생각했기 때문이다.

지금 우리의 상황에서 절실한 것 중 하나가 '법치(法治)의 확립'이고 보면,

상앙에게서 배울 점이 분명히 있다. 특히 우리가 상앙에게 배워야 할 가장 큰 부분은, 법 앞에서는 만인(萬人)이 평등하다는 개념과 왕의 아들조차 예외가 없는 철저한 시행 의지다. 물론 그로 인해 비참한 최후를 맞긴 했지만, 그건 상앙의 잘못이 아니라 특별 대우를 바란 지배계층의 특권의식이 빚어낸 치졸한 복수였을 뿐이다.

***

춘추시대는 사회가 변화의 진통을 겪기 시작한 시기다. 정전제가 붕괴하면서 토지 사유제가 출현했고, 철기의 사용으로 생산량이 증가하기 시작했으며, 성문법이 예(禮)를 서서히 대체하기 시작했다. 이런 시대 변화에 맞춰 최초로 등장한 인물이 관중(管仲)이다. 제(齊)나라 환공(桓公)의 전폭적인 지지 아래, 기원전 681년 제나라를 춘추시대 최초의 패자(霸者)로 만들었다. 그리고 이어지는 전국시대 초기 한(韓)나라에서는 신불해(申不害)가, 진(秦)나라에서는 상앙이 등장했다. 이때부터 중앙집권제가 확립되기 시작했다. 법가의 법치는, 통치자에게 권력이 집중된 중앙집권화를 통해 통치자 한 명을 제외한 모든 사람을 법 앞에서 평등하게 다루는 것이었다. 이럴 때의 가장 큰 장점은, 통치자의 자질이나 인성이 전혀 문제 되지 않는다는 점이다. 성군이 나타났다고 한숨 돌리고, 폭군이 나타났다고 긴장할 필요가 없어진 것이다.

한(韓)나라는 전국칠웅(戰國七雄) 중에서 국토가 가장 작았다. 지리적으로도 가운데 자리 잡고 있어서 늘 인접 국가들로부터의 위협에 시달렸다. 한나라 왕의 서자(庶子) 출신이라고 알려진 한비는 당대의 대표적인 학자였던 제(齊)나라 순자(荀子)에게 가서 공부했고, 그곳에서 후에 진시황의 재상이 되는 이사(李斯)와 동문수학했다. 당시 제나라는 왕립학교를 세우고 지원을 아끼지 않아 천하의 인재들을 길러내고 있었다. 당시까지도 힘들여 완성한 자신의 이론을 현실 정치에 적용하기 위해서는, 스스로 군주들을 찾아가 유세(遊說)해서 인정을 받아야 했다. 그러기 위해서는 군주의 마음을 돌릴 수 있을 만큼의 멋진 말솜씨가 필수였는데, 한비는 언변(言辯)이 없었고 말을 더듬기까지 했다.

진시황은 우연히 한비의 저작을 읽고서 큰 감명을 받았다. 진시황의 마음을 읽은 이사는, 진시황에게 한나라를 공격할 것을 조언한다. 그렇게 되면 분명히 한나라가 한비를 사자(使者)로 보낼 것이고, 그때 한비를 만나 그를 품으라고 말이다. 그렇게 해서 한비는 기원전 234년, 진나라의 침공을 받은 한나라의 사자로 진나라에 도착했다. 그렇게 기대하던 한비를 만난 진시황의 실망은, 기대만큼 컸다. 한비의 더듬는 말에 신뢰가 가지 않았던 것이다. 그런 상황에서 갑자기 이사의 마음이 돌변했다. 혹시 진시황이 한비를 중용하면 자신의 지위가 위태로울 것이 걱정된 이사는, 진시황에게 한비를 죽여야 한다고 모함했다. "한비는 한나라의 공자(公子)이므로 왕께서 벼슬을 주신다고 해도 진나라에 충성을 다하려 하지 않을 것이고, 이대로 돌려보낸다면 이쪽의 사정을 알려주는 결과밖에 되지 않으니 지금 곧 죽이심이 마땅합니다." 그러나 이사도 진나라가 아니라 초나라 출신이었다. 여하튼 이 말에 혹한 진시황은 한비를 옥에 가뒀고, 이사는 독약을 보내 자살을 강요했다. 한비는 진시황을 만나 직접 모든 상황을 설명하려고 했지만, 그마저도 이사의 방해로 허락되지 않아 끝내 독약을 마시고 생을 마감했다. 진시황이 자신의 잘못을 깨달았을 때는 이미 한비가 죽은 뒤였다.

그러나 한비가 기록으로 남긴 정책들을 토대로, 진시황과 이사는 한비가 죽은 지 3년 뒤 한나라를 정복하고 다시 10년 후인 기원전 221년 마침내 중국을 통일했다. 전국을 36개 군(郡)으로 나누고 그 밑에 현(縣)을 설치했으며, 황제의 직접 임명으로 중앙에서 관리가 파견되었다. 도량형과 화폐가 통일되었고 문자의 서체가 통일되었다. 그리고 사상도 통일되었다. 현실에 필요 없는 사상과 학자들은 이제 아무 쓸모도 없게 되었다. 농업·의학·점술 등 실용적인 것을 제외한 나머지 모든 서적이 태워졌고 그와 관련된 학자들을 산 채로 파묻었다. **분서갱유(焚書坑儒)**다. 그러나 사실 이 모든 건, 이미 상앙이 주장하고 시행했던 것들이다. 상앙의 기틀을 더 구체적으로 다졌을 뿐이다.

총 55편의 『한비자』를 한비가 직접 모두 저술했는지에 대해서는 이론(異論)이 많지만, 전체가 법가사상으로 일관되어 있으며 한비의 주장이 그대로 실려 있다는 점만은 분명하다. 그 내용과 형식으로 보아 크게 두 가지로 분류된다. 하나는 자신의 주장을 직접 서술한 논문체와 문답체 문장이고, 다른 하나는 설화 등을 편집한 것이다. 지금도 여전히 55편이 전해지고 있지만, 원본보다 내용이 훨씬 줄어든 것이라고 한다. 그리고 거의 같은 내용이 반복되어 있어서 지겨운 면도 없지 않다. **한비는 법에 따른 통치를 강조하지만, 사실 목적은 법치(法治) 그 자체가 아니라 도가의 영향을 받은 도(道)의 실현이었다. 이것이 이탈리아의 사상가 마키아벨리(Niccolò Machiavelli)와의 차이점이다. 한비의 정신은 법치주의가 맞지만, 그렇다고 통념처럼 정치적 목적을 이루기 위해서는 수단과 방법을 가리지 않아야 한다는 마키아벨리즘(Machiavellism)은 아니다. 오히려 정치철학이 아니라 정치(기)술이던 마키아벨리즘을 지향했던 사람은 상앙이었다.**

한비는, 상앙의 '법(法)'과 한나라 신불해의 통치 기술인 '술(術)' 그리고 법을 철저히 시행할 수 있는 권력인 제나라 신도(慎到)의 '세(勢)'를 하나로 통합

해서 완성했다. 역시 핵심은, 법을 기준으로 군주가 상벌을 독점해서 시행해야 한다는 것이고. 이것이 법가가 유가의 덕치(德治)를 반대한 이유다. 덕치란 인치(人治)이자 곧 심치(心治)인데, 이것은 군주 한 명의 자의(自意)에 의한 통치이기에 절대로 객관성을 확보할 수 없기 때문이다. 『한비자』의 주된 내용으로는 신하를 다루는 일곱 가지 통치 기술인 칠술(七術), 군주가 조심해야 할 여섯 가지 낌새인 육미(六微), 권력을 찬탈(篡奪)하기 위해 신하가 꾸미는 여덟 가지 간계인 팔간(八姦), 군주가 경계해야 할 열 가지 잘못인 십과(十過) 등이고, 본문에 모두 실었다. 읽어보면, 어느 것 하나 버리거나 기억하지 않아도 될 게 없음을 알게 될 것이다.

〔 Ⅷ 〕

우정 출연과 특별 출연

중국에서 서남쪽, 면적은 한반도의 15배, 6~10개월 정도 월평균 기온이 20도 이상을 기록하는 아열대기후에 속하며, 성자(聖者, sage)의 나라라고도 불릴 만큼 정신적인 측면을 모든 국민이 소중히 여기는 나라, 지금도 신(神)들과 인간이 함께 어우러져서 긍정의 힘으로 살아가는 나라가 바로 인도(India)다. 흑해(Black Sea)와 카스피해(Caspian Sea) 사이의 캅카스(카프카스/코카서스, Caucasus)산맥을 중심으로 발원(發源)해서 유럽과 중앙아시아로 뻗어 나간 사람들을, 고대 인도어인 산스크리트어[범어(梵語, Sanskrit)]로 '고귀한'이라는 뜻의 '아리안(Aryans)'이라고 불렀다. 그리고 기원전 600년경까지 아리안들과 토착민 드라비다인들(Dravidians)이 충돌했고, 유목민족의 기동력과 철기 문화 그리고 우월한 체격조건으로 아리안들은 청동기에 기반을 둔 드라비다인들을 정복하는 동시에 섞이면서 갠지스강 유역의 델리(delhi)를 중심으로 정착한 듯하다.

이때 인도 종교와 철학 및 카스트도 완전히 체계가 갖춰지게 되었다. 그렇다고 신분의 구별을 막무가내로 할 수는 없는 노릇, 이론적인 근거

즉 명분(名分)이 필요했던 아리안들은 나름 멋진 신화를 창조했다. 우주의 정신[영혼]인 푸루샤(purusha)의 몸으로부터 우주 만물과 인간이 탄생했는데, 푸루샤의 입에서는 제사를 담당하는 성직자와 지주(地主)라는 최고 계층인 브라만[바라문(婆羅門), Brahman]이, 두 팔에서는 군인·정치인·법률가·왕족 등 귀족계층인 크샤트리아(Kshatriya)가, 두 무릎에서는 농업·목축업·상업 등을 담당하는 평민계층인 바이샤(Vaishya)가, 두 발에서는 수드라(Sudra)가 나왔다는 것이다.

따라서 가장 깨끗한 입에서 나오고 제사도 담당하는 브라만이 주인이 되고, 가장 더러운 발에서 나온 수드라가 노예가 되는 게 당연했다. 그리고 카스트에조차 들지 못한 채, 어부·소를 죽이거나 죽은 소를 치우는 일·가죽을 손질하는 일·사람이나 가축의 배설물과 관련된 일·청소·세탁 등의 일을 하면서 마을의 경계 밖에 따로 작은 집단을 이루어 생활하던 불가촉천민(不可觸賤民)인 파리아(Pariah)가 있었다. 자녀가 부모와 '언어'를 매개로 대화하듯, 인간은 '제사'를 통해 푸루샤 및 그 외 여러 신들과 대화할 수 있다고 믿었다. 마치 주례(周禮)를 절대시한 공자의 사상처럼, 제사를 그 성격과 절차에 맞게 얼마나 올바로 드렸고 누가 그 제사를 집전했는지에 따라 제사의 효력 여부가 결정된다고 믿었다.

기원전 600년경부터 기원전 200년경 사이 '위대한 바라타 왕조'라는 뜻의 『마하바라타(Mahabharata)』와 '라마의 모험'이라는 뜻의 『라마야나(Ramayana)』라는 서사시(敍事詩)가 등장했고, 제사 중심의 브라만교를 거부하면서 불교(Buddhism)와 자이나교(Jainism)도 등장했다. 특히 불교의 성장이 예상을 뛰어넘자, 위기감을 느낀 브라만교는 뒤늦게 토착민들의 토속신앙까지 받아들이면서 변화를 꾀했다. 그것이 불교 등장 1,000년 후인 기원후 6세기경에 체계를 갖춘 힌두교(Hinduism)다. '힌두'는 페르시아어로

'인도'를 의미한다.

반드시 기억해야 할 것은, 바로 '관습'과 '종교[정신]'의 무서움이다. 차별의 근거와 이유에 대해 논리적이고 합리적인 생각 없이 그저 예부터 그렇게 해오던 거니까 당연하고 자연스러운 일이라고 생각하기 때문에, 지배하는 사람들이나 지배당하는 사람들 모두 놀랄 만큼 아무렇지도 않다는 듯이 당연한 것으로 여기고 잘 생활한다는 게 문제다. 노약자나 임신부에게 자리를 왜 양보해야 할까? 어른은 왜 공경하고? 왜 서로 돕고 살아야 하지? 환경은 왜 보존해야 하고? 이런 것을 하지 말자고 말하는 게 아니다. 좋은 것이든 나쁜 것이든 습관적으로 하던 것들을 잠시 멈춘 후, 왜 그런지 근거와 이유를 묻고 답을 찾고 모르면 물어보는 것이 주체성 있는 인간의 출발점이라는 말을 하는 것이다. 묻고 생각하고 대답하는 그 모든 게 귀찮은 이유는, 생각이란 걸 해본 적이 없어서다. 인간은 생각하는 존재, 즉 생각하는 존재만이 인간임을 잊지 말자. 생명을 가진 것이라면 절대 거역할 수 없는 '윤회[輪廻, 삼사라(samsara)]', 윤회를 벗어난 상태인 '해탈[解脫, 모크샤(moksha)/니르바나(nirvana)]', 인과응보의 법칙이자 전생(前生)을 포함한 과거 모든 행동의 결과물이자 개인의 책임을 상징하는 '업[業, 카르마(karma)]', 현재 처한 자신의 신분과 지위와 역할이 요구하는 합당하고 보편적 법칙인 '법[法, 다르마(Dharma)]', 이 네 가지 개념이 힌두교의 핵심이며 불교가 그대로 차용(借用)해서 사용하는 개념들이기도 하다.

무엇이라고 규정(規定)할 수 없는 우주의 원리이자 이치를 '니르구나 브라흐만(Nirguna Brahman)'이라고 부르는데, 동양의 도(道)나 이(理) 또는 무극(無極)에 해당한다고 볼 수 있다. 그러나 이런 상태로만 존재한다면 인간과의 통로는 단절된다. 그래서 니르구나 브라흐만이 자신을 인간이 인식할 수 있게 구체적인 속성과 형태를 지닌 모습으로 드러낸 상태를 '사구나 브라흐만(Saguna Brahman)'이라고 부르는데, 이것은 기(氣) 또는 태극(太極)에 해당한다고 볼 수 있다. 브라흐만[범아(梵我)]은 자신의 이런 노력조차도 인간이 이해하지 못한다고 생각했는지, 마침내 자기의 세 가지 능력을 특화한 인격적인 신의 모습으로 인간에게 자신을 한 번 더 쉽게 드러냈다.

창조의 속성은 '브라흐마[범천(梵天, Brahma)]', 평화와 질서 유지의 기능은 '비슈누(비쉬누, Vishnu)', 흔히 파괴자라고 번역하지만 가능성으로의 초기화(初期化) 기능이라고 하는 게 적절한 '시바(Shiva)'다. 시바는 여섯 개의 머리를 가진 전쟁과 승리의 신인 '무루간(Murugan)'과 코끼리 머리를 한 채로 질병을 고쳐줘 사람들에게 가장 많은 사랑을 받는 지혜와 재산의 신인 '가네샤(Ganesha)'라는 두 아들과 함께 히말라야에서 살고 있다고 한다. 춤추는 그림이 대부분인 시바는 시간의 흐름을 상징하는 초승달 모양의 왕관을 쓰고, 황소 난디(Nandī)를 타고 다니며, 상대의 내면을 보는 능력과 어디에든 초점을 맞추면 그것을 태워서 파괴할 수도 있는 제3의 눈도 가지고 있다.

비슈누는 우주의 바다에서 창조와 시간을 상징하는 똬리를 틀고 있는 다섯 개에서 수천 개의 머리를 가진 검은 피부의 뱀 나가(Naga) 또는 그 뱀 위에서 쉬고 있는 사람으로 묘사되고, 옆에는 보통 그의 아내인 '라크슈미(락슈미, Lakshmi)'가 함께 그려져 있다. 비슈누가 똬리를 풀면 시간이 시작되어 창조가 일어나고, 똬리를 감으면 우주와 시간은 파괴된다. 인도항공사의 이름이기도 한 독수리 가루다(Garuda)를 타고 다니고, 이미 아홉 번이나 아바타[화신(化身, Avatar)]로 역사 속에 등장해서 인류를 악으로부터 구했다고 전해진다. 아홉 번 중 가장 유명한 아바타가 『라마야나』의 주인공이자 고대 코살라(Kosala) 왕국(기원전 10세기~기원전 476)의 왕인 일곱 번째 아바타 라마(라마찬드라, Ramachandra)와 『바가바드기타』의 주인공인 아르주나를 이끄는 조언자로 등장한 여덟 번째 아바타 크리슈나(Krishna)다. 힌두교에서는 붓다[부처]를 아홉 번째 아바타로 본다.

『마하바라타』는 『성경』의 3배가 넘을 만큼 엄청나게 긴 서사시다. '세상의 모든 것이 『마하바라타』에 있고, 『마하바라타』에 없는 것은 세상 어디에도 없다'라는 유명한 말에서, 인도인들의 자긍심을 느낄 수 있다. 총 18장 700여 구절로 구성된 『바가바드기타(Bhagavad Gita)』는 인도인들에게 힌두교 경전과 대등할 만큼의 사랑을 받는 서사시(敍事詩)로, '거룩한 자의 노래' 또는 '신성한 신을 찬양하는 노래'라는 뜻이다. 『대학』과 『중용』이 그렇듯, 『마하바라타』의 제6권을 별도로 뽑아낸 것이다. 델리 부근의 쿠루(kuru) 평원에 자리 잡은 쿠루(Kuru) 왕국의 왕권 승계(承繼)를 두고, 형제 가문인 쿠루족(카우라바족, Kauravas)과 판두족(판다바족, Pandavas)이 전쟁을 치르게 되었다. 판다바족의 다섯 왕자 중 한 명인 아르주나(Arjuna)는 사촌들을 죽이고 왕이 되느니 차라리 모든 걸 버리고 멀리 떠나고 싶었지만, 간신히 마음을 다잡으면서 억지로 전쟁터로 발길을 옮겼다. 비슈누의 아바타인 크리슈나는 그런 아르주나의 전차병(charioteer)으로 변신해서, 힌두교의 핵심 개념들을 아르주나에게 설명함으로써 결국엔 아르주나가 전쟁에서 큰 공을 세우게 했다는 내용이다.

1장에서 친척을 상대로 전쟁을 치러야 한다는 냉혹한 현실에 자괴감을 느끼는 아르주나에게, 2장에서 크리슈나는 선택을 요구한다. 행위 자

---

9 『마하바라타』 1편 〈아디 파르바(Adi parva)〉

　　　　　　　고전일까 정치일까

체를 포기해서 손끝 하나 까닥하지 않은 채 죽음을 맞이하든가 아니면 판다바족의 왕자로서 마땅히 해야 할 행위를 하라는 것이다. 다만 두 방법 모두 좋지만, 부동심[평정(平靜)]에 근거한 행위를 하는 것이 더 훌륭한 길이라고 조언한다. 이에 관한 설명이 3장부터 5장까지 이어진다. 그렇다면 부동심은 어떻게 해야 얻을 수 있는 걸까? 단 하나, 육체의 감각을 통제하는 힘을 길러야 한다. 그래서 감각을 통제하는 방법을 6장에서 설명하고, 7장부터 17장까지는 부동심을 바탕으로 우주의 원리이자 이치인 브라흐만을 체험하는 방법과 그에 관한 지식의 설명이 이어진다. 이렇게 17장에서 모든 내용이 끝나고, 18장은 전체를 요약한다.

『바가바드기타』의 핵심을 한마디로 말하자면 '쓸데없는 걱정과 고민할 시간 있으면 움직이고 행동하라'는 것이다. 피할 수 없는 것들을 걱정하는 대신, 자기의 행위를 통제하고자 노력하라. 마치 『중용』의 한 구절인 듯, 지극한 정성으로 행위의 결과나 보상에 집착하지 않은 채 타고난 신분과 지위가 요구하는 다르마에 따라 마땅히 해야 할 일을 하는 한 걸음 한 걸음이 '희생'이요 '헌신'이며, 그럴 때라야 비로소 우주의 자아(自我)인 브라흐만과 개인의 자아(自我)인 아트만이 하나가 되는 '범아일여(梵我一如)'에 도달할 수 있다는 것이다. 이것은 칸트(Immanuel Kant)의 생각과도 일치한다. 칸트도 '네 의지의 준칙이 항상 보편적 입법에 타당하도록 행동하라'라고 말했으니까. 풀어서 말하자면 '당신이 어떤 행동을 하든, 그것이 법으로 제정되어도 즉 당신이 타인에게 하려는 행동을 타인이 당신에게 할 때도 군말 없이 따를 수 있는 행위만 하라'라는 것이다.

***

아무리 동양을 대표한다지만 우정 출연임에도 『바가바드기타』의 설명이 길어질 수밖에 없었던 건, 우리에겐 낯선 내용이기 때문이다. 인도인들의 카스트제도와 세 명의 주신(主神)에 관해 모르고선 이해하기 어렵다. 하지만 반대로 같은 우리나라를 대표한 우정 출연인 정약용의 생애와 사상에 관해선 설명 없이 지나가련다. 설명을 안 하면 안 했지, 단지 몇 문단으로 설명하고 지나갈 만한 인물이 아니기 때문이다.

『목민심서』(1818)는 정약용이 전라남도 강진에서 19년간의 유배 생활을 끝낸 57세에 완성했다. 같은 해에 독일에서는 카를 마르크스(Karl Marx)가 태어났다. 총 12편 48권으로 구성된 『목민심서』는 '백성을 다스리는 목민관(牧民官)이 지녀야 할 마음가짐에 관한 책'이라는 뜻이다. 편마다 모두 6조로 구성되어 있다. 1편부터 4편까지는 지방관의 기본자세에 관한 것이고, 5편부터 10편까지는 『경국대전』(1484)의 육전(六典)을 기준으로 지방관이 실천해야 할 각각의 실무에 관한 것이며, 11편은 빈민 구제 그리고 12편은 지방관이 임기가 끝나 교체되는 과정에 관한 내용이다. 따라서 1편부터 4편 정도까지가 우리 일반인이 얻어 낼 것들이 있다고 보면 된다.

1편 부임(赴任) / 2편 율기(律己)[자신을 다스림] / 3편 봉공(奉公)[나라와 사회를 위해 힘써 일함] / 4편 애민(愛民) / 5편 이전(吏典)[이속(吏屬)[아랫사람들]의 조직과 관리 및 업무를 규정한 법전] / 6편 호전(戶典)[토지(매매)·조세·녹봉·공물·부역(負役)·상속 등을 규정한 법전] / 7편 예전(禮典)[교육·시험규정·외교·의례·공문서 양식 등을 규정한 법전] / 8편 병전(兵典)[군사기구·성곽·역마(驛馬)·봉화(烽火) 등을 규정한 법전] / 9편 형전(刑典)[각종 형벌과 형의 집행 방법·재판 절차·노비 규정 등에 관한 법전] / 10편 공전(工典)[도로·관사(官司)·과수(果樹)·산림·광물·도량형 등에 관한 법전] / 11편 진황(賑荒)[흉년과 재난 때 백성을 구휼(救恤)함] / 12편 해관(解官)[관리의 임기를 마침]

***

사람 사는 건, 동양이나 서양이나 다 똑같다. 중국의 제자백가가 춘추전국시대라는 혼란 속에서 탄생했듯, 마키아벨리의 사상도 중세의 단단했던 기준이 거의 무너져 가던 시기에 탄생했다. 춘추전국시대라는 중국의 혼란을 서양 특히 이탈리아는 1,800여 년 후에 겪은 셈이다. 중국의 종법제에 해당하는 중세의 봉건제에서 군주, 즉 국가의 통치자는 허수아비나 다름없었다. 실질적인 권력은 각각의 영주와 교황에게 있었다. 그러다가 신대륙 발견에 힘입어 해외 무역으로 부를 쌓은 상인 계층이 등장했는데, 그들이 꿈꾸는 세상과 봉건제의 영주가 허용하는 세상은 크기부터 본질까지 너무도 달랐다. 거기에 종교개혁(1517)까지 발생해 때마침 교황의 권위도 너덜너덜해졌다. 때가 무르익었다. 힘을 키우기 위해 자금이 필요했던 통치자와 안전과 자유를 보장받고 싶어 했던 상인 계층이 손을 잡은 건, 필연이었다. 마침내 서양 역사상 최초로 민족(民族)이라는 개념도 기지개를 켜기 시작했다.

당시 이탈리아는 로마의 교황청·나폴리·베네치아·밀라노·피렌체라는 다섯 개의 도시국가가 균형을 유지하고 있었다. 한마디로 상앙 당시의 진나라처럼 후진국이었다. 이들 도시국가는 서로 물어뜯고 싶어도 그럴 힘이 없었다. 그래서 다른 나라의 용병들을 끌어들였고, 모든 피해는 고스란히 이탈리아 전체가 입었다. 그래서 피렌체 출신의 마키아벨리도 진나라 효공과 똑같은 고민을 했다. 왜 이탈리아는 다른 이웃 나라들보다 약하고 통일되지 못하고 부패했는가? 효공이 찾은 답이 유능한 정치 CEO였다면, 마키아벨리가 찾은 답은 '절대군주의 부재(不在)'였다. 그렇게 해서 『군주론』(1513/1532)이 세상에 나왔다. 서양을 대표해서 마키아벨리의

『군주론』을 특별 출연시킨 건, 동양과는 완전히 다른 시선을 가지고 있어서다. 정치는 윤리도 종교도 아닌 처세술이라고 단언하기 때문이다. 다만 마키아벨리 역시 법가를 제외한 제자백가처럼, 당시 현실 정치엔 영향을 끼치지 못했다. 유일하게 현실 정치에서 뜻을 펴고, 또 그에 걸맞은 결과물을 쥐어 본 이들은 세계적으로 법가가 유일하다고 할 수 있다.

총 26장으로 구성된 『군주론』은 크게 다섯 부분으로 구분할 수 있다. 1~5장에서는 세 가지 유형의 군주국에 대한 정의를 내리고, 6~11장에서는 군주가 되는 다섯 가지 방법을 제시하며, 12~14장 그리고 20장에서는 군대의 중요성을 다루고, 15~19장 그리고 21장에서는 핵심이라고 할 수 있는 군주의 처신에 관해 설명하며, 22~23장에서는 신하들을 다루는 방법을 제시하고, 24~26장에서는 운명에 관해 고찰한다.

1. 군주국의 종류와 형성 과정 2. 세습 군주국 3. 복합 군주국 4. 알렉산더 대왕이 정복했던 나라들은 왜 대왕 사후(死後) 반란을 일으키지 않았는가? 5. 자유롭게 살아온 도시를 정복했을 때 다스리는 방법 6. 자신의 역량에 의해서 얻게 된 신생 군주국 7. 타인의 호의로 얻게 된 신생 군주국 8. 사악한 방법을 사용해서 군주가 된 인물들 9. 시민형 군주국 10. 군주국의 국력은 어떻게 측정되어야 하는가? 11. 교회형 군주국 12. 군대의 종류와 용병(傭兵) 13. 외국의 원군(援軍), 혼성군, 자국군 14. 군주는 군사 업무에 관해서 어떻게 처신해야 하는가? 15. 군주가 칭송받거나 비난받는 일들 16. 관대함과 인색함 17. 잔인함과 인자함과 사랑을 느끼게 하는 것과 두려움을 느끼게 하는 것 중 어느 편이 더 나은가? 18. 군주는 어디까지 약속을 지켜야 하는가? 19. 경멸과 미움은 어떻게 피해야 하는가? 20. 요새 구축 등 군주들이 일상적으로 하는 많은 일은 과연 유용한가 아

니면 유해한가? 21. 군주는 명성을 얻기 위해서 어떻게 처신해야 하는가? 22. 측근 신하들 23. 아첨꾼을 어떻게 피할 것인가? 24. 어떻게 해서 이탈리아의 군주들은 나라를 잃게 되었는가? 25. 운명은 인간사에 얼마나 많은 힘을 행사하고, 인간은 어떻게 운명에 대처해야 하는가? 26. 이탈리아의 해방을 위한 호소(呼訴)

〔 2장 〕

배움이 먼저다!

✽ 1. (성인(聖人)과 현인(賢人)의 말씀을) 배우고 수시로 익히는 것이[학이 시습지(學而時習之)] 얼마나 기쁜 일인가[불역열호(不亦說乎)]! (같은 가치관을 공유하는) 벗이 있어 멀리서(도) 찾아온다면[유붕 자원방래(有朋 自遠方來)] 그보다 즐거운 일이 어디 있겠는가[불역락호(不亦樂乎)]!

…『논어』 1편 〈학이〉

중학교 첫 한문 시간에 배운 문장이다. 물론 그때는 이게 무슨 뜻인지 전혀 알지 못했다. **모르던 걸 알게 될 때의 정신적인 즐거움이 생리적인 욕구를 충족시켰을 때의 육체적인 즐거움보다 몇 배는 더 즐겁다는 사실은, 직접 느끼기 전에는 결코 알 수 없다.** 내가 필요한 걸 누군가로부터 받는 것보다 누군가 필요로 하는 걸 그 사람에게 선물해서 그 사람이 기뻐하는 모습을 보는 게 훨씬 더 큰 행복을 준다는 사실을 직접 느껴보기 전에는 결코 알 수 없는 것처럼 말이다. 그런 정신적인 즐거움을 아는 벗[친구]이 찾아와 허심탄회하게 술 한잔하면서 서로의 성장에 밑거름이 될 수 있다면, 그보다 즐거운 일이 어디 있겠는가?

기쁨과 즐거움의 기준이 사뭇 다르다. 만남의 목적이 놀고 시간을 보내기 위함인 사람들은 '벗'이라기보다는 '지인(知人)'에 가깝다. 진정한 벗이란, 상대의 장점을 칭찬하고 인정하면서 동시에 상대에게 누(累)가 되지 않도록 상

대의 수준까지 자신의 수준도 끌어올리려고 노력하는 사람이다. 만약 자신의 수준이 상대보다 높을 땐, 가르치거나 이끄는 게 아니라 상대가 스스로 수준을 끌어올릴 수 있도록 자극하고 뒷받침해 주는 사람이다. 그리고 이 논리는, 사랑과 사랑하는 사람에게도 그대로 적용된다.

안중근(安重根)은 감옥에서조차 '하루라도 책을 읽지 않으면[일일부독서(一日不讀書)], 입안에 가시가 돋는다[구중생형극(口中生荊棘)]'라는 말을 글로 남겼다. '누가 감옥에서 책을 보겠어?'라고 생각하는가? 당신만 또는 당신 주위 사람들만 그렇게 하지 않을 뿐, 전국 방방곡곡 또는 세계 어딘가의 수많은 누군가는 지금도 그렇게 하고 있다. **당신과 당신 주위 사람들을 다수(多數)라고 착각하지 말고, 평균이라고 미화하지 마라. 친구를 보면, 그 사람을 알 수 있다. 유유상종(類類相從)인 법이니까.**

✻ 2. 집에 들어가면 부모님께 효도하고, 집 밖에 나가면 웃어른께 공손하게 행동해야 하며, 행동을 신중하게 해서 믿음을 주고, 널리 사람들을 사랑하고, 어진 사람과 가까이 지내야 한다. (이런 일을 실천하고도) 여력(餘力)이 있을 때라야 글을 배우는 것이다.

… 『논어』 1편 〈학이〉

✻ 3. 현인(賢人)을 보면 (존경하는 마음으로) 몸가짐을 바르게 하고, 부모를 모실 땐 힘을 다하고, 군주를 모실 땐 몸을 바치고, 친구를 사귈 땐 언행으로 믿음을 준다면, 비록 배운 게 없다 할지라도[수왈미학(雖曰未學)] 나는 그를 배운 사람이라고 할 것이다[오필 위지학의(吾必 謂之學矣)].

… 『논어』 1편 〈학이〉

'눈앞의 혼란'이 악(惡)이라면 그것은 '직전의 평화'라는 선(善)이 깨졌기 때문이라는 게 공자의 문제 설정이었고, 따라서 해결책은 자연스럽게 '다시 주나라처럼 혈연관계에 기반한 봉건제(封建制) 사회로 돌아가자!'라는 외침이었다. 공자는 이것이 유일하고 완전한 해결책이라고 믿었을 테지만, 지금의 시각에서 보면 문제의 원인을 문제의 해결책으로 고스란히 제시한 것에 불과하다.

공자는 주나라의 모든 걸 거의 신격화했는데, 주나라는 '토지'와 '혈연'과 '프랙탈(fractal)' 구조에 기반한 봉건제 사회였다. 권력 피라미드의 정점에는 황제가 자리한다. 이론적으로야 천하의 모든 토지가 황제의 것이지만, 실제로 혼자서 관리할 수는 없었다. 그래서 황제는 정전제(井田制)처럼, 중앙의 일정 지역만 직접 다스리다가 직계 혈족인 장남[대종(大宗)]에게 물려주었다. 나머지 지역은 방계 혈족인 나머지 아들들[소종(小宗)]과 공신(功臣) 수십 명에게 나눠 줘서[봉(封)], 그들에게 국가를 세워[건(建)] 다스리게 했는데 그들이 제후(諸侯)다. 국가적인 제사와 행사를 위한 모든 경비 조달은 제후들이 책임졌고, 그때마다 소위 종갓집인 황제가 있는 중앙으로 모이곤 했다.

이런 피라미드는 프랙탈 구조처럼, 크기만 축소된 채 계속 반복되었다. 제후들도 자기들이 직접 다스리는 지역 중 중앙의 일정 부분만 남긴 채 나중엔 장남에게 물려주었고, 나머지 지역은 나머지 아들들과 공신 수십 명에게 나눠 줘서 다스리게 했는데 그들이 공(公)·경(卿)·대부(大夫)다. 다만 황제는 제후들에게 모든 권리를 넘겼지만, 제후들은 공·경·대부에게 그들이 관리하는 지역에서 발생하는 조세(租稅) 사용권[식읍(食邑)/채읍(采邑)]만 허가했다는 차이점이 있다. 그리고 공·경·대부가 다스리는 지역이 바로 유교에서 말하는 그들 각각의 '집(家)'이다. 따라서 당시의 집이라는 개념은, 지금과는 비교할 수 없을 만큼 큰 규모였다. 가문(家門)의 개념 그 이상이었다. 황제부터 가문까지 규모의 차이만 있을 뿐 모습은 똑같은 프랙탈 구조라는 점에서, 거꾸로 가문 내에서 손위 형제자매와 친척 어른들 같은 부모와 윗사람들 그리고 자녀들과 가솔(家率)들 같은 아랫사람들을 다스린 경험이 그대로 국가 경영에도 적용된다는 공자의 결론이 도출되는 것이다.

공자 당시는 "예(禮)는 백성들에게는 적용되지 않고, 형벌(刑罰)은 귀족들에게는 적용되지 않는다"(『예기』)라는 말이 통용되던 사회였다. '예(禮)'는 풍성한 모습(豊)을 보인다(示)는 뜻이다. 인간이 하늘의 이치를 따랐을 때 주어지는 인간 세계의 풍요로움을 하늘에 보임으로써 감사하는 의례적이고 종교적인 의식의 총체(總體)였다. 지배계층은 인간의 예를 따르는 사람들이니 어떤 잘못을 저질러도 말로 타이를 뿐 신체에 해를 가하는 형벌은 면제하고, 피지배계층은 애초부터 형벌로 엄히 다스려야 하는 개돼지 같은 존재이니 인간의 예는 면제해 주겠다는 것이다. 바로 이 말에서 공자를 비롯한 유학자들이 그렇게 부르짖던 '예'가 결국엔 지배계층에만 해당하는 논의였고, 그래서 유교의 모든 논의에서 '형벌'로 다스려야 할 피지배계층은 처음부터 안중에도 없었음이 여실히 드러난다. 지배계층과 피지배계층 사이에 도저히 넘을 수 없는 벽이 있던 것이었는데, 그것은 지배계층 자체가 '혈연에 기초한 거대 가족'이었기 때문이다. 물론 이 말은 슬프게도, 지금 우리 사회에서도 여전히 유효하다. 국민은 의무에 짓눌리고, 지배층은 수많은 혜택과 권리만 누린다. '유전무죄 무전유죄'다. 검찰과 재판부의 잘못이 가장 크다.

공자는 부모에 대한 자식의 효도와 자식에 대한 부모의 자애로움으로 표현되는 가족 질서가 회복된다면, 혈연관계에 기초한 종법제(宗法制) 사회였으므로 자연스럽게 궁극적으로 국가 질서도 그와 똑같이 회복될 것이며, 그러면 요순시대의 지상낙원이 도래할 것이라고 확신했다. 거꾸로 아버지가 모범을 보이면 자식도 아버지를 본받아 잘못을 저지르지 않을 것이고, 이런 논리는 국가에도 그대로 확대 적용된다. 그런데 통치자의 관점에서 이건 엄청 짜증 나는 일일 게다. 백성들을 형벌로 강압하면서 자기는 뭐든 마음대로 하면 될 일을, 모든 것을 절제한 채 솔선수범을 보여야 하는 걸 누가 좋아하겠는가? 이런 이유로 공자의 꿈은, 꿈으로 끝날 수밖에 없었으리라. 공자가 만약에 진정한 휴머니스트였다면, 지배계층과 피지배계층 또는 군자와 소인이라는 차별적 위계질서 자체를 문제 삼았을 것이다. 그러나 2,500여 년 전인 당시엔, 공자가 아니라 그 누구라도 그럴 수 없었다.

카를 마르크스(Karl Marx)의 양질전화(量質轉化)의 법칙을 모르더라도 인류학과 사회학에서 말하는 던바의 수(Dunbar's number) '150명'이 의미하듯, '수신제가'와 '치국평천하' 사이에는 건널 수 없는 질(質)적인 괴리(乖離)가 있다. 각각의 단계엔 그에 맞는 독특하고 고유한 덕목들이 있음을 보지 못한 채, 집안이나 가문 내 인간관계의 덕목들을 어떤 수정도 없이 무리하게 국가와 모든 백성에 이르기까지 고스란히 확장[확충(擴充)]하고자 한 것이 유교 전체의 실수다. 따라서 공자라는 첫 단추가 잘못 끼워지면서 시작된 문제점을 그대로 안고 있는 까닭에, 사서(四書)의 주장은 집안이나 가문의 범위를 넘어서는 순간부터 타당성을 상실한다. 그보다 더 큰 조직이나 국가의 운영 원리는 될 수 없다는 말이다. 옷이 찢어졌을 때 덧대는 패치(patch)로 아예 옷 한 벌을 만들려고 한 셈이고, 유치원생의 옷을 억지로 늘려서 중학생에게 입히고자 한 셈이다.

그런 억지스러움을 하늘의 이치라는 극단까지 밀고 가다 보니 단순했던 인의예지신의 뜻이 추상적인 궤변으로 변해버렸고, 그 과정에서 자연스럽게 조선 시대의 사단칠정(四端七情) 같은 소모적인 논쟁들이 발생했으며, 주나라 지배계층에만 적용되던 관혼상제의 예(禮)를 사회 구성원 전체에게 고스란히 적용한 여파가 지금까지도 우리에게 많은 어려움을 주고 있다. 우리가 플라톤과 아리스토텔레스의 모든 주장을 그대로 받아들이지는 않는 것처럼, 권위에 압도되어 무조건 옳다고 보지 말자. 누구도 자신이 사는 시대의 패러다임을 깨는 건 거의 불가능하다. 그래서 그 누구도 시대와 상황을 초월해서 절대적인 기준이나 진리가 될 수는 없다.

✱ 4. 나는 15세에 학문에 뜻을 두었고[지우학(志于學)], 30세가 되어서야 공부한 내용에 대해서 나만의 입장을 갖게 되었으며[삼십이 립(三十而 立)], 40세가 되어서야 내 삶의 방향이 무엇인지에 대해 확신이 섰고[사십이 불혹(四十而 不惑)], 50세가 되어서야 세상사에는 하늘의 뜻이 있음을 알게 되었으며[오십이 지천명(五十而 知天命)], 60세가 되니 무슨 이야기를 들어도 물 흘러가듯 받아들여 순리에 거스름이 없게 되었고[육십이 이순(六十而 耳順)], 70세가 되어서는 마음 가는 대로 행동해도 (사람이 따라야 할) 법도에 어긋나지 않게 되었다[칠십이 종심소욕 불유구(七十而 從心所欲 不踰矩)].

… 『논어』 2편 〈위정〉

이것은 참고용이다. 공자보다 **빠르거나** 느린 사람도 얼마든지 있을 수 있다. 그런데 우리 사회에서는 20대에 벌써 눈과 귀는 닫고 입만 열어 놓은 천재(?)들이 한둘이 아니다. 40세가 되어서야 비로소 삶의 방향에 대한 확신이 선 공자도 울고 갈 만큼, 우리 사회는 중학생 때부터 무엇을 전공해서 무엇이 될 것인지 하나만 빨리 선택해야 한다고 강요하고 고등학생이 되어서도 선택 못 하고 있으면 괜스레 뒤떨어진 사람 취급한다. 공자

와는 달리, 60세가 되니 그 어떤 말도 들리지 않고 미국을 향한 맹목적인
사대주의에 거스름이 없게 되었고, 70세가 되어서는 마음 가는 대로 행동
해도 어떤 것 하나 사람이 따라야 할 법도에 맞는 게 없게 된 게 우리나라
의 60대와 70대가 아닐까 싶다.

✽ 5. 나면서부터 아는 사람이 최상의 경지이고, (곤란함을 당하기 전에)
배워서 아는 사람이 그다음 단계이며, 곤란함을 당하고 나서야 (그 곤란함
을 통해 뭔가를) 배우는 사람이 또 그다음 단계이고, 곤란함을 당하고도 (그
곤란함을 통해 뭔가를) 배우지 못하는 사람이 가장 못난 사람이다.

…『논어』16편 〈계씨〉

공자는 아마도 두 번째 종류인 '학이지지자'일 것이다. 대부분 사람이
자기는 똥인지 된장인지 겪어봐야 아는 세 번째 단계에 있다고 겸손한 척 말
하지만, 내게는 그보다도 아래인 가장 못난 단계에 있는 것처럼 보인다. 우리
손으로 국회의원을 뽑은 경험이 벌써 22번이고, 대통령도 이미 20명이 거쳐
갔다. 된장인 줄 알고 똥을 먹은 뭐 같은 경험을 20번 이상 하고서도, 여전히
배운 것도 변한 것도 없기 때문이다.

학벌이 좋다는 사람들에게 20번 이상 그렇게 뒤통수를 처맞고서도, 정
직과 부끄러움을 아는 인성(人性)이 우선임을 모른 채 여전히 학벌을 우선
으로 본다. 선거 때만 일꾼인 척하다가 당선 이후엔 국민을 개돼지 취급
하는 꼴을 20번 이상 겪고서도, 웬만한 말귀 정도는 알아듣는 개돼지 보
기에도 민망할 정도로 여전히 과거에 어떤 짓을 당했는지 싸그리 잊는다.
정치권에서 닳고 닳았다는 건 그만큼 부정부패와 내로남불 속에서 잘 먹
으며 잘 지내왔다는 말임에도, 나라가 어지러울 땐 정치 경력이 많은 사

람을 뽑아야 한단다. 젊은 사람을 뽑아야 한단다. 그럴 거면 20~30대를 뽑든가. 그렇게도 소통을 강조하면서, TV 토론회에서 대화라는 것조차 할 줄 모른 채 비평이 아닌 비판만 하고 강의하고 연설하고 있음을 알아보지도 못한다.

아무리 사소한 약속이라도 그것을 여러 번 어기면 가족에게조차 불같이 화를 내면서 연을 끊으면서도, 하루가 멀다고 말을 뒤집는 국회의원들의 감언이설(甘言利說)은 지독히도 믿는다. 아무리 유세하고 공약을 말해도 읽고 듣고 판단할 능력이 없으니, 누가 뭐라든 무엇이 어찌 됐든 상관없이 평생 무조건 한 곳만 찍겠단다. 20번 이상 수천 명의 사람들을 접해 보고서도, 여전히 관상(觀相)의 관자도 표정도 눈빛도 어휘와 억양과 말의 속도가 갖는 품격도 보고 들을 수 있는 눈과 귀가 없다. 국가의 운명을 좌우할 수 있는 최후의 선택인 계엄령을 경고용이라며 공포탄 쏘듯 내지른 사람에게, 여전히 대통령님이라며 사랑한다고 지켜주겠다고 생업조차 팽개친 채 매일 거리로 나와 울부짖었다. 이런 사람들과 내가 똑같이 한 표만 행사해야 한다는 게 억울할 지경이다.

왜 그럴까? 개인적인 친분과 이익만을 고려하는 이기심과 욕망에 눈과 귀가 완전히 막혀서다. 누가 무슨 일을 당하건 나라가 휘청거리건 상관없이, 자기에게 이익만 된다면 무조건 좋은 사람이고 좋은 것이다. 제대로 된 근거조차 없는 자기 생각과 신념을 누군가 지적했을 때의 인지부조화(cognitive dissonance)를 견디지 못해서다. 매일 거리로 나오는 그 반의 반만이라도, 부모에게 찾아가기를 바란다. 생업을 팽개치는 건 바라지도 않는다. 할 것 다 하고 남는 시간에 30초라도 좋으니, 부모에게 전화 한 통 넣기를 바란다. 부모가 돌아가시면, 그렇게 울부짖었던 반의반만이라도 슬퍼하기를 바란다. 부모 이야기가 나온 김에 하나 더 보자.

✽ 6. 오늘날 효를 이야기하는 사람들은, 부모님을 모시고 사는 것만을 가리키는 경향이 있다. 그렇지만 **개나 말조차도 사람들이** (함께 살며) **기꺼이 돌봐주고 있으니, 만약 부모님에 대해 공경하는 마음이 없다면**[불경(不敬)] (부모님 봉양이 개나 말을 돌보는 것과) **무슨 차이가 있겠는가**[하이별호(何以別乎)]**?**

…『논어』 2편 〈위정〉

✽ 7. 부모님을 대할 때 온화한 표정을 갖기가 가장 어렵지만, 이것이 가장 중요하다.

…『논어』 2편 〈위정〉

✽ 8. 세속에 이른바 불효가 다섯이니, 그 사지를 게을리하여 부모 봉양을 돌아보지 아니함이 한 불효요, (시간을 많이 잡아먹는) 장기와 바둑을 두고 술 마시기를 좋아하여 부모 봉양을 돌아보지 아니함이 둘째 불효요, 재물을 좋아하며 처자식과의 애정에만 빠져 부모 봉양을 돌아보지 아니함이 셋째 불효요, 이목(耳目)이 하고자 하는 바를 (절제함 없이) 마음껏 해서 부모를 욕되게 함이 넷째 불효요, 용맹을 좋게 여겨 싸우고 화내어서 부모를 위태롭게 함이 다섯째 불효이다.

…『맹자』 4편 〈이루 하〉 30장

참으로 정곡을 찌른다. **부부든 가족이든 함께 사는 것도 중요하지만, 거기에서 멈춰버린다면 그건 단지 동거인(同居人)에 지나지 않는다. 그 속에, 마음이 있어야 한다. 그 마음을 온화한 표정과 부드러운 말투로 표현할 수 있다면 최상이고.** 부모들이 자녀에게 툭하면 하는 말이 "먹여 주고 입혀 주고 재워 주는데 '뭐'가 더 필요하냐?"라는 것이다. 공자의 말마따나, 그건 반려견에게도 하는 것이다. 반려견은 매일 거르지 않고 직접 데리고 산책도

고전일까 정치일까

해야 하니, 어찌 보면 개만도 못 해주고서 생색내는 셈이다. 가족이고 사랑하는 사이라면, '관심과 마음'이라는 '뭐'가 반드시 더 필요하다. 나아가 '인생 뭐 있어?'라는 말도 같은 맥락이다. 이런 말을 하는 사람은, 반려견과 같은 환경적 조건이면 충분히 만족하겠다고 고백하는 셈이다. 사람의 인생에는 '의미[가치]와 자존감'이라는 '뭐'가 반드시 더 필요하다.

✱ 9. 알면서도 모르는 척하는 것이 가장 좋다[지부지상(知不知上)]. 모르면서도 아는 척하는 건 병이다[부지지병(不知知病)]. (무지의 지처럼) 병을 병으로 인식한다면, 그것은 (이미) 병이 아니다. (성인(聖人)은) 병을 병으로 (정확히) 인식하기 때문에, (결론적으로 성인에게는) 병이 없다고 말하는 것이다.

…『도덕경』71장

✱ 10. 아는 것을 안다고 말하고[지지위 지지(知之爲 知之)], 모르는 것을 모른다고 말하는 것[부지위 부지(不知爲 不知)], 그것이 바로 아는 것이다[시지야(是知也)].

…『논어』2편 〈위정〉

공자가 사망한 지 10여 년 후에 태어난 소크라테스(Socrates)가 단 하나 확실히 알고 있었던 '무지(無知)의 지(知)', 즉 '난 내가 모른다는 사실을 안다'라는 말과 같다. 5번에서 언급한 나면서부터 아는 사람이란, 아마도 아는 건 안다고 모르는 건 모른다고 말하는 '정직한 성품' 즉 훌륭한 인성을 지닌 사람을 말하는 듯싶다.

비슷한 관점에서, 공자가 말하는 '앎'이란, 후천적 학습이 큰 부분을 차지하는 지식이라기보다는 선천적인 면이 큰 부분을 차지하는 지혜를 뜻하는 것으로 볼 수 있다. '지식(知識, knowledge)'은 특정 대상이나 분야에 관한 지엽적인 사실을 습득해서 기억하는 범주로 소위 학벌과 관계가 깊고, '지혜(智慧, wisdom)'는 전체 맥락과 관계를 살피는 판단과 선택의 범주로 소위 삶 또는 운영의 묘(妙)와 관계가 깊다. 이것이 학벌 좋은 사람에게 단체나 회사나 국가의 경영을 맡기는 건 범주의 오류이기에 잘못된 일인 동시에 거의 실패할 수밖에 없는 이유이고, 정식 교육을 받지 못해서 비록 지식은 부족하더라도 삶에서 많은 걸 느끼고 배우고 깨달아 충분히 지혜로운 분들을 주변에서 종종 볼 수 있는 이유이기도 하다.

❇ 11. 안회(顏回)[안연(顏淵)]는 하나를 들으면 열을 깨우친다[회야 문일이지십(回也 聞一以知十)]. 총명하면서도 배우기를 좋아했고[민이호학(敏而好學)], 아랫사람에게 묻는 것도 부끄러워하지 않았다[불치하문(不恥下問)].

…『논어』5편 〈공야장〉

사마천의 『사기』《열전(列傳)》7권 〈중니제자열전〉의 기록을 보면, 안회는 먹을 것과 마실 것이 턱없이 부족한 가난한 상황에서도 환경을 탓하지 않은 채 배움에 매진해서, 공자로부터 "나는 안회가 배움에 있어서 앞으로 나아가는 것은 보았어도, 그가 멈춘 것은 보지 못했다"라는 감탄을 끌어낼 정도로 뛰어났던 인물인데 아쉽게도 일찍 세상을 떠났다. 안회가 죽었다는 소식을 들은 공자는 외마디 탄식을 내쉬었다. "아~! 하늘이 나를 버렸구나[희! 천상여!(噫! 天喪予)]!"(『논어』11편 〈선진〉) 어떻게 사느냐를 중히 여긴 사람들은 역사에 길이 남아 있지만, 얼마나 사느냐에만 골몰한 사람들은 누구의 기억에도 존재하지 않는다. 적어도 사람의 삶에 있어서는, 얼마나 사느냐가 아니라 어떻게 사느냐가 중요하다. 하루든 평생이든, 시간과는 상관없이 말이다. 그저 오래 존재하는 것과 짧더라도 임팩트(impact) 있게 존재하는 것, 둘 중 나는 후자를 선택하련다.

생존을 위해선 동물이나 사람이나 의식주가 필요하다. 그러나 생존을 넘어 '건강한 삶'을 위해선 동물에게는 자연 그대로의 환경이 필요하고, 사람에겐 자유가 필요하다. 동물원에서 극진한 보살핌을 받는 동물들이 야생의 동물들보다 더 오래 살긴 하지만, 그것을 가치 있게 생각하지는 않는다. 다친 야생동물을 포획하면, 치료 후 다시 야생으로 방생(放生)하는 이유다. 사람도 마찬가지다. 단 하루라도 가치 있게 사느냐가 중요한 것이지, 벽에 똥칠할 때까지 살아남는 게 중요한 게 아니다. 홀로 감옥에서 10년을 살겠는가? 아니면 사랑하는 이들과 함께 1년을 살겠는가?

'살아남은 자가 강한 자'라는 말은 헛소리다. 강하다는 건 '가치 판단'이고 살아남았다는 건 '사실 판단'이다. 단순히 어찌어찌 생존경쟁에서 살아남았다는 사실 판단에 근거해서, 그것이 더 훌륭하고 능력 있고 똑똑하고 강하다는 가치 판단으로 은근슬쩍 넘어가는 건 '논리적 비약(飛躍)'이고 '범주의 오류'다. 강한 자가 살아남는 것도 아니지만, 그렇다고 약한 자가 살아남는 것도 아니다. 최후까지 살아남았다는 건, 단순히 해당 환경과 상황에 가장 잘 적응했다는 사실만을 가리킬 뿐 그 이상도 그 이하도 아니다. 누군가가 조직 폭력배 집단에서 최후까지 살아남았단다. 누군가는 몽골의 지배를 받던 고려의 조정에서, 일본의 지배를 받던 강점기의 정부와 관공서에서, 6·25 전쟁 후 미군정의 지배를 받던 정부와 관공서에서 최후까지 살아남았단다. 그들이 과연 강한 사람들일까? 아니면 가장 비굴하면서도 남 짓밟기를 주저 없이 하던 기회주의자들일까?

나아가 똑같은 가치 판단이라고 해도, '강함'이 반드시 '좋음'이나 '선(善)'과 연결되는 것도 아니다. 모든 종교와 신화에서, 악(惡)도 충분히 강하다. 그리고 살아남았다는 사실 판단이 강하거나 좋은 것이라는 가치 판단과 연결되려면, 그 사이엔 반드시 '때'나 '상황'이 전제되어 있어야 한다. 핵전쟁이 발생한 후라면 바퀴벌레가 가장 잘 살아남을 가능성이 매우 높다. 사자와 악어가 물속에서 일대일로 겨룬다면 악어가 살아남을 테지만, 땅 위에서 겨룬다면 당연히 사자가 승리해서 살아남을 것이다. 사자와 호랑이는 어떨까? 초원이라면 사자가 유리하겠지만, 산속이라면 호랑이가 유리할 것이다.

✳ 12. **아는 사람은 좋아하는 사람만 못하고**[지지자 불여호지자(知之者 不如好之者)], **좋아하는 사람은 즐기는 사람만 못하다**[호지자 불여낙지자(好之者 不如樂之者)].

… 『논어』 6편 〈옹야〉

이것이 변형되어 '천재는 노력하는 사람을 이길 수 없고, 노력하는 사람은 즐기는 사람을 이길 수 없다'라는 말로 사용되지만, 사실 천재와 노력하는 사람과 즐기는 사람을 구분한 것 자체도 그리고 순서도 틀렸다. 통념 속 '게으른 천재'보다는, 안회처럼 대체로 천재가 즐기면서 노력도 하기 때문이다. 배우는 것이 가장 즐겁다는 사실을 아는 사람, 즉 몰입(flow)의 즐거움을 맛본 사람만이 배움을 애써 찾고 노력하고, 그러면서 자기도 모르게 총명해지고 천재가 되는 게 순서일 것이다.

모든 말은 상황[맥락] 속에서 그 뜻을 파악해야 하듯, 10번부터 12번까지는 배움을 지겨워하는 제자들에게 공자가 한 말일 확률이 높다. 그러나 이렇게 부드럽게 말한다고 알아들을 제자들이라면, 애초에 배움을 지겨워하지도 않았을 것이다. '선생의 똥은 지나가는 개도 먹지 않는다'라는 말이 있다. 쉼 없이 말하면서 가르치는 게 진(津)이 빠지는 일이라서 영양가도 없고, 똥이 시꺼멓게 변할 정도로 답답함과 화를 삭이고 삭여야 하기 때문이리라.

✽ 13. 스스로 배우기 위해 분발하지 않으면 깨우쳐 주지 않고, 모르는 것을 답답해하지 않으면 깨닫도록 알려주지 않으며, 한 귀퉁이를 들어 보여주었을 때 남은 세 귀퉁이를 유추(類推)하지 못하면 다시는 더 가르쳐 주지 않는다.

…『논어』7편 〈술이〉

✽ 14. 세 사람이 함께 길을 가면[삼인행(三人行)], 그중 반드시 스승 삼을 사람이 있다[필유아사언(必有我師焉)]. 선한 사람을 보면 그의 선한 점을 따르고[택기선자 이종지(擇其善者 而從之)](이것을 정면교사(正面敎師)라고 한다), 선하지 못한 사람을 보면 나의 선하지 못한 점을 고쳐야 한다[기불선자 이개지(其不善者 而改之)](이것을 반면교사(反面敎師) 또는 타산지석(他山之石)이라고 한다).

…『논어』7편 〈술이〉

공자도 사람인지라, 답답함이 가르치는 일에 대한 자괴감(自愧感)으로 변하는 순간이 수십 번은 있었을 것이다. 가능한 한 모든 제자를 사랑해야겠지만, 누구도 그럴 수는 없다. 깨물어서 아프지 않은 손가락이 없는 건 맞지만, 안회처럼 유독 더 아픈 손가락도 반드시 있기 마련이다. 안회를 떠나보내기 전인지 후인지는 확실하지 않지만, 결국 공자는 13번처럼 답답함을 토로(吐露)했다. 그러나 넘지 말아야 할 선은 넘지 않았다. "나는 이러이러한 제자들을 사랑한다"라며 차별하고 걸러내기 위해 높은 기준을 제시하기보다는, "나는 이러이러한 제자들은 정말 싫어한다"라며 가능한 한 모두를 포용하고 싶다는 바람을 담은 낮은 기준을 제시했기 때문이다. 마치 '안회의 발끝에 닿을 만큼만이라도 노력하는 시늉은 해야 하지 않겠느냐?'라고 부탁하듯이. 나와 반대다. 역시 영원한 스승답다.

✱ 15. 공자께서 동산(東山)에 올라 노나라를 작게 여기시고, 태산(太山)에 올라 천하를 작다고 여기셨다. 그러므로 바다를 본 사람에게는 (여간한 물은 좀처럼) 물로 인정받기가 어려우며, 성인(聖人)의 문하(門下)에서 배운 사람에게는 (여간한 말은 좀처럼) 말로 인정받기가 어렵다.

…『맹자』 7편 〈진심 상〉 24장

✱ 16. (교육의 방법에는 다섯 가지가 있으니) 때맞춰 내리는 단비가 (초목을 저절로) 감화(感化)시키는 것과 같은 방법이 있으며, 덕성을 갖추게 하는 방법이 있으며, 재능을 충분히 발휘하게 하는 방법이 있으며, 온갖 질문에 답해 주는 방법이 있으며, 혼자서 스스로 익히게 하는 방법이 있다.

…『맹자』 7편 〈진심 상〉 40장

✱ 17. (위(魏)나라에서 재상을 지낸 장자의 친구) 혜자(惠子)[혜시(惠施)]가 장자에게 자랑삼아 말했다. "혜왕(惠王)이 박씨를 주기에 받아서 심었는데, 쌀 다섯 가마도 들어갈 만큼 너무 크게 자라더라고. 물을 담는 용도로 쓰자니 너무 무겁고, 반을 쪼개 바가지로 쓰자니 (그 또한 너무 커서 물독에 들어가지도 않는 데다가) 납작해서 물도 못 담고, 크기만 클 뿐 아무짝에도 쓸모없다는 생각에 (과감히) 부숴버렸다네."

장자가 답한다. "큰 것을 (제대로) 사용할 줄 모르시는가? 송(宋)나라 사람 중에 솜을 빠는 일을 가업으로 삼는 집안이 있었는데, 신기한 건 그 집안사람들의 손이 (겨울에도) 트는 법이 없었어. 손이 트지 않도록 하는 약을 만드는 비법도 있었던 거지. 어느 날 한 나그네가 그 소문을 듣고 찾아가 그 집안의 1년 치 벌이의 20배를 지급하고서 약 만드는 비법을 샀다네. 물론 그 집안사람들은 얼씨구나 하면서 팔았고. 그 나그네는 때마침 월(越)나라의 공격을 받게 된 오(吳)나라 왕을 찾아가, 지금 같은 겨울에 자신이 만든 약을 바르(고 수중전을 펼치)면 틀림없이 이길 수 있으니 자기를 믿고 장군으로 참전할 기회를 달라고 협상했지. 그 나그네의 말대로 월나라를 크게 무찌르자, 오나라 왕은 땅까지 하사해 영주(領主)로 삼았다네.

손이 트지 않게 하는 약(의 비법)은 비록 똑같았을지라도, 어떤 사람은 (그것을 사용해) 영주가 되고 어떤 사람은 여전히 솜 빠는 일을 벗어나지 못했다네. (똑같은 것이더라도) 사용하는 때[상황]와 방법이 달랐기 때문이지. 쌀 다섯 가마가 들어갈 만큼 큰 박이라면 그것으로 배를 만들어 장강(長江)[양쯔강(揚子江)]이나 동정호(洞庭湖)에 띄울 생각은 하지 않은 채, 너무 크고 넓기만 해서 물동이로도 바가지로도 쓸 수 없다고 탓하기만 했다고? 자네는 (작고 꼬불꼬불한) 쑥대 같은 마음을 가졌군그래.”

(장자의 말에 기분이 상한 혜자가 다시 말한다) “우리 집엔 길가와 가까운 곳에 큰 가죽나무[저(樗)]가 있는데, 줄기는 울퉁불퉁하고 작은 가지들은 구부러지고 뒤틀려서 쓸모가 없다네. 목수들이 쳐다보지도 않을 정도로 말일세. 지금 자네의 말도 그 가죽나무처럼 뭔가 대단한 말 같지만, 쓸모가 없어서 사람들이 귀 기울이지 않을 것일세.” 장자가 답한다. “이번엔 큰 나무를 보고 또다시 크기만 클 뿐 쓸모없다고 걱정만 하는가? 왜 그것을 넓은 들판으로 옮겨 심어, 그 그늘에서 유유자적하면서 (졸리면) 낮잠도 청할 생각은 안 하나? (그 나무는 당장 쓸모[효용성]가 없다는 바로 그 이유로) 도끼질 당해 잘릴 염려가 없고, 그 누구도 (그 나무에) 어떤 해를 입히

려는 생각조차 하지 않는 거라네. 아무 쓸모가 없다는 것은[무소가용(无所可用)], (결국은) 어떤 근심 걱정도 없다는 말과 같은 걸세[안소곤고재(安所困苦哉)].”

…『장자』《내편》 1편 〈소요유〉

✱ 18. 지독한 곱사등이였던 지리소(支離疏)라는 사람은 턱이 배꼽 아래에 숨어있고, 어깨가 이마보다도 높았으며, 두 넓적다리는 옆구리에 닿아 있었다. 그렇지만 바느질과 세탁일 등 가리지 않고 열심히 일해서 족히 10여 명은 먹여 살릴 수 있었다. 전쟁이 발발해 나라에서 강제 징병할 때나 나라의 공공사업을 위해 백성들을 강제 징발할 때, 지리소만큼은 큰 길을 활보하고 다녀도 끌려갈 염려가 없었다. 반대로 나라에서 구휼(救恤) 사업을 펼칠 때는, 가장 많은 몫을 받았다.

…『장자』《내편》 4편 〈인간세〉

위나라 혜왕은 문혜군(文惠君), 즉 『맹자』의 양혜왕이다. 왜 상황의 변화에 맞춰 기존의 사고방식을 깨고 바꿀 생각을 하지 않느냐는 질책이다. 박과 약과 가죽나무의 특성을 살릴 생각은 하지 않고, 오로지 자기의 필요에만 억지로 맞추려 한 게 잘못이라는 것이다. 이런 잘못은 지금 우리 주위에서도 흔하다. 학생의 재능이 무엇이고 어느 정도인지는 생각하지 않은 채, 모두 똑같이 평범한 선에 맞추려 한다. 맞지 않으면 쓸모없는 사람이라고 낙인찍고. **물론 '당장'은 쓸모없을 수 있지만, 그렇다고 그것이 '앞으로도' 쓸모없으리라는 생각의 근거는 될 수 없다. 상황과 시대의 필요는 늘 변하기 마련이니까.**

흔히들 장자를 '쓸모없음[무용(無用)]'을 주장한 사상가로 아는데, 아니다. '쓸모없음의 쓸모 있음[무용지용(無用之用)]'을 강조했다. 이 말은 쓸모

고전일까 정치일까

없음은 정류장일 뿐, 종점은 쓸모 있음이라는 말이다. 그렇다고 해도 쓸모없음의 가치를 강조하는 건, 사회 전체적으로 볼 때 반길 일은 아니다. 하지만 유학자들을 이해한 것처럼, 이해하자. 장자의 시선은 개인의 자유로움에 맞춰져 있었으니까.

✽ 19. 목수 경(慶)이 큰 나무를 깎아서 (악기를 걸어두거나 받쳐 두는) 거(鐻)[가대(架臺)]를 만들었는데, 그것을 본 사람들은 하나같이 귀신같은 솜씨라고 칭찬했다. 노나라 임금이 경에게 물었다. "그대는 어떻게 이런 귀신같은 솜씨를 발휘할 수 있는가?" "한낱 목수인 제게 무슨 특별한 기술이 있겠습니까? 하지만 한 가지는 말씀드릴 수 있습니다. 거를 만들기 전에는 반드시 목욕재계해서 마음을 고요하게 만듭니다. 3일 동안 재계하면 포상[이익]이나 작록(爵祿)[벼슬과 녹봉] 따위를 마음에 품지 않게 되고, 5일 동안 재계하면 결과물에 대한 세상의 훼예(毁譽)[비난과 칭찬]나 결과물의 완성도에 대한 걱정을 마음에 품지 않게 되며, 7일 동안 재계하면 제가 사지(四肢)와 몸을 가지고 있다는 것조차 잊어버리게 됩니다. 이때가 되어야 비로소 그 어떤 것에도 흔들리지 않을 수 있습니다. 그런 뒤에 산속으로 들어가서 (먼저) 나무들의 성질과 모양을 살피고, 그러면서 그것들을 (제가 만들려는 것과) 마음속으로 맞춰봅니다. 제가 만들려는 것의 본성과 나무의 본성을 일치시키는 것입니다. 그런 뒤에라야 나무에 손을 댑니다. 만일 그렇게 합치되는 것이 없을 땐 나무에 손을 대지 않습니다."

…『장자』《외편》12편 〈달생〉

내가 만들고자 하는 것을 먼저 정한 후 재료를 (억지로) 깎고 잘라내고 다듬어서 내 고정관념에 맞추는 것이 아니라, 재료의 종류와 상태부터 정확히 판단한 후 그것에 알맞게 무엇을 만들지를 결정한다는 것이다. 이 간단한 순서가 실천하자면 무척 어렵고, 또 자주 잊게 된다. 자식 농사가 가장 어렵다고들 하는 이유도 여기에 있으리라. 자녀가 태어나면서부터, 많은 부모는 자녀의 성향과는 상관없이 저마다 자기가 꿈꿔왔지만 되지 못한 특정한 사람으로 만들 생각을 한다. 그러면서 그런 강요를 '모두 다 너 잘되라고 하는 것'이라는 말로 포장하고. 이것이 나쁘다는 건 아니다. 그저 한 번쯤은 진정 자녀를 위한 것인지 아니면 자녀를 자신의 아바타(avatar)로 여기는 것인지 생각해 볼 필요가 있다는 말이다.

✻ 20. (도축(屠畜)의 일인자인) 포정(庖丁)이 문혜군(文惠君)을 위해 소를 잡은 적이 있었다. 그의 몸놀림은 가히 한 편의 춤이었고, 칼이 움직이는 소리는 한 편의 음악이었다. "참으로 훌륭하다! 어떻게 그런 경지까지 이를 수 있었는가?" "제가 추구하는 것은 기술[솜씨]보다 상위의 경지인 (대상의 본성이나 해부학적 구조인) 도(道)입니다. 처음 소를 잡을 때는 (누구나와 마찬가지로) 소의 형체[겉모습]만 보였지만, 3년이 지나면서 소의 형체는 사라지고 뼈와 힘줄만을 가진 대상으로 보이기 시작했습니다. 지금은 (도에 따라) 마음으로 대할 뿐 눈으로 보지는 않습니다. 그저 소가 본래 타고난 그대로 (뼈마디 사이의) 빈 곳만을 따라 칼을 놀리고, 뼈와 살이 연결된 곳을 억지로 지나가지 않기에 뼈가 많든 크든 제겐 장애가 되지 않습니다.

뼈를 자르는 보통 백정(白丁)은 달마다 칼을 바꿔야 하고, 살을 자르는 괜찮은 백정은 1년마다 칼을 바꿔야 합니다. (그러나) 지금 제가 쓰는 칼은 19년째 쓰고 있고 그사이 잡은 소만 해도 수천 마리에 이르지만, 아직도 칼날이 지금 막 숫돌에 새로 간 것 같습니다. 날카로운 칼날을 뼈마디 사이의 틈새에 집어넣으니까요. 그러면 소는 순식간에 뼈와 살이 갈라져서 자기가 죽은 줄도 모를 정도가 됩니다. 하지만 뼈와 살이 엉킨 곳은 저로서도 (여전히) 어렵습니다. (그런 부분에 이를 때마다) 조심하고 집중하면서 천천히 신중하게 칼을 움직입니다." "훌륭하다! 내가 포정의 말을 듣고서야 (19년째 사용하는 칼의 날이 늘 새것 같듯) 건강하게 장수하는 방법을 알게 되었도다."

…『장자』《내편》 3편 〈양생주〉

이 이야기가 포정해우(庖丁解牛)다. 포정이 기술보다 도(道)를 앞세운 것은, 기술이란 과거에 특정한 하나의 대상과 소통한 결과로 나타난 특정한 하나의 흔적이기 때문이다. 그것이 또 다른 대상과의 만남에서도 이전처럼 잘 작동할지는 미지수다. 소를 잘 잡는 것이, 수영을 잘하리라는 근거는 될 수 없다. 도박사의 오류(Gambler's fallacy)가 말하듯, 하나의 사건은 독립변수(獨立變數)이기 때문이다. 그래서 과거의 특정 성공이 미래의 성공을 막는 사례가 많다. 영어책을 달달 외워서 영어를 잘하는 사람은, 타인에게도 자기 성공의 경험이 유일한 방법인 양 추천한다. 외국인과의 대화를 통해서 또는 영어의 원리를 고민한 결과 또는 외국에 산 경험으로 영어를 잘하는 사람도 있는데도 말이다. 자기 경험에조차 집착하면 안 된다(174번~178번). 그리고 19년이라는 시간이 흘렀어도, 포정조차 여전히 어려워하는 부분이 존재한다는 점도 잊지 말자.

✱ 21. 가르침은 반드시 올바름으로 하는 것인데, 올바름 대로 하지 않으면 노(怒)하게 되고, 노하게 되면 도리어 가르침을 상(傷)하게 된다. 아버지도 올바르게 행동하지 못하면서 내게는 올바르게 행동하라고 가르친다고 생각하게 되면, 이것은 부자(父子)가 서로 상하게 되는 것이다. 부

자가 서로 상하는 것은 악(惡)이다. 그래서 옛날부터 자식을 서로 바꿔 가르친 것이고, 그 결과가 학교 교육이다.

…『맹자』 4편 〈이루 상〉 18장

✻ 22. 학교 교육을 철저히 시행하여 효도와 공경하는 법을 가르친다면, 반백(頒白)이 된 노인이 길에서 짐을 (등에) 지거나 (머리에) 이고 다니지 않을 것이다.

…『맹자』 1편 〈양혜왕 상〉 3장

✻ 23. 덕성이 닦이지 않는 것, 학문이 깨쳐지지 않는 것, 의(義)를 듣고도 능히 따르지 못하는 것, 선하지 못함을 (알고도) 능히 고치지 못하는 것, 이것이 내가 (늘) 걱정하는 것이다[시오우야(是吾憂也)].

…『논어』 7편 〈술이〉

공자가 늘 어떤 마음으로 살고 있는지 자기의 경험을 빗대 제자들에게 당부하는 장면이다. 인성을 가장 먼저 추구하고, 그러면서 학문의 깊이도 놓치지 않으려 하며, 물욕(物慾)과 세상의 때에 눈이 흐려져서 혹여 자기가 배우고 가르치고 있는 그대로 행동하지 못할까를 걱정하고, 그렇게 언행일치를 걱정하는 와중에도 자기 내면을 돌아보며 바꾸거나 고쳐야 할 점은 또 없는지를 찾는 늘 깨어 있는 모습. 참으로 존경할 만한 자세다. 그러나 지금 시대의 관점에서 보면, 지독히도 세상 물정 모르는 한심한 자세다. 부가 쌓이지 않는 것, 성공하지 못하는 것, 돈이 되는 시대의 흐름을 능히 따르지 못하는 것, 불의와 불법이라도 능히 걸리지 않는 법, 이것이 지금 사람들이 세상을 살아가며 늘 걱정하는 것이기 때문이다. 그래서 난 그렇게 살면 안 된다는 충고 아닌 충고를 많이 듣지만, 그래도 공자 같은 이와 벗 삼으며 나름의 위안을 얻는다.

✱ 24. 배우고자 할 때는 미처 다 배우지 못할까 두려워하듯 (최선을 다해 배워야) 해야 하고[학여불급(學如不及)], 배우고 나서는 그것을 잃어버릴까 두려워하듯 (최선을 다해 반복해서 기억) 해야 한다[유공실지(猶恐失之)].

…『논어』 8편 〈태백〉

이것만큼 배움에 갈급한 사람의 모습을 요약한 문장은 보기 드물다. 잘 이해되지 않는다면, '배움'을 '돈'으로 바꿔보자. 돈을 벌고자 할 때는 돈을 더 많이 벌지 못할까 두려워하듯 해야 하고, 돈을 벌고 나서는 그것을 잃어버릴까 두려워하듯 해야 한다는 말이다. 안타깝게도 배움이 돈보다 비교도 안 되게 훨씬 더 중요하다는 사실을 많은 사람이 여전히 깨닫지 못하고 있다. 배웠으나 가난한 사람은 불편할 뿐이지만, 부유하나 배움이 없는 사람은 자존심 상할까 불안해하고 원인 모를 공허함 속에서 살 수밖에 없다. 성호 이익이 말한 배움도 같은 맥락이다. "배우지 못할 수는 있으나 배울 때는 (하나의 과정을 모두 끝낼 때까지) 그만두지 않아야 하고, 묻지 않을 수는 있으나 스승에게 물을 땐 알지 못하거든 알 때까지 물어야 하며, 생각하지 않을 수는 있으나 일단 생각할 경우 알 때까지 그만두지 말아야 하고, 행하지 않을 수는 있으나 행할 때는 확실히 행할 수 있을 때까지 그만두지 않는 것이 바로 '나아감[진(進)]'의 참뜻이다. 자기보다 나은 사람이 있어도 그를 따라 배우지 않고, (누군가 자기가) 들어보지 못한 말을 하면 딴짓을 하며, 분명히 알지도 못하면서 자신의 의견이 맞는다고 우기고, 무리와 더불어 놀기를 좋아하는 것이 바로 '그만둠[지(止)]'의 참뜻이다."[10]

---

10 이익, 『성호사설』 〈경사문(經史門)〉 (1760)

✱ 25. 자공(子貢)아, 너는 내가 많이 배워서 그것들을 안다고 생각하느냐? 아니다. 나는 한 가지 도리(道理)로써 모든 것을 관통하고 있는 것이다[여 일이관지(予 一以貫之)].

…『논어』15편 〈위령공〉

✱ 26. 옛것을 배우고 (응용해서) 새로운 것을 알 수 있는 사람이라면[온고이지신(溫故而知新)], 능히 다른 사람의 스승 될 자격이 있다[가이위사의(可以爲師矣)].

…『논어』2편 〈위정〉

✱ 27. 멈출 때를 알아야 (처음부터 그 멈춘 지점까지가 탐구할 범위라는) 정함이 생기고, 정해진 이후에야 (그 부분에만 신경 쓸 수 있기에) 고요할 수 있으며, 고요한 이후에야 편안할 수 있고, 편안해진 이후에야 (목표로 정한 범위에만 집중해서 깊이) 생각할 수 있으며, (그렇게 깊이) 생각한 이후에야 (그 뜻을) 깨달을 수 있다.

…『대학』《경문》

공자는 배움과 함께, 생각의 중요성도 지속적으로 강조한다. '지식의 축적'과 '생각 즉 응용[적용]'은 전혀 별개의 범주다. 10번의 설명에서 언급한, 지식과 지혜가 전혀 다른 범주인 것처럼 말이다. 안회처럼 문일지십하거나 공자처럼 일이관지하기 위해선 어떻게 해야 할까? 그 방법이 바로 '온고지신'이라고 공자는 말한다. 옛것을 배우고 응용해서 새로운 것을 알 수 있는 사람은, 이미 이것과 저것을 연결해서 공통점과 차이점을 찾아내 다른 범주에 응용하는 능력인 생각이라는 걸 할 줄 아는 사람이다. 후진국에서는 암기력과 빠른 계산 능력을 천재의 특징이라고 생각하지만, 선진국에서는 온고지신이야말로 천재의 특징이라고 말한다.

많은 이들이 '잡념'과 '생각'을 혼동한다. 잡념으로 머릿속이 난장판인데, 그걸 자기는 생각이 너무 많다고 미화한다. '큰일 났네. 내가 왜 이러지? 아~ 몰라 몰라! 그런데 저건 뭐지?'처럼 의식과 관심의 숨 가쁜 수평적 흐름은 '잡념(雜念)'이고, '내가 왜 이러지? 어제 그 일이 잘 해결되지 않아서 그런가? 그럼 어떻게 대처해야 했을까? 만약 이렇게 저렇게 했다면…'처럼 궁금증을 가지고 하나의 주제를 지속적으로 깊이 있게 파고드는 수직적 고찰(考察)이 '생각'이다. 각종 전자제품과 로봇과 AI의 발전으로 인해 육체적으로 더욱 편리해지면 편리해지는 만큼, 생각과 고민은 멈추고 왜라는 궁금증도 사라질 것이다. 남는 거라곤, 매우 빠른 잡념의 흩날림뿐일 것이다.

✳ 28. 배우되 생각하지 않으면 허망하고[학이불사 즉망(學而不思 則罔)], **생각하되 배우지 않으면** (독단(獨斷)과 독선(獨善)에 빠져) **위태롭다**[사이불학 즉태(思而不學 則殆)].

…『논어』 2편 〈위정〉

'정의가 없는 힘은 폭력이고, 힘없는 정의는 무능함[비효율]'이라는 말처럼, 배움과 생각 둘 중 하나가 현저히 부족하면 둘 중 남은 하나도 없는 것과 같고, 그 부족한 하나 때문에 사회 전체를 위태롭게 만들 수도 있다는 말이다. 평생 돈을 쌓아놓기만 하다가 쓰지도 못하고 죽으면, 얼마나 허망하고 억울할까? 지식도 마찬가지다. 우리가 평생 배우는 이유는, 살아가면서 마주치는 다양한 상황과 문제에 그 지식을 응용하고 적용해서 해결하기 위함이다. 유치원 때부터 적어도 20대 중후반까지의 삶을 오롯이 배움에 투자한 결과라곤, 취업과 최대한 많은 돈을 벌기 위함이 전부다. 이를 제외하고선, 자신의 배움을 응용하고 적용하는 모습을 찾아보기 어렵다. 의학을 공부했어도 사람들에게 아픔을 주고, 법학을 공부했어도 공정과 정의를 훼손하며, 정치학을 공부했어도 갈등을 조정하기는커녕 오히려 더 유발하고, 경제학을 공부했어도 가진 자들의 주머니만 더 채워주려 하며, 역사학을 공부했어도 민주주의를 위협하는 독재를 찬양한다. 애초에 배움 자체가 없는 게 더 나을 정도로, 이 얼마나 허망한 일인가!

정확한 지식과 근거에 대한 배움 없이, 자기의 생각 속에서만 사는 사람은 훨씬 더 위험하고 무섭다. 그런 이가 일반인이라면, 미신과 점술과 다단계와 사이비 종교에 빠지기 쉽다. 그런 이가 유튜버라면, 온갖 거짓 뉴스와 음모론을 남발해서 사회에 혼란을 유발하기 쉽다. 그런 이가 종교인이라면, 모든 질병과 문제를 악마나 귀신의 짓으로 귀결시켜서 우리의 지식과 의식을 원시시대 수준으로 끌어내리거나 아니면 자기가 신의 부름을 받은 자 또는 아예 하나님이라며 혹세무민할 것이다. 애초에 생각 자체가 없는 게 더 나을 정도로, 이 얼마나 위태롭고 위험한 일인가!

✳ 29. 덕(德)을 갖춘 사람은 반드시 그에 걸맞게 말하지만, 말을 잘한다고 해서 반드시 덕을 갖추고 있는 건 아니다. 어진 사람은 반드시 그에 걸맞게 용기가 있지만, 용기가 있다고 해서 반드시 어짊을 갖추고 있는 건 아니다.

…『논어』 14편 〈헌문〉

✳ 30. 어짊만 좋아하고 배우기를 좋아하지 않으면 그 폐단은 어리석음에 빠지는 것이고, 지혜만 좋아하고 배우기를 좋아하지 않으면 그 폐단은 방탕(放蕩)에 빠지는 것이며, 믿음만 좋아하고 배우기를 좋아하지 않으면 그 폐단은 (자기의 모든 걸) 빼앗기게 되고, 정직한 것만 좋아하고 배우기를 좋아하지 않으면 그 폐단은 목숨을 잃는 것이며, 용맹만 좋아하고

배우기를 좋아하지 않으면 그 폐단은 난을 일으키는 것이고, 굳셈을 좋아하고 배우기를 좋아하지 않으면 그 폐단은 교만함[독선(獨善)]에 빠지는 것이다.

…『논어』 17편 〈양화〉

이해를 위해 30번을 풀어 쓰면 이렇다. 착해 빠진 사람이 배움을 멀리하면, 무시당하고 호구(虎口) 되기 십상이다. 잔머리 잘 돌아가는 사람이 배움을 멀리하면, 한탕주의에 빠지거나 사기 쳐서 흥청망청한 생활을 하기 십상이다. 귀가 얇아 뭐든 쉽게 믿는 사람이 배움을 멀리하면, 사기당하거나 사이비 종교에 빠져 가족과 친구와 재산 모두를 잃기 십상이다. 타인의 감정과 상황을 파악 못 하는 사람이 배움을 멀리하면, 그 입 때문에 큰 화를 당하기 십상이다. 나서기 좋아하고 욱하는 성격의 사람이 배움을 멀리하면, 어느 곳에서든 분쟁과 갈등만 일으키기 십상이다. 똥고집이 강한 사람이 배움을 멀리하면, 사이비 종교의 교주가 되거나 가짜 뉴스를 퍼뜨리거나 극우주의에 빠지기 쉽다는 것이다.

✻ 31. (초나라의 정치인인) 섭공(葉公)[섭윤(葉尹)] 자고(子高)가 공자에게 "우리 마을의 정직한 사람은, 그 아버지가 양을 훔치자 아들이 그에 대해 (재판에서 사실대로) 증언했습니다"라고 말하자 공자가 대답했다. "우리 마을의 정직한 사람은 그와는 다릅니다. 그런 일이 있으면 아버지는 아들을 위해 감추고 아들은 아버지를 위해 감춥니다. 정직함은 그 속[사이]에 있는 것입니다[직재기중의(直在其中矣)].

…『논어』 13편 〈자로〉

공정성과 정직함을 실천한 초나라의 아들을 공자는 질책한다. 법(法)보다 예(禮)가 먼저고, 모든 예는 집안에서 시작된다는 게 공자의 생각이기 때문이다. 그런데 여기에서 공자가 말하는 정직이라는 개념에는, 동의할 수 없다. 내게 이와 같은 일이 일어난다면 난 섭공 마을의 아들처럼 행동할 것이고, 내가 죄를 지은 아버지라면 사실대로 증언하는 내 아들을 칭찬할 것이다. 피도 눈물도 없는 듯 야속하게 느껴질지라도, 그렇게 하는 게 올바른 것이라면 해야만 한다고 생각하기 때문이다. 이것이 내가 한비(자)를 가장 좋아하는 이유다. 작은 하나의 예외라는 구멍을 시작으로, 모두가 힘겹게 쌓아 온 큰 댐과 둑이 쉽게 무너지곤 했음을 수없이 봐 오지 않았는가?

✳ 32. (기원전 4세기에 활동했던) 명의(名醫) 편작(扁鵲)이 어느 날, 채(蔡)나라에서 제(齊)나라 환공(桓公)을 만나보고는 이렇게 말했다. "군주께서는 병환에 걸리셨습니다. 지금 증세는 피부에 있습니다. 당장 치료하지 않으면 더욱 깊이 들어가게 될 것입니다." 편작이 물러나자, 환공이 말했다. "의사란 작자들은 병도 없는 사람을 치료해서 공(功)을 세우려 하지." 10일 뒤에 편작이 다시 환공을 만나보고는 이렇게 말했다. "군주의 병환이 피부 안으로 들어갔습니다. 지금 곧 손을 쓰지 않으면 더욱 깊이 파고 들어갈 것입니다." 환공은 대꾸도 하지 않았다. 다시 10일 뒤에 편작이 와서 보고 말했다. "군주의 병환이 위장 속으로 침투했습니다. 지금 당장 치료를 받지 않으시면 더욱 악화할 것입니다." 환공은 역시 대꾸하지 않았다. 다시 10일 후에 편작은 환공을 멀리서 보고는 그대로 돌아갔다. 환공이 사람을 보내어 그 이유를 물었더니 이렇게 말했다. "병이 피부에 있는 동안은 뜨거운 물로 찜질해서 치료할 수 있다. 피부 속에 머물 땐 쇠침이

나 동침으로 치료할 수 있다. 위장에 있을 땐 탕약(湯藥)으로 치료할 수 있다. 그러나 병이 골수(骨髓)에 침범해 들어간 이상 어떤 의술로도 고칠 수가 없기 때문이다.” 5일 후 환공은 비로소 고통을 느껴 편작을 찾았으나 그는 이미 떠난 뒤였고, 얼마 후 죽었다. 무엇이든 작고 쉬울 때 처리해야 한다.

은[상]나라 주왕이 (코끼리) 상아로 젓가락을 만들자, 기자가 걱정하며 말했다. “상아 젓가락은 (붉은 진흙으로 만든) 오지그릇과는 격에 맞지 않아, 반드시 주옥(珠玉)으로 만든 술잔을 사용하게 될 것입니다. 상아 젓가락과 주옥으로 만든 술잔을 사용하게 되면, 음식물도 따라서 사치스럽게 되어 반드시 진미(珍味)만을 찾게 될 것입니다. 그런 진미는 반드시 비단옷을 걸치고 고대광실(高大廣室)에서 먹어야 제격이겠죠. 그러니 일의 발단이 되는 상아 젓가락이 두렵지 않을 수가 없습니다.” 5년이 지난 후 주왕은 주지육림(酒池肉林)을 만들었다. 이처럼 사치와 낭비를 한 주왕은 결국 멸망하고 말았다. 그래서 노자는 ‘(깊고 끈기 있는 관찰력으로 대부분 사람은 무시하고 지나치는) 작은 것도 (놓치지 않고) 볼 줄 아는 것이 밝음[지혜][견소왈명(見小曰明)]’이라고 말한 것이다.

…『한비자』 21편 〈유로〉

주왕의 이야기는 ‘디드로 통일체(Diderot conformity)’를 가리킨다. 18세기 프랑스 계몽주의자 드니 디드로(Denis Diderot)가, 친구에게 실내복을 선물 받아 옛 실내복을 버렸는데 그 이후 새 실내복에 맞춰 책상·벽걸이·의자·판화·서가(書架)·시계 등을 모두 차례로 바꿔야만 했던 경험에서 착안한 이름이다. 노자의 말은『도덕경』 52장에 있다.

우리는 무거운 죄는 엄하게 처벌하는 것이 당연하지만, 가벼운 죄는 용서하는 게 낫다고 생각하는 경향이 있다. 그러나 속담에 바늘 도둑이 소도둑이 되고, 산에서는 바위에 걸려 넘어지지 않지만, 길에서는 작은 돌멩이에도 걸려 넘어진다는 말이 있다. 작고 가볍다고 얕잡아보고 대수롭지 않게 생각하는 것이 큰 화를 불러온다는 말이다. 천 리 길도 한 걸음 한 걸음 떼지 않으면 안 되고, 큰 집도 굴뚝 사이에서 새어 나오는 불티에 의해 재가 되는 법이다. 신하에 의해 죽임을 당한 왕은, 하루아침에 그런 비극이 일어난 게 아니라 왕의 악행이 쌓이고 쌓여서 그렇게 된 경우가 대다수다. 이것이 작은 죄라도 엄하게 다스려야 하는 이유다.

✱ 33. 한(韓)나라 소후(昭侯)가 술에 취해 졸고 있는데, 관(冠)[갓]을 담당한 자가 그에게 의복을 덮어주었다. 소후는 깨어나자 기뻐하면서 측근에게 물었다. "누가 내게 옷을 덮어주었느냐?" "관을 담당한 자입니다." 그러자 소후는 관을 담당한 자와 옷을 담당한 자를 함께 처벌했다. 옷을 담당한 자를 처벌한 것은 그 직무를 게을리했기 때문이고, 관을 담당하는 자를 처벌한 것은 직무 외의 일에 참견했기 때문이다. 물론 소후가 춥지 않았던 것은 아니었지만, 직무 외 월권(越權)의 해독(害毒)이 추위보다 더 두려운 결과를 초래하리라 믿었기 때문이다.

…『한비자』 7편 〈이병〉

소후는, 정(鄭)나라의 말단 관리였던 신불해의 보고서만 보고, 그를 자기 나라의 재상으로 중용해 전폭적으로 신임한 왕이다. 신불해가 재직한 14년 동안 한나라는 크게 발전했고. 그러나 신불해가 죽은 후, 소후는 현명함을 잃어 곧 나라도 쇠약해지고 본인도 구차한 죽음을 맞이했다. 소후의 행동을 지금에 적용하기는 힘들겠지만, 생각해 볼 점은 분명히 있다.

 고전일까 정치일까

✱ 34. **군자는 모든 것을 원칙대로 처리해야 한다.** 원칙이 바르면 백성들 사이에 도덕이 흥할 것이고, 백성들 사이에 도덕이 흥하면 모든 사특 (私慝)[악행]도 없어질 것이다.

…『맹자』7편 〈진심 하〉 37장

✱ 35. 포상을 소홀히 하면 공신(功臣)들은 보람이 없으므로 업무를 게을리하고, 형벌을 소홀히 하면 간신(奸臣)들은 그것을 기회로 부정을 저지른다. 따라서 공적(功績)이 뚜렷하면 아무리 탐탁지 않고 미천한 자라 할지라도 반드시 상을 주어야 하고, 과실이 뚜렷하면 근친이나 총애하는 신하라 할지라도 반드시 벌을 주어야 한다.

…『한비자』5편 〈주도〉

초(楚)나라 장왕(莊王)이 급하게 태자를 불렀다. 당시 초나라 법에는 그 누구도 수레를 타고 궁궐 안으로 들어올 수 없었다. 그런데 그날은 비가 많이 내려 궁궐 뜰에 물이 고여 있었다. 그래서 태자가 수레를 타고 궁궐 안으로 들어섰는데, 문지기가 막았다. 태자가 어쩔 수 없어서 그런다며 그냥 들어가려 하자, 문지기는 말을 죽이고 수레를 부쉈다. 태자의 하소연을 들은 장왕은 문지기를 승진시키고, 태자를 나무랐다. 문지기가 나라를 위해 법을 지켰고, 태자에게 아첨하지 않았기 때문이다. 우리나라에서도 언젠가 이런 모습을 볼 수 있을까? 우리가 높은 지위의 사람들에게 특별히 바라는 건, 단 하나도 없다. 그저 우리가 하는 그대로 그들도 하기를 바랄 뿐이다. 그런데 그들에겐 신호등을 지키는 것조차, 물건을 사기 위해 줄을 서는 것조차, 납세와 국방의 의무를 다하는 것조차, 대한민국 국민으로서의 자부심을 느끼고 이 국토를 사랑하는 것조차도 너무나 어려운 듯하다. 그런 이들이 과연 이 나라의 국민 자격이 있을까?

✽ 36. 제자 도응(桃應)이 물었다. "순임금이 천자(天子)로 있고 (신하인) 고요(皐陶)가 법관으로 있는데, 순임금의 아버지 고수(瞽瞍)가 사람을 죽였다면 어떻게 했을까요?" "(당연히 법에 따라) 고요가 고수를 체포했을 것이다." "순임금이 가만히 있을까요?" "가만히 안 있으면, 무엇을 어찌할 수 있단 말인가? 나라에는 법(法)이 있고, 고요는 자기가 따라야 할 법대로 했을 뿐이거늘." "그렇다면 순임금은 아버지가 잡혀가는 것을 보고만 있을까요?" "그렇지는 않다. 순임금은 천하를 헌신짝 버리듯이 버리고서 아버지를 몰래 등에 업고 달아나 바닷가에 가서 살 것이다. 죽을 때까지 어버이를 모시고 즐겁게 지내며 천하를 잊고 사는 것이지."

…『맹자』7편 〈진심 상〉 35장

원칙을 강조한 맹자 역시 공자와 똑같이, 정의[정직]와 원칙은 가정 내에서는 즉 가족 간에는 통하지 않는다고 말한다. 그 위대하다는 순임금마저 아버지가 살인을 저지른 경우엔, 천하의 법을 무시한 채 아버지를 몰래 업고 도망쳐 가서 살리라고 예상하면서도 그런 행동을 비난하지 않는다. 만약 몇 사람만이라도 이런 식으로 행동하고 또 그런 행동을 사회와 국가가 인정한다면, 과연 그런 나라가 질서가 확립되고 정의로운 사회가 될 수 있을까? 나아가 순임금과 살인자인 고수는 부자지간이라 괜찮다고 해도, 그들이 정착한 마을의 주민들도 과연 괜찮다고 여긴 채 평소처럼 편히 생활할 수 있을까? 내 옆집에 살인범이 이사 왔는데? '우리 집 개는 물지 않는다'라고 말하며 목줄도 없이 개를 풀어 놓은 채 산책하는 사람과 순임금의 행동이 다를 게 뭔가? 결국 공자와 맹자의 가르침은 개인의 삶과 사회 통합을 예쁘게 꾸미는 인테리어(interior)일 뿐, 기초공사인 **뼈대**는 될 수 없다. 물론 이것만으로도 넘치는 감사와 존경을 표하는 바이긴 하지만.

시각장애인이었던 순의 아버지 고수는 성품이 사악했고, 아내가 사망하자 자기와 똑같은 계모를 맞아들여 순의 이복동생 상(象)을 낳았다. 20대에 효자로 이름을 날린 순은 바로 그 효 때문에 요임금에게 천거(薦擧)되었으며, 30세에 요임금의 두 딸과 가정을 꾸리고서 몇 년간 요임금의 여러 테스트를 받았다. 그렇게 순이 잘 나간다는 소식을 들은 고수와 계모는 여러 차례에 걸쳐 순을 죽이고 순의 재산을 가로채려 했지만, 그때마다 순은 죽을힘을 다해 살아남았고 또 변함없이 효도했다. 한번은 고수가 순에게 지붕을 고치라며 올라가게 한 후 사다리를 치워버리고 집에 불을 지르기도 했고, 우물을 파게 하고는 순이 우물 속에 있을 때 흙으로 덮어버리기도 했음에도 불구하고 말이다. 그때마다 순은 자기가 그런 상황에서 죽으면, 고수와 계모에게 자식을 죽인 금수만도 못한 부모라는 불명예를 씌우는 불효를 저지르게 된다는 생각에 기어이 살아남았다고 한다. 요임금의 테스트에 모두 합격하면서, 마침내 순은 임금에 즉위했다.

✽ 37. 상고시대엔 가족을 아끼고 사적인 이익을 추구하였으며, 중세시대엔 현인을 숭상하고 어진 행동을 즐겼고, 근세에 들어 신분을 소중히 여기고 관리를 존중하게 되었다. (…) 이 세 가지는 고의(故意)로 상반된 상황을 조성해서 만들어진 현상이 아니다. 사람들이 지켜온 원칙이 무너짐에 따라 거듭해서 바뀌게 된 것이다. 세상사가 바뀌어, 행해야 할 도리도 달라졌기 때문이다[세변도이(世變道異)]. 그래서 "왕도(王道)[정치 원칙]는 그 시대의 기준에 합치해야 한다[왕도유승(王道有繩)]"라고 말한다.

…『상군서』7편 〈개색〉

✽ 38. 옛날에 재화(財貨)를 쉽게 얻었던 것은, 사람들이 어질었기 때

문이 아니라 재화가 풍부했기 때문이다. 지금의 쟁탈(爭奪)은 사람들의 비루(鄙陋)함 때문이 아니라 재화가 적기 때문이다. 실정(實情)의 차이가 있다. 고대에 일반적으로 물자를 경시(輕視)하고 있었던 것은, 인정이 많았기 때문이 아니라 물자가 많았기 때문이며, 현대에 와서 싸움이 일어나는 것은 몰인정하기 때문이 아니라 물자가 부족하기 때문이다. 옛날의 천자(天子)가 미련 없이 그 지위를 버리고 떠나기도 했던 것은, 인품이 고상해서가 아니라 천자의 권세가 보잘것없었기 때문이다. 지금의 관리가 지위를 다투는 것은, 그 인품이 사납기 때문이 아니라 그 이권(利權)이 크기 때문이다. 그러므로 **상황은 시대와 함께 변화하며, 방책(方策)[방법과 대책]은 상황에 따라 변하는 것이다. 지금과 같은 급박한 세상의 각박해진 백성들을 인의예지로 다스리고자 하는 것은, 마치 고삐와 채찍 없이 사나운 말을 타려고 하는 것과 같다.**

…『한비자』49편 〈오두〉

이런 명확한 핵심과 간결한 문장은 쉽게 만나기 어렵다. 내가 한비를 좋아하는 이유다.

✽ 39. 길에서 (소문으로) 들은 말을 (옳고 그름에 관한 판단도 없이) 길에서 (자기 생각까지 덧붙여서 다른 사람에게) 그대로 이야기하는 것은, 덕(德)을 내버리는 행위와 같다.

…『논어』17편 〈양화〉

✽ 40. (누군가 물었다) "원한을 덕(德)으로 갚는 건 어떻습니까?" (공자가 대답했다) "그러면 덕에 대해선 어떻게 (무엇으로) 보답하려는가? **원한은**

정직함으로 갚고[이직보원(以直報怨)], **덕은 덕으로 갚아야 한다**[이덕보덕(以德報德)]."

… 『논어』 14편 〈헌문〉

많은 사람이 진화적으로 가장 안정된 관계의 방식이자 받은 대로 돌려주는 전략인 팃포탯(Tit for Tat) 즉 욕을 들었다고 같이 욕하고 맞았다고 같이 때리는 건, 상대방과 똑같은 사람이 되는 거라고 말한다. 그러면서 사랑으로 용서하란다. 나도 공자처럼, 이런 주장엔 반대한다. 사랑하고 용서하는 건, 최선의 베풂이다. 좋다. 나쁜 사람에게조차 최선을 베푼다고 치자. 그렇다면 좋은 사람에게는 그 이상의 무엇으로 어떻게 보답할 텐가? 그 이상 좋은 것이 없으니, 좋은 사람에게도 최선을 베풀 뿐이라고? 모든 상황에서 모든 사람을 똑같이 대하는 건, 가령 범죄의 경우 가해자[나쁜 사람]와 피해자[좋은 사람]의 인권을 동등하게 취급하는 것과 다름없고, 그것은 결과적으로 가해자의 인권은 더 고려하고 피해자의 인권은 짓밟는 셈이 된다. 이것을 과연 공정(公正)이라고 정의(正義)라고 할 수 있을까? 그러면 누가 힘들여 선을 익혀 행하겠는가? 이런 행동은 자신에게 선하게 대한 사람들에게는 굉장한 실례가 되고 악인들에게는 면죄부를 부여해서 더 악한 행동을 서슴없이 하도록 부추기는 촉발제가 될 뿐이다. 서로 다른 행동엔, 서로 다른 '차이'를 두는 게 옳다. 차이는 구분일 뿐, 소외시키는 '차별'과는 엄연히 다르다.

공자가 말하는 정직의 개념이 31번에서와는 달리, 우리가 알고 있는 개념으로 은근슬쩍 돌아와 있음을 눈치챘는가? 다른 관점에서 한번 보자. 양을 도둑맞은 사람과 36번에서 순임금의 아버지 고수에게 죽은 피해자의 유족들이, 양을 훔친 사람과 고수에게 원한을 가지고 있었다고 치자. 하지만 그들의 성품이 뛰어나서, 사적인 감정은 억누른 채 원한을 정직함으로 갚으려고 했다. 그런데 양을 훔친 사람의 아들이 범인을 은닉했고, 순임금은 아예 살인자를 데리고 도주했다. 이런 상황에서 공자와 맹자는 절도범과 살인자의 아들들 편을 든다. 만약 처지가 바뀌어서 공자와 맹자가 피해자나 피해자의 유족이었다면, 그때도 공자와 맹자가 절도범을 숨겨준 아들과 살인자와 함께 도주한 아들을 잘했다고 칭찬할까?

✱ 41. 살피건대, 다른 일은 잘못되더라도 자기 허물만 될 뿐이나, 옥살이[재판]는 잘못되면 인명(人命)을 해치므로 반드시 더욱 마음을 다하여야 한다. 흔히 죄 있는 자를 내보내는 것을 덕(德)으로 삼고 선량한 백성들의 고할 데 없는 고통은 생각하지 않으니, 이것이 심한 폐단이 아니고 무엇이겠는가? (없는 사실을 거짓으로 꾸며 고소하거나 고발하는) 무고(誣告)로 누군가를 옥살이시키는 것을 도뢰(圖賴)라 하는데, 이런 것은 엄중히 다스려 용서하지 말아야 한다. 무고한 자는 무고로 피해를 당한 사람에게 (그가) 과(科)한 죄와 똑같은 죄[반좌율(反坐律)]로 처벌해야 한다.

…『목민심서』9편《형전》2조〈단옥〉

위증죄(僞證罪) 또한 위처럼 처벌하는 것이, 지금 우리에게 절실히 필요하다고 생각한다. 어떤 식으로든 한 번 혐의(嫌疑)를 받으면 사람들 마음에 찜찜함이 남아, 비록 그가 누명을 쓴 것이라고 해도 사람들의 시선이 예전으로 돌아오지는 않는다는 심리를 악용하는 사람이 많기 때문이다. 이에 따라 판사들의 업무량에도 과부하가 걸리고. 좋든 싫든 판사들이 업무에 치이면, 소송 당사자들에게 좋은 건 하나도 없다.

쓸데없이 소송의 수를 늘리는 것 중 또 다른 하나가 '명예훼손죄'다. 하지만 두 가지 문제가 있다. 하나는 범죄 사실이나 불법 사실만을 적시

(摘示)했음에도 명예훼손죄에 해당할 수 있다는 사실이고, 다른 하나는 명예훼손죄의 판결이 고무줄 즉 판사 마음이라는 사실이다. 공인은 말할 것도 없고 아무리 봐도 명예랄 것이 전혀 없어 보이는 일반인에게도 툭하면 명예훼손죄를 인정하는 재판부가, 몇 년 전 현직 대통령에게 빨갱이를 비롯해 차마 입에 담지 못할 막말을 했던 어떤 목사에게는 무혐의 판결을 내렸다. 도대체 어느 위치에 있는 사람을, 어느 위치의 사람이, 어느 정도의 사실과 욕설을 섞어서, 어떻게 표현해야 명예훼손죄가 성립하는 것인지 아닌지 그 기준을 묻고 싶다. 만약 기준이 모호하다면, 법률로서의 자격이 없다.

✽ 42. 군자가 도(道)를 통해서 깊이 나아감은, 스스로 터득하려고 해서이다. 스스로 터득하면, 사물에 대처함이 안정된다. 사물에 대처함이 안정되면, 스스로 터득해 축적한 것이 깊어진다. 스스로 터득한 축적이 깊어지면, 지극히 가까운 곳에서 이치(理致)를 구해도[취해도] 언제나 근본을 만나게 된다. 그러므로 군자는 스스로 터득하려고 한다.

…『맹자』 4편 〈이루 하〉 14장

✽ 43. 옛날에 자기 몸을 안전하게 보전했던 사람들은 자신의 지혜를 (화려한 말로) 꾸미지 않았고, 지혜로 천하 모든 것을 탐구해서 알아내려 하지도 않았다. 도(道)는 본래 자잘한 행위로 이룰 수 있는 것이 아니고, 덕(德)은 본래 자잘한 지식으로 알 수 있는 것이 아니다. 오히려 그런 자잘한 것들은 도와 덕을 훼손시킬 뿐이다. 따라서 자기를 올바르게 할 뿐인데, (그렇게 함으로써) 즐거움이 온전해진 것을 '뜻을 얻었다[득지(得志)]'라고 일컫는다. 옛날에 뜻을 얻었다는 것은 그 어떤 즐거움도 더 보탤 것이 없는 지극한 즐거움의 경지에 이르렀다는 뜻일 뿐이었는데, 오늘날에

는 높은 지위에 오름을 가리키게 되었다.

(그러나) **높은 지위에 올랐다는 건** (자기의 본성이 아니라) **그저** (높은 지위라는) **상황이나 자리가** (마치 기생충처럼) **갑자기 와서 잠시 몸에 달라붙은 것에 지나지 않는다.** 외부에서 우리에게 오는 것은, 오는 것을 막을 수도 없고 가는 것을 붙들어 둘 수도 없다. 그래서 (옛날에 뜻을 얻었던 사람들은) 높은 지위에 올랐다고 해서 제멋대로 하지도 않았고, 궁핍한 상황에 놓였다고 해서 세상에 영합(迎合)하려고 하지도 않았다. (어떤 상황이든) 자기 마음속의 즐거움은 똑같기에, 어떤 걱정도 근심도 없었다. 그런데 지금은 **기생하던 외부에서 온 것이 떨어져 나가면 슬퍼하고 불안해한다. 이것은 그 즐거움의 근본이** (자기의 본성이 아니라) **외부에서 온 것에 있기 때문이다. 그래서 외부에서 온 것에 자기 자신을 잃어버리고 세상에 영합**(迎合)**해 자기의 본성을 상실한 사람을, 본말**(本末)**이 전도**(顚倒)**된 사람이라고 한다.**

…『장자』《외편》 9편 〈선성〉

✳ 44. **귀하게 되려고 하는 마음은 사람마다 다 같다.** (다만) **저마다 자기가 귀한 것을 갖고 있으면서도 그것을 알지 못하고 있을 뿐이다. 남이 귀하게 만들어 주는 것은 참으로 귀한 것이 아니다. 귀하게 만들어 준 이가**[조맹지소귀(趙孟之所貴)] **능히 천하게 만들 수도 있기 때문이다**[조맹능천지(趙孟能賤之)].

…『맹자』 6편 〈고자 상〉 17장

✳ 45. 호(胡)나라를 공격하고 싶었던 정(鄭)나라 무공(武公)은, 먼저 자기 딸을 호나라 왕에게 시집보낸 후 신하들에게 물었다. "전쟁하려 하는데 어느 나라를 먼저 공격하는 것이 좋겠는가?" 대부(大夫) 관기사(關其思)가 (가장 만만했던) 호나라를 치는 것이 좋겠다고 말하자 "호나라는 형제의 나라다. 네 어찌 형제의 나라를 치라고 하는 것이냐!"라며 화를 내고는 관기사를 죽였다. 그 말을 들은 호나라 왕은 정나라를 형제의 나라로 믿고

경계를 풀었다. 그 틈을 타 무공은 호나라를 공격해서 정복했다.

(동성애의 의심을 달고 다니던 미소년(美少年)) 미자하(迷子瑕)는 (기원전 6세기 후반) 위(衛)나라 영공(靈公)의 총애를 받았다. 위나라 법에 군주의 수레를 몰래 탄 자는 (발꿈치를 자르는) 월형(刖刑)에 처하게 되어 있었다. 어느 날 밤, 어머니가 병이 났다는 소식을 들은 미자하는, 명령이라고 속이고는 영공의 수레를 타고 급히 집으로 갔다. 영공은 이 말을 듣고 "효자로구나! 어머니를 위하는 마음에 월형의 죄를 범하는 것도 잊었다니!"라고 말했다. 어느 날은 미자하가 영공과 더불어 과수원을 걷던 중, 복숭아가 달다고 하면서 자신이 먹다 남은 반을 영공에게 주었다. 영공은 "나를 사랑해서 맛있는 것도 자기가 다 먹지 않고 나에게 먹게 하는구나!"라고 말했다.

그러다 결국 영공의 총애가 식어버리자, 영공은 "미자하는 본래부터 그랬다. 일찍이 나의 수레를 내 명령이라고 속여 탄 일도 있고, 자기가 먹다 남긴 복숭아를 내게 먹이는 죄도 저질렀었다"라며 미자하를 처벌했다. 전에는 착하다고 했던 일이 후에는 벌을 받게 된 것은, 군주의 마음이 변했기 때문이다. 무릇 용(龍)은 길들이면 사람이 탈 수도 있을 만큼 유순하지만, 턱밑에 지름 한자(약 30cm) 정도 되는 역린(逆鱗)을 건드리면 반드시 그 사람을 죽인다. 군주에게도 역린(逆鱗)이 있으니, 설득할 때 절대로 그것을 건드리지 않아야 함을 명심해야 한다.

…『한비자』12편 〈세난〉

정나라 무공의 사례는, 상대방의 마음을 알기가 어려운 것이 아니라 알게 된 것을 어떻게 드러내느냐, 즉 What(내용이나 의도)만큼 그것을 포장해서 내놓는 How(방법)도 중요하다는 것이다. 이 이야기는 중국인들의 특징인 **도회지술(韜晦之術)**을 잘 드러낸다. 칼을 칼집에 넣어 숨기거나(韜) 달이 사라지는 그믐(晦)처럼, 알고도 모르는 척하고 자기의 재능을 너무 드러내지도 말며 속마음도 드러내지 말라는 뜻이다. 이와 비슷하게 난득호도(難得糊塗)도 있다. 호도(糊塗)는 '풀을 바르다'라는 뜻으로, 일종의 도배다. 벽을 도배하면 원래 벽의 모습이 보이지 않듯이, 똑똑함을 드러내지 않고 겉으로 바보 같아 보이는 것은 체득하기 어려운 경지라는 뜻이다. 청나라 관리 정판교(鄭板橋)가 어느 날, 하룻밤 묵은 집의 노인이 처음엔 너무나 바보처럼 보였는데 사실은 엄청난 학문적 성취를 이룬 사람이었음을 알고 나서 한 말이다. 389번에도 등장하는 미자하의 사례는 44번의 내용과 일치하며, 역린(逆鱗)이라는 단어의 출처이기도 하다.

✱ 46. 하늘이 장차 큰 맡김을 어떤 사람에게 내리려 하실 적에는, 반드시 먼저 그 마음과 뜻을 괴롭게 하고, 힘줄과 뼈를 수고롭게 하며, 육체를 굶주리게 하고, 몸을 가난하게 하고, 행하는 것마다 어그러지고 어지럽게 하나니, 이로써 마음을 분발하게 하고 성질을 참게 하여 해내지 못하던 일을 더 많이 해낼 수 있게 하기 위해서이다.

…『맹자』 6편 〈고자 하〉 15장

✱ 47. 덕(德)과 지혜와 학술(學術)과 재지(才智)를 가진 사람은[덕혜술지자(德慧術智者)], 항상 심한 괴로움 가운데 있다[항존호진질(恒存乎疢疾)].

…『맹자』 7편 〈진심 상〉 18장

함석헌의 말처럼, '고난에는 뜻이 있다'라는 것이다. 다만 그 고난을 '성장의 기회'로 해석할 것이냐 아니면 고난의 늪 속에 빠져 허우적대며 불평만 하다가 가라앉아 죽을 것이냐는 본인 스스로 선택하고 책임질 일이고. 사도 바울도 자신의 몸이 허약하고 늘 아픈 것에 대해서, 이와 비슷하게 기도하곤 했다. 바울과 맹자의 말이 정말 맞는 건지는 여전히 모르겠다. 다만 이 말들을 지팡이 삼아, 지금껏 넘어져도 일어서며 희망의 끈을 놓지 않은 채 버틸 수 있었음에 감사하다. 비록 플라세보 효과(placebo effect)라고 해도 말이다.

✱ 48. 맹자가 제자 고자(高子)에게 말했다. "산속의 샛길은 잠시만 다녀도 길이 나지만, 한동안 다니지 않으면 풀이 자라 길을 막는다. 지금 너의 마음은 풀로 잔뜩 막혀있구나."

…『맹자』 7편 〈진심 하〉 21장

✱ 49. (아무리 아름다운) 서시(西施)라도 불결한 것을 덮어쓰면, 사람들이 모두 다 코를 막고 지나갈 것이다. (반대로) 비록 악인이라도 (잘못을 뉘우치고) 목욕재계하면, 하늘에 제사도 지낼 수 있다.

…『맹자』 4편 〈이루 하〉 25장

배움에는 끝이 없고, '이젠 됐다'라며 안주하고 쉬려는 순간부터 마음엔 잡초가 자라서 그간 힘들게 갈고 닦고 관리해 온 길이 사라지고 몸은 불결해진다는 경고다. 세상은 쉼 없이 앞으로 달려가는데, 보조를 맞춰 달리다가 이젠 됐다며 쉬는 순간부터 자연히 뒤처지고 퇴보하는 건 당연한 수순(手順)이다. 우희(虞姬)[우미인(虞美人)]·왕소군(王昭君)·양귀비(楊貴妃)와 함께 중국 4대 미녀로 불리는 서시(西施)가 등장한 김에, 각각의 미녀들과 관련된 유명한 고사성어를 순서대로 잠시 살펴보자.

서시는 춘추시대 말기인 기원전 5세기 사람으로, 당시 월(越)나라와 오(吳)나라는 우리나라와 일본처럼 맞닿아 있던 앙숙이었다. 오나라 왕 합려(闔閭)는 당시 강대국이던 초(楚)나라에서 오나라로 망명해 온 오자서(伍子胥)의 도움으로 즉위한 후 오자서를 재상(宰相)으로 삼아 국력을 키웠고,

그사이 오자서는 역시 강대국이던 제(齊)나라에서 망명해 온 손무(孫武)를 알게 되어 합려에게 천거해 군사(軍師)로 삼게 했다. 그리고 그때 손무가 쓴 책이 바로 『손자병법』이다.

기원전 506년 합려는 초나라를 공격해서 거의 정복 직전까지 가는 엄청난 성공을 거두고 있었는데, 그 틈을 노려 이듬해 월나라가 오나라를 공격했다. 때마침 국내에서는 합려의 동생이 쿠데타를 일으켜, 어쩔 수 없이 본국으로 돌아와 쿠데타를 진압한 합려는 월나라를 향한 괘씸함도 잊지 않았다. 기어코 10년 후인 기원전 496년, 아직은 상황이 좋지 않다며 오자서와 손무가 반대했음에도 불구하고 월나라 정복 길에 올랐다가 패하고 화살까지 맞아 그 후유증으로 곧 사망했다.

죽기 직전 합려는 아들 부차(夫差)에게 복수를 부탁했고, 부차는 방바닥에 장작을 쌓아놓고 그 위에서 잠을 자면서 아버지의 유언을 곱씹었다. 이런 와신(臥薪)이 효과가 있었던지, 불과 2년 후인 기원전 494년 부차는 마침내 월나라를 정복하고 월나라 왕 구천(句踐)을 생포한다. 그 후 오나라에선 구천에 대한 처벌 수위를 놓고 의견이 분분했다. 후환을 남기면 안 된다며 죽이자는 오자서와는 달리, 월나라로부터 배 터질 만큼 뇌물을 잔뜩 받아먹은 간신 백비(伯嚭)는 이미 노예와 다름없는 데 그럴 필요까지 있냐는 거였다. 같은 초나라 출신의 망명자로서 오자서의 도움으로 자리를 잡았음에도, 원래 성품이 그런지라 은혜는커녕 오히려 어떻게 하면 오자서를 죽이고 재상이 될까만을 고민하던 사람이었다.

당시 오나라에 오자서와 손무가 있었다면, 신생국 월나라에는 역시 초나라 출신의 범려(范蠡)와 문종(文種)이 있었다. 구천과 함께 오나라로 잡혀 온 범려는 구천을 보좌한 한편, 문종은 월나라에 남아 재건에 힘쓰는 동시에 부차와 오자서의 관계를 이간질하기 위해 백비에게 뇌물을 주었고 서시를 바쳐 부차의 넋을 **빼앗는** 미인계까지 펼쳤다. 서시 역시 애국심을 갖고 적극적으로 미인계를 수행했다는 주장이 있는데, 타당해 보인다. 그런 노력의 결과인지 3년 만에 구천을 풀어주자, 오나라도 이젠 끝이라고 판단한 오자서는 아들을 제나라로 유학 겸 도피시켰다. 이것이 빌미가 되어 자결하라는 명령을 받자, 오자서는 오나라가 월나라에 멸망하는 모습을 죽어서라도 지켜보겠다며 자기의 목을 베어 성문에 걸어두라는 저주를 남기고 자결했다. 그 말에 격노한 부차는 오자서의 시신을 자루에 담아 강물에 버렸고, 이때쯤 손무도 은퇴했는데 이후의 생애에 대해서는 남아 있는 기록이 없다.

월나라로 돌아온 구천은 방 천장에 쓰디쓴 쓸개를 매달고 매일 그것을 혀로 맛보며 복수를 다짐했다. 역시 또 이런 **상담(嘗膽)**이 효과가 있었던지, 약 17년 후인 기원전 473년 구천도 복수에 성공한다. 그런데 승리의 기쁨이 채 가시기도 전 어느 날, 범려가 조용히 문종을 찾아가 함께 왔던 것처럼 함께 떠나자고 제안한다. 그러면서 제시한 이유가 바로, '토끼사냥이 끝나면 사냥개도 더는 필요 없기에 삶아서 죽인다'라는 **(교)토사(주)구팽(狡兎死走狗烹)**이다. 직접적인 경쟁 상대였던 오나라를 멸망시켜 나라의 위협이 사라졌으니, 이제 왕권 강화를 위해 공신들은 숙청될 것이라는 예측이었다. 문종이 결정을 망설이자 범려는 혼자 떠났고, 남았던 문종은 얼마 못 가 모함에 빠져 처형당했다. 문종의 생애를 볼 때, 권력에 대한 미련 때문에 죽임을 당했다는 말은 타당성이 없어 보인다. 여하튼 자기들끼리는 앙숙이었지만, 다른 강대국을 상대해야 할 때는 연합하기도 했던 오나라와 월나라의 **오월동주(吳越同舟)**라는 말로 지금도 남아 있다.

우희는 전국시대 제후들의 우두머리[패왕(霸王)]였던 초(楚)나라 항우(項羽)의 애첩이었다. 기원전 206년 항우는 진(秦)나라를 공격할 때, 상륙

하자마자 타고 온 배에 불을 지르고 솥은 모두 부숴버렸다[파부침주(破釜沈舟)]. 오로지 전진밖에 없고 반드시 이겨야만 주린 배를 채울 수 있다는 의미였다. 이것이 통했는지, 기원전 221년 중국 최초의 통일 국가 진나라는 15년 만에 막을 내렸다. 그리고 항우는 한(漢)나라 유방(劉邦)을 변두리로 쫓아낸 후, 중원(中原)으로 들어올 수 있는 길은 모두 봉쇄했다. 그러나 비밀 루트(route)인 진창(陳倉)이란 곳을 통해 중원에 들어온 유방이 항우를 공격했다[암도진창(暗渡陳倉)]. 그러자 갑자기 어찌 된 일인지, 자기 휘하의 제후들과 장군들이 항우에게 붙기 시작하는 것 아닌가! 아무리 설득해도 소용없자, 기원전 204년 유방은 한신(韓信)을 보내 그들을 공격했고, 이때 한신이 사용한 전략이 항우의 전략과 거의 똑같은 배수진(背水陣)이다.

이래저래 잘 나가던 항우도 결국 기원전 202년, 해하(垓下) 강변에서 유방에게 포위당한다. 유방은 항우가 이끄는 초나라 병사들의 향수병을 자극해서 전투 의욕을 없애고자, 자기 병사들에게 초나라의 노래를 부르게 했다[사면초가(四面楚歌)]. 지금으로 치면, 우리 군대를 포위한 일본 군대가 아리랑을 부르는 셈이다. 결국 최후를 직감한 항우는 '힘은 산을 뽑을 만큼 세고, 기개는 세상을 덮을 만큼 웅대한데[역발산기개세(力拔山氣蓋世)]'로 시작하는 신세 한탄의 시[해하가(垓下歌)] 한 수를 읊지만, 그러면 뭐 하나? 머리 없이 힘만 믿고 산 결과인걸.

이때 항우 곁에 있던 우희는 끝까지 함께하겠다면서, 자기부터 먼저 죽여달라고 부탁한다. 항우는 우희의 목을 벤 뒤, 간신히 포위를 뚫고 나가긴 했으나 끝내 막다른 길에서 자살한다. 항우와 우희의 마지막을 그린 경극(京劇) 작품 그리고 그것을 바탕으로 한 영화가 〈패왕별희(覇王別姬, Farewell My Concubine)〉다. 다만 똑같은 이간질 즉 미인계의 희생양이었지만, 우희 대신 2세기 중후반에 살았던 왕윤(王允)의 수양딸로 동탁(董卓)

과 여포(呂布) 사이를 이간질하는 역할을 했던 초선(貂蟬)을 4대 미녀 중 한 사람으로 보기도 한다.

주나라 때부터 끊임없이 한족 괴롭히기를 어언 1,000여 년. 그동안 한족은 수시로 성을 쌓아 흉노(匈奴)의 공격에 대비했었다. 진나라의 장군 몽염(蒙恬)이 전국시대 때 여러 나라가 쌓은 장성(長城)을 연결해서 만리장성으로 완성했다. 하지만 계속되는 흉노의 약탈에 지친 전한(前漢)의 11대 왕 원제(元帝)(재위 기원전 48~기원전 33)는 흉노를 이끌고 있던 호한야(호한사, 呼韓邪) 선우(單于)[대군주 즉 최고지도자]에게 협상을 제안했다. 최고의 미녀를 선발해서 부인으로 삼게 해줄 테니 그만 좀 괴롭히라고 말이다. "어 그래? 일단 보고 나서 판단할게!" 그렇게 해서 선발된 여인이 왕소군이다.

4세기 초 갈홍(葛洪)이 지은 책으로 전한(前漢)의 유명 인사들의 일화 및 제도와 풍습 등에 관한 것들을 기록한 야사(野史)『서경잡기(西京雜記)』엔, 원제가 후궁 중 가장 못생긴 여자를 보내기 위해 실물이 아니라 초상화를 보고 골랐다고 한다. 소위 소심한 복수라고 할 수 있다. 그런데 당시 초상화를 그리는 사람에게 개인적으로 팁을 주던 관습이 있었는지, 왕소군은 팁을 주지 않았기에 가장 못생기게 그려졌다고 한다. 그래서 초상화만 보고 즉 서류심사로 왕소군이 선택되었고, 출발 당일에 너무 예쁜 왕소군을 본 원제는 아쉽지만 어쩔 수 없이 보낸 후, 분을 참지 못하고 초상화를 그린 사람을 죽였다고 전한다.

호한야는 왕소군과의 사이에서 아들을 낳자마자 곧 죽었고, 아버지의 부인들을 아들이 물려받는 것이 당시 흉노의 관습이어서 왕소군은 자기의 아들 복주루 약제(復株累 若鞮)의 아내가 된다. 이상하게 보지 말자. 유목민들에게 인구수는 생존과 직결되는 것이기 때문이다. 그런 왕소군이

황량한 초원 지대인 그곳에서 다시는 돌아갈 수 없는 고향을 그리며 '봄은 왔지만, (내 마음의) 봄은 아직 오지 않았구나![춘래불사춘(春來不似春)]'라는 말을 남긴 것이다. 또는 "봄은 왔지만 (내가 고향에서 맞이하던 예전의 그 아름다운) 봄 같지는 않구나"라고 해석할 수도 있다.

양귀비는 8세기 중반 당나라 현종(玄宗)의 후궁이자 며느리였고, 그녀의 치맛자락에 현종이 놀아나면서 당나라는 몰락의 길로 들어섰다. 현종의 무능함을 이유로 안록산(安祿山)과 그의 부하 사사명(史思明)이 '안사의 난(安史之亂)'(755~763)으로 불리는 쿠데타를 일으켰고. 그래서 양귀비의 아름다움을 '나라를 망칠 정도의 아름다움'이라는 뜻의 경국지색(傾國之色)이라고 부른다. 사실 양귀비는 키 155cm 정도에 몸무게 65kg의 건장한(?) 체형이었다고 전한다.

3장

배운 사람은 티가 난다!

✻ 50. (숙제(叔齊)의 형) 백이(伯夷)는 (마음이) 좁고[백이애(伯夷隘)], 유하혜(柳下惠)는 남을 (무시하고) 존경하는 마음이 없다[유하혜불공(柳下惠不恭)]. 좁은 것과 불공은 군자가 따르지 않는 것이다.

…『맹자』 2편 〈공손추 상〉 9장

✻ 51. 백이는 눈과 귀로 혐오스러운 색과 소리를 보지도 듣지도 않았고, 한 번 정한 임금이 아니면 섬기지 않았으며, 한 번 정한 벗이 아니면 벗하지 않았고, 부릴 만한 백성이 아니면 부리지 않았다. (나라가) 잘 다스려지면 나아가 벼슬을 했고, 어지러워지면 물러났다. (품행에 예(禮)가 없는) 시골 사람들과 함께 지내는 것을 마치 관복(官服)을 갖춰 입은 채 진흙이나 숯 구덩이에 앉아 있는 것처럼 여길 정도로, 횡포(橫暴)한 정치도 횡포한 백성도 차마 견디지 못해 뒤도 돌아보지 않고 자리를 떠났다.

(탕왕을 도와 은[상]나라 건국에 공을 세운) 이윤(伊尹)은 "누구를 섬긴들 내 임금이 아니며, 누구를 부린들 내 백성이 아니겠는가?"라고 말하며, (나라가) 잘 다스려져도 벼슬에 나아갔고 어지러워져도 나아갔다. "하늘이 이 백성을 내리신 것은, 미리 알고 깨달은 사람에게 늦은 사람을 깨우치도록 하기 위한 것이다. 하늘이 내린 백성 중 미리 깨달은 사람인 나는, 요순(堯舜)의 도(道)로써 이 백성들을 깨우칠 것이다" 하시고는, 필부(匹夫)와 필부(匹婦)라도 요순의 혜택을 받지 못한 사람이 있으면 마치 자신이 밀어

서 도랑에 빠뜨린 것처럼 생각(하며 미안해)하였으니, 천하의 무거운 책임을 자임(自任)한 사람이었다.

유하혜는 부도덕한 임금한테서 벼슬하는 것을 부끄러워하지 않았고, 작은 벼슬을 하찮게 여기지도 않았다. 그러나 벼슬을 하면 자기의 현명함을 숨기지 않고 반드시 (자기의) 소신대로 했다. (그로 인해) 벼슬에서 쫓겨나도 (임금을) 원망하지 않았고, 곤궁해도 (가난과 배고픔을) 고민하지 않았다. (백이와는 달리) 시골 사람들과 함께 지내면서도 유유자적하며, "너는 너고 나는 나이니, 비록 네가 내 곁에서 옷을 벗고 몸을 드러낼지라도 어찌 나를 더럽힐 수 있겠는가?"라고 말했다. 그러므로 유유히 그들과 더불어 같이하면서도, 그 스스로 올바름을 잃지 않았다.

공자가 제(齊)나라를 떠날 때는 물에 불린 쌀을 건져 바로 떠났으나 노나라를 떠날 때는 "더디고 더디구나! 내 발걸음이여!"라고 한 이유는, 부모의 나라를 떠나야만 하는 것이 도리상 슬프기 때문이다. 빨리 떠날 만하면 빨리 떠났고, 오래 머물 만하면 오래 머물렀으며, 숨어 살 만하면 숨어 살았고, 벼슬을 할 만하면 벼슬을 한 사람이 공자였다. 백이는 청렴한 성인(聖人)이었고, 이윤은 (천하의 무거운 책임을) 자임한 성인이었으며, 유하혜는 화합을 잘한 성인이었고, 공자는 시의(時宜)에 맞게 행동한 성인이었으니, 공자야말로 (앞선 세 사람의 장점을) 집대성한 분이라고 말할 수 있다.

…『맹자』5편 〈만장 하〉 1장

맹자의 개인적인 평가일 뿐이다. 백이와 이윤은 '배경 설명'에서 이미 다뤘으니 참고하라. 공자와 절친한 사이였던 유하혜는 형벌과 옥살이를 관장하던 노나라의 대부이자 아이러니하게도 당시 3,000명의 부하를 거느린 도적 떼의 우두머리 도척(盜跖)의 친형이기도 했다. 『논어』18편 〈미자〉에 유하혜와 관련된 내용이 있다. 관직에서 세 번이나 쫓겨나자, 노나라를 떠나는 게 어떻겠냐고 조언하는 사람들에게 유하혜가 말한다. "도(道)를 지켜 (올바른 말만 하면서) 남을 섬긴다면, 어디를 가더라도 이만큼은 쫓겨날 겁니다. (반대로) 도를 굽혀 남을 섬길 거라면, 굳이 조국을 떠날 필요도 없을 테고요." 잘 디자인된 멋진 말이다.

유하혜의 일화 중 유명한 것은 따로 있다. 한번은 겨울에 여행하던 중 성 밖에서 노숙하게 되었다. 그때 한 젊은 여인이 성문 앞에서 쓰러진 채 추위에 떨고 있었다. 유하혜는 그녀가 얼어 죽을까 봐 입고 있던 솜옷으로 그녀를 감싼 후, 자기의 품에 꼭 안고서 앉은 채로 밤을 지새웠다. 날이 밝을 때까지 어떤 불미스러운 일도 저지르지 않았고. 이것이 바로 '품에 안고 있어도 난잡(亂雜)하지 않다'라는 **좌회불난(坐懷不亂)**의 유래이고, "비록 네가 내 곁에서 옷을 벗고 몸을 드러낼지라도 어찌 나를 더럽힐 수 있겠는가?"라는 인용문에 기록된 문장의 배경이다.

이번에도 역시 노나라에서 있었던 일이다. 어느 날 홀로 사는 여성의 집 지붕이 폭우로 무너졌다. 그녀는 홀로 사는 옆집 남자에게 유하혜의 사례를 들면서 하룻밤만 재워 달라고 부탁했다. 그러자 그 남자는 자기는 유하혜처럼 대단한 사람이 아니기에, 자신과 그녀 모두를 위해 불미스러운 일이 일어날 수 있는 행동은 애초에 하지 않는 게 좋겠다면서 거절했다고 한다. 이런 옆집 남자야말로 '배운 게 없어도 배운 사람'이지 않을까?

✳ 52. 사람에게는 도리(道理)가 있어야 한다. 배불리 먹고 따뜻하게 입고 편안히 살면서도 가르침과 배움이 없으면 짐승과 다를 바가 없다. 성인(聖人)이 이를 걱정해 (은[상]나라의 시조로 요임금과 순임금을 보필했던) 설(契)로

하여금 사람들에게 인륜을 가르치게 하였으니, 부자 사이에는 친근함이 있으며[부자유친(父子有親)], 군신 사이에는 의리가 있으며[군신유의(君臣有義)], 부부 사이에는 남녀의 분별이 있으며[부부유별(夫婦有別)], 노인과 젊은이 사이에는 서열이 있으며[장유유서(長幼有序)], 친구 사이에는 믿음이 있는 것이다[붕우유신(朋友有信)].

…『맹자』 3편 〈등문공 상〉 4장

✱ 53. 사람으로서 마땅히 갖춰야 할 인(仁)을 갖추지 않았다면, 예(禮)는 따져 무엇 할 것인가?

…『논어』 3편 〈팔일〉

✱ 54. 여태껏 인(仁)을 실천하기에 부족한 사람을 보지 못했다.

…『논어』 4편 〈이인〉

✱ 55. 간사한 말과 위선적인 표정은[교언영색(巧言令色)] 인(仁)과 거리가 멀다.

…『논어』 1편 〈학이〉

✱ 56. 강함, 굳셈, 질박(質朴)함[꾸밈없이 순수함], (말을 가려서 한다는 뜻의) 어눌함이 인(仁)에 가깝다.

…『논어』 13편 〈자로〉

✱ 57. 제자 자장(子張)이 공자에게 인(仁)을 묻자, 공자가 말했다. "능히 다섯 가지를 천하에 행할 수 있으면 인(仁)하다 할 수 있다. (그것은) 공손함, 너그러움, 믿음, 민첩함, 은혜로움이다[공관신민혜(恭寬信敏惠)]. 공손하면 업신여김을 받지 않고, 너그러우면 사람들의 지지를 얻고, 믿음을 주면 사람들이 일을 맡기고, (시대의 흐름에) 민첩하면 공을 세우게[이루는 게 있게] 되고, 은혜로우면 능히 사람을 부릴 수 있게 된다."

…『논어』 17편 〈양화〉

✹ 58. **자신의 사욕을 이겨내어 사람 사이의 조화를 이루는 예(禮)로 돌아가는 것이 인(仁)이다**[극기복례 위인(克己復禮 爲仁)]. 하루라도 자신의 사욕을 이겨내어 예로 돌아가면, 천하가 인으로 귀의할 것이다. 인을 행하는 건 자신에게 달렸다. 예가 아니면 보지 말고, 예가 아니면 듣지 말고, 예가 아니면 말하지 말고, 예가 아니면 움직이지도 말라.

…『논어』 12편 〈안연〉

✹ 59. 인(仁)이란 사람을 사랑하는 것이고, 지혜(智)란 사람을 아는 것이다.

…『논어』 12편 〈안연〉

✹ 60. **오직 어진(仁) 사람만이,** (사심이 없고 공정하기에) **다른 사람을 좋아하거나**[뭔가를 하게 하거나] **미워할**[뭔가를 하지 못하게 할] **자격이 있다**[능호인 능오인(能好人 能惡人)].

…『논어』 4편 〈이인〉

✹ 61. 인(仁)은 하늘이 내린 존귀한 벼슬이다.

…『맹자』 2편 〈공손추 상〉 7장

✹ 62. 인·의·충·신(仁義忠信)과 선(善)을 즐기고 게으르지 않은 것이 (하늘이 내린 벼슬인) 천작(天爵)이고, 공(公)·경(卿)·대부(大夫)와 (이들의 가신(家臣)이었다가 후에 지식인의 의미를 갖게 되는) 사(士) 따위의 벼슬은 (사람이 내린) 인작(人爵)이다.

…『맹자』 6편 〈고자 상〉 16장

〈고린도 전서〉 13장 4~8절에서 사랑의 16가지 특성을 열거하듯, 공자도 56번과 57번에서 인(仁)의 9가지 특성을 두루뭉술하게 열거하지만, 58번과 59번에서는 정확하게 정의한다. 모두가 부처가 될 수 있는 불성(佛

性)을 지니고 있듯, 공자는 모두가 인을 실천하는 군자가 될 수 있는 자질은 갖추고 있다고 여겼다. 공자가 생각한 인은, 극기복례까지의 과정이자 극기복례의 결과물이다. 따라서 공자에게 가장 중요했던 건, 인보다는 예임을 알 수 있다. 58번에서 예가 아니면 하지도 말라는 부분의 예는, 일상적인 개념의 예일 수도 있고, 주례 그 자체를 가리키는 것일 수도 있다. 60번은 40번과 연결된다.

❋ 63. 예(禮)를 사용함에 있어선 조화로움을 귀하게 여겨야 한다.

…『논어』 1편 〈학이〉

❋ 64. **지나친 것과 모자란 것은 같다**[과유불급(過猶不及)].

…『논어』 11편 〈선진〉

❋ 65. 공자가 말했다. "도(道)가 행해지지 못하는 이유를 내가 알았으니, 지혜로운 자는 (앎에만 치우친 탓에 행동은 가벼이 여김이) 지나치고, 어리석은 자는 (무엇을 어떻게 해야 하는지조차 모르는 탓에) 미치지 못하기 때문이다. 도가 (무엇인지 그 내용이) 밝게 드러나지 못하는 이유를 내가 알았으니, 어진 자는 (행동에만 치우친 탓에 앎은 가벼이 여김이) 지나치고, 어질지 못한 자는 (무엇을 어떻게 해야 하는지조차 모르는 탓에) 미치지 못하기 때문이다. 사람들치고 먹고 마시지 않는 이가 없건마는, (그) 맛을 (제대로) 아는 이는 드물구나."

…『중용』 4장

도(道)는 사람이 잠시도 떠나서는 살 수 없는 것인데(66번), **물고기에게 물과도 같은 도를 깨우치거나 행하는 것이 왜 그리 어려운 걸까? 늘 자신을 살피고 앞으로 나아가기를 게을리하지 않는 사람들마저, 사적인 이익과 관심**

 지혜로운 자는 앎에 치우쳐 행함인 '용(庸)'이 부족하고, 어진 자는 행함에 치우쳐 깨우침인 '중(中)'이 부족하다는 것이다. 서양에서 '나아감'은 거의 모든 경우에 칭찬받아 마땅한 진보이지만, 동양에서 '조화로움을 잊은 나아감'은 나아가지 않음보다 못하다. 마지막 문장은 212번을 참고하라.

✱ 66. 하늘의 명(命)을 '본성'이라고 하고[천명지위성(天命之謂性)], 본성을 따르는 것을 '도(道)'라고 하며[솔성지위도(率性之謂道)], 도를 닦는 것을 '교육(敎育)'이라고 한다[수도지위교(修道之謂敎)]. 도는 (사람이) 잠시도 떠나서는 살 수 없는 것이다. (사람이 잠시라도) 떠나서 살 수 있다면 (그것은) 도가 아니다.

…『중용』1장

사람의 본성은 타고 태어난 하늘의 원리이고 운명이라서 사람이 어찌할 수 없는 것이므로, 그런 본성과 조화를 이루며 사는 도를 터득해야 하는데, 그런 방법을 가르치고 배우는 게 교육이란다. 지금 우리가 사용하는 교육의 개념과는 다르다. 공자가 생각한 '도'란 사람이 사람과 그리고 자연과 조화를 이뤄 살고 공존하는 길이나 방법이고, 그것이 곧 사람이 태어나 죽을 때까지 일상생활을 영위해 나갈 때 지켜야 하는 모든 예절이다. 따라서 두 번째와 세 번째 문장의 '도'를 '예'로 대체해서 읽는 게, 공자의 마음에 더 가까이 다가가는 방법일 듯하다. 사실 겉으로 드러나는 행동인 예(禮)에만 집중했던 공자에게, 사람의 본성은 그다지 관심의 대상이 아니었다. 그래도 예를 중시하는 자기의 주장에 대한 근거와 당위성이 필요했고, 그래서 그것을 누구도 반박하지 못하게 하늘이 내린 것이라고 간단하게 처리한 것이다.

✽ 67. (위(衛)나라 영공(靈公)[괴외(蒯聵)]이 망나니로 소문이 자자한 자기 아들의 스승으로 노나라 현자(賢者) 안합(顔闔)을 초빙하자, 안합이 부임하기 전에 위나라 대부 거백옥(蘧伯玉)을 찾아가 조언을 구했다) "만약 제가 그와 함께 무도(無道)한 짓을 저지른다면 나라를 위태롭게 할 것이고, 그와 함께 법도에 맞는 일을 하려고 하면 제 몸[목숨]을 위태롭게 할 것입니다. 제가 어떻게 하면 좋겠습니까?" **"몸[겉]으로는 그가 하자는 대로 따르더라도 (너무 깊이) 휘말리지는 말고, (어쩔 수 없이 억지로 그렇게 하고 있다는 속마음이) 겉으로 드러나게 해서도 안 됩니다.** 그가 제멋대로 예의 없는 행동을 하더라도, 그대로 그를 따라 똑같이 하셔야 합니다. 그런 식으로 행동하다 보면 마침내 그 스스로 (깨닫는 바가 있어) 자기의 허물을 없애는 날이 올 것입니다.

사마귀[당랑] 이야기를 아시죠? 사마귀는 (뭔가가 다가오면 제아무리 자기보다 몇 배나 더 크고 위험한) 수레바퀴라 하더라도 앞발을 휘두르며 맞서려 합니다. 자기가 (감당할 수 있는 일인지) 감당할 수 없는 일인지조차 구별하지 못하기 때문인데, (사마귀처럼 하찮은) 자기의 재주[능력]를 과신하는 (그래서 남을 업신여기는) 짓은 경계하고 삼가야 합니다. (목숨마저) 위태로워지기 때문이죠. 호랑이가 자신과 같은 종(種)도 아닌 사육사에게 순종하는 것은, 사육사가 호랑이의 본성대로 사육하기 때문입니다. 만약 호랑이에게 물려 사육사가 죽었다면, 그것은 호랑이의 본성을 거스른 탓이고요. 말(馬)을 사육하는 사람이 아무리 마음속으로는 말을 사랑한다고 해도, 말의 등에 모기가 앉았다고 갑자기 말 등에 채찍을 내리쳐 말을 놀라게 한다면, 놀란 말은 날뛰면서 사육사를 다치게 할 수도 있고 고삐를 끊고 달아나 버릴 수도 있습니다."

… 『장자』《내편》 4편 〈인간세〉

당랑거철(螳螂拒轍) 이야기를 통해 자기의 뛰어남을 과신하지 말고, 호랑이와 사육사의 이야기를 통해 그 무엇이든 대상의 본성을 거스르면 안 되면, 말과 사육사의 사례를 통해 마음[내용]은 아무리 그렇지 않더라도 그 마음[내용]을 표현하는 작은 행동[형식] 하나하나가 오히려 마음[내용]보다 더 중요할 때가 많으니 부디 언행을 삼가고 조심하라고 조언한다.

'제멋대로 예의 없이 행동하더라도, 그대로 따라 해야 한다'라는 건 '호랑이의 본성을 거스르면 안 된다'라는 말과 일맥상통하는데, 개인적으로는 이것을 '자전거 타기'로 표현한다. 자전거를 타고 똑바로 갈 수만은 없다. 이리저리 흔들린다. 물론 매 순간 흔들려도, 그것이 바로 앞으로 잘 가고 있다는 방증(傍證)이다. 삶도 그렇다. 그렇게 흔들릴 때마다 흔들린다고 곧바로 핸들을 반대편으로 꺾으면 넘어질 수밖에 없다. 자전거의 중심이 기우는 쪽으로 핸들도 순간 같이 꺾었다가 원을 그리며 자연스럽게 중심을 잡아야 한다. 이것이 삶을 잘 살아가는 팁(tip) 중 하나다. 자기의 단점을 단칼에 고치는 사람이 있는가 하면, 조금씩 부드럽게 고치는 사람도 있는데, 우리 정신과 몸의 관점에서 보자면 후자가 적응의 시간을 주기 때문에 조금 더 바람직할 때가 많다. 이것은 휘어진 나뭇가지를 곧게 펴는 것과도 같다. 단번에 바로 잡으려고 하면 부러지지만, 휘어진 반대 방향으로 조금씩 그리고 수없이 힘을 가하면 자연스럽게 바로 잡히듯이 말이다.

✳ **68.** (태초 이전의) 혼돈(混沌)으로 이루어진 그 무엇[도(道)]이 있는데, (그것은) 천지가 생기기 이전부터 존재해 있었다[선천지생(先天地生)]. 그것

은 고요해서 소리도 없고 아득해서 모양도 없으며, 어떤 것에도 (그 존재를) 의존하지 않고 어떤 것으로도 (그 속성이) 변하지 않지만, (천지 만물에 두루) 나타나 잠시도 쉬는 일이 없으니, 그것을 능히 만물의 모태(母胎)라고 할 만하다. 사실 나는 그 이름조차도 모른다. (그래도 그것에 대해 말하자면 어떻게든 이름이 있어야겠기에) 임시로 이름 붙여서 '도(道)'라 할 뿐이고[자지왈도(字之曰道)], 억지로 이름 붙여서 '크다'라고 할 뿐이다. 크다는 것은 (그 작용이) 미치지 않는 사물[개체]이 없다는 것이고[대왈서(大曰逝)], 미치지 않는 사물이 없다는 것은 (그 범위가 우주의 끝에 이를 만큼 좁고 오므려져 있던 것이) 넓게 펼쳐졌다는 것이며[서왈원(逝曰遠)], (우주의 끝에 이를 만큼) 넓게 펼쳐졌다는 것은 (결국엔 음양의 조화에 따라 다시 원래의 상태인 오므려짐으로) 되돌아간다는 말이다[원왈반(遠曰反)].

(큰 것만 따지자면) 도(道)도 크고, 하늘도 크고, 땅도 크고, 통치자 역시 크다. (세상의) 네 가지 큰 것 중에서 (당당하게) 통치자도 한자리를 차지한다[이왕거기일언(而王居其一焉)]. (그러나 존재의 본성상) 사람[통치자]은 땅에 의존하게 되어 있고, 땅은 하늘에 의존하게 되어 있으며, 하늘은 도에 의존하게 되어 있다. (그러나) 도는 (외부의 어떤 것에도 그 존재를 의존하지 않는 자기충족적이기에) 스스로 그럴 뿐이다[도법자연(道法自然)].

… 『도덕경』 25장

노자는 '도(道)'에 대해 일종의 '무지의 지'를 고백한다. 우리는 알 수는 없지만 존재하는 그 무엇을 보통 'X'라고 부른다. 처음이자 끝이며 우주의 생성과 유지와 순환을 담당하는 가장 근원적인 무엇이 있긴 할 텐데 도무지 알 수는 없다고 생각한 노자는 우리의 표현인 'X'를 '도(道)'라고 표현한 셈이다. 따라서 노자의 '도'에 이 이상의 의미는 부여하지 말자. 이 이상의 의미를 부여하는 순간, 우리는 우리만의 착각 속에서 우주를 헤매는 미아(迷兒)가 될 테니까. 힌두교의 '브라흐만'이든 성리학의 '이(理)'든 자연과 역사의 '보편적인 흥망성쇠의 원리[법칙]'이든, '천지가 생기기 이전부터 존재해 있었고 만물의 모태인 절대적이고 보편적인 진리를 임시로 도(道)라고 부를 테니 시비 걸지 말라는 일종의 약속이요 선언이다.

두 번째 문단에서 노자의 본심이 여실히 드러난다. 노자의 관심은 온통 통치자와 혼란한 사회와 국가를 어떻게 하면 다시 평상시처럼 질서 잡힌 모습으로 만들 수 있는지에 쏠려 있었다. 그래서인지 '이왕거기일언'을 조금 나쁘게 말하자면, 일자리를 얻기 위해 통치자 로렌초 메디치(Lorenzo de' Medici)에게 『군주론』(1513)을 헌정했다고 알려진 마키아벨리를 보는 듯하다. 물론 이 일화는 사실이 아니지만. 여하튼 노자도 아부라는 걸 할 줄 아는 평범한 사람이었음이 새삼스럽다.

마지막 구절 '도법자연'을 대다수 전문가가 '도는 자연을 따른다'라고 번역한다. '자연(自然)'을 우리가 흔히 생각하는 '자연'이라는 명사로 본 것이다. 하지만 그런 물질적인 자연은 곧 천지 만물이고, 천지 만물을 상징하는 하늘과 땅은 이미 앞 구절에서 언급했다. 게다가 첫 문장에서 도는 천지 만물이 생기기 이전부터 존재해 있었다고 했는데, 그런 도가 자기가 만든 자연을 따른다는 건 앞뒤가 맞지 않는다. 따라서 '자연'은 명사가 아니라 글자 그대로 '스스로 그러하다'라고 해석하는 게 논리적이지 않을까 싶어서 인용문의 해석을 그렇게 했음을 밝힌다.

✻ 69. (알 수도 말할 수도 없는 그 무엇인) **도(道)를** (말하기 위해서 어쩔 수 없이 임의로) **도(道)라고 부르긴 했지만**[도가도(道可道)], **그러는 순간 도는** (더는 원래의 알 수도 말할 수도 없는) **영원한 도가 아니**(라 우리가 이해할 수 있는 범위 내의 존재로

축소된 그 무엇의 일부분일 뿐이)다[비상도(非常道)]. (마찬가지로 그 무엇의) 이름을 (우리가 이해할 수 있는 특정한) 이름으로 부르긴 했지만[명가명(名可名)], 그러는 순간 그 이름은 (원래 그 무엇의 모든 특성을 아우르는 정확하고) 변치 않을 이름이 아니(라 그 무엇의 모든 특성 중 한 가지만 포착한 그 무엇의 일부분일 뿐이)다[비상명(非常名)].

(그 무엇에) 이름을 붙이지 않으면 그것은 (우리가 태초의 혼돈인) 천지의 근원으로 (영원히) 남아 있을 뿐이고, (어떤 이름이든 그 무엇에) 이름을 붙이면 그것은 (우리가 알 수 있는 개별적이고 구체적인) 만물의 모태(母胎)가 (되어 우리 앞에 모습을 드러내게) 된다. 이름을 붙이려 하지 않는다면 (보이지 않는) 도의 (본모습인) 오묘함[작동 원리]을 (느끼거나) 깨달을 수 있고, (굳이) 이름을 붙이려 한다면 (우리가 알 수 있는 가시적인) 도의 겉모습을 볼 수 있다. 두 가지는 (동전의 양면처럼) 같은 것에서 나온 것으로, 이름만 다를 뿐, 그 오묘함은 똑같다. (이름을 붙이지 않아도) 오묘하고 (이름을 붙여도) 오묘하니, (차이점보다는 공통점에 주목한다면) 모든 오묘함의 문[근원]이라고 할 수 있다[중묘지문(衆妙之門)].

…『도덕경』1장

천차만별의 해석이 존재하는 게 바로 첫 네 구절 24자다. 해석을 글로 쓰거나 말로 하자니 어려울 뿐, 68번과 연결해서 보면 이해가 쉬워진다. 주전자에 담은 바닷물도 바닷물이라고 부를 수 있고 또 그렇게 부르긴 하지만[도가도], 그것은 가령 태평양 전체 바닷물을 주전자만큼만 담은 바닷물이기에 규모와 깊이의 측면에서 태평양 전체 바닷물과 같다고는 할 수 없다[비상도]. '백서본'에는 '상(常)'이, 변함없이 영원하다는 뜻의 '항(恒)'으로 쓰여 있다. 무엇이든 큰 차이는 없다.

말할 수 없는 것의 극히 일부에 대해서나마 어떻게든 말해 보려니, 어쩔 수 없이 이름이 필요하다. 우리는 언어로 생각하고 언어로 표현하는 존재이기 때문이다. 그런데 모든 게 그렇듯, 언어[이름]를 통한 규정은 축복인 동시에 제약이다. 이름을 붙이지 않고서는 알 수도 말할 수도 없고, 이름을 붙이자니 그러는 순간 반드시 배제(排除)가 따르기 때문이다. 예를 들어 넓은 판자에 긴 다리 네 개가 사방에 달린 게 있다고 하자. 그것에 '탁자'라고 이름을 붙이는 순간, 그것 위에 앉거나 눕곤 하던 사람들의 용도는 배제된다.

뭔가를 절대적인 존재로 정의하는 한, 그 존재에게는 이름도 가시적인 모습도 부여할 수 없다. 그것이 신(神)이든 도(道)이든 간에 말이다. 반대로 이름을 붙여 규정하는 순간, 그것은 절대성을 상실하고 제한된 존재라는 상대성을 띠게 된다. 규정된 존재는 그것이 아무리 크다고 할지라도 논리적으로 항상 그것을 제외한 그 외부가 있어서 절대적일 수 없다. 한 개인을 표현하는 수식어는 무한하나 그 하나하나가 그 사람을 완전히 표현하는 말은 될 수 없듯이, 모든 사물의 본질인 도를 표현하는 이름은 무한하나 그 하나하나가 도를 완전히 표현하는 이름은 될 수 없다. 이런 반대되는 양면을 모두 언급하기 위해선, 역설(패러독스, paradox)만 한 게 없다.

✻ 70. (하늘의 작용을 의인화한) 태청(泰淸)[크고 맑음]이 (공간의 무한함을 의인화한) 무궁(無窮)에게 물었다. "당신은 도(道)를 아십니까?" "모릅니다." 이번에는 같은 질문을 무위(無爲)에게 했다. "압니다. 도란 귀해질 수도 있고 천해질 수도 있으며 묶을 수도 있고 흩을 수도 있는 것입니다." 태청이 이 말을 (시간의 무한함을 의인화한) 무시(無始)에게 들려주면서 물었다. "무궁과 무위 중 누가 옳고 누가 그른 겁니까?" "무궁의 대답은 도를

깊이 있게 아는 것이고, 무위의 대답은 도를 얕게 아는 것입니다. 알지 못한다는 대답은 도를 내면에 둔 때문이고, 안다는 대답은 도를 외부에 둔 때문이죠." "알지 못하는 것이 (진정으로) 아는 것이고, 아는 것이 (사실은) 알지 못하는 것이라는 말씀입니까?"

"도는 들을 수 없기에 들은 것은 도가 아니고, 볼 수 없기에 본 것도 도가 아니며, 말로 표현할 수 없기에 말로 표현된 것도 도가 아닙니다. 도란 이름을 붙여 표현할 수 없는 것이기 때문입니다[도부당명(道不當名)]. (그래서) 도에 관해 물었을 때 대답하는 사람은 도를 알지 못하는 사람이고, 도를 아는 사람에게는 비록 묻더라도 대답을 들을 수 없는 것입니다. (큰) 도란 물어서 알 수 있는 것이 아니고[(대)도무문((大)道無問)], 묻는다고 대답할 수도 없는 것입니다. 물어서 알 수 없는 것에 관해 묻는 것은 헛된 질문이고, 대답할 수 없는 것에 관해 대답하는 것은 진실함도 없는 것입니다."

…『장자』《외편》15편 〈지북유〉

✱ 71. 도(道)를 말[언어]로 분명하게 드러낼 수 있다면 (그것은 진정한) 도가 아니므로 진정한 도는 말로 헤아릴 수 없고, 말이 옳고 그름이라는 가치 판단에 쓰이게 되면 (진정한 도에는) 이르지 못하게 되므로 진정한 분석[판단]은 말하지 않음으로써 뜻[의미]을 전달하며, 인(仁)이 (가족이나 이웃 같은 특정 대상에만) 고착(固着)되면 아무것도 이룰 수 없기에 진정한 인은 (특혜를 기대하는 누군가가 볼 땐 전혀) 어질지 않고, (그저 하얗기만 한 도화지처럼) 자기의 청렴[깨끗함]을 (스스로) 겉으로 드러내면 (오히려 사람들이 그를) 믿지 않으므로 진정한 청렴은 (겉으로) 겸손한 척 (하지) 않으며, 타인에게 해를 입힐 정도의 지나친 용기[힘] 또한 아무것도 이룰 수 없기에 진정한 용기는 (타인에게) 해를 입히지 않는 것이다. (그러므로 인식[앎]의 한계를 깨닫는 게 최고의 지혜라는 소크라테스의 무지의 지처럼) 알지 못하는 데서 그칠

줄 아는 것, (그것이) 지극(至極)한 것이다. 만약 이 모든 것을 깨닫는다면, 그런 (지혜의) 경지를 '하늘의 보물창고[천부(天府)]'라고 하고, (그런 지혜가 어디에서 비롯되었는지 보통 사람들은 전혀 알 수 없으므로) '밝음을 안으로 갈무리해서 겉으로는 드러나지 않게 한 밝음[보광(葆光)]'이라고 한다.

…『장자』《내편》 2편 〈제물론〉

✻ 72. 옛 시대의 문제점은, 미래가 현재보다 나을 것이라고 믿지 않았다는 것이다. 즉 자기 시대보다 과거가 더 좋았으며, 미래는 현재보다 더 나쁘거나 기껏해야 지금과 같을 것이라고 믿었다. 부(富)의 총량이 더 줄지는 않더라도 한정되어 있다고 믿었다. 수많은 문화권에서 돈을 많이 버는 것을 죄악이라고 결론 내린 이유가 여기에 있었다. 파이의 크기가 정해져 있는데 내가 그중 많은 부분을 가진다면, 누군가 다른 사람의 몫을 빼앗은 게 분명하지 않은가? 그때 '과학혁명'과 '진보'라는 개념이 도래했다. 당신을 가난하게 만들지 않으면서도 나는 부자가 될 수 있다. 지구상의 파이 전체가 더 커질 수 있다. 이런 미래에 대한 신뢰는 신용(信用)을 창조했고, 신용은 현실 경제를 성장시켰으며, 성장은 미래에 대한 신뢰를 강화하고 더 많은 신용을 향한 길을 열었다. 지구의 파이가 커지고 있다는 믿음은 결국 혁명이 되었다.

… 유발 하라리, 『사피엔스』 16장

장자 당시의 고대 동서양 모든 사람은, 지상낙원이요 황금시대였던 고대로부터 점차 혼란한 시대로 쇠퇴하고 있다는 역사 인식을 지니고 있었다. 모든 것의 크기와 분량과 순도(純度)가 100점이던 완벽한 세상에서 역사가 시작되자마자, 크기는 감소하고 분량은 줄어들고 불순물로 인해 탁해져 왔다는 것이다. 고대 그리스인들이나 고대 인도인들 그리고 에덴동

산을 지상낙원으로 여겨 그곳에서 나온 것을 '추방'으로 표현한 그리스도교 모두 그렇게 생각했다. '생각은 자유'라는 말은 맞다. 그러나 어떤 생각을 하느냐에 따라 이후 모든 행위에는 엄청난 차이가 생기게 된다. '자유에는 책임이 따른다'라는 말이 같이 있는 이유다.

이런 사고방식에서는 당연히 그 옛날 황금시대로 '돌아가자!'라고 외칠 수밖에 없다. 공자와 맹자와 노자와 장자 중 누구 하나 예외는 없다. 그래서 글과 말의 결정체인 학문[배움]을 나쁘게 보고 경계한 것이다. 그 옛날 황금시대에 그런 것들은 없었으니까. 그래도 공자는 예(禮)라도 배우자고 강조했고, 맹자는 인(仁)의 씨앗인 측은지심(惻隱之心)이라도 소중하게 닦자고 말했지만, 노자와 장자는 대놓고 그 모든 걸 거부했다. 아무 생각 없이, 동물처럼 등 따습고 배부르게 살다가 때가 되어서 죽으면 그만이고 충분하다는 셈이다. 이것이 노자와 장자가 유독 '욕심부리지 말고 멈출 줄 알고 만족할 줄 알아야 한다'라고 강조한 이유이고, 『장자』《내편》 2편 〈제물론〉에서 '나는 (가시적이고 고정된 형태로 뭔가를) 이룬 것이 없다 [수아무성(雖我無成)]. 그래서 나는 성공했다고 할 수 있다[역가위성의(亦可謂成矣)]'라는 안쓰러운(?) 자랑을 할 수 있었던 이유다. 물론 재화가 유한한 세상에서, 나의 욕심은 곧 타인의 헐벗음으로 직결됨을 알고 있었기 때문이기도 했지만.

이런 사고방식에 근거한 주장들은, 그 누구의 것이든 잘 골라내야 한다. 지금 우리가 사는 세상은 그들이 살던 세상과 완전히 다르기 때문이다. '나 때는 말이야…'나 '내가 왕년엔 말이야…'라는 말을 자주 하는 사람은, 현재나 미래에 희망이 없기에 잘 나가던 과거로 회귀하는 것이다. 우리는 그러지 않았으면 좋겠다. 늘 현재를 사랑하고 현재에 최선을 다하면서, 미래에 대한 강력한 희망[소망] 즉 지금보다 나은 미래를 만들어 낼 수 있다는 강력한

믿음을 잃지 않았으면 좋겠다.

✱ 73. 희로애락 같은 감정이 (어느 하나로 치우쳐) 드러나지 않은 상태 [미발(未發)]를 '중(中)'이라고 하고, (어느 하나로 치우쳐) 드러났으되 (그 각각 이) 모두 (과하지도 모자라지도 않게) 상황과 정도(程度)(와 절도)에 알맞은 상 태를 '화(和)[조화로움]'라고 한다. 그러므로 '중'은 천하의 근본이요, '화'는 천하가 도(道)에 도달한 상태이다. '중'과 '화'를 잘 다스려야, 천지[세상의 질서]가 (제대로) 자리 잡고 (그 결과) 만물이 그 속에서 자라게 된다.

…『중용』 1장

중화(中和)는 중국이 세상의 중심이라는 중화(中華)와는 다른 말이니, 거부감 없기를 바란다. '중(中)'이란, '가운데(center/middle)'도 아니고 '올바 른 중앙' 같은 해괴한 뜻도 아니다. 어느 한쪽으로도 치우치지 않음인 동 시에 표정이나 겉으로 드러나지도 않은 상태다. 겉으로 드러나지도 않았 고(unrevealed), 겉으로 표현되지도 않은(unexpressed) 미발(未發)이다. 도자기 와 그릇부터 수많은 장난감으로 그 구체적인 형태가 드러나고 표현되기 이전의 모든 가능성을 함축하고 있는 찰흙이고, 선악의 판단 너머에 있는 그 무엇이다. '용(庸)'은 글자 그대로 '사용하다'라는 뜻인데, 인용문은 '용' 대신 조금 더 넓은 의미의 '화(和)'를 사용한 듯하다. 하지만 결국 '중화(中 和)'가 곧 '중용(中庸)'인 셈이다.

정리해 보면, **사사로운 이익과 편견에 얽매이지 않아 어느 한쪽으로도 치우치지 않음인 동시에 표정이나 겉으로 드러나지도 않은 상태를[중(中)] 상 황과 정도와 절도에 알맞게 적용하고 사용해서[용(庸)] 과하지도 모자라지도 않은 상태에 이르게 된 것이[화(和)] 곧 '도(道)[예(禮)]'라고 정의할 수 있다. 더**

간단히 '중용'만 정의하자면, '어느 한쪽으로 치우친 특정 결과를 의도하지 않은 채[중(中)] 자신의 지위와 위치와 상황에 맞는 마땅히 해야 할 일을 하는 행위[용(庸)]'라고 할 수 있다.

코로나19로 모두가 조심하는 상황에서 마스크를 제대로 착용하지 않은 채 활동하는 사람에게 넌지시 조언하는 행위는 '도[예]'다. 사사로운 편견과 이익에 치우치지 않았으니 '중'이요, 그것을 욕설이나 법적 고발로 하지도 않고 내 일 아니라며 외면하지도 않은 채 상황과 정도에 알맞게 넌지시 조언으로는 '화'요, 했으니 '용'이다. 그리고 이것이 사람은 잠시도 도[예]를 떠나서 살 수 없고, 살아서도 안 된다고 말한 의미일 것이다. 마찬가지로 당신이 누군가의 행동에 매우 분노했는데 당사자나 주위 사람들 모두가 여러분의 분노에 고개를 끄덕인다면, 그것도 '도[예]' 즉 '조화로움'이라고 할 수 있다.

✱ 74. 중니(仲尼)[공자]가 말했다. "군자는 중용을 따르고, 소인은 중용과 반대로 한다. 군자는 중용을 따르면서 군자이기에 (모든 행위를) 때에 알맞게 하지만, 소인은 중용과 반대로 하면서 소인이기에 (모든 행위를) 어떤 (부끄러움이나) 거리낌도 없이 (제 마음대로) 한다."

…『중용』2장

핵심은 '중(中)'이 아니라 특정 행위와 관련된 '용(庸)'이다. 행위로 드러나지 않은 것에 대해선, 이렇다 저렇다 말하나 마나니까. 그리스어 '크로노스(Chronos)'는 누구에게나 똑같은 절대적인 '시간(時間)'이고, '카이로스(Kairos)'는 상황 판단에 근거한 상대적인 '때'다. '시간'은 시계로 판단하지만, '때'는 느낌이나 직감 또는 여러 가지를 종합해서 판단한다. '때가 차매 하나님이 그 아들을 (이 땅에) 보낸 것[11]이나 '때가 차매 하나님의 나라가 가까이 왔다'[12]는 말은 모두 '시간'이 아니라 '때'를 의미한다. 그래서 예수가 구체적으로 언제 재림한다고 종말론을 주장하는 이들은, 카이로스를 크로노스로 착각한 것이다. 출근이라면 '때'보다는 '시간'이 적절하지만, 식사나 공부라면 '시간'보다 '때'라는 표현이 더 적절하다. '때'를 판단하는 건 특별한 능력을 요구한다. 조직이나 국가를 경영하는 사람이 '때'를 정확하게 판단하는 걸 두고, '운영의 묘(妙)'라고 표현한다.

✽ 75. 공자가 말했다. "중용이란 (사람들이 행하기가 그리도 어렵고) 지극한 것인가? (중용을 깨달았음에도) 오래도록 지속(적으로 실천)할 수 있는 사람들이 (이리도 찾아보기 어려울 만큼) 적다니[민선능구의(民鮮能久矣)]!"

···『중용』3장

『논어』 6편 〈옹야〉에 있는 내용이다. '민선능구의'를 주희는 '민선능, 구의'로, 정약용은 '민, 선능구의'로 다르게 해석한다. 주희는 사람들이 중용을 깨우칠 능력이 부족해진 지가 오래되었다며 '중(中)'에 초점을 맞춘 것이고, 정약용은 사람들이 중용을 익히는 건 어렵지 않게 하지만 그것을 오래 간직해서 지속하지는 못한다며 '용(庸)'에 초점을 맞춘 것이다. 주희의 해석도 괜찮지만, 내 생각이 정약용과 일치하기에 위처럼 해석했음을 밝힌다. 그리고 여러 번역서에서 첫 번째 문장을 '중용 그 지극함이여!' 같은 긍정의 감탄문처럼 번역해 놓았는데, 그러면 부정의 뜻을 지닌 두 번

---

11 〈갈라디아서〉 4:4
12 〈마가복음〉 1:15

째 문장과 전혀 어울리지 않게 된다. 그래서 첫 번째 문장 역시 위처럼 해석했음을 밝힌다. 주희는 사람들이 중용을 깨우치지 못하는 이유로 과유불급을 들지만, 맹자라면 외부의 요인들 때문에 또는 교육이 제대로 시행되지 않아서라고 말했을 것이다.

✸ 76. 공자가 말했다. "사람들은 누구나 스스로 지혜롭다고 떠들어 대지만[인개왈여지(人皆曰予知)], (누군가가 나쁜 의도로 그들을) 그물이나 덫이나 함정으로 몰아넣어도 (내뱉던 말과는 달리 지혜롭지 못해서 그것이 덫이나 함정인 줄도 모르고 또 그래서) 그것을 피할 줄도 모른다. 사람들은 누구나 스스로 지혜롭다고 떠들어 대지만, (물고기가 물에서 놀 듯 누구나 당연히 자연스럽게 획득할 수 있는) 중용을 한 달도 채 (유지하고) 지속하지 못한다."

···『중용』7장

첫 문장은 1인칭 대명사인 '여(予)'를 어떻게 해석하느냐에 따라 완전히 다르게 해석된다. '사람들 자신'으로 해석해서 위처럼 번역하는 것이 일반적이지만, '공자 자신'으로 해석하면 다음처럼 바뀐다. "사람들 모두가 나[공자]를 (순임금처럼) 지혜롭다고 추켜세우지만, 그물이나 덫이나 함정으로 몰아넣으면 나는 그것을 피하지 못할 만큼 미숙하고, 중용을 취하더라도 한 달도 채 (유지하고) 지속하지 못할 정도로 미숙하다." 두 해석 모두 충분히 일리가 있다. 마지막 문장은 75번 설명에서 본 정약용의 해석과 연결된다.

주위를 둘러보아도, 빈 수레나 시냇물처럼 깊이가 없는 사람들이 신기하게도 대부분 시끄럽다. 많이 알고 깊이 이해하고 계속 공부하고 있는 사람들은 오히려 말을 삼갈 뿐만 아니라 아는 게 없다고 더 해야 했고 할 수 있없는데 게으름 피웠다고 자책(自責)한다. 인격적으로 성숙한 사람들이 말을 삼가는 건 자신의 행동이 그 말을 따라가지 못함을 부끄러워할 줄 알기 때문이고(127번), 자기의 말에 책임을 져야 한다는 말의 무게감을 알기 때문이다(128번). 그리고 그런 사람들은 집단 속에서든 홀로 있을 때든 그 언행에 전혀 차이가 없다(186번~188번).

✽ 77. 임금이 투계(鬪鷄)[싸움닭] 훈련의 대가 기성자(紀渻子)에게 투계 한 마리를 키우라고 명령했다. 10일 후 임금이 어떻게 되어 가는지 묻자, 기성자가 답했다. "아직은 아닙니다. 쓸데없이 거만해서 (덮어놓고 살기(殺氣)를 띠며) 자기 기운만 믿고 (줄곧 싸울 상대만 찾고) 있습니다." 10일 후 임금이 다시 묻자, 기성자가 답했다. "아직도 아닙니다. 다른 닭의 움직임이나 기척에 (곧 싸울 기세가 등등해지면서 마치) 그림자처럼 (자동으로) 반응만 할 뿐입니다." 10일 후 임금이 다시 묻자, 기성자가 답했다. "아직도 멀었습니다. 여전히 다른 닭을 보기만 해도 노려보며 살기를 띱니다." 10일 후 임금이 또다시 묻자, 기성자가 답했다. "이젠 됐습니다. 다른 닭이 아무리 울(며 싸움을 걸)어도 조금의 움직임도 보이지 않는 것이, 마치 나무로 깎아놓은 닭 같습니다[망지사 목계의(望之似 木鷄矣)]. (투계로서의) 덕(德)이 완전해진 것입니다. 이제 그 어떤 닭들도 감히 덤벼들지 못하고, 그 모습을 보기만 해도 달아납니다."

…『장자』《외편》12편 〈달생〉

벼는 익을수록 고개를 숙이고, 꽉 찬 수레는 소리를 내지 않으며, 깊고 넓은 바다는 고요하고 적막하지만 한번 움직이면 그 무엇도 감당할 수 없는 움직임을 보이는 것과 같다는 내용이다. 기(氣)를 갈무리할 줄 아는 경지에 올라 평소에는 한없이 약해 보이지만, 필요할 땐 살기를 내뿜어 상대방에게 마치 거대한 산처럼 느끼게 함으로써 싸우지 않고도 이기는 경지에 이르렀다고 볼 수 있다.

✱ 78. 공자가 말했다. "순임금은 큰 지혜를 지닌 분이었다. (자기의 판단대로 일을 처리하지 않고 각 분야의 전문가들에게) 묻는 걸 좋아하셨고, (백성들의 이런저런 시시껄렁한) 가벼운 말도 (무시하지 않고 신중하게) 살피기를 좋아하셨으며, (전문가들이나 백성들의 다양한 의견 중에서 특정 개인이나 집단의 이익만을 위하는 추하고) 나쁜 의견은 (듣지 못한 척) 숨기고 (백성들과 나라 전체를 위하는 아름답고) 좋은 의견은 (자기가 아닌 그들의 공로라며 치켜세우고 널리) 드러내셨다. 양극단을 (모두 들어 의도하는 바들이 무엇인지 그 핵심을 정확히) 잡은 후 백성들에게 중용을 사용하셨는데, 이것이 그가 (지금 이렇게까지 존경받는) 순임금이 된 이유일 것이다!"

…『중용』6장

순임금은 요임금에게 왕위를 물려받기 전까지, 배운 것 없이 농사짓고 도자기를 굽는 평민이었다. 그런 그가 왕의 자리에까지 오르게 된 이유를, 공자는 학벌로 대변되는 지식이 아니라 판단과 선택의 범주인 지혜에서 찾는다(10번). 지혜란, 아는 건 안다고 모르는 건 모른다고 솔직하게 인정하는 것이다(10번). 가벼운 말도 허투루 지나치지 않았던 이유는, 진리가 마치 월인천강처럼 평범한 것들 속에 일말(一抹)씩 들어있음을 알고 있었기 때문일 테고(119번). 순임금은 소통의 대가였던 셈이다.

바로 이런 순임금의 자세가 남의 장점은 완성되게 하고 남의 단점은 실현되지 않게 하는 것으로(238번), 사람들과 화합하기는 하나 주관 없이 남이 하자는 대로 휩쓸리는 부화뇌동은 하지 않는 것으로 언급되어 있다 (239번). 중용을 실천하기에 가능한 일이다. 그래서일까? 『서경』〈우서(虞書)〉를 보면 순임금은 후임인 우임금에게 왕위를 물려주면서 여러 가지 당부를 하는데, 그중에 **윤집궐중(允執厥中)**이라는 말이 있다. 마음을 다해 (允) 매사에(厥) 중(中)을 찾아 단단히 붙잡으라(執)는 말이다. 순임금은 내세울 만한 능력은 없으나 성실하고 착한 신하에 해당한다고 할 수도 있다 (290번~292번). 비록 자기는 아는 게 없지만, 집단지성(集團知性, collective intelligence)을 활용할 줄 아는 지혜도 있었던 셈이다. 이것이 리더(leader)의 자질이기도 하다(208번). 그러나 순임금에 대한 평가는 오롯이 공자, 나아가 유학자들의 평가일 뿐이다.

✱ 79. 역산(歷山)이라는 곳의 농부들, 그물을 치는 장소를 두고 다투던 황하의 어부들, 그리고 이익만 탐하여 형편없는 그릇을 만들던 동이(東夷)의 도공들에게, 순임금이 나아가 각각 1년 만에 그들의 모든 문제를 해결했다며 성인(聖人)의 덕을 칭찬하는 유가(儒家)에게 어떤 사람이 물었다. "순임금이 그들을 교화하고 있을 때 요임금은 어디에 있었는가?" "그때 요임금은 천자(天子)였다." "그렇다면 요임금과 같은 성인이 천자의 자리에 있었음에도, 사방에 다툼과 간사함이 널려 있었다는 말이 아닌가? 따라서 순임금을 성인이라고 말하려면 요임금의 명찰(明察)[사물을 똑똑히 살핌]을 부인해야 하고, 요임금을 성인이라고 말하려면 순임금의 덕화(德化)를 부인해야 하지 않는가?"

초나라에 방패와 창[모순(矛盾)]을 파는 사람이 있었다. 방패를 팔 때는 "내 방패는 단단해서 어떤 무기로도 뚫을 수 없다"라고 말하고, 창을 팔 때는 "내 창은 날카로워 어떤 물건도 꿰뚫는다"라고 말했다. 어떤 사람이

"그러면 당신의 창으로 당신의 방패를 찌르면 어떻게 되오?"라고 묻자, 무기 장수는 할 말을 잃고 말았다. (유가의 말이 온전히 옳다고 치자. 그렇더라도) 순임금이 백성들의 악습을 바로잡는 데 있어서 한 가지에 1년씩 걸린 셈이다. 그런데 순임금의 수명에는 한계가 있고, 세상의 그릇된 것에는 끝이 없다. 한계가 있는 수명으로 끝이 없는 허물을 바로잡는다면, 자연히 시정(是正)되는 것은 적을 수밖에 없다. 따라서 이것을 성인의 덕이라고 칭찬할 가치는 없는 것인즉, (법으로 말할 것 같으면) 아침에 법을 선포하면 저녁이면 고쳐질 것이다.

… 『한비자』 36편 〈난일〉

✲ 80. 다행히 요순 같은 군주가 나오면 세상이 잘 다스려지겠지만, 이는 1,000년 동안 세상이 혼란하고 어지럽다가 비로소 한번 잘 다스려지는 것일 뿐이다. 법에 따라 정치하면 걸주(桀紂) 같은 폭군들이 나타났을 때는 비록 어지러워지겠지만, 이는 1,000년 동안 잘 다스려지다가 한 번 어지러워지는 것일 뿐이다. (…) 극단적인 예만을 놓고 그 중간쯤 되는 사람을 전혀 고려하지 않는 것은, 참으로 어리석은 생각이다. 그것은 마치 음식의 맛이 엿이나 꿀처럼 단것이 아니면 쓴 약밖에 없다고 하는 것과 같다.

… 『한비자』 40편 〈난세〉

79번과 80번 같은 글이야말로 '사이다처럼 시원하다'라는 말을 들을 자격이 있다. 그리고 모르는 사람이 없는 모순(矛盾)의 출처가 79번이다. 참으로 송곳 같은 지적들이다. 한비의 지적처럼 당시 사람들은 요임금이나 순임금 같은 이들이 나타나 그들이 던져주는 자비 부스러기를 받아먹으며 감동하는 동시에 걸왕이나 주왕 같은 폭군이 나타나 때리지 않기만을 기도했다. 그게 유일한 방법이었다. 그런데 군주제(君主制)의 이런 숙명(宿命)을, 민주주의 사회인 지금도 우리가 하고 있다는 건 참으로 부끄러운 일이 아닐 수 없다. 그들은 모두 극단적인 사례들이자 수백 년에 한 번 정도 나오는 인물이기에, 한비는 그런 특별한 통치자가 아닌 일반적인 통치자들을 위한 주장을 편 것이다.

✱ 81. 모든 일에 대해 (하나하나) 묻는 것 (그래서 매사를 신중하게 진행하는 자세)[매사문(每事問)], 그것이 바로 예(禮)다[시례야(是禮也)].

…『논어』 3편 〈팔일〉

✱ 82. 예(禮)는 사치스럽게 하기보다는 차라리 검소한 편이 낫고, 상(喪)은 형식적으로 잘 갖추기보다는 차라리 슬픔을 잘 나타내는 것이 낫다.

…『논어』 3편 〈팔일〉

✱ 83. 삼베로 만든 관을 쓰는 것이 예의이지만 지금은 명주로 짠 간단한 것을 쓰는데, 그것이 검소하므로 나는 요즘 사람들을 따르겠다. 신하가 왕을 뵐 때 당하(堂下)에서 절하는 것이 예의이지만 지금은 당상(堂上)에서 절하는데, 그것은 교만한 태도라고 여겨지므로 나는 당하에서 절하는 것을 따르겠다.

…『논어』 9편 〈자한〉

✱ 84. 『경국대전(經國大典)』의 기록은 이렇다. "모든 제사를 수령이 몸소 행하지 않거나, 혹 더러운 제기(祭器)를 사용하거나, 남은 찌꺼기를 제물(祭物)로 쓰거나, 공자를 모신 사당과 그곳에 딸린 교육기관인 향교(鄕校)[문묘(文廟)]를 보수하지 않는 자는 벌한다." (…) 제사의 근본은 정성이지 낭비가 아니다.

…『목민심서』 7편 《예전》 1조 〈제사〉

✽ 85. 과거 하·은·주 삼대는 각기 다른 예법을 갖고 있었는데도 모두 왕업(王業)을 이루었으며, 춘추오패는 각기 다른 법제(法制)로 패업(霸業)을 이루었다. 그렇다면 도대체 어느 시대를 본받아 어떤 예법을 따라야 한단 말인가? (…) 하의 걸왕과 은의 주왕이 멸망한 것은 (옛것의) 예법을 바꿨기 때문이 아니고, 은의 탕왕과 주의 무왕이 천하를 얻어 왕업을 이룬 것도 옛것을 본받아 된 것이 아니다. 옛것을 따른다고 꼭 옳은 것도 아니며, 옛것과 반대된다고 해서 반드시 잘못이라고 할 수도 없다.

…『상군서』 1편 〈경법〉

✽ 86. 잘못된 관례를 당연시하는 것은 옳은 일이 아니다. 아무리 적은 돈이라도 백성들의 것을 사사로이 갖지 않으며, 아무리 작은 물건이라도 다스리던 고장의 생산물을 사사로이 거두면 안 된다. (…) (벼슬을 마치고) 집에 돌아와서도 물건이 없어 검소하기가 전과 같은 것이 으뜸이고, (재임 중 조금이나마) 수단과 방법을 마련한 것이 있어서 친지(親知)를 돕는 것이 그다음이다.

…『목민심서』 12편 《해관》 2조 〈귀장〉

✽ 87. 공자가 위(衛)나라로 유세(遊說)를 떠나자, 제자 안회가 악관(樂官)의 우두머리인 사금(師金)에게 일이 잘 풀릴지를 물었다. "안타깝게도 당신의 스승은 곤경에 빠질 것이오. 제사 때 쓰이는 짚으로 만든 개[추구(芻狗)]는 진열되기 전에는 무늬를 수놓은 보자기에 싸여 상자에 고이 보관되고, (제사 때 신위(神位) 대신에 앉히던) 시동(尸童)과 (축문(祝文)을 읽던) 축관은 목욕재계하고서 정성스레 그것을 신(神)에게 바칩니다. 그러나 제사가 끝난 후엔 그저 길가에 내버려져서 지나다니는 사람들에게 밟히는 신세가 되거나, 누군가 주워다가 아궁이 불을 지피는 데 사용하기도 하죠. 혹시라도 그것을 다시 주워다가 곁에 두고 잠을 자면 가위에 눌린다

고 합니다. 지금 당신의 스승은 옛 성왕(聖王)들이 이미 사용하고 버린 것을 주워다가 제자들과 함께 그 곁에서 자고 먹으며 지내고 있습니다. 그래서 여러 곳에서 곤경에 처하곤 했죠. 그것이 가위에 눌린 것이 아니고 무엇이겠소?

물 위를 여행하기에는 배보다 좋은 게 없고, 땅 위를 여행하기에는 수레보다 좋은 게 없습니다. 물 위를 여행하기에 배가 가장 좋다고 해서 땅 위에서도 배를 저어가려는 건 바보 같은 짓이죠. 옛날과 지금이 물과 땅이고, 주나라와 노나라가 배와 수레입니다. 그런데도 지금 주나라의 방식을 노나라에서 행하려고 하니 하는 일마다 곤경에 빠질 수밖에요. (태곳적) 삼황오제의 예법과 제도들을 숭상하는 건, 그것들이 모두 똑같아서가 아니라 그것들이 각 시대에 맞았기 때문입니다. 배와 귤과 유자는 맛이 각기 다르지만, 어느 것이나 맛이 있는 것과 같죠. 예법과 제도들도 변하는 시대에 맞춰 변해야 하는 겁니다. 서시(西施)가 어느 날 가슴이 아파서 가슴에 손을 대고 눈살을 찌푸린 채 외출했더니, 마을의 여자들이 모두 그 행동을 따라 했다고 합니다. 마을의 여자들은 서시가 눈살을 찌푸린 것만 보았을 뿐, 그녀의 찌푸린 얼굴조차 왜 아름답게 보이는지는 알지 못했던 겁니다. 안타깝게도 당신의 스승이 옛날 성인(聖人)들이 한 일이라고 무작정 흉내를 내는 것은, 마을 여자들이 서시를 흉내 낸 것과 다를 바 없어 보이는군요.”

···『장자』《외편》7편 〈천운〉

예가 ‘사람 사이의 조화로움’이라면(58번/63번), 조화의 방법은 사람이 변하고 시대가 변하고 상황이 변함에 따라 달라져야 한다는 점도 분명하다. 무조건 과거의 관습을 따르는 것만이 예가 아니라는 말이다(85번). 나아가 때로는 사람들과 시대의 변화에 따라 변화하기도 하지만, 때로는 모두가 변해

고전일까 정치일까

도 자기만큼은 변하지 말아야 할 때도 있다(83번). 내겐 모두가 변해도 나만은 변하고 싶지 않은 부분이 훨씬 더 많다. 맛집 탐방이 그렇고, 내 집 마련이 그러며, 게임이 그렇고, 남의 삶을 화면으로 쳐다보며 시간을 허비하는 게 그러며, 기를 쓰고 유행을 따라가야 한다는 게 그렇고, 사회적 성공이 그러며, SNS 사용이 그렇고, 한글의 철자 틀림과 줄임말이 그러며, MBTI나 혈액형에 따른 성격에 대한 맹신이 그렇고, 인지도에 혹하는 게 그러며, 연예인에게 열광하는 게 그렇고, 보자마자 지인이 되고 형님 동생이 되는 게 그렇다.

✽ 88. (당시 노나라에선 초하루마다 나라에서 양을 제물로 바쳤다. 노나라의 관리가 된 자공이 내용은 잊은 채 형식만 남은 그런 제사를 없애려 하자 공자가 말한다) 너는 양을 아까워하지만, 나는 (비록 형식만 남았다고 해도 그마저 사라지면 영영 되돌릴 수 없게 될) 예(禮)가 더 아깝구나.

…『논어』3편 〈팔일〉

✽ 89. (내가 늘) 예(禮)를 말하지만, (그것이 어찌) 옥과 비단만을 말하는 것이겠는가? (내가 늘) 악(樂)을 말하지만, (그것이 어찌) 종이나 북만을 말하는 것이겠는가?

…『논어』17편 〈양화〉

예는 점점 희미해져 갔고, 사람들은 변함없는 내용은 보지 못한 채 시대에 따라 변할 수밖에 없는 형식과 글자에만 얽매어 갔다. 그런 모습에 대한 공자의 탄식(歎息)이다. 예절은 옥과 비단을 주로 사용하는 지배계층에서뿐만 아니라 피지배계층의 일상생활에서도 보여야 하며, 음악은 종이나 북을 치며 연회를 여는 지배계층에서뿐만 아니라 쟁기와 호미로 삶을 영위하는 피지배계층의 일상생활에서도 들려야 한단다. 사람 사이의 조화로움을 계층 간의 조화로움으로까지 끌어올려야 한다는 건데, 이건 피지배계층에 너무 가혹하지 않은가? 지배계층에도 형벌을 적용하겠다는 말은 쏙 빼놓은 채, 형벌로 옭아맨 피지배계층에 이젠 예라는 재갈까지 물리겠다는 것이니 말이다.

✱ 90. 제자 진대(陳代)가 말했다. "(선생님께서) 제후들을 만나시지 않는 것은 단지 하찮은 절개(節概)에 얽매여 있기 때문인 듯합니다. 지금 (제후들을) 만나신다면, 크게는 (천하를 통일하는) 왕업(王業)을 이룰 것이고 작게는 (한 나라의 정치를 총괄하는) 패업(霸業)을 이루실 수 있을 것입니다. 옛 기록에도 '한 척(尺)을 굽혀서 (8척에 해당하는) 한 길(尋)을 편다'라고 했으니, 마땅히 해볼 만하시지 않습니까?"

"예전에 제(齊)나라 경공(景公)이 사냥할 때, 사냥터 관리인인 우인(虞人)을 (꿩의 깃으로 장식한 깃발로 대부(大夫)를 부를 때 쓰는) 정(旌)으로 불렀는데, 그는 움직이지 않았다. 그러자 화가 난 경공은 그를 죽이려고 했다. (이에 대해) 공자가 '지사(志士)는 개천과 구렁텅이에 버려져도 뜻을 잃지 않으며, 용맹한 사람은 죽음 앞에서도 용기를 잃지 않는 법'이라고 말한 건, 정당한 방법으로 부르지 않으면 가지 않는 우인의 행동을 높이 산 것이다. (그런데 지금 네가 내게) 부르기도 전에 먼저 가라고 하는 이유는 무엇이냐? 게다가 '한 척을 굽혀서 한 길을 편다'라는 건 '이익'을 염두에 두고 한 말일 텐데, (그렇다면 거꾸로 내 생각에 나에게) 이익만 된다면 한 길을 굽혀서 한 척을 펴는 것도 가능하지 않겠느냐?"

…『맹자』3편 〈등문공 하〉 1장

✱ 91. 제자 만장(萬章)이 물었다. "그러면 우인은 어떻게 불러야 합니

까?” “(가죽 모자로 만든) 피관(皮冠)으로 신호해야 한다. 일반 백성에게는 붉은 깃발로 신호하고, 사(士)에게는 용이 그려진 깃발로 신호하고, 대부(大夫)에게는 털 달린 깃발로 신호하는 법이다. (그런데 몇 단계나 높은) 대부를 부르는 신호로 불렀으니, 우인이 감히 가지 못한 것이다. 하물며 어질고 착하지 못한 사람을 부르는 방법으로 현인(賢人)을 부름에야 무슨 말이 더 필요하겠느냐?

…『맹자』 5편 〈만장 하〉 7장

만일 경공의 신호에 우인이 움직였다고 해도, 신호[명령] 체계를 어겼다는 이유로 죽을 위기에 처했을 것이다. 이때만큼은 컨디션이 좋았던지, 맹자의 반론이 깔끔하고 옳다. 정당한 방법으로 부르지 않았는데 나아가는 건 머리와 뜻을 숙이고 들어가는 것이고, 그럴 때 부른 사람은 그렇게 들어온 사람을 얕잡아보게 되어서 그렇게 들어간 사람이 그의 능력을 제대로 발휘할 기회조차 거의 주지 않는다. 그래서 제갈량[제갈공명]도 삼고초려(三顧草廬) 끝에 유비의 휘하로 들어갔던 것일 테고. 따라서 부르기도 전에 먼저 들어가는 게 어떻겠냐는 제자의 조언에 ‘네가 지금 나를 뭐로 보고? 나를 하찮은 사람으로 만들 작정이냐?’라며 화를 내는 건 당연하다. 그리고 그렇게 하라는 이유가 ‘이익’ 때문이 아니냐는 지적도 탁월하고. 오로지 이익이 목적이라면 맹자 자신이 숙이고 들어가는 것이나 제후들이 맹자에게 숙이고 들어오는 것이나 뭐가 다르겠냐는 것이다. 목마른 사람이 우물을 파듯, 나는 아쉬울 게 없다는 말이다. 여하튼 말만 했다 하면 자기가 최고라는 나르시시즘(narcissism)으로 끝내는 맹자의 자화자찬만큼은 알아줘야 한다.

✻ 92. (우인의 이야기 다음에 이어지는 내용이다) 예전에 진(晉)나라 경(卿) 조간자(趙簡子)[조앙(趙鞅)]가 (최고의 수레꾼인) 왕량(王良)에게 자신이 아끼는 신하 해(奚)의 수레를 몰고 사냥을 나가게 했는데, (수레에 앉아서 활을 쏜 해는) 날이 저물도록 새 한 마리도 잡지 못했다. 해는 조간자에게 왕량의 능력이 형편없다고 비난했다. 이에 왕량이 한 번만 더 기회를 달라고 하고서 (다시 해와 함께 사냥을 나가) 아침에만 새 열 마리를 잡자, 해는 조간자에게 왕량의 능력을 입에 침이 마르도록 칭찬했다. 그 후 조간자가 왕량을 해의 수레꾼으로 임명하려 하자, 왕량이 말했다. "처음에 날이 저물도록 새 한 마리도 잡지 못했던 것은 (제가) 원칙대로 수레를 몰아서이고, 그다음에 아침에만 새 열 마리를 잡은 것은 (동물들을 가까이에서 쏠 수 있도록 제가) 옳지 않은 방법을 썼기 때문입니다. 저는 소인(小人)의 수레를 모는 데는 익숙하지 않으니, 명령을 거둬 주십시오." 수레 모는 자조차도 활 쏘는 자에게 아첨하는 것을 부끄러워하는데, 하물며 내가 도(道)를 굽히면서까지 제후를 따라가야 하겠느냐? (더욱이) 자기를 굽히는 사람 가운데 남을 곧게 할 수 있는 사람은 없다.

…『맹자』 3편 〈등문공 하〉 1장

큰 뜻을 품은 사람이라면 그리고 그만한 능력이 있는 사람이라면, 당연히 자기 자신에 대한 자부심 또는 자존감이 맹자처럼 심하면 안 되겠지만 그래도 어느 정도는 있어야 한다. 자기가 자신을 대우하는 만큼, 남들도 자신을 대우하기 마련이니까. 그러니 꿈을 위해 노력할 때도, 이미 꿈꾸던 인물이 된 것처럼 말하고 행동하자. '자기를 굽히는 사람은 남을 곧게 할 수 없다'라는 말은 맞다. 하지만 백이·이윤·유하혜·공자의 성품을 언급했던 것(50번/51번)과 비교해 봐도, 이게 말처럼 쉬운 일이 아니다. 현실에선 '원칙'을 끝내 굽히지 않으면 부러지기 쉽고, 일단 한번 굽히면 그 때부터 그 작은 '예외'가 눈덩이처럼 커져서 '원칙'을 갉아먹는다. '예외 없는 원칙은 없다'지만, 예외가 있고서부터는 원칙이 예외에 휘둘리게 되어 수많은 문제와 혼란을 초래하게 된다. 그래서 세상이 복잡한가 보다.

❋ 93. 제자 팽경(彭更)이 말했다. "수레 수십 대를 뒤따르게 하고 수행원 수백 명을 거느린 채 제후국을 돌아다니며 먹을 것을 구하는 것은, 너무 지나치신 것 아닙니까?" "도(道)에 맞지 않으면 한 그릇의 밥도 받을 수 없지만, 도에 맞는다면 순임금이 요임금에게 천하를 받으면서도 크지 않게 여기셨거늘, 어찌 지나치다고 하느냐?"

…『맹자』 3편 〈등문공 하〉 4장

공자가 14년 동안 통치자들을 설득하며 유세(遊說)를 다녔듯, 맹자도 50세를 훌쩍 넘긴 나이에 위(魏)나라 혜왕(惠王)을 만나면서부터 8개국 이상을 돌아다니다가 70세 이후 유세의 꿈을 접고 교육과 저술로 만년을 보냈다. 유세를 다니던 시절 맹자의 수행 인력은 지나칠 정도로 대규모였다. 제자가 참다못해 비판할 정도로 말이다. 이건 예(禮)가 아니다. 그런데 이에 대한 맹자의 대답이, 구차한 변명처럼 느껴진다.

팽경은 당시 맹자가 처한 형편에 대한 분수를 지적했다. 지인들에게 돈을 빌리러 다니는 사람이, 명품으로 치장하고 고급 승용차를 몰고 다니는 게 합당하냐는 것. '너(You)의 행동'에 관해 질책하는 팽경의 말에, 맹자는 '그들(They)의 판단'이라는 동문서답을 한다. '내'가 그렇게 다니든 말든, '그들'이 돈을 빌려주고 싶으면 빌려줄 테고, 아니면 빌려주지 않으리라고 말이다. 친구를 때리고 돈을 뺏는 '너'의 행동을 지적했더니, '그 친구'가 맞고 싶고 돈을 주고 싶어 한 것이다. 만약 그게 아니라면 내가 묶지도 않았는데 왜 도망가지 않았겠냐라고 답한 셈이다. 대부분의 성범죄자가 내뱉는 변명이기도 하다. 돈을 빌려주는 사람들의 행동에 슬그머니 '도(道)'라는 옷까지 입혀서 자기의 행동을 미화하기까지 한다. 만약 나쁜 의도를 품은 채 맹자에게 돈을 빌려줬다면, 그것도 '도'라고 할 수 있을까? 자기를 돌아보지 않고 돌아보기도 거부한 채 정당화에 급급한 맹자의 모습이 애처롭다. 누구나 실수하며 사는 똑같은 사람이다. 그러니 예수든 부처든 공자든 맹자든 주희든 이순신이든 정약용이든, 그가 사람이라면 결코 신격화는 하지 말자. 그저 그들의 장점은 감사히 계승하되, 그들의 단점은 안타까운 마음으로 대하면 될 일이다.

✽ 94. (농가(農家)의 인물들이 등문공(滕文公)에게 모여들었다. 농가의 대표인 허행(許行)은, 진정으로 어진 정치는 왕과 신하가 함께 농사를 짓는 것이라고 주장했다. 그에 따라 등문공도 밭을 일궜다. 그러자 비난의 화살은 맹자를 향했다. 통치자까지 밭을 일구는데, 유세나 하며 곡식이나 축내고 있다는 이유였다. 유가(儒家)의 한 사람인 진상(陳相)이 찾아와 이런 이유를 들며 책망하자 맹자가 되물었다)

"그러면 허행은 농사는 지으면서, 왜 도공(陶工)이나 대장장이의 일은 하지 않는 겁니까?" "수공업자나 장인이 하는 일은, 농사를 지으면서 동시에 할 수 있는 일이 아니기 때문입니다." "그렇다면 천하를 다스리는 일만은 농사를 지으면서 동시에 할 수 있는 일이란 말입니까? 그렇지 않습니다. (군자인) 큰 정치가의 일이 따로 있고, (소인인) 어린 백성들의 일이 따로 있는 법입니다. (…) **모든 사람이 모든 것을 자기가 만들어 사용한다면, 이는 온 세상 사람들을 피로에 지치게 할 것입니다. 그래서 어떤 사람은 정신노동을 하고**[노심자(勞心者)]**, 어떤 사람은 육체노동을 하는**[노력자(勞力者)] **것**

     고전일까 정치일까

입니다. 정신노동을 하는 사람은 육체노동을 하는 사람을 다스리고, 육체노동을 하는 사람은 정신노동을 하는 사람의 다스림을 받는 게 순리입니다. 다스림을 받는 사람은 다스리는 사람을 먹여 살리고, 다스리는 사람은 다스림을 받는 사람에 의해 먹여 살려지는 것입니다. 이것이 천하에 통용되는 기본 원칙입니다."

…『맹자』 3편 〈등문공 상〉 4장

맹자의 반론은 기본적으로는 옳다. 그때나 지금이나 사람의 삶에서 변한 건 없으니까. 그럼에도 왜 맹자의 말이 불편하게 느껴질까? '다스린다'라는 단어 때문일 것이다. 맹자 당시에는 그게 정확한 단어 선택이었지만, 지금은 '돕다'라는 단어를 선택하는 게 맞는 시대다. 그러니 '다스린다'라는 단어가 지금 세상에서 갖는 의미에 빠져서, 맹자가 육체노동을 천시했다고 격분하는 건 지나치다. 이 정도의 말로는 비판을 받은 억울함이 풀리지 않았는지, 인용하지 않은 부분에서 맹자는 이어서 요임금·순임금·우임금 같은 통치자가 자는 시간도 부족할 만큼 얼마나 열심히 일했는지를 길게 설명한다. 하지만 말이 많으면 실언(失言)도 늘어나는 법. 맹자가 예를 든 세 명은 모두 임금[통치자]이지만, 맹자는 아니다. 따라서 그들의 어떤 것에도 묻어갈 수 없다. 맹자는 '범주의 오류'에 빠진 줄도 모른 채 열심히 헤엄친 셈이다.

✽ 95. (임(任)나라 사람이 맹자의 제자 옥려자(屋廬子)에게 물었다) "예(禮)를 차리면 굶어 죽고 예를 차리지 않으면 먹고 살 수 있는데도, 반드시 예를 차려야 합니까? 예를 갖추면 아내를 얻지 못하고 예를 갖추지 않으면 아내를 얻게 되는데도, 반드시 예를 차려야 합니까?" (옥려자가 대답하지 못하

고 다음 날 맹자를 찾아가 답을 구하자, 맹자가 말했다) "그 길이를 헤아리지 않고 끝만을 가지런히 맞춘다면, 키 작은 나무도 높은 누각(樓閣)과 같게 할 수 있다. 쇠가 깃털보다 무겁다고 하는 것이, 어찌 허리띠에 박힌 작은 쇠구슬과 한 수레의 깃털을 비교하는 것이겠느냐? 먹을 것의 중(重)함과 예의 경(輕)함을 비교한다면 어찌 먹을 것이 더 중요하지 않고, 아내의 중함과 예의 경함을 비교한다면 어찌 아내가 더 중요하지 않겠느냐? (그러니) 그 사람에게 가서 '형의 팔을 비틀어서 먹을 것을 빼앗아야 먹을 수 있고 비틀지 않으면 먹을 것을 얻지 못한다면[못한다 한들], 형의 팔을 비틀겠는가? 남의 집 담을 넘어 그 집의 처녀를 납치하면 아내로 삼게 되고 그러지 않으면 아내로 삼지 못한다면[못한다 한들], 담을 넘어 처녀를 납치하겠는가?'라고 말하라."

…『맹자』 6편 〈고자 하〉 1장

『맹자』에서 몇 개 없는 '예'와 관련된 내용이다. 이 사람의 '머리'와 저 사람의 '엉덩이'를 비교하는 건 틀렸다. 임나라 사람의 질문에 옥려자가 즉답하지 못한 이유는, 그 질문에 위와 같은 논리적 오류가 있음을 알아채지 못했기 때문이다. 비교는 서로 같은 종류와 같은 무게를 지닌 것끼리 해야 한다. 오류는 '상황의 경중', 즉 '극단주의적 사고방식'에서 발생한다. 인용문을 보면, 예를 갖춰야 하는 '평소의 상황'과 평생 있을까 말까 한 굶어 죽기 직전인 '최악의 상황'을 비교한 것이 틀렸고, 결혼과 예를 비교할 땐 상황에 관한 설명이 하나도 없는 것이 틀렸다.

그러나 맹자는 나무와 누각 그리고 쇠와 깃털이라는 두 가지 사례를 들면서, 음식의 중함과 예의 경함 그리고 아내의 중함과 예의 경함을 비교한 것이 틀렸다고 말하는데 그렇지 않다. 맹자의 궤변이다. 먹을 것과 아내는 가시적이고 물질적인 범주이기에 없을 때와 있을 때를 명확히 구분할 수 있고 또 있더라도 얼마만큼 있는지 그 양을 헤아릴 수 있지만, 인과 의와 예는 그렇지 않다. 비가시적이고 비물질적인 범주이기에, 있고 없음만 대략 구분할 수 있을 뿐 경중이라는 그 양은 결코 헤아릴 수 없기 때문이다. 그래서 맹자가 임나라 사람에게 가서 전하라는 내용을 보면, 맹자의 본심이 그대로 드러난다. 만약 먹을 것이나 아내의 경함과 예의 경함을 비교한다면, 맹자는 뭐라고 할까? 예가 더 중요하다고 할 건 뻔하다. 그런데 형의 팔을 부러뜨리거나 주거침입에 납치까지 벌여야 하는 극단적인 경우에서조차도, 그런다고 그렇게 할 거냐며 예가 더 중요하다고 말한다.

✽ 96. 인(仁)의 본질은 부모를 잘 섬기는 것이고, 의(義)의 본질은 형[윗사람]을 잘 따르는 것이다.

… 『맹자』 4편 〈이루 상〉 27장

✽ 97. 배우지 않고서도 할 수 있는 것을 '양능(良能)'이라고 하고, 생각하지 않고서도 알 수 있는 것을 '양지(良知)'라고 한다. (이제 갓) 손을 잡고 걸을 줄 아는 아이 중에 그 어버이를 사랑할 줄 모르는 아이가 없으며, 자라나서는 그 형을 공경할 줄 모르는 사람이 없다. 어버이를 친애하는 것은 인(仁)이고 윗사람을 공경하는 것은 의(義)이니, 이는 다름이 아니라 (양능과 양지가) 온 천하에 두루 공통되기 때문이다.

… 『맹자』 7편 〈진심 상〉 15장

✽ 98. 죽거나 망하는 건 바라지 않으면서 불인(不仁)을 즐기는 건, 취하는 건 바라지 않으면서 술은 꾸역꾸역 마시는 것과 같다.

… 『맹자』 4편 〈이루 상〉 3장

❊ 99. 사람은 누구나 사랑하는 것이 있어 그런 것에는 차마 모질게 굴지[해를 입히지] 못하는데, 그 마음을 (평소에 사랑하지 않던 것들에까지) 확충(擴充)해서 (같은 마음으로) 대하는 것이 '인(仁)'이다. 사람은 누구나 (양심이나 체면상 또는 불의(不義)하기에) 차마 하지 못하는 일이 있는데, 그 마음을 (무심코 하던 일들에까지) 확충해서 (같은 마음으로) 행하는 것이 '의(義)'다. 다른 사람을 해코지하고 싶지 않은 마음과 (나쁜 짓인 줄 알기에 남의 집) 담을 넘고 싶지 않은 마음을 (사회 전체에 이르기까지) 끝까지 확충할 수만 있다면, 이루 다 응용할 수 없을 만큼 인과 의가 넘칠 것이다.

…『맹자』 7편 〈진심 하〉 31장

우리가 받아들이기에는 고개가 갸웃거려지는 부분이 있을망정, 맹자가 자신이 생각하는 '인의'를 가장 깔끔하게 설명한 부분이다. 핵심은 역지사지를 통해 확장해 가는 방법인 '확충'이다. 확충이 맹자 사상의 핵심 중 하나이기는 하지만, 실질적으론 공자와 다를 바 없다. 예의 물결이 '지배계층 개개인의 몸가짐에서' 시작해 그들의 가문과 계층 전체를 적신 후 여력이 된다면 피지배계층으로 흘러 내려가기를 바랐던 공자와 다른 점은 단 하나, 맹자는 인의 물결이 '지배계층 개개인의 마음속에서부터' 넘쳐나기를 바랐다는 것뿐이다. 정말 그럴 수 있다면 얼마나 좋을까? 하지만 이런 바람은 불가능하다. 사이사이 그런 물길을 가로막는 던바의 수(3번)라는 댐이 한두 개가 아니기 때문이다.

❊ 100. (후한(後漢) 광무제(光武帝) 때 사람인) 유곤(劉昆)이 수령으로 있던 곳에 화재가 일어났는데, 유곤이 불을 향해 머리를 조아리자 바람이 반대 방향으로 불어서 불이 꺼졌다. 생각건대, 이것은 우연일 뿐이다. 그러나 유곤이 이때 울고 초조하여, (백성들을) 가엾이 여기는 마음이 족히

천심(天心)을 감동함이 있었기 때문일 것이다. 만약 그저 형식적으로 머리만 조아리는 데 그쳤다면, 백성들이 공(功)을 그에게 돌리는 일은 없었을 것이다. (…) 불을 끄느라 머리를 그을리고 이마를 데는 수고는, 미리 굴뚝을 돌리고 땔감을 불 가까이에서 치워버리는 것만 못하다.

…『목민심서』 4편 《애민》 6조 〈구재〉

✱ 101. 기근(飢饉) 때 **백성들을 구제하는 일은 예비하는 것만 같지 못하니, 예비하지 않으면 모두 구차(苟且)할 뿐이다.** (…) 대체로 물건이란, (오르면 내려가고 내려간 건 언젠가는 올라가는 게 자연의 이치이듯) 귀한 것은 천할 징조요 천한 것은 귀할 징조다. 만일 여러 해 풍년이 들어 곡식이 흙처럼 천대받으면, 수령은 마땅히 돈 수천 냥으로 사사로이 곡식 수천 석을 사들여 비축해 두고서 뜻밖의 재변에 대비하고, 만일 모심기가 끝난 뒤에 큰 흉년이 들 염려가 없을 땐 이내 곡식을 내다 팔면 반드시 (백성들을 위할) 이윤이 있을 것이다.

…『목민심서』 11편 《진황》 1조 〈비자〉

✱ 102. (정(鄭)나라 관리) 자산(子産)이 정치를 맡았을 때 자기의 수레에 사람들을 태워 강을 건너게 해준 적이 있었다. 이에 대해 맹자가 말했다. "(자산은) 은혜로우나, 정치를 알지는 못하는구나. 사람이 다닐 수 있는 다리를 완성하고 수레가 다닐 수 있는 다리를 완성하는 것이 정치다."

…『맹자』 4편 〈이루 하〉 2장

자산의 행동은 개인적으로는 어질지만, 정치인으로서는 무능하다는 게 맹자의 판단이다. 아이에게 물고기를 잡아 입에 넣어주기보다는, 당장은 배고픔에 힘들지언정 물고기 잡는 법을 가르쳐 주어야 한다는 『탈무드』의 내용과 일치한다. 옳다. 한두 사람을 대하는 것과 수십 또는 수백 명을 대하는 건 전혀 다른 이야기이기 때문이다. 확충을 통해 개인의 인의(仁義)를 그대로 국가에까지 적용하자던 맹자도, 무의식에선 던바의 수를 희미하게나마 느끼고 있었던 듯하다.

✱ 103. (제(齊)나라 관리) 순우곤(淳于髡)이 물었다. "남녀가 뭔가를 주고받을 때, 직접적인 신체 접촉 없이 하는 것이 예(禮)입니까?" "그렇습니다." "형수(兄嫂)가 물에 빠지면 (신체 접촉 없이는 구할 수 없는데) 그때는 신체를 접촉해도 괜찮겠습니까?" "형수가 물에 빠졌는데도 구하지 않으면, 승냥이나 이리와 무엇이 다르겠습니까?" "천하가 물에 빠져 있습니다. (그런데도) 선생님께서 (천하를) 구하지 않는 것은 어째서입니까?" "혼란에 빠진 천하는 도(道)로써 건져내고, 물에 빠진 형수는 손으로 건져내야 합니다. 그런데 당신은 천하를 손으로 건져내라고 하시는군요."

…『맹자』4편 〈이루 상〉 17장

✱ 104. 맹자가 (송(宋)나라 관리) 대불승(戴不勝)에게 말했다. "그대의 왕이 선하기를 바랍니까? (그렇다면, 어디 한 번 대답해 보십시오.) 초나라 대부가 그 아들에게 제나라 말을 가르치려 할 때, (당신이라면) 초나라 사람과 제나라 사람 중 누구를 스승으로 삼으라고 조언하겠습니까?" "제나라 사람을 스승으로 삼으라고 하겠습니다." "(그렇죠. 하지만 이런 경우도 있습니다.) 제나라 사람 혼자서 초나라에서 그 대부의 아들에게 제나라 말을 가르칠 땐, 비록 날마다 종아리를 때려서 가르친다고 해도 (주위 모든 사람이 초나라 말을 사용하기 때문에) 그 대부의 아들이 제나라 말을 잘하지 못할 겁니다. 하지만 제나라에 데려가서 수년 동안을 (제 마음대로 하도록 그냥) 놓아두기만 해도, (그때는) 날마다 종아리를 때려서 (모국어인) 초나라 말을 하게 강요해도 잘하지 못할 겁니다. 그러니 당신 혼자서 무얼 어찌하시겠

다는 겁니까?”

…『맹자』 3편 〈등문공 하〉 6장

순우곤의 질책에(103번), ‘규모[크기]에 따라 사용해야 하는 수단[방법]도 다르다’라는 맹자의 대답은 옳다. 던바의 수가 갖는 의미를 느끼고 있긴 했으니까. 104번은 순우곤에게 말했던 자기의 주장을 다른 예를 들어 설명하는 내용이다. 개인에게 외국어를 가르칠 때도 주변 환경이나 상황이 중요한데 하물며 신하 혼자서 왕의 품성을 선(善)하게 바꾸려는 시도는 어림도 없고, 혼자서 왕 하나도 바꿀 수 없는데 하물며 혼란에 빠진 천하를 혼자서 구하라는 건 더더욱 말도 안 된다는 것이다.

✻ 105. **인(仁)은 사람의 마음이요, 의(義)는 사람의 길이다.** 그 마음을 풀어 (밖에 아무렇게나) 내놓고도 찾을 줄 모르고, 그 길을 버린 채 다니지 아니하니 슬프도다. 닭이나 개를 풀어 내놓은 후에는 (반드시) 찾을 줄은 알면서도, 풀어 내놓아 버린 마음이 있는데도 찾을 줄은 모른다. 학문의 길도 다르지 않다. 그 풀어 내놓아 버린 마음을 찾는 것일 뿐이다.

…『맹자』 6편 〈고자 상〉 11장

✻ 106. 타고난 성정(性情)을 그대로 좇으면 누구나 선하게 될 수 있다는 것이, 내가 (인간의 본성은) 선하다고 말한 까닭이다. 선하지 않은 행위를 하는 때도 있지만, 그건 타고난 성질이 잘못되었기 때문이 아니다. (곤경에 처한 사람을) 가엽게 여기는 마음은 인(仁)이요, (실수와 잘못과 옳지 못한 행동을) 부끄러워하고 미워하는 마음은 의(義)요, (윗사람을) 공경하는 마음은 예(禮)요, 옳고 그름을 가리는 마음은 지(智)니, 이런 인의예지는 밖으로부터 나에게 들어온 것이 아니라 내가 본래 지닌 것이다. 다만 생각

하지 않을 뿐이다. 구하면[생각하면] 갖게 되고[구즉득지(求則得之)], 버려두면[생각하지 않으면] 잃는다[사즉실지(舍則失之)]는 말이 있다. 사람들이 그런 선함으로부터 헤아릴 수 없을 정도로 멀리 벗어나 버리는 것은, (외부적인 요인 때문에) 그 타고난 성질을 충분히 발휘할 수 없었기 때문이다.

…『맹자』 6편 〈고자 상〉 6장

✻ 107. (전국시대 위(魏)나라 혜왕(惠王)인) 양혜왕이 말했다. "선생께서 천 리를 멀다 않고 오셨으니 장차 우리나라에 이익을 가져다주려는 것이겠지요?" 맹자가 말했다. "왕께서는 왜 하필 '이익'부터 말씀하십니까? 오로지 '인의(仁義)'만 이야기하셔야 합니다. (…) 위와 아래에서 서로 이익을 다툰다면, 그 나라는 위험에 빠집니다. 대의(大義)를 뒤로 미루고 이익만 앞세우기 때문에 남의 것을 빼앗지 않고는 만족하지 못하게 됩니다. **어질면서 자기 부모를 버리는 사람은 없으며, 의로우면서 자기 통치자를 나중에 생각하는 사람은 없습니다. 그런데 어찌** (인의부터 말하지 않고) **이익만을 말씀하십니까?**"

…『맹자』 1편 〈양혜왕 상〉 1장

교육을 강조한 맹자의 본심이, 결국엔 지식의 습득과 지혜의 성장이 아니었음이 드러나 있다. 맹자의 교육은, 무심코 지나치곤 했던 자기 마음과 본성의 중요성을 깨닫고 집중하는 것이다. 그러기만 하면 충분하단다. 어찌 보면 참 쉽다. 불교의 수련법 중 하나인 명상과도 연결되고. 대부분 사람이 자기의 선한 본성을 잊고 사는 건 주로 외부적 요인 때문인데, 외부적인 요인에는 먹고사는 문제 즉 '이익'이 가장 큰 부분을 차지한다. 해방 이후 지금까지 오직 '경제 성장'만이 유일한 진리라도 되듯 외치고 있는 우리의 모습이 엿보인다. 수십 년 전에는 옳았던 구호일지언정,

'더불어 삶'과 '삶의 질'과 '환경'을 우선시해야 하는 지금은 아닌데도 말이다(85/87번). 초등학교 때 입던 옷을 대학생이 되어서도 어떻게든 억지로라도 입겠다고 발버둥 치니, 여기저기 옷이 해지고 찢어지고 있다(3번/99번). 이익은 평범한 소인들의 것이니, 군자는 오로지 인의만 추구해야 한다는 말이 아니다. 판단의 문제, 즉 우선순위의 문제를 말하는 것이다.

이제 물질적인 것은 어느 정도 해결되지 않았나? 세탁기만 있으면, 살 수 없을까? 조금 불편할 뿐, 충분히 살 수 있다. 그런데도 건조기가 필수란다. 이젠 세탁기와 건조기가 하나로 연결된 제품이 필수란다. 도대체 어디까지 가려는가? 어디까지 가야 멈출 텐가? 멈출 수 없다. 영원히 지속된다. 이것이 우리네 욕심이다. 부디 스스로 자기 마음에 브레이크 하나쯤은 장착시키길 바란다. 그리고 이런 점을 염두에 두면서, 앞으로는 정신적인 것에 조금 더 신경 쓰자. "내가 염려하는 마음에서 말한다. 제발 무엇을 먹을까 무엇을 마실까 무엇을 입을까(만 생각) 하지 말라. 그것은 다 (하나님을 믿지 않는) 이방인들이 구하는 것이다. 너희 하늘 아버지께서 그 모든 것이 너희에게 있어야 할 줄을 (과연) 모르실까? 그런즉 너희는 먼저 그의 나라와 그의 의를 구하라. 그리하면 그 모든 것을 너희에게 (분명히) 더하시리라."[13]

✱ 108. (노나라 관리로, 본명은 중손멸(仲孫蔑)이며, 공자가 태어나기 직전까지 살았던) 맹헌자(孟獻子)가 말했다. "수레용 말을 기르는[말 4마리가 끄는 수레를 보유할 수 있을 정도의] 사람은 (일반 백성들의 생계 수단인) 닭과 돼지 등을 (재산 증식의 수단으로) 여기지 않고, (장례를 치를 때 당시엔 엄청나게 귀한) 얼음을 채취하는[사용할 수 있을 정도의] 집안은 소와 양을 (재산 증식의

---

13 〈마태복음〉 6:31~33

수단으로 여겨서) 기르지 않으며, (말이 끄는) 수레를 100대나 보유한 가문에서는 백성들을 수탈하는 신하를 (등용해서) 거느리지 않는다. 백성들을 수탈하는 신하를 거느릴 거라면, 차라리 도둑을 신하로 두는 것이 (더) 나을 것이다." 이것이 '나라[통치자]는 (재물 같은 경제적) 이익을 (진정한) 이익으로 생각하지 않고, 올바름을 (진정한) 이익으로 여겨야 한다'라는 말의 뜻이다.

…『대학』《전문》 10장 〈치국/평천하〉

✽ 109. 나라의 우두머리가 (나라의) 부(富)를 (마지 제 것인 양 여겨 사적으로) 흥청망청 낭비할 수 있는 이유는, 분명히 (그가 마음에 든다며 관리로 등용하거나 고위직에 중용한) 소인들로 말미암을 것이다. (똥인지 된장인지도 모른 채 소인들을 향해) 잘한다 잘한다 말하면서 소인들에게 나랏일을 맡기면, (반드시) 천재지변이 뒤따를 것이다. 비록 (통치자가 가물에 콩 나듯 어진 사람 몇 명을 등용한 것과 같은) 잘한 것이 있다고 해도 (소인들에게 나랏일을 맡긴 이상) 천재지변이 뒤따르는 건 어찌할 수가 없다. 이것이 '나라[통치자]는 (재물 같은 경제적) 이익을 (진정한) 이익으로 생각하지 않고, 올바름을 (진정한) 이익으로 여겨야 한다'라는 뜻이다.

…『대학』《전문》 10장 〈치국/평천하〉

말 4마리가 끄는 수레는 대부(大夫)에게 내려지는 하사품이고, 장례식에서 얼음을 사용할 수 있다면 경(卿) 이상의 관리이며, 백승(百乘)을 보유했다면 공(公) 또는 제후(諸侯)다. 대부와 경과 공들은 그저 재산을 '조금이라도 더' 늘리기 위해 또는 재미로 하겠지만, 그 아래에 있는 사람들은 '목숨'이 달린 일이다. 우리가 심심해서 재미 삼아 던진 돌에, 개구리는 생사가 오간다. 대형 할인점이 동네 슈퍼마켓의 코 묻은 돈까지 탐내는 것, 대기업이 중소기업의 영역까지 진출하거나 아니면 오랜 시간에 걸쳐 완성한 중소기업의 기술을 날로 먹으려는 행태가 이에 해당한다. 올바르지 않은 행동이다. 부(富)라는 '결과'가 아니라 그것을 얻는 '과정'이, 올바름이라는 정당성을 담보(擔保)한다.

조선의 10대 왕 연산군(燕山君)(1476~1494~1506)이 저지른 악행 중 하나를 보면, 109번 첫 문장의 내용을 더 잘 알 수 있다. 연산군의 측근들이 전국에 채홍사(採紅使)와 채청사(採靑使)를 파견해서 처음엔 아름다운 기녀(妓女)들을 나중엔 일반 여인들까지 끌어모아, 성균관 학생들을 내쫓고 그곳에 주지육림(酒池肉林)을 마련해 줬다. 전국에서 뽑혀 온 미녀들의 호칭은 '운평(運平)'이고, 그중 선발되어 궁궐로 들어간 이들은 '흥청(興靑)'인데, 흥청 중 연산군과 동침한 이들은 '천과흥청(天科興靑)'이라고 불리면서 자연스럽게 궁궐에 있긴 하나 연산군과 동침하지 못한 이들은 '지과흥청(地科興靑)'이라고 불렸다. 이것이 흥청망청(興淸亡淸)이라는 말의 유래다. 이 모든 걸 연산군이 직접 발 벗고 다니며 하지는 않았다. 비록 통치자의 명령일지라도 그것이 올바르지 않다면 거부하거나 정 안 되면 벼슬에서 물러나려는 결단도 없이, 자기 안위만을 위해 알아서 충성한 소인배 신하들이 있었기에 가능했던 일이다. 모두가 아돌프 아이히만(Otto Adolf Eichmann)이었던 셈이다. 리더의 자질 중 하나인, 사람을 보고 판단하는 능력이 모든 능력 중에서 가장 중요하다는 생각을 지울 수 없다.

✽ 110. 사람이 바라는 것 중에서 삶보다 더 귀한 것이 없다면, 무릇 삶을 얻기 위해서 무슨 방법인들 쓰지 않겠는가? 사람이 싫어하는 것 중에서 죽음보다 더 심한 것이 없다면, 무릇 죽음을 피하고자 무슨 짓인들 하지 않겠는가? (…) 삶도 내가 원하는 바이며 의(義) 또한 내가 원하는 바

인데, 두 가지를 겸할 수 없다면, (나는) 삶을 버리고 의를 취하리라. 현량(賢良)[어질고 착함]한 사람만이 (나와 같은) 이런 마음을 가지고 있는 것이 아니라 사람이면 모두가 가지고 있는 것인데, 현량한 사람만이 이런 마음을 (온전히 붙잡고 노력해서) 잃지 않을 뿐이다.

…『맹자』6편 〈고자 상〉 10장

✱ 111. 부유해지는 것이 구하여 얻어지는 것이라면, 비록 말채찍을 잡는 하찮은 일이라도 내가 하겠지만, 구하여 얻어지는 것이 아니라면 (그저) 내가 좋아하는 것을 하고 싶다.

…『논어』7편 〈술이〉

이것이 내 삶의 자세이기도 하다. 공자의 말마따나 돈이라는 게 원한다고 얻어지는 게 아니다. 혹자는 돈을 좇으면 돈이 달아나지만, 돈을 좇지 않으면 돈이 따라온다고 한다. 궁핍한 사람을 향한 가진 자의 심심풀이 조롱일 뿐이다. 인용문은, 원해도 안 되는 거라면 과감히 포기한 채 내가 원하고 그래서 얻을 수 있는 걸 하겠다는 매우 실용적이고 합리적인 선택과 결단이다.

성호 이익(李瀷)도 '학문'과 '경제 활동'은 동시에 할 수 없는 것으로 생각했다.[14] 마음이란 한 번에 두 갈래로 쓸 수 없어서, 선비가 부자가 되고자 하면 마음을 잡지 못해 잘못된 길로 들어서게 되므로, 선비는 당연히 가난할 수밖에 없으며 또 마땅히 가난해야 한다고 말이다. 가난보다 더 큰 문제는, 가난으로 인해 사람들에게 멸시당해서 스스로 마음이 옹졸해지는 데 있다고 덧붙인다. 자신의 신념을 지키며 작든 크든 모든 일에 자

14　이익, 『성호사설』〈인사문(人事門)〉 (1760)

기 결정권을 행사하고 깨끗하게 살고자 하는 사람이라면, 경제적 어려움을 당연하듯 받아들여야 한다. 자본주의 시장경제 사회인 요즘은 특히 더 그렇다. 반대로 경제적 풍요로움과 사회적 성공과 명예를 원하는 사람이라면, 남에게 피해 안 주기와 스스로 깨끗하기를 바라지 않아야 하고 자아성찰(自我省察)도 할 필요가 없다. 그러지 않으면 원하는 만큼 돈을 벌 수 없는 구조이기 때문이다. 서로를 인정할 수 있다면, 두 유형 모두 좋거나 나쁘지 않다. 개인의 선택에 따른 길일 뿐이다. 다만 살아가면서 발생하는 많은 고민 대부분은, 이쪽에 살면서 저쪽을 동경(憧憬)하고 이쪽의 이익을 누리면서 저쪽의 이익도 누리려고 하는 데서 발생한다.

내가 자주 우스갯소리로 하는 말이 있다. 세상이 온통 썩었다. 이런 썩어 빠진 세상에서 나름 잘 나가고 성공하고 고액 연봉을 받는 사람들은, 그 성공의 크기와 지위의 높음과 고액의 연봉만큼 썩을 대로 썩은 사람들이라고. 세상의 흐름이 그러하니 어쩔 수 없는 것 아니냐는 변명도 지겹다. 기회주의자들의 공통된 레퍼토리(repertory)이기 때문이다. 방법상의 차이는 있더라도, 더불어 사는 인간으로서의 삶을 영위하기 위해 해야 하고 지켜야 하는 건 반드시 해야 하고 지켜야 한다.

썩은 세상에서 나는 잘 살 자신도 없고, 공자와 맹자처럼 그러고 싶은 마음도 전혀 없다. 그래서 비록 지금 나의 생활이 경제적으로 곤궁하고 다수의 사람에게 인정받지 못하며 앞으로도 분명 계속 그러하겠지만, 나 자신이 내 삶의 주인이 되는 길을 택한 이상 피할 수 없는 필연적인 결과임을 잘 알고 있기에 지나온 길에 대한 후회나 타인의 경제력과 물질을 향한 부러움은 전혀 없다. 인생은 선택의 연속이다. 모든 걸 가질 수 있다면야 얼마나 좋을까마는, 어차피 모두를 가질 능력이 없는 나로서는 둘 중 하나를 포기해야 했고, 그 결과 눈에 보이지 않는 정신과 마음을 선택

한 것이다. 이것이 내가 물질적으로 힘든 만큼, 나와 반대되는 사람들은
정신적으로 공허한 이유다.

　정신과 마음의 공허함을 채우려 하는 사람들이 가장 쉽게 선택하는 두
가지 방법은, 살아낼 수 있는 힘인 자존감을 쌓아가면서 내면의 레벨과
인격을 높이려는 게 아니라, 돈으로 대변되는 '물질'과 가장 강력한 본능
인 '인정 욕구'다. 정신이 가뭄과 기아에 허덕이고 있다는 신호인 공허한
마음을 값비싼 쇼핑과 여행 등 물질의 구매로 해결하려 하지만, 아픈 배
속을 치료하겠다고 피부에 반창고를 붙이는 것처럼 완전한 범주의 오류
다. 그런 생활을 위해서는 엄청난 돈이 필요하고, 그래서 범죄에 발을 들
이게 되며, 그런 생활은 수준이 똑같은 세상 사람들에게 대단하다거나 성
공한 사람이라는 인정을 받게 만드는 지름길이기도 하기에 멈추기는커녕
더욱 집착한다. 그러나 내면의 공허함은, 외부의 물질이 아니라 눈에 보
이지 않는 내면적인 것으로만 채울 수 있다. 모두가 아는 사실이다. 다만
힘들어 보이기에 외면할 뿐이다.

　실용적이고 합리적인 선택과 결단의 원리를 일상에서 직면하는 많은
고민에 적용해 보면 어떨까? 하나는 '고민거리에 관한 판단', 즉 '무엇을 고
민할 것인가?'다. 우리가 하는 많은 고민 중 대부분은 고민조차 하지 말아야
할 것들인 경우가 많다. 스스로 아무리 고민한다고 해도 '어찌해 볼 수 없는'
자기 능력 밖의 것들은 고민하지 말아야 하고, 고민하면 '해결할 수 있는' 것
들은 끝까지 끈질기게 고민해야 한다. 기본적으로 전자에는 천재지변·질
병·태어난 가정환경·시험과 사업과 스포츠 등의 결과·재능 등이 포함되
고, 후자에는 비만·표정·공부·노력 등이 포함된다. '상대방이 나를 안 좋
아하면 어떡하지?'라는 걱정은 전자다. 그저 상대방의 마음을 얻기 위해
최선을 다할 수 있을 뿐, 내가 상대방의 마음을 조작하거나 정확히 알아

낼 수는 없기 때문이다. 시험 치르기 전, '이번 시험을 망치면 어떡하지?'라는 걱정도 전자다. 시험을 치르지도 않았기 때문이다. 시험을 치른 후에도, 시험 성적 즉 결과에 관한 걱정은 하지 말아야 한다. 아무리 걱정한다고 해도 이미 제출한 OMR 카드의 답이 바뀌지도 않을뿐더러, 채점은 학교나 국가에서 할 일이기 때문이다. 내 능력의 통제권 안에 있는 것들만 고민하자.

다른 하나는 '고민 기간 정하기'다. 쉬운 예로, 일주일 후에 소개팅이 있다고 하자. 그날 뭘 입고 나가고 무슨 말을 할지 일주일 내내 두근거리고 설레고 즐겁다. 그러나 그 좋은 기분과는 달리, 소개팅 전날까지 뭘 입고 나가고 무슨 말을 할지 계속해서 고민하는 통에 할 일을 못 할 때가 많다. 그럴 땐 다이어리에 소개팅 전날 저녁 6시부터 9시까지 '소개팅 고민'이라고 정해놓고, 그 시간이 되었을 때 그 세 시간 동안만 온전히 그 고민 하나에만 매달려서 결론을 내리라는 말이다. **'어떤 일은 언제부터 언제까지 또는 언제 몇 시부터 몇 시까지 고민하기'로 고민 기간을 정해놓는 습관을 들이면, 평소에 몰입을 위해 쏟아부을 수 있는 충분한 에너지를 확보해 놓을 수 있다.** 앞의 고민을 끌고 오지도 지난 고민을 부여잡지도 않으니 말이다. 정신도 늘 맑고. 이것이 〈마태복음〉 6장 34절의 '내일 일은 내일 염려하라'는 말의 뜻이 아닐까?

✸ 112. 입으로는 맛있는 음식을 먹고 싶고, 눈으로는 아름다운 빛깔을 보고 싶고, 귀로는 좋은 음악을 듣고 싶고, 코로는 향기로운 냄새를 맡고 싶고, 사지 손발은 편안히 쉬고 싶은 것이 사람의 본성이다. 하지만 군자(君子)는 이것을 '하늘의 이치[명(命)]'라고 말하지, '인간의 본성[성(性)]'이라고 말하진 않는다. 인(仁)이 부자(父子) 사이에 베풀어지고, 의(義)가

군신(君臣) 사이에 유지되고, 예(禮)가 주인과 손님 사이에 지켜지고, 지(智)가 현자(賢者)에게서 밝혀지는 것, 군자는 이것을 '인간의 본성'이라고 말하지 '하늘의 이치'라고 말하진 않는다.

…『맹자』 7편 〈진심 하〉 24장

맹자는 '하늘의 것'과 '사람의 것'을 구분하는데, 그 구분 기준은 '노력과 통제 가능성의 유무'다(111번). 우리의 노력으로 통제할 수 있는 건 사람의 것이고, 그렇지 않은 건 하늘의 것이다. 19세기 독일 철학자 니체(Friedrich Nietzsche)가 위버멘쉬(Übermensch) 즉 '인간은 (매 순간) 극복되어야 하는 그 무엇'[Man is something that should be overcome (every single moment)]이라고 말한 것처럼, 인간은 노력 없이는 그 무엇도 이루어 낼 수 없는 존재인 동시에 노력 없이는 인간다운 인간도 될 수 없는 존재다. 그래서 결과보다는 과정과 노력으로 사람을 판단하는 게 가장 바람직하다.

✱ 113. (가공(架空)의 인물인) 견오(肩吾)가 (초(楚)나라 사람) 손숙오(孫叔敖)에게 말했다. "당신은 세 번이나 초나라의 영윤(令尹)[한 지역의 장관(長官)]이 되었는데도 그것을 명예로 여기지 않았으며, 세 번이나 그 자리를 그만두고 떠나면서도 우울한 기색이 없었다고 들었습니다. 어떻게 그런 마음가짐을 가질 수 있습니까?"

"저는 남들보다 뛰어난 점이 하나도 없는 사람입니다. (그저) 오는 것은 막을 수 없고, 가는 것은 붙잡을 수 없음만 알고 있을 뿐이죠. 높은 지위를 얻고 잃음은 내게 달린 것이 아님을 알기에 (그에 대해) 걱정하지 않는 것이고요. 제가 존경을 받는 이유가 영윤이라는 자리에 있는 것인지 아니면 나 자신에게 있는 것인지는 모르겠습니다. 높은 자리 때문이라면

(아무리 발버둥 쳐도) 제가 어찌할 수 없기에 걱정할 필요가 없고, 나 자신 때문이라면 (누구도 훔쳐 갈 수 없고 앞으로도) 늘 그럴 것이니 그 또한 걱정할 필요가 없는 것 아니겠습니까? 그러니 여유로운 마음으로 생활할 뿐, 세상 사람들의 (귀하다 천하다 하는) 평판에 마음이 흔들릴 일이 없는 것입니다." 이 이야기를 들은 공자가 제자들에게 말했다. "죽고 사는 것은 (누구에게나 가장) 큰 문제이지만, 지인(至人)의 마음을 (흔들거나) 변하게 할 수는 없는 것이다. 하물며 (하찮은) 벼슬과 녹봉이 그럴 수 있겠느냐?"

…『장자』 외편 14. 〈전자방〉

✱ 114. 27. 아르주나여! (삼사라[윤회]에 따라) 태어난 자는 반드시 죽고 죽은 자는 반드시 태어난다. 그러므로 **피할 수 없는 것에 관해선 근심하지 말라.** 33. 만약 그대가 이 싸움을 수행하지 않는다면 (크샤트리아로서 그대는) 자신의 의무와 명예를 저버리는 것이 되어, 죄를 초래하는 셈이 된다. 38. **쾌락과 고통·이득과 손실·승리와 패배는** (동전의 양면처럼) **하나이니,** 너는 (통제할 수 없는 결과에 대해서는 고민하지 말고) 오로지 싸울 태세를 갖춰라. 그리하면 어떤 죄도 짓지 않는 게 될 것이다. 47. **그대가 할 일은 오로지 행위에 있을 뿐, 절대 그 결과에 있지 않다.** (그러니 그대의 행위만을 통제하려고 노력하라. 통제할 수 없는) **행위의 결과를** (행위의) **동기로 삼지**(도 말고 집착하지도) **말라.** 48. (대립하는 성질의 것들이 사실은 동전의 양면처럼 평등하고) 똑같다고 보는 것, 그것이 (중용(中庸)이고 도(道)며) 요가(yoga)다.

…『바가바드기타』 2장

✱ 115. (어둠이 있어야 비로소 빛이 무엇인지 알 수 있는 것처럼) 세상 사람들 모두가 아름다운 것을 아름답다고 말한다는 사실 자체가 (이미 그 반대인) 추함도 있음을 입증하고, 선한 것을 선하다고 판단할 수 있는 이유도 (이미 그 반대인) 선하지 않은 것이 있기 때문이다. (그러므로) 있음과 없음

은 (서로가) 서로의 원인이 되고, 어려움과 쉬움은 (서로가) 서로를 구성하며, 길음과 짧음은 (서로가) 서로를 드러내고, 높음과 낮음은 (서로가) 서로를 기울게 하며, 전체의 화음(和音)은 (서로) 서로 조화를 이루고, 앞과 뒤는 (서로가) 서로를 뒤따른다. 그러므로 성인(聖人)은, 무위를 통해 일을 처리하고[처 무위지사(處 無爲之事)], 말없이 (백성들을) 가르치려고 해야 한다[행 불언지교(行 不言之敎)]. (도(道)와 덕(德)은) 만물을 만들면서도 (자기가 했다고) 말하지 않고[만물작언이불사(萬物作焉而不辭)], 만물을 낳았으나 소유하려 하지 않으며, 모든 것을 하면서도 자랑하지 않고, (좋은) 결과를 얻어도 그 결과에 집착하지 않기 때문이다. (이처럼 자신이 한 행위나 결과에) 집착하지 않아야만 (모든 일이) 허사(虛事)가 되지 않는다.

…『도덕경』 2장

　　모든 것은 상대적이기에 드러난 것만으로 판단해서는 안 된다. 승리는 아름답고 패배는 추한 것으로 생각하지만, 승리 또한 언젠가는 패배할 때가 오기에 아름다움이 곧 추함이 된다. 이곳의 아름다움이 저곳의 추함일 수 있다. 조국에 충성하는 것이 조국엔 선(善)이겠지만 다른 나라엔 악(惡)이 된다. 장미의 가시는 예쁜 꽃에 가시가 있는 걸까? 아니면 가시투성이의 줄기에 예쁜 꽃이 핀 걸까? 장미처럼 아름다움과 추함, 행복과 불행도 한 공간에 공존한다. 지구처럼 둥근 곳에서는 절대적인 동쪽도 서쪽도 존재하지 않는다. 어느 한쪽으로 끝까지 간다면 그 끝은 바로 처음 시작한 곳이 된다.

　　✽ 116. 안회가 공자에게 말했다. "언젠가 제가 넓고 크고 깊고 물살이 센 상심(觴深)의 못을 (나룻배를 타고) 건넌 일이 있었는데, 뱃사공의 솜

씨가 마치 귀신같았습니다. 그래서 제가 '(누구나) 배우면 당신 같은 수준에 이를 수 있습니까?' 하고 물었더니 '그럼요. (특히) 수영을 잘하는 사람은 더 빨리 익힐 수 있지요'라고 했습니다. 제가 그 이유를 물어보았지만, 말해 주지는 않았습니다. 스승님, 그게 무슨 뜻입니까?" "수영을 잘하는 사람이 더 빨리 배울 수 있다는 것은, 수영을 잘하는 사람은 (자기가) 물속에 있다는 사실을 의식하지 않기[잊기] 때문이다. **내기로 질그릇을 걸면 (잃더라도 전혀 상관없기에 편히) 활을 잘 쏠 수 있지만, (쓸모가 있는) 낫을 걸면 (그때부터) 마음에 (괴로움과 두려움과 욕심 등이) 생기게 되고, 황금을 걸면 (손이 떨리고) 눈이 가물가물해지는 법이다. 활 쏘는 사람의 기술이야 (무엇을 내기로 걸건 변함없이) 항상 똑같지만[기교일야(其巧一也)], (물건에 대한) 집착이 생기는 순간 누구나 그것을 소중히 여기게 되어 마음이 (불안으로 심하게) 흔들리기 때문이다.**"

…『장자』《외편》 12편 〈달생〉

✱ 117. 19. 언제나 (행위의 결과에 대한) 집착 없이 (다르마가 규정하는) 마땅히 해야 할 행위를 하는 사람은, 행위를 하면서도 지고(至高)(의 완성)에 도달한다. 25. **무지(無知)한 사람들은 행위의 결과에 집착해서 행하지만, 현명한 사람은 집착 없이 행할 뿐이다.** 26. **(그리고) 현명한 사람은 모든 행위를 즐긴다.** 36. (크리슈나여!) 그렇다면 사람이 죄를 짓는 것은 무엇 때문입니까? 37. (아르주나여! 격렬한 감정에서 생기는) 집착[욕망]과 분노 때문이다. 이것이 이 세상에서의 적(敵)이라는 사실을 기억해야 한다. 40. 집착은 감각 기관과 마음과 지성(知性)에 머물면서 지혜를 가리고 사람을 미혹시킨다. 42. (사람들은) '감각 기관'이 최고라고 생각하지만, 그 위에 '마음'이 있고, 마음 위에 '지성(知性)'이 있고, 지성 위에 ('지혜' 그 자체인) 브라흐만이 있다.

…『바가바드기타』 3장

✴ 118. 17. (일상적인) 행위(카르마, karma), (해서는 안 되는) 비(非)행위(비카르마, vikarma), (결과에 대한 집착 없이 마땅히 해야 할 일을 하는) 무(無)행위(아카르마, akarma)의 의미가 무엇인지 반드시 이해해야 한다. 18. (동중정(動中靜)과 색즉시공(色卽是空)처럼) 일상적인 행위 속에서 무행위를 보고, (거꾸로 정중동과 공즉시색처럼) 무행위 속에서 일상적인 행위를 보는 사람이 깨달음을 얻은 (지혜로운) 사람이고, 완전한 행위자다. 20. 행위의 결과에 대한 집착을 포기하고 항상 (주어진 모든 것[범사(凡事)]에) 만족하며 (한쪽에만 치우치거나) 의존하지 않(고 대립하는 것처럼 보이는 두 가지를 평등하게 보고 똑같이 대하)는 사람은, (살아 있는 동안 그도 어쩔 수 없이) 행위와 관련되어 있긴 하지만 아무것도 (사사로이) 행하지 않는 사람이다. 21. 아무것도 원하는 것 없이 자아[아트만]와 마음[감정]을 제어하고 모든 (생존적 필요 이상의) 소유를 내버린 채, 오로지 (결과에 대한 의도 없이, 마치 숨 쉬고 소화하고 잠을 자듯) 행동하는 사람은 죄를 범함이 없다. 33. 물질적인 제사보다 지혜에 의한 제사[희생과 헌신]가 더 낫다. 모든 행위는 남김없이 지혜 속에서 완성되기 때문이다. 34. (지극한 정성[간절함]이자 희생과 헌신인) 믿음[신앙]과 (모든 미혹을 없애는 지혜를 얻는 방법에 관한) 질문과 (무행위인) 실천[행위]으로써 지혜를 깨달아라.

…『바가바드기타』 4장

✴ 119. 16. 곤란에 처한 사람·탐구적인 사람·(마음의) 풍요로움을 원하는 사람·지혜로운 사람, 이 네 부류의 사람들이 나를 믿고 사랑하며 선행하는 사람들이다. 17. (이들 네 부류 모두가 숭고(崇高)하지만 그래도) 지혜로운 사람이 가장 뛰어나다. 18. 나는 (지혜를) 깨달은 사람을 바로 나 자신으로 여긴다. 그런 사람은 자신을 통제하면서 (무상(無上)의 경지인) 내 안에 머물기 때문이다. 21. 지극한 정성[간절함]을 가지고 나를 숭배하길 원한

다면, (그가 누구이든 신분이 무엇이든 어떤 종교의 신을 예배하든 관계없이) 나는 그 흔들리지 않는 지극한 정성[간절함]을 인정하고 보호할 것이다. 23. (지혜가 적은 사람들의 그런 숭배의) 결과가 비록 유한하다고 할지라도.

…『바가바드기타』7장

118번 18절은 이렇다. **다자(多者)로부터 일자(一者)로의 상승의 길은 '지혜[반야(般若)]'의 길이고 남성성인 '에로스(Eros)'이자 '색즉시공(色卽是空)'이며, 일자로부터 다자로의 하강의 길은 '자비(慈悲)'의 길이고 여성성인 '아가페(Agape)'이자 '공즉시색(空卽是色)'이다.**[15] 상승의 길은 다양하고 복잡한 현상들을 하나씩 걷어내면서 과학적 법칙이나 종교적 신이라고도 할 수 있는 일자를 찾아가는 지혜이고, 하강의 길은 월인천강(月印千江)처럼 일자가 모든 개체 속으로 흘러 들어가 자신을 나눠주는 다정(多情)과 자비와 연민이다. '애증(愛憎)'이라는 단어와 '기대가 크면 실망도 크다'라는 속담 그리고 개개인의 이기주의가 사회 전체에서는 이타주의가 된다는 애덤 스미스의 주장[16]은 모두 단 하나의 사실을 가리킨다. 우리가 대립하는 쌍이라고 보는 모든 것들이 실은, 태극 속의 음과 양처럼 늘 함께 다니는 하나라는 것이다. 이것이 『바가바드기타』가 최고로 생각하는 것, 바로 지혜다. 그리고 지혜를 깨달은 사람이 곧 브라흐만, 즉 범아일여(梵我一如)다.

마음속의 의도와 그것을 겉으로 표현하는 방법, 둘 중 하나라도 어그러지면 바라는 결과를 얻을 수 없다(67번). 프러포즈하면서 다이아몬드 반지를 휴지에 싸서 주지 않듯이 말이다. 상승의 길은 매일의 끼니와 거처

---

15 켄 윌버, 『모든 것의 역사』(1996)
16 애덤 스미스, 『국부론』(1776)

를 고민하지는 않을 정도로 기본적인 의식주 즉 하강의 길이 해결된 상태를 전제하고, 하강의 길은 의심이 들거나 필요할 때면 생각의 전구를 켜는 습관이 배어 있는 상태를 전제한다. 특히 118번의 20절과 21절은 70세의 공자를 떠올리게 한다(4번/277번 7절). 그리고 황금 보기를 돌같이 하라던 아버지 최원직이 아들 최영 장군에게 한 말을 『바가바드기타』도 6장에서 똑같이 한다. '8. 요가를 수행하는 사람에게는 흙과 돌과 황금이 (똑같이) 평등하고, 9. 친구, 동료, 적, 무관한 사람, 미운 사람, 친척, 착한 사람, 악한 사람 모두에게 (똑같이) 평등한 마음을 지닌다.'

119번의 21절은 '무엇을' 하느냐가 문제가 아니라 '어떻게 그리고 어떤 마음으로' 하느냐가 핵심이라고 말한다. 신 앞에서는 행위의 개수나 결과가 아니라, 어떤 마음으로 했느냐에 따라 심판을 받고, 또 그래야만 한다.[17] 입으로만 주여! 주여! 외치는 사람보다, 지극한 정성[간절함]인 희생과 헌신의 마음으로 행한 사람에게만 구원의 자격이 있지 않을까? 이것이 노자의 '행하지 않아도 저절로 이루어진다'로 표현되는 '무위이위(無爲而爲)'이고, '오른손이 하는 걸 왼손이 모르게 하라'[18]라는 예수의 말일 것이다. 선행을 베푼 기억을 지우고 버리라고, 즉 선행을 베풀면서도 그것이 '선행'이며 '자기'가 '베풀었다'라는 생각 자체를 하지 말라는 말이다.

『바가바드기타』는 심신을 단련해서 브라흐만과의 합일에 이르는 길을 '요가'라고 말한다(114번 48절). 그런 요가에는 상호보완적이며 불가분의 관계에 있는 네 가지가 있다. 초기 그리스도교의 영지주의(靈知主義, Gnosticism)나 우파니샤드(Upanishad)와 비슷한 '지식의 길(즈냐나 요가, jñana

---

yoga)', 특히 욕망과 집착을 버리는 이론[지식]을 지향하는 '상키아[상캬] 요가(sankhya yoga)', 상키아 요가와는 반대로 지식[이론] 대신 욕망과 집착을 버리는 실천[행위]을 지향하는 '행위의 길(카르마 요가, karma yoga)', 그리스도교처럼 인격적인 신에 대한 '믿음[헌신]의 길(박티 요가, bhakti yoga)'이 그것이다. 결국 하나의 정상을 향해 올라가는 등산로는 여러 갈래가 있고, 어느 길을 택하든 지극한 정성[간절함]으로 하면 된다는 결론이 도출된다. 신은 마음, 즉 중심을 보시니까. 그리고 이것이, 내가 택한 길과 다른 길을 가는 사람들을 인정하고 존중하라는 근거도 된다. 그들의 마음, 즉 중심이 모두 정상을 향해 있다면 말이다.

『바가바드기타』는 어떤 필요와 관계에도 얽매임 없이, 마치 기계나 AI가 일하는 것처럼 하라고 말한다. 그런데 사실 『바가바드기타』의 요구대로 한다는 게, 일정 부분에서는 가능할지라도 대다수 부분에서는 참 힘겹다. 자기의 의지와는 상관없이 타인과의 강제적인 관계 맺음 속에서 태어나 살다가 죽는 게 우리 인간이기 때문이다. 따라서 우리의 모든 행위는 필요와 관계에 얽일 수밖에 없다. 아카르마가 아니라 카르마란 말이다. 어쩌면 애초부터 보통 사람들은 해탈이라는 눈앞의 당근을 언젠가는 먹을 수 있으리라는 슬픈 희망을 지닌 채 끊임없이 걷는 당나귀인지도 모르겠다.

✴ 120. 천하의 근본은 나라에 있고, 나라의 근본은 집에 있고, 집의 근본은 자신에게 있다.

…『맹자』 4편 〈이루 상〉 5장

✴ 121. 사물을 구명한 뒤에야 앎에 이르게 되고[물격이후 지지(物格而后 知至)], 앎에 이른 뒤에야 뜻이 정성스럽게 되고[지지이후 의성(知至而後 意

誠)], 뜻이 정성스럽게 된 뒤에야 마음이 바르게 되고[의성이후 심정(意誠而後 心正)], 마음이 바르게 된 뒤에야 몸이 닦아지고[심정이후 신수(心正而後 身修)], 몸이 닦아진 뒤에야 가문이 가지런해지고[올바르게 되고][신수이후 가제(身修而後 家齊)], 가문이 가지런해진 뒤에야 나라가 다스려지고[가제이후 국치(家齊而後 國治)], 나라가 다스려진 뒤에야 천하가 평화롭게 될 수 있다[국치이후 천하평(國治而後 天下平)].

…『대학』《경문》

✻ 122. 옛날에 밝은 덕(德)을 천하에 (실현해서) 밝히려던 사람은 먼저 그 나라를 다스렸고, 그 나라를 다스리려는 이는 먼저 그 가문을 가지런히[올바르게] 했고, 그 가문을 가지런히 하려는 이는 먼저 자기의 몸을 닦았고, 자기의 몸을 닦으려는 이는 먼저 자기의 마음을 바르게 했고, 자기의 마음을 바르게 하려는 이는 먼저 자기의 뜻을 정성스럽게[참되고 공평무사하고 충실하게] 했고, 자기의 뜻을 정성스럽게 하려는 이는 먼저 앎에 이르려 했으며, 앎에 이르게 됨은 사물을 구명(究明)함에[이치를 따져보고 연구함에] 있다.

…『대학』《경문》

122번은 121번을 거꾸로 다시 설명한 것이다. 불교와 도교가 모두 현실을 바탕으로 하고 있지 않다고 판단한 주희는, '격물치지'를 내세움으로써 유교의 차별화를 선언했다. 사물 즉 현실에 관한 진지한 탐구가 없는 이론은 사상누각(沙上樓閣)이라고 반박한 셈인데, 그런 주희의 주장엔 신중하게 살펴볼 세 가지 문제가 있다. 첫째. 네이버 한자 사전을 보면, '격(格)'이 갖는 뜻이 무려 20가지다. 그 각각의 뜻마다 그것이 주희가 말한 '격'의 진정한 해석이라는 주장이 있을 정도로, 격의 정확한 의미를 결정

고전일까 정치일까

하는 것조차 말이 많다. 아마도 '(어떤 장소나 시간에) 도달하다·(파고들어 깊게) 연구하다·재거나 헤아리다'라는 세 가지 정도가 가장 어울리지 않을까 싶다.

둘째. 앞에서도 언급한 바 있지만, '제가'도 제대로 못 한 사람이 어떻게 '치국'을 맡을 수 있느냐는 말은 옳지 않다. 하지만 대부분은 '순서'에 집착해서, '격물'이 먼저인지 '치지'가 먼저인지를 놓고서도 소모적인 논쟁을 벌이기도 했다. 주희의 배치를 보면, '8조목'을 격물치지부터 평천하까지 규모가 확장되는 순서대로 설명한 후, 곧이어서는 거꾸로 규모가 축소되는 순서로도 한 번 더 설명하고 있다. 이건 무엇이 먼저인지를 따지는 것 자체가 무의미하다는 말과 같다. 그러니 괜한 언성 높이지 말자.

셋째. **'격물'이 사실은 실체 없는 껍데기, 즉 한낱 말장난이나 속임수에 불과할지도 모른다는 점이다.** 학자들 대부분이 동의하듯, 주희의 격물과 오늘날의 과학적 방법론은 분명히 다르다. 만약 같다면, 과학을 중인(中人)계층의 일로 치부하고 천시하지 않았을 것이다. 격물은 불교의 명상과도 다르다. 그리고 '사물의 이치를 따지는 것'이라고 말하지만, 공자나 맹자의 '확충'에서도 이미 보았듯이, 이론의 논리성도 현저히 떨어진다. 그럼 도대체 어떤 방법으로 사물의 이치를 따지고 연구한다는 것일까? 누구 하나 시원하게 설명하는 사람이 없다. 우주 만물의 원리가 곧 인간의 본성이라면, 또 다른 인간의 본성인 양능과 양지를(97번) 활용하기만 하면 될 일이기에 격물은 필요 없는 게 된다. 이것이 양명학의 '치양지(致良知)'와 다른 점이 무엇인지를 설명해야 하는 문제는 차치(且置)하고서라도 말이다.

이렇게 『대학』의 '3강령'과 '8조목'의 출발점인 격물의 방법론이 불분명한 상태에서, 이후의 모든 설명은 사실 사상누각에 불과할 뿐이다. 물론 다음과 같은 반박은 가능하다. 예를 들어 여러 개(dogs)를 관찰한 결과 개(The dog)는 낯선 사람을 보면 짖고, 며칠간 해(the son)를 관찰한 결과 해는 동쪽에서 떠서 서쪽으로 진다는 이치를 깨달았다면, 개와 해라는 사물을 연구하거나 헤아려서[격물] 앎에 이른 것[치지]이라고 말이다. 그러나 이런 경우는 극히 소수에 불과하고, 이렇게 얻은 귀납적인 앎은 피상적이고 상대적일 뿐 주희가 주장하고 싶어 했던 보편적인 법칙은 될 수 없다.

✽ 123. 사람을 사랑하는데 친해지지 않으면 자신의 어짐[인(仁)]을 돌아보고, 사람을 다스리려 하는데 다스려지지 않으면 자신의 슬기[지(智)]를 돌아보고, 사람을 예의 있게 대하는데 예의로써 돌아오지 않으면 자신의 섬김[경(敬)]을 돌아보라. 행하여서 얻지 못함이 있으면[행유부득자(行有不得者)] 모두 돌이켜 자기 자신에게서 찾아야 하니[개반 구제기(皆反 求諸己)], 자기 한 몸이 올바르면 천하가 돌아온다.

…『맹자』 4편 〈이루 상〉 4장

✽ 124. **군자는 자기 자신에게서 잘못을 찾고**[군자 구제기[구저기](君子 求諸己)], **소인은 타인에게서 잘못을 찾는다**[소인 구제인[구저인](小人 求諸人)].

…『논어』 15편 〈위령공〉

✽ 125. **잘못하고도 고치지 않는 것**[과이불개(過而不改)], **그것이 바로 잘못이다**[시위과의(是謂過矣)].

…『논어』 15편 〈위령공〉

✽ 126. 소인은 잘못을 저지르면, (인정이나 사과에 앞서) 반드시 꾸미려고[변명하려고] 한다.

…『논어』 19편 〈자장〉

✽ 127. 옛날 사람들이 말을 함부로 하지 않았던 것은, 자기의 행동이

말을 제대로 실천하지 못하는 것을 부끄러워했기 때문이다.

…『논어』 4편 〈이인〉

✽ 128. 사람이 말을 쉽게 하는 것은, 책임감이 없기 때문이다.

…『맹자』 4편 〈이루 상〉 22장

✽ 129. 부끄러워함이 사람에게 (있어서 가장) 크다[큰 덕목이다]. 임기응변으로 기교(技巧)를 부리는 사람은 부끄러움을 알지 못한다.

…『맹자』 7편 〈진심 상〉 7장

군자는 자기 탓을 하고, 소인은 남 탓을 한다. 그런데 소인의 남 탓이 무서운 건, 거기에서 한 걸음만 나아가면 범죄로 직결된다는 점 때문이다. 모든 범죄자의 범죄 동기는 모두 남 탓으로 채워져 있다. 이런 이유로 현재 우리 사회에 가장 필요한 것이 바로 '스스로 부끄러움[쪽팔림]을 느낄 줄 아는 능력'이라고 단언할 수 있다. 부끄러움은 늘 '책임'과 동행하고, 책임은 늘 '주체성 또는 결정권[통제권]'과 동행한다. 스스로 결정해서 행동한 일에 스스로 책임을 느끼는 사람만이, 부끄러움을 느낄 수 있다. 삶의 결정권을 타인이나 대중에게 자발적으로 헌납한 사람들은, 자기가 한 행동의 기준과 책임을 타인이나 대중에게 돌리기에 책임으로부터 자유로워지고, 그래서 부끄러움을 느끼지 못한다.

잘못했을 때를 보면, 그 사람의 본심과 그릇의 크기를 알 수 있다. 누군들 왜 이러저러해서 그렇게 되었다고 말할 만한 외부적인 이유가 없겠는가? 다만 인격적으로 성숙한 사람에게는 '자기 통제권'이 가장 중요하고, 그들은 자기 자신이 삶의 모든 '기준'이 되어 살아간다. 그 누가 칭찬하든 비난하든 그건 그들의 생각일 뿐이라고 여기기에, 칭찬과 인기에 크게 들뜨지도 않고 비난과 무시에 크게 아파하지도 않는다. 부끄러움을 느낄 줄 아는 사람이 실수든 운이 나빠서든 뭔가 잘못을 했다면, 누가 뭐라고 하든 안 하든 스스로 부끄러워 견딜 수 없어 한다. 이유가 무엇이든, 자기가 정한 기준에 미달했다는 자기 통제권을 상실했다는 사실만으로도 자기가 자기를 용서할 수 없는 것이다. 곧바로 실수를 인정하고, 진심으로 사죄하며, 합당한 처벌을 달게 받으면서 다시는 그러지 않으려고 노력한다. 설혹 사람들이 용서하고 법적으로 무죄를 선고받는다고 해도, 반드시 잘못에 합당한 처벌을 자기가 자기에게 부과한다. 그 처벌을 온전히 이행한 후에야 간신히 자기를 용서하지만, 그렇더라도 잘못했던 기록은 절대 지우지 않고 와신상담의 밑거름으로 삼는다.

말 바꾸기와 거짓말하기 경진 대회를 펼치고 있는 정치인들, 현실에서 언행(言行)의 모자람을 웹에서 보상받으려는 소위 누리꾼이라는 사람들, 피[혈통] 자체가 다른 줄 착각한 채 사람들을 업신여기는 갑부들, 직원을 기계 부품으로 착각하는 오너들(owners), 자녀를 바라보는 눈빛의 반의 반으로도 학생을 바라보지 않는 교사들, 정년 퇴임이라는 지상 최대의 목표를 위해 모든 책임과 의무는 거부하고 권리는 불법이라도 마다하지 않는 공무원들, 사회적 파급력은 외면한 채 돈만 벌면 된다고 믿는 연예인들 등이 부끄러움을 느끼지 못하는 부류라고 할 수 있다. 이들을 욕하고자 하는 게 아니다. 제발 정신 차리기를 간절히 바라는 호소(呼訴)다. 이들이 바로 내 친구요 형제자매요, 당신의 자녀요 부모이기 때문이다.

공적(公的)으로 사람을 뽑는 분야에선, 부디 부끄러움을 느낄 줄 아는지 모르는지가 기준이 되는 날을 고대한다. 나라를 일촉즉발의 상태까지 몰고 가놓고도 여태 잘못에 대한 인정과 사죄와 처벌이 없다. 그는 아무 잘못 없다며 거리에 나와 외치던 국회의원 중 누구도 아직 잘못에 대한 인정과 사죄와 처벌이 없다. 정계에 진출하거나 아니라면 돈이라도 한탕 벌 수 있다는 생각에 이때다 싶어 거리에 사람들을 모아 놓고 선동하며 사회를 극단으로 분열시킨 사람 중 누구도 아직 잘못에 대한 인정과 사죄와 처벌이 없다. 부끄럽지 아니한가? 왜 도리어 내가 부끄러운가?

✱ 130. 효자는 부모에게 아첨하지 않듯, 충신은 임금에게 아첨하지 않는다. 이것이 신하 된 자와 자식 된 자의 훌륭한 태도다. (그런데) 부모가 말하면 어떻게 말하든 그렇다고 받아들이고 부모가 행한 일이면 어떤 것이든 좋다고 칭찬하는 건 (세상 사람들이) 불효자식이라고 말하고, 임금이 말하면 어떻게 말하든 그렇다고 받아들이고 임금이 행하면 어떤 것이든 좋다고 칭찬하는 건 (세상 사람들이) 못난 신하라고 말한다. 과연 그럴까? 세상 사람들 모두가 그렇다고 하는 것을 그렇다고 긍정하고, 세상 사람들 모두가 좋다고 하는 것을 좋다고 하면, 아첨꾼이라는 말을 듣지 않는다. 그렇다면 세상 사람들이 (참으로) 부모보다 존엄하고 임금보다도 존귀하다는 건가? (누군가) 자기를 아첨꾼이라고 말하면 발끈해서 얼굴빛을 붉히고 화를 내면서도, (세상 사람들의 의견에 대해서만은) 평생 아첨꾼 노릇을 한다. 화려한 옷을 입고 교양 있는 듯 행동하며 세상에 아첨하면서도 스스로 아첨한다고는 생각하지 않고, 세상 사람들과 똑같은 무리가 되어 옳고 그름을 함께 하면서도 (스스로 잘나고 뛰어난 척을 하면 했지) 스스로 자신을 대중(大衆) 속 한 명에 지나지 않는다고 말하지는 않으니, 이 얼마나 어리석은가?

자신의 어리석음을 아는 사람은 크게 어리석은 것이 아니고, 자신의 미혹됨을 아는 사람은 크게 미혹된 것이 아니다. 크게 어리석은 자는 (자신의 무지(無知)를) 평생 깨닫지 못하고, 크게 미혹된 자는 (자신이 잘못된 길에 서 있음을) 평생 이해하지 못한다. 세 사람이 길을 갈 때 한 사람이 길을 잘못 든다면, 그래도 목적지를 찾아갈 가능성은 남아 있다. 미혹된 사람의 수가

(그렇지 않은 사람의 수보다) 적기 때문이다. (그런데) 세 사람 중 두 사람이 길을 잘못 든다면, 고생만 할 뿐 목적지에 도착하지 못한다. 미혹된 사람의 수가 (그렇지 않은 사람의 수보다) 많기 때문이다. 온 천하가 길을 잘못 든 지금, 내가 비록 가려는 방향과 얻으려는 무엇이 있다고 한들, 어찌 갈 수 있고 얻을 수 있겠는가? 슬픈 일이다.

　세상 사람들은 천박한 말과 음악에 열광하기에, 고상한 말과 음악이 (그들의 마음에서) 나오지 않고 그들의 마음에 받아들여지지도 않는다. 목적지에 도달하는 것이 불가능함을 알면서도 억지를 쓰는 것, (그 역시) 또 하나의 미혹일 뿐이다. 그러므로 (세상 사람들은 그저 그렇게 살라고) 내버려 둔 채 (억지로) 밀어붙이지 않는 것이 가장 좋다. (억지로) 밀어붙이지만 않는다면, 걱정할 것이 뭐가 있겠는가? 나환자[문둥이]가 자녀를 갖고 싶다는 생각에 (억지로 밀어붙여) 어느 날 밤중에 첫째가 태어나자, 곧바로 등불을 가져다 비춰보았다고 한다. 행여 자기와 같은 불구(不具)의 몸이 아닌지 걱정돼서 말이다.

… 『장자』 《외편》 5편 〈천지〉

　✻ 131. 아첨을 잘하는 자는 충성하지 않고, (윗사람에게 잘못된 것은 고쳐야 한다고 당당하고 간절하게 말하는) 간쟁(諫諍)하는 자는 배반하지 않는다. 윗사람 된 자가 마땅히 알아야 할 이치이다. 대체로 정치의 도리는 올바른 인재를 얻는 데 있다. 아무리 사소한 직책이라고 해도, 직책의 성격을 잘 파악해서 거기에 맞는 사람을 써야 한다. 군사상 중요한 지역의 수령은 감사(監司)나 절도사(節度使)처럼 (지금의 밀착 경호원이라고 할 수 있는) 막비(幕裨)[비장(裨將)]를 거느린다. 이때 선발 기준은 충성스럽고 진실이 우선이요, 재주와 슬기로움은 그다음이어야 한다.

… 『목민심서』 5편 《이전》 3조 〈용인〉

진(晉)나라 도공(悼公)이 병석에 누워 있는 재상 기해(祁奚)에게 물었다. "그대가 맡았던 자리가 비었으니 누가 이 직책을 맡을 수 있겠소?" "해호 (解狐)가 좋겠습니다." "해호는 그대의 원수가 아니오?" "임금께서는 누가 할 수 있겠냐고 물으셨지, 누가 저의 원수냐고 묻지 않으셨습니다."[19] 기해의 대답이 참으로 깊은 여운을 남긴다. 첫째는 질문에 최적화된 대답만 간략히 했다는 점이고, 둘째는 개인적인 호불호(好不好)를 떠나 주위 모든 사람의 장단점을 파악하고 있었다는 점이며, 셋째는 국가와 백성 전체의 이익을 최우선으로 삼아 필요하다면 비록 원수처럼 여기는 사람일지라도 기꺼이 추천할 수 있는 합리성과 정직함 때문이다.

✸ 132. 군주는 군주답고, 신하는 신하다우며, 아버지는 아버지답고, 아들은 아들다워야 한다.

…『논어』 12편 〈안연〉

✸ 133. (모난 술잔인) 고(觚)가 모나지 않았다면, (어찌) 고라고 할 수 있 겠는가?

…『논어』 6편 〈옹야〉

✸ 134. 이름[명분(名分)]이 바르지 않으면 말이 자연스럽지 못하고, 말 이 자연스럽지 못하면 어떤 일도 제대로 이루어질 수 없다. 일이 제대로 이루어지지 못하면 예악(禮樂)이 일어나지 못하고, 예악이 일어나지 못하 면 형벌을 적절하게 쓸 수 없게 되며, 형벌을 적절하게 쓸 수 없게 되면 백성들은 어떻게 해야 할지 몰라 손발을 둘 곳이 없게[살아갈 방법을 모르 게] 된다. 그러므로 군자는 어떤 것에 대해 이름[명분]을 정하면 반드시 말

---

19 여불위, 『여씨춘추』《십이기(十二紀)》〈거사(去私)〉

로 설명해야만 하며, 말한다면 반드시 실천해야 한다.

…『논어』13편 〈자로〉

✳ 135. 41. 브라만·크샤트리아·바이샤·수드라의 행위는, 본성으로부터 생겨난 (물질적) 요소에 의해 구분된 것이다. 42. 평정·자제·고행·순결·인내·정직·지혜·통찰·믿음 등은 본성적으로 브라만의 행위이고 43. 용맹·활력·굳셈·기술·전쟁에서의 불퇴·보시·지배자적 기질 등은 본성적으로 크샤트리아의 행위이며 44. 농사·목축·상업은 바이샤의 본성적인 행위이고, 봉사의 행위는 본성적으로 수드라에 속한다.

…『바가바드기타』18장

모두 저마다의 신분과 자질과 성정(性情)을 타고났다고 말한다. 공자나 아리스토텔레스가 생각한 '태생적 신분'엔 반대하지만, 그것과는 별개로 그들의 주장을 '아모르 파티(Amor fati)'라고 생각해 볼 여지는 있어 보인다. 일단 현재 자신의 모든 것을 인정하고 받아들인 후, 최선을 다해 그것들을 활용해서 변화하고 바꾸고 성장할 생각을 하자는 의미에서 말이다.

그러나 이때도 극단주의적인 사고방식이 걸림돌이 될 수 있다. 누구는 단점을 보완하는 것에 힘쓰라고 하고, 또 누구는 장점을 더욱 키우는 데 힘쓰라고 말한다. 어떻게 해야 할까? 당연히 두 가지를 병행해야 한다. 다만 장점을 키우는 데 70~80%의 힘을 쓰는 게 좋다. 사람들 말마따나 세상이 전쟁터라면, 세상에 던져지는 순간부터 대검이 됐든 총이 됐든 뭔가 들고 싸울 만한 것은 있어야 하지 않겠는가? 당신이 동그라미라면 더욱 동그랗게, 세모라면 더욱 날카롭게, 네모라면 더욱 안정되게 하는데 70~80%의 힘을 써서 경쟁력을 갖추는 게 우선이다. 그러나 만에 하나, 상황이 완전히 급변해서 당신이 갈고 닦은 장점이 전혀 쓸모없는 것이 될 가능성도 있다. 유비무환(有備無患)이므로, 그런 때까지 대비해서 단점을 보완하는 데도 20~30%의 힘은 쓰자.

✻ 136. **(사회적·정치적 동물인 사람의) 도(道)는 (당연히) 사람에게서 멀지 않다**[도불원인(道不遠人)]. **(따라서) 도를 행한다는 사람이 (다른) 사람을 멀리하면 (그것을 어찌 사람의) 도라고 할 수 있겠는가!**『시경』은 말한다. "도낏자루를 (만들기 위해 마땅한 나무를 골라) **베려 할 때**[벌가벌가(伐柯伐柯)], (어떻게 베어야 하는지에 관한) **방법은 멀지 않다**[간단하다](기존 도낏자루의 크기와 길이를 재고, 그것과 같은 나무를 고르고, 도끼를 사용해서 그 나무를 베면 된다)." (그런데도 사람들은) 도낏자루를 잡고서 (나무를) **벨 때**, (도낏자루의 크기와 길이는 정확히 재지 않은 채) **어림짐작만으로** (이 나무 저 나무를 베지만 그게 마음에 들 리 없다. 자기의 잘못이 무엇인지는 생각하지 않은 채) **오히려** (기존의 도낏자루와 정확히 일치하는 나무를 베는 방법은 어렵고) **멀다고만 생각한다. 군자는, 사람으로서 사람을 다스리다가 고쳐져야 그만둔다**[이인치인 개이지(以人治人 改而止)]. **충(忠)과 서(恕)는 도(道)에서 어긋남이 멀지 않기에** (즉 충과 서는 도와 가깝기에), **자기에게 베풀어짐을 원하지 않는 것은 남에게도 베풀지 말아야 한다.**

…『중용』13장

사람이 잠시도 떠나서는 살 수 없는 도는, 사람이 사람들과 함께 살아가는 예(禮)다(66번). 따라서 평범한 보통 사람들의 언행은 하찮게 여긴 채, 마치 도가 사람으로서는 깨우치기도 행하기도 힘든 심오한 그 무엇인 양 엄한 곳에서 찾지 말라는 것이다. 이렇게 글자 그대로 이해되는 첫 문장이 별것도 아닌 『시경』의 인용문으로 인해 꼬여버렸다. 이래서 비유와 인용은 항상 조심해야 한다.

『시경』의 인용문은 '벌가(伐柯)'라는 민요로 내용은 이렇다. "도낏자루를 (얻기 위해 나무를) 베려면 어떻게 해야 할까? 도끼를 사용하지 않으면 벨 수 없는 법. 아내를 얻으려면 어떻게 해야 할까? 중매쟁이 아니면 얻을 수 없는 법. 도낏자루를 베려 할 때, 그 방법은 멀지 않다네." 어떤가? 나무를 베려면 도끼로 베야 하고 결혼하려면 중매쟁이를 찾아가 부탁해야 하는 것처럼, 순리에 따르는 것이 도(道)라는 뜻 그 이상도 이하도 아니다. 내가 시끄럽게 울리는 휴대전화 벨 소리에 눈물이 날 정도로 화가 나 진동으로 전환하자고 주장하면서 미나의 〈전화 받어〉(2002) 중 "아무 말 말고 전화 받어. 내 번호 뜨니 왜 안 받아. 전화도 울고 나도 울고"에서 '전화도 울고 나도 울고'만 떼어내 인용하는 것보다 더 못한 경우다. 아무 의미도 없는 민요를 '멀지 않다'라는 단 하나의 구절이 자기가 강조하고 싶은 도와 비슷하다는 이유만으로 갖다 붙인 것 그리고 이어서 더 이상한 해석까지 덧붙인 공자는, 하늘에서도 깊이 반성해야 하리라.

'이인치인 개이지'는 세 가지 해석이 가능하기에 직역 그대로 두었다. 첫째는 글자 그대로 '통치자는 관리들을 임명해서 그들로 백성들을 다스리게 하다가, 백성들이 도(道)의 길로 돌아오면 다스리기를 그친다'이고, 둘째는 '통치자는 사람이 지닌 본성을 따라 자기가 자기를 다스리도록 인도하다가, 그가 도의 길로 돌아오면 인도함을 그친다'라는 것이며, 셋째는 공자의 충과 서에 근거해서 '통치자는 자신이 하고자 하고 하기 싫어하는 것을 미루어 백성들을 다스리다가, 백성들이 도의 길로 돌아오면 충과 서 적용하기를 그친다'이다.

그런데 대부분의 번역이 세 가지 해석 모두에서, 뜬금없고 까다로운 마지막 단어인 '지(止)'를 제대로 설명하지 않고 구렁이 담 넘어가듯 지나간다. 통치를 그만두고 관직에서 물러난다는 뜻은 아닐 테니, '백성들의 잘못이 고쳐지면 조언하고 꾸짖는 것을 그만둔다'라고 해석하는 것이 가장 무난할 듯하다. 가는 김에 끝까지 가자면, '행동거지'라는 뜻도 있다. 따라서 '통치자는 관리들을 임명해서 그들로 백성들을 다스리게 해, 백성들의 행동거지를 고친다'로 해석할 수도 있지 않을까 싶다. 물론 136번부터 139번까지와 같은 내용이기도 한 마지막 문장과의 연결을 고려하면, 세 번째 해석이 가장 적절하다고 할 수 있다.

✽ 137. 군자는 자기가 (먼저) 그것[인(仁)과 선(善)]을 (내면에) 갖춘 후에야 남에게도 그것을 (갖추기를) 요구하며, 자기가 그것[불인(不仁)과 불선(不善)]을 없앤 후에야 남에게도 그것을 (없애라고) 요구하는 법이다. (자기) 몸[내면]에 (자기가 원하지 않는 일은 남에게도 강요하지 않는) 서(恕)를 갖추고 있지도 않으면서 그것[서(恕)]을 남에게 깨우쳐 줄 수 있는 사람은 없다.

…『대학』《전문》9장 〈제가/치국〉

✽ 138. 자기가 원하지 않는 건, 다른 사람에게 시켜서도 안 된다.

…『논어』12편 〈안연〉

✽ 139. 서(恕)란 자기가 싫어하는[원하지 않는] 것은 남에게도 하지 않는 것이다[서 기소불욕 물시어인(恕 己所不欲 勿施於人)].

…『논어』15편 〈위령공〉

✽ 140. '천하를 (공정하고) 바르게 하는 것이 그 나라를 다스림에 있다'라는 것은, 위에서 (지배계층이) 노인들을 노인으로[부모처럼] 섬기면 (아래에서는) 백성들 사이에 효(孝)가 일어나게 되고, 위에서 어른을 어른으로 대하면 백성들 사이에 공손함이 일어나게 되며, 위에서 가엾고 불쌍한 백성들을 긍휼(矜恤)히 여기면 백성들은 (지배계층과 나라를) 배반하지 않는다는 말이다. (이처럼) 군자(君子)[통치자]는, (먼저) 자기의 처지와 상황을 미

루어 (이후) 남의 처지와 상황을 판단해야 한다[혈구지도야(絜矩之道也)].

…『대학』《전문》 10장 〈치국/평천하〉

✻ 141. 윗사람이 (자기가 하기를) 원하지 않는 일은 (자기) 아랫사람에게도 하면 안 되고, 아랫사람이 (자기에게 하기를) 원하지 않는 일은 (자기) 윗사람에게도 하면 안 되며, (당당하고 떳떳하게) 앞에서 (하더라도) 싫은 일은 (비겁하고 야비하게) 뒤에서 (그것도) 먼저 하면 안 되고, 뒤에서 (비겁하고 야비하게 진행되는) 싫은 일은 앞에서도 하면 안 되며, 오른쪽에서 싫어하는 일을 왼쪽으로 옮기면 안 되고, 왼쪽에서 싫어하는 일도 오른쪽으로 옮겨서도 안 된다. 이것이 혈구지도(絜矩之道)의 뜻이다.

…『대학』《전문》 10장 〈치국/평천하〉

'혈구지도'는 '기역(ㄱ) 모양으로 휜 자를 사용해서 측정하는 방법'을 말하는데, 공자의 '서(恕)'나 '역지사지(易地思之)' 정도로 봐도 무방하다. '타인에게 피해를 주지 않는 범위 내에서'라는 전제하에 자기가 하고자 하는 모든 걸 자기의 기준에 따라 하되, 결론적으로 '그에 따른 결과와 책임도 온전히 자신이 떠맡는 것'이 진정한 '개인주의(個人主義, Individualism)'다. 전제와 결론은 빠진 채, 자기가 하고자 하는 모든 걸 자기의 기준에 따라 하는 게 '이기주의(利己主義, Egoism)'이고. 정확하게 구분해서 사용해야 할 개념이다. 모든 인권(人權)은, 더불어서 함께 사는 사회를 유지하기 위해 '타인에 대한 배려'라는 토양에서 싹을 틔운 것들이다. 따라서 타인에 대한 배려를 저버리는 사람에게는 어떠한 인권도 인정할 수 없고, 인정해서도 안 된다. 이 기준이 흔들리기 시작하면, 사회는 이기주의로 물들게 된다.

✻ 142. 공자의 일관된 한 가지의 도(道)는, 자신에게 최선을 다하는

‘충(忠)’과 자신의 처지에서 미루어 남의 처지를 이해하는 ‘서(恕)’다.

…『논어』 4편 〈이인〉

공자의 인(仁)은 충(忠)과 서(恕)의 실천이다. 마땅히 해야 하거나 자신이 하고자 하는 일은 자신에게도 타인에게도 하는 적극적 측면이 ‘충(忠)’이고, 마땅히 하지 말아야 하거나 자기가 원하지 않는 일은 남에게도 강요하지 않는 소극적 측면이 ‘서(恕)’다. ‘충(忠)’은 자기의 마음(心)이 어느 한쪽으로도 치우침이 없는 상태(中)여서 ‘중(中)’이고, ‘서(恕)’는 자기의 마음(心)이 타인들의 마음과 같아진(如) 것이므로 ‘조화로움(和)’이다. 따라서 충과 서를 한 단어로 요약하면 ‘공감(共感)’이나 ‘연민(憐愍)’이라고 할 수 있고, 충과 서가 곧 ‘중화’요 ‘중용’이며 하늘이 내린 본성을 따르는 ‘도(道)’인 셈이다.

놀라운 점은, 서양에서도 공자의 충과 서의 의미와 정확히 똑같이 ‘남이 너희에게 해주기를 바라는 그대로 너희도 남에게 하라’[20]는 황금률(Golden Rule)을 구분해서 받아들인다는 사실이다. ‘Treat others as you would like others to treat you’처럼 적극적인 행위의 뜻은 ‘충’과 같고, ‘Do not treat others in ways that you would not like to be treated’처럼 소극적인 금지의 뜻은 ‘서’와 같다. 이렇게 보면 유교에서 말하는 도(道)는, 사실 초등학생이라도 이해할 수 있을 만큼 무척이나 쉽다고 할 수 있다. 물론 체화(體化)해서 매 순간 도와 조화를 이루는 삶을 사는 건 다른 문제이지만.

보통은 ‘서’를 역지사지로 해석하지만, 서 속에는 타인에 대한 배타성과 폭력성이 내재해 있다는 경고도 있다. 타인이 자기에게 관심 두는 것 자체를 원하지 않는 사람은 서에 따라 타인에게 관심을 가지지 않을 테

---

20 〈마태복음〉 7:12

고, 바로 그럴 때 서의 배타성이 드러나 사회의 윤리 원칙으로 기능하지 못하게 되며, 서로의 문화가 다를 경우 서는 자기와 문화가 다른 사람을 향한 폭력성으로 드러난다는 것이다. 이런 주장에 따르면, 공자의 서가 지닌 잠재적 폭력성과 배타성을 고발한 사람이 장자라고 한다. 그 논리를 따라가 보자.

✽ 143. (요임금의 스승이 허유(許由)이고, 허유의 스승이 설결(齧缺)이며, 설결의 스승이 왕예(王倪)이고, 왕예의 스승이 피의(被衣)인데, 모두 가공(架空)의 인물들이다. 설결이 앎에 관해 묻자, 왕예는 "내 어찌 알겠는가?"라고 대답한 뒤 거꾸로 설결에게 물었다) "사람은 습한 곳에서 자면 병이 나지만 미꾸라지도 그럴까? 사람은 높은 나무 위로 올라가면 벌벌 떨지만, 원숭이도 그럴까? 그렇다면 이들 셋 중 어느 것이 '(절대적인) 올바른 거처'를 안다고 말할 수 있을까? 사람은 가축을 먹고, 사슴은 풀을 뜯어 먹고, 지네는 뱀을 즐겨 먹고, 올빼미나 까마귀는 쥐를 맛있게 먹는다. 그렇다면 이들 넷 중 누가 '(절대적인) 올바른 맛'을 안다고 말할 수 있을까? 원숭이는 원숭이와 짝하고, 사슴은 사슴과 교미하며, 미꾸라지는 물고기와 함께 헤엄치며 논다. 우리는 (월나라 왕이 총애하던 첩) 모장(毛嬙)과 (월나라 왕 구천이 전쟁에서 패한 뒤 오나라 왕 부차에게 바친) 서시를 미인이라며 가까이 다가가길 원하지만, 물고기와 새와 사슴은 그녀들을 보면 필사적으로 달아난다. 그렇다면 이들 넷 중 누가 '(절대적인) 아름다움'을 안다고 말할 수 있을까? 사람들이 주장하는 (주관적이고 상대적인 가치 판단 중 일례(一例)인) 인의(仁義)의 단서(端緒)와 시비(是非)의 길은 (내가 질문한 것보다 훨씬) 더 어지럽고 복잡하다. 그러니 내가 어찌 그것들을 (정확하게) 구별(한다고 말)할 수 있겠느냐?"

···『장자』《내편》 2편 〈제물론〉

✽ 144. 남해의 임금은 (빛나거나 빠르다는 뜻의) 숙(儵)이고, 북해의 임금은 (어둡거나 느리다는 뜻의) 홀(忽)이며, 중앙의 임금은 (무극이나 태극을 뜻하는) 혼돈(混沌)이다. 숙과 홀이 혼돈의 영토를 방문할 때마다 혼돈으로부터 매우 융숭한 대접을 받곤 했으므로, 숙과 홀은 무엇으로 혼돈에게 보답할지 의논했다. (사람이라면) 누구나 일곱 개의 구멍으로 보고 숨 쉬고 먹고 듣는데, 가만히 보니 혼돈은 그중 어떤 것도 가지고 있지 않았다. 그래서 그들은 좋은 의도로 하루에 하나씩 혼돈에게 구멍 뚫어주었는데, 7일째 되는 날 혼돈은 그만 죽고 말았다.

…『장자』《내편》7편 〈응제왕〉

✽ 145. 옛날에 어떤 새가 노나라 교외에 와서 내려앉았다. 노나라 왕은 그 새를 궁궐로 맞이하여 잔치를 베풀고 곡을 연주하면서 여러 고기를 대접했다. 그러나 새는 한 조각의 고기도 먹지 못하고, 한 잔의 술도 마시지 못하고서 사흘 만에 죽었다. 이것은 자기와 같은 사람을 기르는 방법으로 새를 대한 것이지 새를 기르는 방법으로 그 새를 기르려 하지 않았기 때문이다. **물고기는 물속에서 살지만**[어처수이생(魚處水而生)], **사람은 물속에 들어가면 죽는다**[인처수이사(人處水而死)]. **이 둘은 서로 자기가 좋아하고 싫어하는 바가 다른 것이다.**

…『장자』《외편》11편 〈지락〉

144번의 숙과 홀은 모든 것이 분별되어 있는 자신들의 모습을 유일한 진리로 여겨서, 혼돈 역시 자신들의 모습과 똑같이 만들려고 했다. 좋은 의도로 한 일이었지만, 그것이 결국은 혼돈을 죽음으로 몰아넣었다. **숙과 홀의 수준에서는 자기들보다 높은 혼돈의 수준과 필요를 볼 수도 알 수도 없었다. 그런 사실을 몰랐다는 것, 그래서 아무리 선의(善意)라도, 무지(無知)는**

위험하다.

장자는 공자가 주장한 자기반성 능력, 즉 지배계층의 자정(自淨) 능력 자체를 의심한다. 혹여 해냈다고 해도, 의도와 행동의 결과가 항상 일치하는 건 아니기 때문이다. 145번의 새는, 다른 문화 출신의 타인을 상징한다. 노나라 왕의 행동은, 장자처럼 새에게 자신을 맞추면서 적절한 관계 맺기를 유도했다기보다는 공자처럼 인간인 자신에게 새를 맞추면서 관계 맺기를 강요한 셈이다. 우리나라를 처음 방문한 서양인에게, 다짜고짜 악수는 안 되고 허리 숙여 인사할 것을 강요한 셈이다. 말로 하니 어려워 보이지만, 반려동물을 키우는 사람이라면 단박에 당연한 말임을 알 수 있을 것이다. 반려동물과 적절한 관계를 유지하면서 잘 키우기 위해선, 때론 주인 자신이 사람이라는 사실을 잊어야 할 때도 있다.

그러나 여기엔 태생적 제약이 있다. 우리의 모든 지식과 유추와 적용의 기준은 우리 자신일 수밖에 없다는 사실이다. 그나마 자기가 자기를 제일 잘 알고, 이어서 가족과 연인과 친구와 지인과 타인과 다른 나라 사람 순으로 앎은 현저히 줄어든다. 하물며 동물은 말할 것도 없고. 그래서 공자가 '충'과 '서'의 방법을 택한 걸 비판할 수는 없다. 자연스럽고 당연한 거니까. 하지만 질문 하나 정도는 할 수 있지 않을까? 장자가 던진 질문은 이렇다. 충과 서의 기본 전제인, 내가 원하거나 원하지 않는 게 정말로 인간으로서 원하거나 원하지 않을 만한 보편적인 것인지 아닌지를 어떻게 알 수 있는가? 이에 대해 공자는 그 판단 기준이 '주례'라고 확언한다. 그런데 공자의 확신과는 달리, 답변이 어째 시원찮다. 주례는 중국의 지배계층에만 해당하던 행동양식이고, 비록 그것이 중국 내 피지배계층까지는 어찌어찌해서 적용될 수 있다고 쳐도, 다른 나라 다른 문화 사람들에게조차 보편적인 행동양식이 될 수 있을까? 그렇지 않기 때문이다.

공자의 대답이 시원찮다고 생각한 건, 맹자도 마찬가지였다. 맹자가 찾은 보편적인 행동양식의 바탕은, 바로 인간이라면 누구나 반드시 가지고 있는 '인간의 본성'이었다. 공자가 강조한 모든 것이, 사실은 주례에만 있는 게 아니라 사람이라면 누구나 자기 본성의 일부로 지닌 채 태어난다는 것이다. 만약 맹자의 주장이 맞다면, 이보다 더 멋지게 모든 반박(反駁)을 잠재울 수 있는 설명은 없으리라. 그래서 맹자는 내친김에 한발 더 나아간다. 마음의 힘과 마음속에 누구나 지닌 측은지심을 설명한 후, 우물에 빠진 아이 이야기로 자기주장의 확실한 마침표를 찍는다.

✱ 146. 힘으로 정벌하면 천하의 패자(霸者)가 될 수는 있다. 그러나 힘 앞에 사람이 복종하는 것은, 자기 힘이 부족해서이지 마음에서 우러나와 복종하는 것은 아니다. 덕(德)으로 사람을 감복시켰을 때, 그 사람은 비로소 마음을 다해 기꺼이 진심으로 복종한다. 마치 72명의 제자가 공자에게 복종했듯이 말이다.

…『맹자』 2편 〈공손추 상〉 3장

✱ 147. 제(齊)나라 선왕(宣王)이 (맹자에게) 물었다. "어떤 덕(德)을 지녀야 왕 노릇 할 수 있겠소?" "백성들을 편안하게 해주면, 그것을 못 하게 막을 사람은 없습니다." "과인 같은 사람이 백성을 편안하게 할 수 있겠소?" "하실 수 있습니다." "무슨 근거로 그렇게 말하시는가?" "제가 들으니, 왕께서 제물로 끌려가는 소를 보고 '놔 주어라. 내 그 소가 떨며 죄 없이 도살장에 끌려가는 것을 차마 볼 수 없노라. 그렇다고 제사를 지내지 않을 수는 없으니, 대신 양을 끌고 가라'라고 하셨다는데, 그런 일이 있으셨습니까?" "있었지." "왜 그러셨습니까?" "과인도 잘 모르겠으나, 끌려가는 그 모습이 하도 안쓰러워서 그런 것 같소." "그러면 소는 살리고 양

은 죽인 이유는 무엇입니까?" "모르겠소. 그러나 백성들이 오해하듯, 소가 아까워서 양으로 대신한 것은 절대 아니라오." "(왕이 그렇게 하신 건) 소는 직접 보셨고, (대신할) 양은 보이지 않았기 때문입니다." "그런데 그런 마음이 왕 노릇을 하는 것과 어떤 상관이 있소?" "(왕의) 그 마음이 바로 인(仁)을 행하는 방법이기 때문입니다."

…『맹자』 1편 〈양혜왕 상〉 7장

정확한 이유도 모른 채 그저 끌려가는 소가 불쌍히 여겨졌던 선왕의 마음이, 바로 인(仁)의 단(端) 즉 인의 씨앗인 측은지심이라는 게 맹자의 설명이다. 묵자라면, 소도 살렸으면 양도 살려야 한다고 반박했을 게 뻔하다. 하지만 그런 식으로 가다 보면, 우리가 먹을 수 있는 건 하나도 남지 않게 될 것이다. 이런 반박을 예상했다는 듯이, 맹자가 공자의 인과 묵자의 겸애와도 다른 자기만의 '인의 씨앗'을 설명한 부분이 바로 소는 살리고 양은 죽게 한 이유를 묻는 대목이다. 인은 지금 당장 눈에 보이는 것에만 집중하는 것으로도 충분하다, 눈에 보이지 않는 것까지 신경 쓸 수 없다는 것이다. 충분하지 않다고 해도 어쩔 수 없다. 그것이 시공간을 차지하고 존재해야만 하는 우리의 물질적이고 감각적인 태생적 한계이기 때문이다.

직접 그리고 자선단체를 통해 세계의 모든 어려운 사람들을 무제한 돕는 것을 이상적인 최선(最善)이라고 정의한다면, 가능한 한 가까운 이웃부터 그리고 오다가다 만나는 사람부터 아니면 적어도 대중매체를 통해서나마 볼 수 있는 사람부터 돕는 게 현실적인 차선(次善)이다. '접근성과 구체성의 차이' 때문이다. 우리 주위에 어려운 사람들이 분명 매우 많겠지만, 그들을 만날 순 없다고 해도 적어도 어떤 방식으로든 내 눈으로 그들

의 모습을 볼 수는 있어야 한다. 나아가 국가보다는 특정 집단이나 단체
가, 단체보다는 개개인으로 대상이 구체화 될수록 더 돕고 싶은 마음이
이는 게 우리의 본성이다.

다만 하나부터 '완전히' 해낸 후 다른 하나를 하겠다는 생각은 버리자.
우리나라의 어려운 사람부터 온전히 구제한 후, 해외로 눈을 돌려야 한다
는 생각은 틀렸다. '완전히'는 불가능하다. 비중(比重)과 퍼센티지에 차등
을 두되, 동시에 하자. 아니면 일부 사람은 우리나라에 집중하고, 다른 사
람은 해외에 집중하는 것도 좋을 듯하다. 단, 서로가 서로를 인정하는 게
전제되어야 한다.

✱ 148. (명나라 사람) 정선(鄭瑄)이 말했다. "선행(善行)을 막는 자들이 있
으니, 상(喪) 당한 이를 도와주는 것을 보면 산 사람이 먹고사는 것이 더 중하
다고 하고, (일면식도 없는) 남을 구제하는 것을 보면 궁한 친척을 도와주는 것
이 더 중하다고 한다. 과연 그렇다면, (수령이) 친척을 친애(親愛)하고 백성을
사랑하는 일은 (둘 중) 반드시 한 가지 일이 끝난 뒤라야만 다른 한 가지 일을
할 수 있다는 것인가? 대개 액운(厄運)은 당하는 대로 곧 도와주고 일은 쉬운
대로 거행하며, 마음은 우연히 감촉(感觸)되는 대로 따르고 가능한 대로 좇아
야 한다. 여러 가지로 남을 힐난(詰難)하는 사람은, 반드시 성심(誠心)으로 남
의 위급(危急)을 돌봐줄 마음이 아닌 것이다."

…『목민심서』 4편 《애민》 4조 〈애상〉

✱ 149. 유리걸식(遊離乞食)하는 거지는 호소할 데가 없는 자이다. 어
진 수령은 마음을 다할 바이고 소홀히 해서는 안 된다. 중국의 진휼(賑恤)
에 관한 정책[진정(賑政)]은 유민(流民)에 치중했지만, 우리나라의 진정은
거민(居民)에 치중했기 때문에 거지들은 필경 모두 죽게 되니 어찌 슬프지

않은가? 대체로 "거지는 쓸데없는 물건으로 하늘이 버린 바요, 국가에 필요 없는 것이다. 게을러서 생업이 없고 도둑질하는 것이 천성이니, 거둬 주더라도 양곡(糧穀)만 허비할 뿐 필경 모두 죽을 것이므로 수고롭기만 하고 공(功)도 없을 것이다. 차라리 속히 죽도록 하는 것만 같지 못하니, 거지 자신들도 (어차피 죽을 목숨이라) 슬플 것이 없을뿐더러 국가에서도 (재화를 낭비하지 않으니) 아까울 것이 없다"라고들 하니, 이게 같은 사람으로서 할 말인가? 풍년에는 거지를 볼 수 없고 마을에는 양민들만이 있다가, 흉년이 되면 거지들을 보게 된다. 그러니 거지도 본래는 양민이었지 버린 목숨이 아니었다. 다만 오랫동안의 굶주림으로 그 본성을 잃어 염치(廉恥)가 모두 없어지고 총명과 식견(識見)이 어두워져서 귀신과 짐승 같은 모습이 된 것일 뿐, 그 어찌 본질이야 (우리와) 다름이 있겠는가? **하늘이 그 게으름을 미워해 이런 괴로움을 받게 하는 것이라면, 탐관오리들은 어찌 미워하지 않고 그 편안함을 누리게 한단 말인가?**

유의(柳誼)가 홍주목사(洪州牧使)로 있을 때였다. 작은 흉년을 당해 거지 5~6명이 고을에 돌아다니자, 이를 불쌍히 여겨 마방(馬房)에 머물게 하고는 죽을 먹였다. 그러자 아전들이 "거지를 이같이 안락(安樂)하게 해 주면 다른 거지들이 구름처럼 모여들 것인데 어찌 감당하시려고 이렇게 하십니까?"라고 말했다. 며칠이 안 되어 소문을 듣고 모여드는 거지 떼가 수십 명이 되었는데, 여전히 유의는 아전들의 말을 못 들은 척하며 그들을 모두 받아들였다. 그런데 모여든 자가 이미 많아지자, 그 이상 더 모이지는 않았다. 내가 홍주에 들를 때 만나서 이유를 물었더니 "거지는 한도(限度)가 있는 것이거늘, 구름처럼 모여든다고 미리 말하는 것은 모두 착한 일을 막는 말이다. 내 힘이 미치는 데까지는 우선 받아들일 것이요, 힘이 다하면 놓아 보내는 것이 또한 옳지 않은가?" 하기에, 내가 지금까지 그 말을 심복(心服)한다.

… 『목민심서』 11편 《진황》 4조 〈설시〉

극단주의적 사고방식을 물리치는, 참으로 수준 높은 말과 마음이다. 앎과 모름, 사랑과 미움, 좋아함과 싫어함, 0점과 100점 사이에는 수많은 단계가 있음을 왜들 깨닫지 못할까? 늘 '모 아니면 도'라는 식의 전부 아니면 없는 것과 같다는 생각과 독설이, 작은 선행과 놀라운 기적의 싹을 짓뭉갠다. '너 하나 환경을 생각한다고 뭐가 달라지겠냐?'라고들 말하지만, 잘못된 말이다. 나 하나 환경을 생각하면 다만 전부가 변하는 건 아니더라도 나 하나가 처한 반경(半徑)만큼은 변하는 것이니, 달라지는 건 분명히 있는 셈이다. 나 외의 다른 사람들이 노력하지 않는 건 내가 어찌할 수 없는 일이기에, 나에게 그들의 나태함에 대한 책임을 씌우는 건 논리적으로도 도의적으로도 옳지 않다.

일이 잘못된 원인에 관한 투덜거림은 해결 이후로 보류하고, 절반 이상을 잘하고 있다면 잘할 거라 믿고 칭찬하면서 못 하는 부분을 조금씩 수정하고 개선하려 노력해 나가면 충분하리라. 하지만 코로나19에 대한 정부의 방역(防疫)과 긴급 자금 지원 방안이 나올 때마다, 대부분 언론은 그 취지와 혜택받는 이들의 퍼센티지(percentage)는 아랑곳없이 그 대책에서 소외되는 부분과 사람들만을 집중 조명했다. 그 어떤 것이든 '선택엔 배제(排除)가 따른다'라는 기본적인 사실조차 몰라서였을까? 만약 알고 있으면서도 그렇게 했다면, 다른 속셈이 있어서였음이 분명하다. '잘못했다'가 아니라 '그것도 좋지만, 저런 방법이 조금 더 많은 수의 국민에게 도움이 되지 않을까?'라는 표현 방법으로 조언하는 지식인과 언론을 보고 싶다.

✽ 150. 천지의 화기(和氣)를 상하게 하고 인심의 슬픔을 극도에 이르게 하는 것이 어려서 부모를 잃은 것보다 더 심함이 없으니, 불쌍한 아이들을 보살피는 정책을 어찌 소홀히 할 수 있겠는가? (…) 송나라 때 백성들이 자식을 낳아서 3~4명이 넘으면 모두 기르지 않았는데, 재산이 없었기 때문이었다. 간혹 아이를 낳을 때 그릇에 물을 담아 두었다가 낳자마자 물에 넣어 죽이니, 이를 일러 '세아(洗兒)'라 했다. (송나라 사람) 섭몽득(葉夢得)이 수령으로 있을 때 아랫사람들에게 물었다. "자식 없는 사람들이 왜 (고아들을) 거둬 기르지 않는가?" "진실로 원하지만, 성장한 후에 혹 (친부모가) 와서 제 자식이라며 다시 데려갈지 걱정되어서 그러는 것입니다." "어떤 사정에서든 이미 아이를 버리는 순간, 부모와 자식의 연(緣)은 끊어진 것이다. 법으로도 후에 다시 찾아가지 못하게 되어 있음을 널리 명백히 선포하라!"

…『목민심서』 4편 《애민》 2조 〈자유〉

전쟁과 홍수 및 가뭄과 기근으로 자식을 파는 자도 있고 버리는 자도 있었다. 그런 아이들과 그런 이들을 보는 사람들도 불쌍하다고 한탄만 할 뿐 거둬들이지는 못했습니다. 자신들조차 먹고살기가 막막했기 때문이다. 그래서 정약용은 인용문의 뒤에 '버려진 아이를 데려다 기르는 자에게는 한 달에 쌀 두 되씩 주고, 양육 증명서를 발급해서 혹여 친부모가 나중에 찾아오더라도 아이를 거둬 기른 정성이 헛되지 않도록 위로금을 줄 것이며, 데려다 기른 아이를 양자로 삼을 땐 기른 부모의 성(姓)을 이어받을 수 있도록 하고, 젖을 먹이는 자가 있으면 그에게 쌀과 미역과 간장을 나눠 주도록 하며, 매일 한 번씩 관아에 오게 하여 살펴보도록 하라'라며, 측은지심으로 매우 자세히 조언했다.

억울한 일을 당한 백성이 직접 임금에게 억울함을 호소할 수 있는 신문고(申聞鼓)(1401)는 조선 초기 태종 때 설치되었다. 하지만 취지와는 달리 널리 활용되지는 못했다. 신문고가 설치된 곳은 궁궐 안에 있는 의금부였는데 일반 백성은 궁궐 안으로 함부로 들어갈 수 없었고, 절차도 복잡했기 때문이다. 신문고를 치기 위해서는 먼저 자기가 사는 지방의 수령을 거쳐 관할 관찰사에게 보고하고, 다시 사헌부를 거쳐 의금부의 최종 승인을 받아야만 했다. 나아가 그런 과정을 모두 거쳐서 간신히 신문고를 쳤다고 해도, 담당 관리가 임금에게 보고하지 않으면 그만이었고. 그래서 아무리 사는 게 힘겹더라도, 지금 세상에 태어난 것만으로도 감사하며 힘을 낼 이유는 충분하다고 확신한다.

✱ 151. 한 아이가 발을 헛디뎌 우물에 빠진 것을 목격한 사람이 있다고 하자. 그런 상황에선 누구나 깜짝 놀라 불쌍하게 여기는 마음을 가질 것이다. 그건 그 아이의 부모와 사귀고 싶어서도 아니고, 사람들이나 친구들로부터 칭찬을 들으려고 그러는 것도 아니며, (위기에 처한 아이를 구해주지 않은 나쁜 사람이라는) 비난의 소리를 듣기 싫어서도 아니다. 이렇게 볼 때 (곤경에 처한 사람을) 불쌍히 여기는 마음이 없으면 사람이 아니며, (실수와 잘못과 옳지 못한 행동에 대해) 부끄러워하는 마음이 없으면 사람이 아니며, (자기의 자랑거리에는 겸손하고 타인에게는 배려하고 양보하며 자기에게 부당(不當)하거나 과한 것은) 사양하는 마음이 없으면 사람이 아니며, 옳고 그름을 구별하는 마음이 없으면 사람이 아니다.

측은지심(惻隱之心)은 인의 싹이고, 수오지심(羞惡之心)은 의의 싹이며, 사양지심(辭讓之心)은 예의 싹이고, 시비지심(是非之心)은 지의 싹이다. 사람에게 이 네 가지 단서가 있는 것은, 우리 몸에 팔다리라는 사지(四肢)가 있는 것과 같다. (…) 이 네 가지 단서를 자기 몸에 갖춘 모든 사람이 그것을 넓혀 주변을 충만하게 할 줄 안다면, 불이 타오르듯 샘물이 솟아오르듯 번져갈 것이다. 그렇게 끝없이 확충(擴充)시킬 수 있으면 온 세상을 안정시킬 수 있겠지만, 조금도 확충시키지 못한다면 자기 부모도 제대로 봉양하지 못할 것이다.

…『맹자』 2편 〈공손추 상〉 6장

측은지심이 들 수밖에 없는 세 가지 상황에 대한 맹자의 설명은 적절하다. 하지만 맹자가 측은지심만 설명한 이유는, 네 가지 단서 중 측은지심만이 무의식적이고 본성적인 선한 마음이라고 보았기 때문이다. 인간의 본성 전체가 아니라 측은지심만이 맹자 성선설의 유일한 근거임을 자기도 모르게 고백한 셈이다. 특히 '단(端)'이라는 개념이 조선의 유학자들을 혼란에 빠뜨렸다. 많은 이들이 주희의 주장을 따라 측은지심이 원인이고 인(仁)이 그 결과라고 확신했지만, 누가 봐도 틀렸다. 맹자는 네 가지 본성을 사단(四端)이라고 명시했고, 단의 사전적인 뜻은 '끝·시초(始初)·원인'이다. 주희라는 '권위에 대한 맹신'만 벗는다면, 어떤 의문도 들지 않을 정도로 명확하지 않은가?

성선설에는 두 가지 문제가 있다. 첫째, 측은지심을 제외한 나머지 세 가지 마음은 사실 '떳떳함과 부끄러움·존경과 멸시·옳음과 그름' 같은 각각의 판단 기준이 전제되어야 한다. 그렇다면 '단'으로 기능하기에는 부족하다. 둘째, 네 가지 마음은 사실 '감정' 전체 중에서 좋은 감정 중에서도 단 네 개만 해당하는 감정이라는 점이다. 나머지 좋은 감정들과 그 외 나쁜 감정들도 모두 맹자의 사단처럼 우리의 의식과 의도의 손길이 닿지 않는 마음에 있다. 그렇기에 맹자의 주장도 옳고, 순자의 주장도 옳다. 마음

고전일까 정치일까

엔 좋거나 나쁘거나 좋지도 나쁘지도 않은 수많은 감정이 본성이라는 이름으로 거주하고 있으니까. 이래저래 '이론'이라고 하기엔, 성선설은 너무 물렁물렁하고 구멍도 많다.

✽ 152. 고자(告子)[고불해(告不害)]가 말했다 "본성[인(仁)]은 휘어서 늘어진 버드나무와 같고, 의(義)는 버드나무 가지를 (이리저리) 바로잡아서 만든 (술잔 같은) 그릇과 같아서, 사람에게 인의를 행하게 만드는 것은 버드나무 가지로 그릇을 만드는 것과 같습니다." 맹자가 말했다. "(당신 말대로라면, 그건 버드나무에 어떤 해(害)도 가하지 않은 채 오로지) 버드나무의 본성에 따라 그릇을 만드는 게 아니라, 버드나무를 무리하게 구부린 후에라야 (즉 버드나무의 본성을 해친 후에라야) 그릇을 만들 수 있다는 말이 됩니다. 그렇다면 사람의 본성을 무리하게 구부림으로써(만) 인의를 행할 수 있다는 말인데, 천하 사람들의 인의를 망치는 것은 필경 당신 같은 사람의 말 때문입니다!"

…『맹자』 6편 〈고자 상〉 1장

고자는 타고난 기질 그대로의 생리적인 욕구가 본성이고, 그래서 본성은 선(善)도 악(惡)도 아니라는 '성무선악설(性無善惡說)'을 주장한 사상가다. 맹자는 버드나무에 구부림 같은 어떤 인위적인 작업을 하지 않아도 술잔 같은 그릇을 구할 수 있고, 그것이 버드나무의 본성이란다. 다시 말해서 술잔 같은 그릇이 맹자 당시 사용하던 모양과 색과 매끈함과 크기 그대로 버드나무에 가지처럼 매달려 있다는 말인데, 이런 맹자의 주장에 당혹감을 감출 수 없다. 이렇게 무지(無知)하고 비논리적이라니!

맹자 당시나 지금이나 가정에서 사용하는 물건의 재료는 다를지라도,

수저부터 그릇과 밥상과 탁자와 의자와 장롱과 항아리에 이르기까지 사람이 자르고 깎고 다듬고 모양을 내지 않은 물건은 단 하나도 없다. 맹자의 궤변은 아마도 '본성은 고정불변하고, 어떤 특정한 목적이나 의도를 가지고 태생적으로 장착된 것'이라는 생각에서 비롯된 듯한데, 이 말 자체는 맞는 말이다. 다만 여기에서 '고정불변'을 극단적으로 해석하고, '어떤 특정한 목적이나 의도'란 바로 인간을 위한 것이라고 해석한 맹자의 해석이 틀린 것이다. 맹자의 주장을 그의 말마따나 확충해 보면, 식물과 동물은 인간의 식사를 위해서, 산은 땔감을 제공하기 위해서, 피지배계층은 지배계층에 복종하기 위해서, 지배계층은 피지배계층을 다스리기 위해서 존재하는 것이고 그것이 그것들 각각의 자연스러운 본성이라는 말이 된다.

✱ 153. 고자가 말했다. "타고난 것을 본성이라고 부릅니다[생지위성(生之謂性)]." 맹자가 물었다. "맞습니다. 그렇다면 타고난 것을 본성이라고 부르는 건, (모든 종류의) 하얀 것을 하얗다고 말하는 셈이죠?" "그렇습니다." "그렇다면 흰 깃털의 하얀 것과 흰 눈의 하얀 것이 같고, 흰 눈의 하얀 것과 백옥(白玉)의 하얀 것이 같다는 말도 됩니까?" "그렇습니다." "그렇다면 (고자 당신은 지금) 개의 본성은 소의 본성과 같고, 소의 본성은 사람의 본성과 같다고 말하는 셈입니다. 가당(可當)치 않습니다."

···『맹자』 6편 〈고자 상〉 3장

혹시 맹자의 반박이 옳다고 느껴진다면, 당신은 맹자와 똑같이 범주의 오류에 빠진 셈이다. 본성이란 '타고난 내면적인 어떤 것' 즉 '하얀 것'을 말한다고 합의해 놓고서, 맹자는 합의한 '하얀 것'은 슬쩍 제쳐두고서, 뜬금없이 '하얗다는 외면적인 색깔'의 동일성에 관해 질문한다. 고자가 동일하다고 답하자, 맹자는 대뜸 어떻게 개와 소와 사람의 '내면적인 본성'을 같다고 말하냐며 자기가 이겼다고 우쭐댄다. 진화생물학의 예를 들면, 맹자는 곤충의 날개와 박쥐의 날개 또는 돌고래의 몸과 물고기의 몸처럼 형태[색깔]는 같지만 기원[본성]은 다른 '상사(相似, analogy)' 관계를, 사람의 손과 새의 날개처럼 형태[색깔]는 다르지만 기원[본성]은 같은 '상동(相同, homology)' 관계와 똑같은 것으로 착각한 것이다. 범주를 착각한 건 자기임에도 불구하고, 자기가 범주를 착각했다는 사실조차 인지하지 못할 정도로 무식한 말이다. 그런 맹자와 마주 앉아 있는 고자 자신이 더 창피함을 느꼈으리라.

나아가 본성이 같다고 다른 것도 같으리라는 생각은 틀렸다. 유전자형이 같다고 표현형도 같으리라는 생각이 틀리듯 말이다. 종류(kind)는 같을지라도 수준(level)에서는 무수한 차이가 있는 게 자연의 이치다. 시험에서 '부분 점수'가 있는 이유다. 이것을 20세기 헝가리계 독일 작가 아서 쾨슬러(Arthur Koestler)는 '홀라키(holarchy)'라고 명명했다. 전체성이 증가하는, 즉 완전함이 증가하는 정도에 따라 사다리처럼 구성된 계층구조[위계]라는 의미다(279번의 설명). 음식이라는 종류는 같지만 '슈퍼푸드(super food)'부터 '불량식품'까지 수많은 수준의 음식이 있듯이, 사람이라는 종류는 같지만 이순신이나 세종대왕부터 태극기보다 성조기를 더 사랑하는 사대주의자들에 이르기까지 그 모두를 똑같다고 말하기엔 마음이 불편하다.

바로 이것이 '극단적인 상대주의(excessive relativism)'를 반박하는 좋은 무기가 된다(148번/149번). KBO와 MLB 모두 야구 선수들이 꿈꾸는 리그다. 그렇다고 그 두 리그가 똑같은 수준이라고는 말하지 않는다. 피카소의 그림만큼 사랑하는 자녀의 그림도 소중하다. 하지만 두 그림의 수준은 절대 똑같지 않다. 따라서 너의 가치관이 소중하듯 나의 가치관도 소중하다. 하지만 그렇다고 너와 나의 가치관이 똑같은 레벨이라는 말은 절대 아니다. 그렇기에 예를 들어, 갑이 을을 보고 그렇게 살지 말라고 충고할 수 있는 것이다.

❋ 154. 고자가 말했다. "본성[인(仁)]은 소용돌이치면서 흐르는 물과 같습니다. 동쪽으로 길을 트면 동쪽으로 흐르고, 서쪽으로 트면 서쪽으로 흐르죠. 물에 동서의 구분이 없는 것처럼, 사람의 본성에도 선함과 선하지 않음의 구분은 없습니다." 맹자가 말했다. "물에 동서의 구별이 없다는 말은 사실이지만, 과연 상하(上下)의 구별도 없을까요? 사람의 본성

이 선한 것은, 물이 아래로 흐르는 것과 같은 이치입니다. 어떤 물이든 아래로 흐르지 않는 경우가 없듯이, 어떤 사람이든 선하지 않은 예는 없습니다. 물을 쳐서 튀어 오르게 하면 이마를 넘게 할 수도 있고, 거세게 흐르게 하면 산으로 올라가게 할 수도 있습니다. 그러나 이것이 어찌 물의 본성 때문이겠습니까? 외부로부터 가해진 힘이 그렇게 만드는 것뿐이죠. 사람이 악해지는 것도, 그 본성이 이 같은 경우를 당했기 때문입니다.”

…『맹자』 6편 〈고자 상〉 2장

상하의 구별이 있다는 전제로 아슬아슬하게 버티는 맹자가, 이젠 측은하고 안쓰럽기까지 하다. 그나마 거기에서 멈췄으면 어떻게든 커버(cover)해 줄 수 있었지만, ‘물을 쳐서…’로 시작되는 후반부의 예시를 덧붙인 건 어떻게 해볼 여지도 없는 자충수(自充手)에 가깝다. 물은 이마를 넘고 산으로 올라가며 쓰나미(tsunami)가 되어 도시를 덮칠 수도 있다. 맹자의 말처럼, 그것은 물의 본성 때문이 아니라 ‘외부로부터 가해진 힘’ 때문이다. 하지만 외부에서 가해진 힘에는 지형(地形)도 포함되고, 따라서 물이 위에서 아래로 흐르는 건 지형이 시키는 대로 따르는 것일 뿐 물의 본성이 아닌 게 된다. 지형보다 더 정확히 말하자면, 외부의 힘인 중력 때문이다.

물질은 시공간에 ‘어떻게 휘어져야 하는지’를 지시하고, 시공간은 물질에 ‘어떻게 움직여야 하는지’를 알려주는 것처럼, 사실 모든 개체는 다른 개체와 환경이라는 시공간과의 특정한 상호작용 속에서 비로소 자기의 특성을 갖게 된다. 비록 날개가 있는 새지만, 시공간과의 상호작용 속에서 날지 못하게 된 펭귄과 타조와 닭처럼 말이다. 개체나 종(種) 하나만의 고정불변하는 본성[특성]이란 존재하지 않는다. 모든 것은 변한다. 이래저래 맹자의 설명이 길어질수록, 고자의 논리성과 비유의 적절함만 더 두드러져 보인다.

✱ 155. 맹자가 말했다. "사람이 배울 수 있는 것은 그 본성이 선하기 때문이다." 순자(荀子)가 말했다. "그것은 인간의 본성(本性)과 인위(人僞)를 구별하지 못한 말이다. (눈으로 볼 수 있고 귀로 들을 수 있는 것처럼) 배워서 될 수 없고 노력해도 될 수 없는 (선천적으로) 갖춰져 있는 것을 본성이라 하고, 배워서 할 수 있고 노력해서 (후천적으로) 이룰 수 있는 것을 인위라고 한다. (…) **무릇 지금까지 세상 사람들이 선이라고 말한 것은 올바르고 질서 있고 공평하고 다스려진 것이었고, 악이라고 말한 것은 치우치고 음험하고 어긋나고 혼란스러운 것이었다. 이것이 선함과 악함의 구분이다. 지금 진실로 사람의 본성을 선으로 생각한다면, 사회가 이 지경이겠는가? 그러니 사람의 본성은 악한 것이다. 그래서 옛날 성인들은 예의를 밝혀 사람들을 교화했으며, 올바른 법도를 만들어 다스렸고, 형벌을 무겁게 해서 악한 행동을 금지한 것이다.**

…『순자』 23편 〈성악〉

개인 내면의 측은지심에 근거한 윤리만 신경 쓴 맹자에게, 외부 사회와 외부의 타인은 아예 관심 밖이었다. 그리고 맹자는 인의예지를 인간의 본성에 새겨 넣었을 뿐, 애초에 인간의 본성과 마음에 관한 깊은 통찰도 없었다. 반면에 순자의 선악 개념은 사회적인 의미를 띠고, 본성과 인위를 구별해서 설명하는 논리도 맹자보다 수준이 높다.

〔 4장 〕

관리자[정치인]의 품격

✻ 156. 군자는 생각의 범위가 자신의 지위를 벗어나지 않아야 한다.

…『논어』 14편 〈헌문〉

✻ 157. 군자는 자기의 자리[위치]에 따라서 행동할 뿐, 그 밖[너머]은 (보지도) 바라지도 않는다. 부유할 땐 부유한 이의 도(道)에 맞게 행동하고 가난할 땐 가난한 이의 도에 맞게 행동하며, 오랑캐 소굴에 있을 땐 오랑캐의 도에 맞게 행동하고 환난에 처할 땐 환난에 처한 이의 도에 맞게 행할 뿐이니, 어떤 상황에서도 (그곳에서 도를) 얻어 내지 못할 때가 없는 법이다.

…『중용』 14장

✻ 158. (군자는) 높은 자리에 있을 때도 아랫사람을 업신여기지 않고 [재상위 불릉하(在上位 不陵下)], 낮은 자리에 있을 때는 (승진을 위해) 윗사람에게 매달리지도 않는다[재하위 불원상(在下位 不援上)]. 자신(의 언행)을 바르게 하고 (자기의 지위에서 마땅히 해야 할 일을 할 뿐) 남의 것을 탐내지도 않아 (원망을 들을 일도) 원한을 살 일도 없기에, 위로는 하늘을 원망하지 않고 아래로는 사람을 탓하지도 않는다. 그러므로 군자는 순리에 따라 처신하면서 본성을 따르고, (반대로) 소인은 (사익(私益)을 위해 모든 일을 순리를 무시한 채 억지스럽게 처리해) 위험을 자초하면서도 (무조건 잘 되었으면 하는) 요행을 바란다. 공자가 말했다. "활쏘기는 군자와 비슷함이 있으니,

정곡에서 빗나가면 (곧바로) 돌이켜 자기 자신에게서 (빗나간 이유를) 찾기 때문이다."

…『중용』14장

156번은 33번과 연결된다. 158번은 157번의 '그 밖 너머는 보지도 듣지도 않는다'라는 말의 예를 들고 있다. 중간까지 이어지는 첫 두 문장은, 무척이나 순진하고 교과서에만 존재하는 생각이다. 그와 반대로 현실에서 다른 사람에게 원망을 듣고 원한을 사는 사람은, 아랫사람을 업신여기지도 않고 윗사람에게 매달리지도 않은 채 다수가 무엇을 어떻게 하든 올곧게 자기가 할 일만 묵묵히 하는 사람이다. 다수는 아랫사람을 빡빡하게 굴리면서 윗사람에게는 구부려서 아부하고, 책임은 회피하되 생색은 반드시 낸다. 그리고 이런 다수가 주위의 좋은 평판 속에서 승진하고 성공한다. 지금 세상이 많이 썩어서 그럴 것이다. 시궁창이다.

군자를 활쏘기에 비유한 것은 적절하다. 활을 쏠 때는 자세를 올곧게 하고 과녁의 중앙에 온 정신을 집중해야만 한다. '심재'의 상태다(212번). 그렇게 하고서도 화살이 중앙에서 빗나갔다면, 그것은 십중팔구 활이나 화살이나 과녁에 잘못이 있는 게 아니라 화살을 겨냥하고 쏜 사람에게 잘못이 있는 게 분명하다. 군자는 자기 자신에게서 잘못을 찾고 소인은 외적인 것으로 변명거리를 삼는다(124번).

✻ 159. 군자는 (가장 핵심이 되는 본질인) 근본에 힘써야 한다[군자무본(君子務本)].

…『논어』 1편 〈학이〉

✻ 160. 몸에는 귀한 부분과 천한 부분, (입과 배를 뜻하는) 작은 부분[구

복(口腹)]과 (마음과 뜻을 뜻하는) 큰 부분[심지(心志)]이 있다. 작은 부분만 열심히 키우는 사람이 소인이고, 큰 부분을 열심히 키우는 사람이 군자[대인(大人)]다.

…『맹자』 6편 〈고자 상〉 14장

✽ 161. (모든) 사물에는 몸통[근본/명덕]과 가지[말단/신민]가 있고, 일에는 끝과 시작이 있는 법이다. 따라서 (무엇을) 먼저하고 나중에 해야 하는지를 안다면[지소선후(知所先後)], (그 자체로 이미) 도(道)에 근접한 셈이다[즉근도의(則近道矣)]

…『대학』《경문》

✽ 162. 어느 것인들 섬김이 아니리오마는 어버이 섬김이 섬김의 근본이요[사친 사지본야(事親 事之本也)], 어느 것인들 지킴이 아니리오마는 자기 몸 지킴이 지킴의 근본이다[수신 수지본야(守身 守之本也)].

…『맹자』 4편 〈이루 상〉 19장

✽ 163. 천자에서 백성에 이르기까지, 하나같이 모두 자신의 몸을 닦음을 근본으로 생각해야 한다. (자기 자신이라는) 근본이 어지러우면서, (가문·국가·천하라는) 말단이 잘 다스려지는 법은 없다. 두텁게 할 것[근본]을 엷게 하고 엷게 할 것[말단]을 두텁게 한다는 건, 있을 수 없는 일이다.

…『대학』《경문》

✽ 164. 덕(德)은 근본이고, 재물은 말단이다. 근본을 (있으나 마나 한 것으로 여겨) 밖으로 (누가 훔쳐 가든 말든 방치) 하고 말단을 (가장 소중한 것으로 여겨) 안으로 (애지중지)하면, 백성들은 다투고 약탈을 일삼게 된다. (따라서 재물이 최고라는 생각으로 백성들의 고혈을 짜내면서까지) 재물을 모으면 백성들이 흩어지고, 재물을 (백성들의 곤궁함을 돕기 위해 나눠) 사용하면 백성들이 모이게 된다. (가는 말이 고와야 오는 말도 곱듯) 거슬리게 나간 말은 거슬

리게 들어오는 법이고, (백성의 뜻에 반(反)해) 부당(不當)하게 모은 재물 역시 (통치자의 뜻에 반(反)해) 부당하게 나가는 법이다.

…『대학』《전문》 10장 〈치국/평천하〉

✽ 165. 군자는 먼저 덕(德)에 신중해야 한다. 덕이 있으면 그 결과 백성들이 모이게 되고, 백성들이 모이면 그 결과 영토[땅]를 얻게 되며, 영토[땅]를 얻은 후엔 부(富)[재물]가 따르게 되고, 부를 축적하면 그 결과 (반드시 그것을) 사용할 일이 (또는 그로 인해 뭔가가) 생기게 된다.

…『대학』《전문》 10장 〈치국/평천하〉

8조목 중 '격물·치지·성의·정심'까지 내면의 수양 과정을 외면으로 드러나게 하는 것이 '수신'이고, 바로 수신까지의 다섯 조목이 근본이며, 이에 비해 '치인'에 해당하는 '제가·치국·평천하'는 말단이다. 거의 모든 철학과 종교 교리가 그렇듯, 그 쓰인 글자 그대로만 실천이 된다면 어찌 '평천하'가 이루어지지 않겠는가? 안타깝게도 현실은 그렇지 않고, 그건 유교도 예외가 아니다. 아무리 근본이니 말단이니 규정한들, 궁극적인 목적은 치국과 평천하다. 현실이 이러함을 공자도 증자도 주희도 몰랐을 리는 없다. 그런데도 이렇게 주장했다는 건, 아무리 권력에 미치더라도 무엇이 근본인지는 잊지 말자는 부탁일 수 있고, 권력의 칼을 내키는 대로 휘두르는 정치인들에게 부끄러움을 되새기게 하는 일종의 송곳일 수도 있으며, 최대한 비비 꼬아서 생각해 본다면 권력에 취한 정치인들에게 도덕적 정당성을 부여해 주는 대가로 떨어지는 떡고물이라도 받아먹으려는 변절(變節)한 지식인들의 민낯일 수도 있으리라.

✽ 166. 『대학』의 목적은, (각자가 따라야 할 각자의 내면에 있는 본성인 동

시에 우주 만물을 다스리는 이법(理法)이기도 한) 밝은 덕(德)을 (수양을 통해 더욱) 밝게 하는 데 있고[재 명명덕(在 明明德)], (그 이후엔) 백성을 (교육해서) 새롭게 (태어나게) 하는 데 있으며[재 신민(在 新民)], (이 두 가지의 완성을 통해) 최상의 선(善)에 도달하는 데 있다[재 지어지선(在 止於至善)].

…『대학』《경문》

『대학』의 첫 문장이다. '명덕'은 '인간의 본성'을 의미하지만, 다른 곳에서는 '하늘의 이법(理法)' 즉 천하가 따라야 할 길[도(道)]인 '중용'의 뜻으로도 사용된다. 맹자의 말처럼, 외부적 요인 때문에 흐려지고 결국엔 그것이 자기 속에 있었는지조차 까먹은 선한 본성을 다시 찾고 광택이 날 정도로 잘 닦는 게 최우선 과제라는 말이다.

왕수인은『고본대학』에 기록된 원래 단어인 '친민(親民)'을 고수했지만, 주희는 '신민(新民)'으로 고쳤다. 우리가 부모를 양친(兩親)이라 부르고 형제를 육친(肉親)이라고 부르듯 피를 나눈 가족처럼 백성을 대하라는 것이 양명학의 주장인 반면, 백성들 스스로 각자의 선한 본성을 찾아내고 밝게 닦을 수 있도록 가르치고 이끌어야 한다는 것이 성리학의 주장이다. 어떻게 사용하든 큰 문제는 없지만,『대학』의 전체 맥락에서만 보면 신민이 더 가까워 보이긴 한다. 명덕을 수양해서 드러내고 신민하는 세상, 그곳이 바로 지어지선이 펼쳐지는 곳이란다. 아멘!

✳ 167. 공자가 말했다. "법적인 소송을 처리하는 경우, (양쪽의) 변론을 듣고 처리하는 건 나도 다른 사람들과 비슷하다. (그래서 잘할 때도 있지만 잘못된 판결을 내릴 때도 있다. 따라서 누구에게든 조금의 억울함도 없게 하려면) 꼭 필요한 것은 소송 자체가 없도록 만드는 일이다." 진실함이 없는

자가[무정자(無情者)] 변론을 (미처) 다 하지 못하는 것은[불득진기사(不得盡其辭)] (그가) 백성들의 뜻을 크게 두려워하기 때문인데[대외민지(大畏民志)], 이것이 '근본을 안다'라는 (즉 '백성이 근본'이라는) 말의 의미이다.

…『대학』《전문》 4장 〈본말〉

✻ 168. 이것이 '근본을 안다'라는 말의 의미이고[차위지본(此謂知本)], 이것이 '앎이 깊고 두루 미친다'라는 말의 의미이다.

…『대학』《전문》 5장 〈격물치지〉

167번에 언급된 공자의 말은, 『논어』 12편 〈안연〉에 나온다. 수많은 사람이 모여 사는 사회에서 소송이나 문제 자체가 일어나지 않도록 하는 건, 불가능하다. 따라서 아무리 소송 자체가 발생하지 않는 것 그리고 백성을 두려워하는 것이 '근본'이고 나머지는 '말단'이라는 말을 하고 싶었다고 해도, 공자의 말 다음에 이어지는 주희의 해석은 공자의 말과 전혀 관련이 없어 보인다. 억지스럽게 갖다 붙이는 게 주희의 특기이니 그렇다고 쳐도, 해석마저 매끄럽지 않다.

167번의 '무정자'에 대해선 진실함이 없는 사람이라는 주희의 설명 외에도, 원칙이 없는 사람이라거나 글자 그대로 정(情)이 없는 사람이라거나 또는 인(仁)이 없는 사람이라는 해석 등이 있다. '자기의 이익을 위해 진실을 왜곡하는 사람' 정도로 요약할 수 있다. 문제는 그다음의 '불득진기사 대외민지'다. 자기의 변론 내용이 백성들의 뜻에 어긋나 자기에게 불이익이 발생할 것을 두려워해서 무정자가 스스로 중간에 변론을 포기했다는 것인지, 아니면 판결을 내리는 사람이 백성들의 뜻을 두려워하고 존중해서 무정자가 제대로 변론조차 하지 못하게 했다는 것인지가 불분명하다.

이에 대해 주희는 판결을 내리는 성인(聖人)이 무정자의 변론을 막는

것이라고 주석했다. 그 이유에 대해선, 성인의 덕이 너무도 밝아서 무정
자를 비롯해 모든 백성이 그를 두려워하는 마음을 갖게 되어 자발적으로
변론과 소송을 그만두게 되고 그 결과 소송 자체가 일어나지 않게 되는
것이란다. 불교와 도교의 비현실성을 비판하며 신유학을 제창한 주희가,
이런 비현실적인 생각을 부끄러운 줄도 모른 채 내뱉다니. 내로남불이 따
로 없다. 나아가 이 주석이 문제가 되는 더 큰 이유는, 유교에서 주장하는
통치의 바탕은 '인의예지'이지 법가처럼 '두려움을 수반하는 엄격한 법'이
아니기 때문이다. 문구 하나 해석하자고 유교의 기둥을 흔들었으니, 벼룩
한 마리 잡겠다고 초가삼간을 태운 셈이다.

주희는 첫 구절이 167번에 이어서 반복된 건 오타(誤打)라고 말한다.
그리고 『고본대학』에서는 훨씬 앞부분에 있던 뒤 구절 '차위지지지야'를
여기에 끌어다 놓은 이유에 대해서는, 그렇게 하는 게 내용상 '격물치지'
에 관한 정의(定義)로 가장 적절하기 때문이란다. 그런데 사실 『고본대학』
에는, '격물치지'를 설명하는 부분은 아예 없고 '차위지지지야'만 덩그러
니 기록되어 있다. 따라서 주희는 자신의 주장을 뒷받침하기 위해 스스로
'격물치지보망장'이라는 134자를 새로 삽입한 후, 마지막에 '차위지지지
야'를 다시 덧붙였다. 당연히 주희가 쓴 '격물치지보망장'을 『대학』의 일부
로 인정할 것이냐 아니냐를 두고 논쟁이 있었고. 격물치지의 문제점에 관
해선 122번에서 설명했으니, 여기에선 뭐라고 썼는지 한번 보기만 하자.

✱ 169. 앎을 깊이 함이 사물(의 이치)을 구명(究明)함[탐구해서 밝힘]에
있다는 것은, 앎을 깊이 하려면 사물을 마주해 그 이치를 궁리해야 한다
는 말이다. 모든 사람의 마음은 매우 뛰어나기에 (누구든 알고자 한다면) 앎
이 없을 수 없다. 이 세계의 (모든) 사물에 (하늘의) 이치가 들어있지 않은

것이 없지만, 그 (완전한) 이치에 채 구명되지 못함이 있어서 그 결과 그 앎에도 미진한[부족한] 부분이 있는 것이다. 이런 이유로 『대학』에서 가장 먼저 가르치던 것은, 반드시 배우는 자에게 천하의 사물을 마주해 그 이미 알고 있는 이치를 근거로 삼아 궁극(窮極)까지 밀고 가서 그 결과 그 궁극에 도달하게 하는 것이었다. 오랫동안 노력하다 보면 어느 한순간 (홀연히) 환하게 (그동안 노력하고 공부한 모든 것이 연결되면서) 깨닫는 경지에 이르게 되는데, (그 결과) 모든 사물의 겉과 속[표리(表裏)] 그리고 자세한 부분과 대강의 부분[정조(精粗)]이 드러나고, 자기 마음의 온전한 모습과 엄청난 쓰임이 밝혀진다. 이것이 '사물을 구명한다'라는 말의 의미이며[차위격물(此謂物格)], '앎이 깊고 두루 미친다'라는 말의 의미이다[차위지지지야(此謂知之至也)].

… 『대학』《전문》 5장 〈격물치지보망장〉

설명 없이 정말 한번 보기만 하려고 했지만, 도저히 그럴 수가 없다. 오랫동안 사물을 마주해서 궁극까지 밀고 들어가는 노력을 하다 보면 한순간 홀연히 궁극의 경지에 도달한다는 것이 주희의 요지다. 어떻게 해야 공부를 잘할 수 있냐는 학생의 질문에, 열심히 또는 잘하면 된다고 대답하는 것과 다를 바 없다. '방법'을 묻는 말에 '방법'이 없으니, 하나 마나 한 말을 참 길게도 한 셈이다.

✱ 170. 탕왕의 (목욕용 큰 대야와) 세숫대야 바닥에는 (모두 다음과 같은) 글이 적혀있었다. "진실로 매일 새로워지고자 한다면[구일신(苟日新)], 하루하루 새로워지려 해야 하고[일일신(日日新)] (그리고 나서도 멈추지 않은 채) 또 다음 날도 새로워지려고 (노력)해야 한다[우일신(又日新)]." 〈강고(康誥)〉

는 말한다. "백성을 새롭게 일으켜라[작신민(作新民)]!"『시경』은 말한다. "주나라가 비록 (오래된) 옛 나라이지만, 그 천명(天命)은 (늘) 새롭게 이어지도다[기명유신(其命維新)]!"(이것은 주나라를 본받으려는) 군자는 모든 일을 (최선을 다해) 극진히 하지 않음이 없어야 한다는 말이다.

…『대학』《전문》 2장 〈신민〉

누구나 들어본 일신우일신(日新又日新)의 출처이고, 뜻은 니체의 위버멘쉬다(112번). 마지막 문장의 '작(作)'은 앉아서 쉬다가 일을 하기 위해 '일어서다'라는 뜻이 기본이고, 우리에게 익숙한 '만들거나 짓다'라는 뜻은 그다음이다. 공자가 요순시대·하나라·은[상]나라·주나라의 역사와 관련 이야기들을 모아 편찬한 책이『서경』즉『상서』인데, 그 일부가 〈강고〉다. 친형인 주나라 무왕이 죽은 후 어린 조카 성왕(成王)을 대신해서 섭정하던 주공 단(周公 旦)이 친동생 강숙(康叔)을 위(衛)나라 초대 제후로 임명하면서 했던 말을 모은 책이다.

『시경』의 인용문은 주나라 문왕이 죽어 하늘로 올라간 후에도 그의 덕(德)이 밝아 주나라가 문왕의 은덕을 입고 있다는 내용이다. 그런데 '(늘) 새롭게 이어진다'라는 뜻의 '유신(維新)', 어딘가 낯이 익지 않는가? 1963년 12월부터 5·6·7대 대통령을 지내던 박정희(朴正熙)가 1972년 10월 17일 합법적인 절차를 무시한 채 국민투표를 진행해서 통과시킨 개정 헌법을, 당시 학자들이『대학』의 이 부분을 인용해 유신 헌법(維新憲法)이라고 이름 붙이며 아부(阿附)한 것이다. 대통령 임기 6년에 무제한 연임이 가능하다는 것이 핵심이었다. 예전의 왕들처럼 죽을 때까지 해 먹을 수 있게 정당성을 부여한 셈이다. 걸음마 단계이던 우리나라 민주주의에 가해지는 위해를 차마 보고만 있을 수는 없다는 불인지심(不忍之心)으로 분연히 일어난 사람들의 피가 없었다면, 그의 비뚤어진 욕망을 저지할 수 없었다. 자유는 당연한 것도 공짜도 방종(放縱)도 아니다. 핏속에서 태어나는 '고통의 열매'다.

✽ 171. 군자란 다방면에 조예가 깊은 전인(全人)이어야지, (하나의 용도로만 사용되는) 그릇 같은 존재여서는 안 된다[군자불기(君子不器)].

…『논어』 2편 〈위정〉

✽ 172. 군자는 천하의 모든 일을 처리하는 데 있어서, 반드시 그렇다고 고집하는 일이 없어야 하고[무적야(無適也)], 반드시 그렇지 않다고 고집하는 일도 없어야 한다[무막야(無莫也)]. (늘 가장 적절하고 올바른 이치인) 의리(義理)만을 따라야 한다.

…『논어』 4편 〈이인〉

✽ 173. 공자는 다음의 네 가지를 하지 않았다[자절사(子絶四)]. 멋대로 생각함이 없었고[무의(毋意)], 꼭 어떠하다 (또는 꼭 어떠해야 한다)고만 생각함이 없었고[무필(毋必)], 자기 생각만을 고집함이 없었고[무고(毋固)], 자기 개인만을 생각함이 없었다[무아(毋我)].

…『논어』 9편 〈자한〉

✽ 174. 송나라 상인(商人)이 (판매의 목적으로) 갓[장보]을 (많이) 사서[송인자장보(宋人資章甫)], 월나라로 갔다. (그런데) 월나라 사람들은 (마치 야만인들처럼) 머리는 짧게 깎고 (몸에는) 문신을 하고 살았으므로, (글과 문명의 상징인) 갓[장보]은 그들에게 아무 소용이 없었다. 요임금이 천하[사해(四海)] 백성을 다스려 정치를 평안하게 한 어느 날, (천하를 그렇게도 잘 다스리는 자기의 능력은 인간의 한계를 뛰어넘는 그래서 어쩌면 신인(神人)들과 동등한 것일 수도 있다는 생각에 자랑하러) 네 명의 신인을 만나러 막고야(묘고야, 藐姑

射) 산으로 갔다. (하지만 그가 본 신인들은 자기의 자랑거리인 천하를 발톱의 때만큼도 여기지 않는 그런 모습이었다) 돌아오는 길에 분수(汾水)(라는 강)의 북쪽에 이르러서는, 멍하게 얼이 빠져 (자신의 자랑거리였던) 천하[세상사]를 잊고 말았다.

…『장자』《내편》1편 〈소요유〉

　　장자의 모든 관심은 '낯선 타자와의 개인적인 관계 맺음'에 맞춰져 있다(143번~145번). 그 과정에서 기존의 가치관과 편견이 깨지면서, 개인은 한층 더 성장한다. 장자는 기존의 가치관과 편견을 '성심(成心)[이미 갖춰진 마음]', 그것들이 깨지면서 얻게 된 마음을 할 명경지수(明鏡止水) 같은 '허심(虛心)'이라고 표현한다. 제법무아(諸法無我)인 셈이고, 모든 편견[선입견]과 분별심(分別心)을 버린 '무대(無待)[기대는 곳이 없음]' 또는 그런 경지인 '태일(太一)'이라고도 한다. 그런데 사실, 타인과의 만남에서 판단중지(에포케, epoche) 상태로 마음을 초기화한다고 해도, 그것이 모든 선입견을 버린 것일 수는 없다. 선입견 없이는 어떤 것도 생각하거나 이해할 수도 없기 때문이다. 온고이지신(溫故而知新)이듯 말이다.

　　장자는 훨씬 더 중요한 점을 놓쳤다. 기존의 갑이라는 성심이 을을 만나 깨진 자리에 을이라는 허심이 들어서는 순간, 그것은 동시에 또 다른 성심으로 변할 수밖에 없다. 병을 만나는 순간, 그런 사실을 깨닫게 된다. 핵심은 하나가 빠진 자리를 다른 하나가 대체한다는 장자의 주장이 틀렸다는 것이다. 기존의 것에 새로운 것이 융합되어 전혀 다른 하나의 모습을 이루고, 그 과정이 지속되며 성장하는 것이다. 우리의 삶 어디에도, 명확한 단절은 존재하지 않는다.

✽ 175. 초나라 사람 웅의료(熊宜僚)가 노나라 임금을 만났는데, 근심하는 기색을 띠고 있었다. "어찌 근심스러운 안색을 띠고 계십니까?" "나는 옛 성왕(聖王)들의 다스리는 법[치도(治道)]을 배웠고, 선왕(先王)들의 유업을 이어받아 귀신을 공경하고 현자를 존경하면서, 잠시도 안일하게 살아감이 없는데도 (나라 안팎의 여러) 환란에서 벗어나지 못하고 있기 때문이오." **"풍성한 꼬리를 지닌 여우와 아름다운 무늬의 가죽을 지닌 표범이 그물과 덫의 위험을 피하지 못하는 것은, 그들에게 잘못이 있어서가 아닙니다. 그들의 꼬리와 가죽이 재앙의 원인일 뿐이죠. 지금 임금께는 노나라 자체가 여우의 꼬리와 표범의 가죽 같은 것이어서 그렇습니다.** 바라건대, 임금께서는 나라를 버리고 세상을 떠나 도(道)와 덕(德)을 타고 노니소서." "어떻게 하면 되겠소?"

"육체적인 집착을 없애 (육체를 단지) 수레로 삼고[생각하고], 근검절약하고 욕심을 없애 (물질을 필요하기에 사용하는 평소의) 양식(糧食)으로 삼으면[생각하면] 됩니다. 사람을 다스리는 사람은 (늘) 번거로움 속에 있기 마련이고, 다른 사람에게 보호받는 사람은 (늘) 고통 속에 있기 마련입니다. 그러므로 사람을 다스리지도 말고 보호받지도 마소서. 배를 타고 강을 건널 때, 빈 배가 와서 부딪치면 비록 속 좁은 사람이라고 하더라도 화내지 않지만, 그 배에 사람이 타고 있다면 똑바로 노를 저으라고 어서 빨리 배를 다른 곳으로 저어가라고 소리를 지릅니다. 한 번 소리쳐서 상대방이 듣지 못하면 두 번 소리칠 것이고, 그래도 듣지 못하면 세 번째 소리치면서 반드시 욕지거리도 하게 될 테고요. 배가 비어 있을 때는 화도 안 내고 소리도 치지 않다가 지금은 화를 내고 소리치고 욕지거리까지 하는 것은, 그 배에 (바로) 사람이[자아(自我)가/성심(成心)이] 타고 있기 때문입니다. (빈 배처럼) 사람이 자신을 비워서 세상을 노닌다면, 그 누가 해칠 수 있겠습니까?"

✽ 176. 장자가 (타인의 사유지인) 조릉(雕陵)이라는 숲속을 (몰래) 산책하고 있을 때, 기이한 까치[이작(異鵲)]를 보게 되었다. 날개는 일곱 자(약 2m)에 달했고 눈은 1치(寸)(약 3cm)나 되는 그 까치는, (장자를 보지 못한 듯) 장자의 이마를 스치고 날아가 근처 밤나무에 앉았다. "날개가 저렇게 큰데도 (제대로) 멀리 날아가지도 못하고, 눈이 저렇게 큰데도 내가[사람이] 있는 것조차 못 본 건가?" 장자는 이렇게 중얼거리면서 까치를 잡으려고 화살을 겨눴다. 그런데 그때 매미 한 마리가 (노래 부르기에 몰입한 나머지) 제 한 몸이 위험에 처했는지조차 모르고 있었다. 그 매미를 사마귀가 노리고 있었기 때문이다. 그런데 사마귀도 매미 잡을 생각에 까치가 자기를 노리고 있음을 전혀 눈치채지 못했고, 까치 역시 사마귀에 정신이 팔려 장자가 자기를 노리고 있음을 전혀 눈치채지 못했다. 장자는 갑자기 뭔가를 깨달았다. "아! 개체들은 본래가 서로 물고 물리는 것인가? (모두가) 저마다 (이익과 집착으로 인해 화(禍)를) 자초하는구나!" 그러고는 (자기를 노려보는 관리인을 발견하지 못한 채) 활을 버리고 나오다가 관리인에게 들켜 욕을 먹었다.

…『장자』《외편》 13편 〈산목〉

✽ 177. 정신을 (바짝 차리고 끊임없이) 노력해서 (만물은 모두) 하나라는 깨우침에 이르려 해도, (대부분 사람은) 끝내 그런 깨우침을 얻지 못한다. (모든 것을 고유의 본성과 쓰임새대로 따르지 않고, 자기가 옳다고 생각하는 방법[방식]에 집착해서 억지로 짜맞추고 변형시키려 하기 때문이다) 이를 조삼(모사)이라고 한다. 원숭이를 기르는 사람[저공(狙公)]이 원숭이들에게 도토리를 주면서 말했다. "(이제부터) 도토리를 아침에는 세 개 저녁에는 네 개[조삼모사(朝三暮四)]를 줄게." 그러자 원숭이들이 모두 화를 냈다. "그러면 아침에 네 개 저녁에 세 개를 줄까?" 그러자 원숭이들이 모두 좋아했다. (하루

에 일곱 개라는) 명분과 사실은 달라진 것이 전혀 없는데도 어떤 때는 화를 내고 어떤 때는 기뻐하는 반응을 보이는 건, 역시 자기가 옳다고 생각하는 것에 얽매여 있기 때문이다. 그래서 성인은 모든 시비(是非)를 조화시켜 (옳고 그름의 구별을 넘어서 모든 걸 동등하게 대하는) 천균(天鈞)에 (자기의 모든 걸) 맡긴 채 편안히 쉬는데, 이것을 일컬어 (시(是)와 비(非) 둘 모두를 인정하는 경지인) 양행(兩行)이라고 한다.

…『장자』《내편》 2편 〈제물론〉

✽ 178. 가을이 되어 물이 불어나[추수(秋水)] 모든 물이 황하로 흘러들어 출렁이자, 황하의 신 하백(河伯)은 천하가 모두 자기에게 집중되었다고 생각해 기뻐했다. 그러나 동쪽으로 흘러 흘러 북해에 이르자 그 끝이 보이지 않는 광대함에 말문이 막힌 하백이 자기의 어리석음을 깨닫고 북해의 신 약(若)에게 가르침을 청하자, 약이 말했다. **"우물 안 개구리에게 바다에 관해 (아무리) 이야기해도 알지 못하는 것은 (자신이 머무는) 공간에 구속되어 [얽매여] 있기 때문이고**[구어허야(拘於虛也)]**, 여름 곤충[벌레]에게 (겨울의) 얼음에 관해 (아무리) 이야기해도 알지 못하는 것은 (자신이 사는) 시간에 얽매여 있기 때문이며**[독어시야(篤於時也)]**, 왜곡된 (마음을 지닌) 사람에게 도(道)에 관해 (아무리) 이야기해도 알지 못하는 것은 (자신이 믿는 특정한) 교리에 속박되어 있기 때문입니다**[속어교야(束於敎也)].

지금 당신이 당신의 영역이던 강을 벗어나 나의 큰 바다를 보고 나서야 당신의 부족함을 알게 되었기에, 이제야 도에 관해 이야기할 수 있게 된 것입니다. 천하의 물 중에서 (나 같은) 바다보다 넓은 것은 없지만 나조차도 내가 가진 것을 자랑하지 않는 이유는, 나 또한 천지 사이에 있기에 나의 존재조차 티끌과 같음을 알고 있기 때문입니다. (이런 관점에서 본다면) 한 나라가 천지 사이에서 차지하는 크기도 큰 창고 속 곡식 한 알과 비슷하지 않을까요? 백이는 왕위를 사양했다고 해서 명성을 얻었고, 공자는 여러 가르침을 이야기해서 박학다식하다고 여겨지고 있습니다. 그렇지만 이들도 당신이 조금 전까지 스스로 물 중에서 가장 뛰어나다고 여기던 것과 비슷하지 않을까요?"

…『장자』《외편》 10편 〈추수〉

✸ 179. 군자는 말이 행동보다 넘치는 것을 부끄러워한다.

…『논어』 14편 〈헌문〉

✸ 180. **군자란 말하고자 하는 바를 먼저 실천하고**[선행기언(先行其言)], **그 후에 말**(이 따르게)**하는 사람이다**[이후종지(而後從之)].

…『논어』 2편 〈위정〉

✸ 181. 군자는 말은 자제하면서, 행동은 민첩해야 한다.

…『논어』 4편 〈이인〉

✸ 182. 나라에 도가 행해지고 있다면 말도 올바르게[사실대로] 행동도 올바르게 해야 하지만, 나라에 도가 행해지고 있지 않다면 행동은 올바르게 하되 말은 겸손하게 해야 한다.

…『논어』 14편 〈헌문〉

✸ 183. (하늘의 뜻인) 명(命)을 알지 못하면 군자가 될 수 없고, 예(禮)를 알지 못하면 세상에 나설 수 없으며, 말(言)을 알지 못하면[제대로 할 줄 모르면] 사람을 알 수[다스릴 수] 없다.

…『논어』 20편 〈요왈〉

✸ 184. 말할 때가 되지 않았는데도 앞서 말하는 것을 조급하다고 하며[위지조(謂之躁)], 말할 때가 되었는데도 말하지 않는 것을 감춘다고 하며[위지은(謂之隱)], 안색을 살피지도 않은 채 마구 말하는 것을 눈치 없다고 한다[위지고(謂之瞽)].

공자는 정치인의 첫 번째 덕목으로 '입조심/말조심'을 꼽는다. 탄핵당한 어떤 대통령은 재임 기간 내내 말부터 던져 놓고 나중에 수습은 아래 사람에게 떠넘기기를 반복했다. 거리까지 나가 탄핵을 저지하려 했고 말 바꾸기 속도와 뻔뻔함이 탁월한 어떤 여성 의원은, 조직 폭력배가 쓰는 표현을 공식적으로 따라 하며 SNS에 게재하기까지 했다. 공자의 주장처럼 위가 그러니 아래도 그래서인지는 몰라도, **요즘은 모두가 입과 손가락에 뇌가 달렸는지 말과 메시지들은 잠시의 멈춤도 없이 뿜어낸다. 하지만 솔선수범하고 언행일치하는 행동과 실천의 노력은 흔적도 찾기 어렵다. 게다가 거리에 나온 사람들의 말과 메시지들 속의 논리성과 한국어 사용 능력은 초등학생 수준에도 못 미치지만, 그런 자신들의 모습을 돌아봐야 한다는 생각조차 없기에 유치원생만큼도 부끄러워하지 않는다.** 도대체 뭘 그렇게 잘 알고 어떻게 모든 문제의 정답을 알고 있는지 그리고 얼마나 돈이 많으면 일하지 않아도 되는지는 몰라도, 허구한 날 거리에 모여 쉴 새 없이 떠들어 대서 너무 시끄럽다. 물론 이순신 장군이 가장 고생스럽겠지만 말이다.

✱ 185. 증자(曾子)가 말했다. "10개의 눈이 보고 있는 것처럼[십목소시(十目所視)] 10개의 손이 지목(指目)[지적질]하고 있는 것처럼[십수소지(十手所指)] (늘 자신에게) 그처럼 엄해야 한다[기엄호(其嚴乎)]." 부유함이 집을 윤택하게 하듯이, 덕(德)은 몸을 윤택하게 해서 마음은 넓어지게 하고 몸은 편안하게 한다. 그러므로 군자는 반드시 그 뜻을 정성스럽게 해야 한다.

…『대학』《전문》 6장 〈성의〉

✱ 186. **'그 뜻을 정성스럽게 한다'라는 것은 자신을 속이지 않는 것을 말**

한다. (자신을 속이지 않는 것은) 나쁜 냄새를 싫어하고 예쁜 것을 좋아하는 것과 같은데, 이런 것을 '스스로에 솔직하다'라고 말한다[차지 위자겸(此之謂自謙)]. 그러므로 군자는 반드시 혼자 있을 때도 (생각과 언행을) 삼가 조심해야 한다[필 신기독야(必 愼其獨也)].

…『대학』《전문》 6장 〈성의〉

✱ 187. 군자는 (자기의 행동을) 보는 사람이 있든 없든 (늘 사소한 행동 하나라도) 경계하고 삼가야 하며, (자기의 말을) 듣는 사람이 있든 없든 (늘 말 한마디라도 헛되이 하는 것을) 몹시 두려워해야 한다. (숨기려고) 감춘 것이 더 잘 드러나는 법이고, (사소하다고 신경 쓰지 않는) 작은 것이 더 잘 눈에 띄는 법이다. 그러므로 군자는, 홀로 있을 때도 (자기의 생각과 언행을 스스로 살피고) 삼가야 한다.

…『중용』 1장

186번 '겸(謙)'의 사전적인 뜻은 '겸손함'인데 주희는 '만족함'이라고 말하고, '신(愼)'의 사전적인 뜻은 '조심함'인데 주희는 '신중함'이라고 말한다. 큰 차이는 없지만, 그래도 전체 문맥상 겸은 '솔직함'으로 신은 '삼가 조심함'으로 해석하는 게 가장 적절할 듯해서 그렇게 해석했음을 밝힌다. 하지만 브랜드 파워를 자랑하듯, 이미 '자겸(自謙)'은 '자기만족' 또는 '도덕적 자기 신뢰'라는 말도 안 되는 뜻으로 굳어져 버렸다. 여하튼 '성의(誠意)'는, '스스로 부끄러움을 느낄 줄 아는 것'이라고 할 수 있다. 이런 의미에서 우리나라의 정치인들은 정말로 '성의가 없다.'

✱ 188. 소인이 (할 일 없이 빈둥빈둥) 한가하게 (시간을) 보내게 되면, (그 머릿속에서) 선하지 않은 일을 (상상)함이 (온갖 것에) 이르지 않는 바가 없

다. (그러다가 갑자기) 군자와 마주치게 되면 (놀라서) 선하지 않은 일을 (상상하는 것조차) 싫어하는 것처럼 (본심은 꼭꼭) 숨긴 채 (하지도 않은) 선한 일을 (억지로 찾고 만약 없으면 거짓으로 만들어서라도 마치 자기가 한 것처럼 자랑하며) 드러낸다. (그러나 이미 군자처럼, 사람 보는 일에 있어서 어느 정도의 수준에 오른) 사람들은 그 소인의 속을 (한 번의 눈길로도 마치 제 몸의 폐와 간을 보듯 빠짐없이 전부) 다 들여다보고 (그래서) 다 알 수 있으니 그렇게 해봤자 무슨 소용이 있겠는가? 속이 정성스러우면[성어중(謂誠於中)], 밖으로도 그 정성스러움이 모두 드러난다[형어외(形於外)]. 따라서 군자는 반드시 혼자 있을 때도 (생각부터 언행까지) 삼가 조심해야 한다.

…『대학』《전문》6장 〈성의〉

✻ 189. 양주(楊朱)가 송나라의 한 여관에 묵었는데, 그 여관 주인에게는 한 명은 미인이고 한 명은 못생긴[추녀(醜女)] 두 명의 첩이 있었다. 그런데 놀라운 건, 예쁜 첩은 천대받고 (오히려) 못생긴 첩이 사랑을 받고 있었다는 점이었다. 양주가 주인에게 그 이유를 묻자, 주인이 말했다. "예쁜 첩은 스스로 예쁘다고 생각해 (쉴 새 없이 예쁜 척만 하는 통에 짜증이 나기 시작하면서) 점차 그녀가 예쁘다는 사실을 잊게 되었지만, 못생긴 첩은 스스로 못생긴 걸 알아 (모든 일에 겸손하고 조심하니 그 모습과 마음가짐이 보기 좋아) 점차 그녀가 못생겼다는 사실을 잊게 되었습니다." 양주가 제자들에게 말했다. "기억해 둬라. 스스로 현명하다고 과시하는 태도를 버리면, 어디에 간들 (사람들에게) 사랑받지 않겠는가?"

…『장자』《외편》13편 〈산목〉

물론 예쁜 사람이 예쁜 행동을 해서 계속 예쁨 받는 경우가 대부분이지만, 인용문 같은 경우도 충분히 있다. 누가 보더라도 참 예쁜데 이상하게 보면 볼수록 예쁜지 모르겠거나 아니면 짜증이 나는 사람이 있는가 하면, 반대로 참 못생겼는데 이상하게 보면 볼수록 매력적이거나 아니면 보는 사람의 마음을 편안하게 만드는 사람이 있다. 이런 차이를 만들어 내는 건, 바로 그 사람의 내면과 그 내면을 잘 드러낸 예쁜 행동 때문이다. 내겐 호철이라는, 내 목숨을 줄 수 있을 만큼 멋진 친구가 있었다. 그런데 소개팅이나 미팅을 주선할 때마다 상대 여성들은 호철이에게 관심도 없었고, 그때마다 난 호철이와 술잔을 기울였다. 이렇게 멋진 놈을 몰라보다니 다들 눈이 삐었다고 하소연하면서 말이다. 그런데 지나고 생각해 보면, 사실 생긴 것만 놓고 봤을 때 호철이는 산적처럼 우락부락하게 생기긴 했었다. 어쨌든 이런 경험은 누구나 있을 것이다. 왜 그럴까?

처음엔 누구나 상대방의 겉모습만 볼 수밖에 없다. 그러다가 만나는 횟수가 늘고 같이 대화하며 부대끼며 보내는 시간이 많아질수록, 우리의 시선도 상대방의 겉모습을 관통해 조금씩 조금씩 그 사람의 내면으로 들어가게 되기 때문이다. 소개팅이나 미팅 자리의 여성들은 이제 막 내 친구를 처음 본 것이라 당연히 시선이 겉모습에 머물 수밖에 없었고, 나는 오래 봐왔던 터라 시선이 호철이의 깊은 속마음 즉 내면까지 볼 수 있었던 것뿐이다. 처음 보는 사람들이 '못생겼다'라며 겉모습을 지적할 때, 친구들은 '성격 좋다. 착하다'라며 내면으로 대답하는 이유다. 아무리 객관적으로 못생겼다고 해도, 부모가 자기 자녀만큼 예쁜 사람은 없다고 느끼는 이유다. 여관 주인도 내면을 볼 수 있는 시간이 충분했던 것이고. 그래서 무엇이든 '오래도록, 천천히, 깊이' 봐야 하고, 그렇게 해서 알게 되면 알게 될수록 사랑할 수밖에 없게 된다.

✳ 190. 벼슬에 오르지 못했음을 걱정하지 말고, 스스로 서지 못했음을 걱정하라. (남들이 또는 세상이) 자기의 능력을 몰라줌을 걱정하지 말고,

(남들의 능력을) 알아줄 만한 사람이 되도록 노력하라.

…『논어』4편 〈이인〉

❊ 191. 남들이 나의 가치를 알아주지 않는 것을 염려하지 말고[불환 인지불기지(不患 人之不己知)], (내가) 다른 사람의 가치를 제대로 알아주고 있는가를 염려하라[환 부지인야(患 不知人也)].

…『논어』1편 〈학이〉

❊ 192. 다른 사람이 나를 알아주지 않는다고 근심하지 말고, 내가 그럴 만한 능력이 없음을 근심하라.

…『논어』14편 〈헌문〉

❊ 193. 군자는 자신의 무능함만을 걱정할 뿐, 다른 사람이 자신을 알아주지 않는 것은 걱정하지 않는다.

…『논어』15편 〈위령공〉

사람들이 자기 능력을 몰라준다며 불평하는 사람이 부지기수다. 그러나 당신이 먼저 다른 사람의 장점을 찾아내고 그 성장을 자극하지 않았다면, 욕할 자격 없다. 당신은 그렇게 하는데도 다른 사람은 여전히 그러지 않을 수도 있다. 그렇다면 생각을 바꿔보자. 누구나 제 수준 이상의 사람은 알아보지 못하므로, 당신이 다른 사람들보다 수준이 높아서 그렇다고 말이다. 또는 당신의 가치를 전혀 못 알아보는 그런 사람들에게 인정받아 뭐 하겠는가? 바보들에게 칭찬받는다고 좋을 것 하나 없다고 말이다.

❊ 194. (일상의 평범한 선(善)인) 덕을 행하며[용덕지행(庸德之行)] (일상적으로 쓰는) 말을 (늘) 삼가(조심하)면서도[용언지근(庸言之謹)] (군자가 혹여) 부족한 바가 있다(고 스스로 느낀다)면, 어찌 (부족함을 채우려고) 힘(써 노력하)

지 않으며 (그렇게 하고서도) 여력(餘力)이 있다면 어찌 (그마저도 또다시 부족함을 채우는 노력에) 다 쓰지 않겠는가! 말은 행동을 돌아보고 행동은 말을 돌아보는 것이니, 군자라면 어찌 (그 두 가지를 올바르게 하는데) 부지런히 힘쓰지 않겠는가!

…『중용』 13장

✱ 195. 의로움을 (행동의 기본) 바탕으로 하고, 예에 맞게 행동하며, 겸손하게 말하고, 신의로써 (모든 일을) 완성해 가야 한다. 이런 사람이 진정한 군자다.

…『논어』 15편 〈위령공〉

✱ 196. 군자는 의로움을 으뜸으로 삼아야 한다. 군자가 용기만 있고 의로움이 없으면 난을 일으키고[위란(爲亂)], 소인이 용기만 있고 의로움이 없으면 도적질할 것이다[위도(爲盜)].

…『논어』 17편 〈양화〉

✱ 197. 제자 공손추(公孫丑)가 맹자에게 물었다. "(공자가 나이 40에 도달했다는 불혹 즉) 부동심(不動心)하는 방법이 있습니까?" "제(齊)나라 장군 북궁유(北宮黝)는 용맹을 기르기를 칼에 찔려도 꿈쩍하지 아니하고, 눈을 찔려도 깜빡도 아니하고, 털끝만큼이라도 다른 사람에게 (자기의 뜻이) 꺾였다고 생각되면 사람들 많은 곳에서 (공개적으로) 매를 맞은 것처럼 (치욕으로) 여겼다. 그래서 천한 사람에게도 (그리고) 1만 대의 수레[만승(萬乘)]를 소유한 임금에게도 자기의 뜻을 꺾지 않았고, 만승의 임금을 죽이는 것이나 천한 사람을 죽이는 것이나 매한가지로 여겼기에 그 누구든 두려워함 없이 (자기를) 험담하는 말이 들리면 반드시 그대로 갚아주는 것으로 부동심을 터득했다. 제(齊)나라 장군 맹시사(孟施舍)는 '이기지 못할 것을 보고서도 이길 것 같이 여겨야지, 적을 헤아린 뒤에야 나아가며 이길 만한 뒤에야 맞서

싸운다면 이는 두려워하는 짓이다. 내가 (모든 싸움에서) 어찌 꼭 이길 수 있겠는가? (다만) 두려워하지 않을 뿐'이라고 말했다. 맹시사는 두려워하지 않는 것으로 부동심을 터득한 사람이다. 이 두 사람 중 (굳이) 하나를 고르자면, 그래도 맹시사가 자기를 지키는 면에 있어서 (조금은 더) 나은 듯하다."

"고자가 말한 부동심은 어떤 겁니까?" "고자는 '말로 이길 수 없다면 마음[뜻(志)]으로 이길 생각을 하지 말고, 마음으로 이길 수 없다면 기(氣)로 이길 생각을 하지 말라'고 말했다. 전자는 옳지 않지만, 후자는 옳다. 마음과 기는 하나여서, 마음이 하나로 집중되면 기가 움직이고, 반대로 기가 하나로 집중되어도 마음을 움직일 수 있기 때문이다." "선생님께서는 어떤 것을 잘하십니까?" "나는 남의 말을 잘 알고[아지언(我知言)], 나의 호연지기(浩然之氣)를 잘 기른다[아선양 오호연지기(我善養 吾浩然之氣)]."

"남의 말을 잘 안다는 것은 무슨 뜻입니까?" "한쪽으로 치우친 말을 들으면 그 사람 마음 어딘가에 숨겨진 것이 있음을 알며, 음란하거나 도를 넘은 말을 들으면 그 사람 마음이 어딘가에 빠져 있음을 알며, 간사한 말을 들으면 그 사람 마음이 도리에서 벗어나 있음을 알며, 회피하는 말을 들으면 그 사람이 궁지에 빠진 것을 아는 것이다. (정치하는 사람의) 마음에 이런 네 가지 말이 생기게 되면 정치에 해를 끼칠 것이고, 정치하는 동안 그런 말이 나오게 되면 나라에서 하는 모든 일에 해를 입히게 될 것이다."

"무엇을 호연지기라고 합니까?" "말로 설명하기가 어렵다. 지극히 크고 강하여 하늘과 땅 사이에 가득 차고, 언제나 도(道)에 짝하여 함께하며, 의(義)에 따른 행동을 거듭함에 (자연스럽게) 내 안에서 생겨나는 (자존감과 비슷한) 것이다. 그러므로 반드시 (의(義)에 따른 행동을) 힘쓰되 그 결과를 생각하지 말며, 늘 잊지 않되 (타인에게 억지로) 부추겨서도 안 된다. 이

를테면 송(宋)나라의 어떤 사람이 곡식의 싹이 빨리 자라지 않는 것을 조
바심 내서 싹을 일일이 조금씩 뽑아 올려놓고는, '싹이 자라는 것을 도와
주었다'라고 말했으나 그 싹은 모두 말라 죽었다. 호연지기가 무익하다고
해서 내버리는 자는 김매기를 하지 않아 잡초가 우거지게 하는 것이고,
(반대로 호연지기가 귀하다고 해서 송나라 사람처럼) 억지로 조장하는 자는 싹
을 뽑아 올리는 것이다."

…『맹자』 2편 〈공손추 상〉 2장

부동심은 고대 그리스 사상에서도 중요한 문제였다. 쾌락주의로 알려
진 에피쿠로스학파(Epicureanism)는 부동심을 물결조차 없는 고요한 호수처
럼 육체적·감각적인 고통의 회피를 통해 마음과 감정의 평안을 추구하는 '아
타락시아(ataraxia)'라고 불렀고, 금욕주의로 알려진 스토아학파(Stoicism)는
논리적·합리적인 분석을 통해 마음과 감정의 평안을 추구하는 '아파테이아
(apatheia)'를 부동심이라고 불렀다.

쾌락은 선이고 고통은 악이라고 주장한 에피쿠로스학파의 입장에서,
쾌락은 당연히 '어떤 고통도 없는 상태'를 뜻한다. 그러면 고통이 무엇이
냐가 핵심인데, 이들은 고통을 동요[흔들림]라고 정의했다. 좋은 일로 텐
션(tension)이 올라가든 나쁜 일로 내려가든, 두 경우 모두 평소보다 많은
에너지와 감정을 사용하게 되기 때문이다. 반대로 스토아학파는 이성, 즉
우주의 원리이기도 한 로고스(Logos)가 지배하는 세상을 보고 있었다. 정
신에 초점을 맞췄기에, 이성에 따라 사는 삶이 선이고 감정 즉 마음의 노
예가 되는 게 악이라고 생각했다. 따라서 두 학파 모두 '어떤 것에도 흔들
리지 않는 평온한 상태'인 부동심이라는 정상을 향해 등반했지만, 에피쿠로
스학파는 마음과 감정의 길을 따라 그리고 스토아학파는 정신과 이성의 길을

 신유학도 심학과 이학으로 구분되듯이 말이다.

맹자의 부동심이 공자의 불혹처럼, 마음 즉 의지[뜻]의 흔들림이 없는 굳건한 상태를 뜻한다는 건 알겠다. 하지만 고자를 언급한 부분은 쉽게 이해하기 어렵다. 맹자가 이후에 '지언(知言)'과 '호연지기(浩然之氣)'를 구분해서 설명한 걸 보면, 고자와는 달리 '말'과 '마음[뜻] = 기'를 분리해야 한다는 자기의 주장을 펴기 위해서 언급한 것으로 보인다. 마음[뜻]과 기가 하나로 연결된 통일체이듯, 부동심은 호연지기의 바탕이 되고 호연지기는 부동심을 키운다. 그런데 이 호연지기를 수양하는 게 만만치가 않다. 마음처럼 빨리 성장하지도 않고, 한두 번 했다고 습관이 되는 것도 아니며, 억지로 한다고 얻어지는 것도 아니기 때문이다. 호연지기가 '의(義)'를 행하는 과정에서 얻어진다는 건 공자의 말과 일치하고, 여기에 북궁유와 맹시사의 사례를 더해보면 호연지기는 자기 자신에 대한 떳떳함이나 당당함에서 오는 용기라고 할 수 있다. 호연지기를 설명하는 부분의 중간에서, 반드시 (의(義)에 따른 행동을) 힘쓰되 그 결과를 생각하지 말라는 건 114번과 115번을, 늘 잊지 않되 (타인에게 억지로) 부추겨서도 안 된다는 건 142번 설명을 참고하라.

✱ 198. 55. 마음에 깃든 모든 욕망(과 집착)을 제거하고 자신(아트만, atman) 안에서 스스로 만족하는 것이 즈냐나(지혜, jnana)고 56. 고통 속에서도 마음에 혼란이 없고 즐거움 속에서도 탐욕과 집착을 떠나 (정신과 마음의) 평정[부동심]을 이룬 사람을 성자(聖者)[현인(賢人)]라고 한다. 57. (그런 지혜를 지닌 성자[현인]는) 어떤 것에도 집착하지 않으며, 좋은 것을 얻든 싫은 것을 얻든 기뻐하거나 싫어하지 않는다. 62. (물질적이고 감각적인) 대상을 소중히 여기면, 그것에 대한 '집착'이 생긴다. 집착에서 '편애(偏愛)'와 '욕망'이 생

기고, 편애와 욕망으로부터 '분노'가 생긴다. 63. 분노는 (사리 분별 못 하는 어리석음인) '미망(迷妄)'을 낳고, 미망은 '기억의 혼란[상실]'을 낳으며, 기억의 혼란[상실]은 '지성(知性)의 파멸'을 낳고, 지성[이성]의 파멸은 '(삶의) 멸망'을 낳는다. 64. (따라서) 감각 기관을 통해 (감각의) 대상과 접촉할 때 자신을 통제[절제]할 수 있다면 (마음의) 평정(平靜)을 얻을 것이며, 그러기 위해선 집착과 편애와 욕망과 분노를 버려야 한다. 65. (이런 지혜를 아는 자만이 마음의 평정을 이룰 수 있으므로) 평정 속에서 모든 고통이 소멸한다고 말하는 것이다. 66. (자기의 감각적 쾌락을) 통제[절제]하지 않는 사람에게는 지혜도 수행도 (있을 수) 없고, 지혜도 수행도 없으니 (마음의) 평정도 (있을 수) 없으며, 평안하지 못한데 어찌 행복이 있을 수 있겠는가? 70. (어떤 그리고 얼마만큼의) 물이 흘러 들어가더라도 바다는 동요(動搖) 없이 늘 평온한 것처럼, (마음의) 평정을 이룬 사람에게는 (어떤 그리고 얼마만큼의) 욕망이 흘러 들어가더라도 (그의) 평정을 깨지 못한다. (그러나 마음에 집착과) 욕망을 지닌 자는 (어떤 그리고 얼마만큼의 평정이 흘러 들어가더라도 그의 욕망을) 깨지 못한다.

…『바가바드기타』 2장

✽ 199. 7. (소유적 존재 양식인) 아수라(阿修羅, asura)적 (성향의) 사람들은 행위도 무(無)행위도 알지 못하고, (그들에게는) 순결도 선행도 진리도 존재하지 않는다. 10. 만족시키기 어려운 욕망을 추구하면서 위선과 교만과 자만에 종속되어, 미망(迷妄)으로 인한 그릇된 견해에 따라 행동한다. 11. **끝없는 근심에 (자신을) 맡긴 채, 욕망의 충족을 최고의 목적으로 삼는다.** 12. **(그리고) 욕망의 충족을 위해 재산을 축적하려고 애쓴다.** 19. 나는 그와 같이 (나를) 혐오하며 잔인하고 저열하고 사악한 인간들을 윤회 속에서 아수라의 품속으로 던져 버린다. 21. **자신을 파괴하는 세 종류의 지옥문이 있는데, 그것은 욕망과 분노와 탐욕이다.** (너는) 이 세 가지를 버려야 한다.

전체적으로, 부처의 목소리를 듣는 듯하다. 198번의 56절과 57절은 순임금의 모습을 보는 듯하고(276번). 그리고 66절은 우리가 그토록 행복을 추구하는 것과는 대조적으로, 왜 우리 대다수가 대부분 시간 행복하지 않은지에 대한 간접적인 설명이 될 수 있다. 집착은 116번~118번과 174번~178번에서 살펴봤다.

힌두교에선 욕심을 구분한다. '카마(kama)'는 배고프면 음식을 찾고 갈증 나면 물을 찾듯 생존을 위해 자신에게 없는 것을 바라는 생존적 욕구이고, '라가(raga)'는 가지고 있는 것을 더 많이 계속 가지려는 집착적 욕망이다. 따라서 서양의 실존주의 철학자들과 마찬가지로, 욕구는 필수적이되 욕망은 죄악이라는 것이다. '마야(maya)'는 환상이나 환영(幻影)을 가리키는 말이었지만, 참된 자아[아트만]를 보지 못하게 가리는 장애물[미망(迷妄)]이나 무지[無知, 아즈냐나(ajnana)]를 의미한다. 마야는 (3차원 영상을 2차원인 스크린에 옮기듯) 무한한 브라흐만을 유한한 현상의 세계에 드러낼 때 어쩔 수 없이 겪게 되는 왜곡의 의미로도 쓰인다.

✽ 200. 배우지 못하고 무식한 자는 한 고을을 얻기만 하면, 방자 교만하고 사치스러워서 절제하는 바가 없다. 닥치는 대로 함부로 쓰니 빚이 많아지고 따라서 반드시 탐욕스럽기 마련이다. 탐욕스러우면 아랫사람들과 공모하고, 아랫사람들과 공모하면 그 이익을 나눠 먹으며, 이익을 나눠 먹으면 백성들의 고혈(膏血)을 짠다. 그러므로 아껴 쓰는 것[절용(節用)]은 백성을 사랑하는 데 있어서 가장 먼저 힘써야 할 일이다. (…) (송나라 사람) 진서산(眞西山)이 말했다. "백성은 하루라도 굶주린 기색[채색(菜色)]

을 띠게 해서는 안 되고, 사대부는 하루라도 나물의 맛[채미(菜味)]을 몰라서는 안 된다.”(명나라 사람) 정선(鄭瑄)이 말했다. “옛날 어떤 현령이 지극히 청렴했다. 관용(官用)초를 켜고 공사(公事)에 관한 문서를 읽다가도 중간에 개인과 가정의 안부를 묻는 부분에 이르러서는 관용초를 끄고 읽은 후, 그 부분이 끝나면 다시 켰다.” 비록 너무 지나치기는 하지만, 생각해 볼 바가 있다.

…『목민심서』 2편 《율기》 5조 〈절용〉

✱ 201. 연못에 물이 괴어 있는 것은 흘러내려서 만물을 적셔 주기 위함이듯, 절약하는 이유는 남에게 은혜를 베풀기 위함이다. 절약하지 못하는 자는 남에게 은혜를 베풀지 못한다. 정선(鄭瑄)이 말했다. **“여유가 있고 난 뒤에 남을 구제하려 한다면 반드시 남을 구제할 날이 없을 것이며, 여가가 있고 난 뒤에 책을 읽으려 한다면 결코 책 읽을 기회가 없을 것이다.” (…) 탐관오리들은 왜 백성들의 고혈을 짜내 자기 뱃속만 챙기려 하는가? 병법(兵法)에 이르기를 “군량은 적에게서 마련하고, 우리의 식량은 소비하지 않는다”라고 했는데, 바로 이처럼 벼슬하는 자의 마음이 백성을 (식구가 아닌) 적으로 여기기 때문이다.**

…『목민심서』 2편 《율기》 6조 〈낙시〉

머리로는 시간적 여유가 있을 때 이것저것 할 수 있다고 생각하지만, 실제는 그와 정반대로 바쁜 와중에 짬을 내고 시간을 내어서 해야만 무엇이든 성취할 수 있다. 공부한 분량은 늘 방학이 아니라 학기 중에 가장 많았던 것과 같다. 따라서 ‘시간이 없다’라는 말은 핑계다. 바로 그때가 무엇이든 해야 하고 할 수 있는 때다. 늦었다고 생각할 때는, 말 그대로 이미 늦었을 때다. 하지만 그때라도 시작하는 것이, 그 이후에 시작하는 것보다는 분명히 가장 빠른 때이다. 그래서 이 둘을 엮어, 늦었다고 생각할 때가 가장 빠른 때라고 하는 것이다.

✸ 202. 군자는 근심하지 않고 두려워하지 않는다. 스스로 자신을 돌아보아 거리낌이 없는데 무엇을 근심하고 무엇을 두려워하겠는가?

…『논어』12편 〈안연〉

✸ 203. 군자의 도(道)에는 세 가지가 있는데[도자삼(道者三)], 나는 능한 것이 아무것도 없다. 어진 사람은 근심하지 않고[인자불우(仁者不憂)], 지혜로운 사람은 미혹되지 않으며[지자불혹(知者不惑)], 용기 있는 사람은 두려워하지 않는다[용자불구(勇者不懼)].

…『논어』14편 〈헌문〉

✸ 204. 지혜로운 사람은 미혹되지 않고, 인자한 사람은 근심하지 않으며, 용기 있는 사람은 두려워하지 않는다.

…『논어』9편 〈자한〉

두려움 없는 사람은 없다. 용기란 선천적[태생적]인 게 아니라 힘든 시기들을 겪고 나서 그 시간 시간이 죽을 만큼 힘겹지는 않았고 그래서 잘 극복해 냈다는 사실을 깨달을 때마다 하나씩 얻고 쌓이는 것이다. 지혜로움과 인자함과 자존감 같은 것들도 역시 그런 시련과 극복의 경험이 누적되어야 하는 것이라는 사실은 두말하면 잔소리다.

마음이나 생각은 근거 없이도 가능하지만, 지속력은 매우 짧다. 찰나에도 오만가지 잡생각이 우리 머리를 무의식적으로 훑고 지나간다. 그래서 아무리 마음을 새롭게 먹어봤자, 작심삼일이다. 마음(心)은 말 그대로 마음만 먹으면 즉시 가질 수도, 없앨 수도, 작거나 크게 만들 수도 있다. 자부심·자만심·

자긍심·애국심·이해심·배려심·동정심 등은 말 그대로 '일체유심조(一切唯心造)', 마음먹기에 달렸다. 하지만 느낌(感)은 반드시 그 바탕이 되는 사실이나 근거가 필요하고 경험만큼 누적되며, 지속력이 매우 긴 특징을 지닌다. 그래서 아는 만큼 보이고, 자존심과는 달리 자존감은 만들어 낼 수 없다.

타인에게 인정받고 싶어 하는 '자존심'이 외부로부터 자신의 못남을 방어하려는 급조된 나무 울타리라면, 살아낼 수 있는 힘인 '자존감'은 자기 내면에 쌓아 올리는 철골 구조물과도 같다. 모두가 그렇게도 애타게 찾는 행복을 모두가 매 순간 누리지 못하는 이유는, 행복이 마음(心)이 아니라 느낌(感)과 한 가족이기 때문이다. 기쁨[희열(감)]·상쾌함[청량감]·만족(감)·안정(감) 등도 모두 마음(心)이 아니라 느낌(感)이 붙는다. 따라서 '행복은 마음먹기에 달려있다'라는 말은 틀렸다. 어떤 상태가 어떤 순간이 무엇이 행복인지를, 의식적으로 자각하고 그런 경험을 지속적으로 쌓아가야 한다.

✻ 205. 한 가문이 어질면 한 나라에도 어짊이 일어나고, 한 가문이 겸손하게 양보하면 한 나라에도 겸손하게 양보함이 일어나지만, (그와 반대로) 한 사람이라도 자기 이익만을 탐하면 (그 결과) 나라 전체가 혼란에 빠지는 이유는 (그 메커니즘이) 이와 같기 때문이다. 이것이 한마디 말로도 일을 (뒤엎어) 망가뜨릴 수 있고, 한 사람(의 힘만)으로도 나라를 안정시킬 수 있다고 말하는 이유이다.

…『대학』《전문》 9장 〈제가/치국〉

✻ 206. '나라를 다스리기 전에 반드시 먼저 자기 가문을 (알맞게 가지런히) 바로잡아야 한다'라는 것은, 자기 가문을 (올바르게) 가지런히 하지도 못하면서 남을 가르칠 수 있는 사람은 없기 때문이다. 군자는 (자기) 가문 밖으로 나가지 않고도 (뭇사람들에게) 나라를 어떻게 다스려야 하는지를

(몸소) 가르쳐주는 셈인데, (부모를 향한) 효도는 임금을 섬기는 방법이 되고, (윗사람을 향한) 공손함은 (제후 같은) 어른을 섬기는 방법이 되며, (아랫사람들을 향한) 사랑은 백성들을 (다스리고) 부리는 방법이 되기 때문이다.

…『대학』《전문》 9장 〈제가/치국〉

✱ 207. 오늘날 유가나 묵가의 학자들은 한결같이 이렇게 말한다. "성왕(聖王)은 천하 사람을 가리지 않고 평등하게 사랑하기에, 백성 대하기를 부모가 자식을 대하듯 한다." 군신(君臣) 관계를 부자(父子) 관계처럼 하면 세상은 반드시 잘 다스려진다고 하는데, 그들의 말대로라면 화목하지 않은 부자는 전혀 없어야 한다. 사람에게 부모의 애정보다 더한 것은 없고 부모라면 누구나 자식을 사랑하지만, 자식을 반드시 잘 다스리지는 못한다. 마찬가지로 군주가 아무리 신하를 사랑한다고 하더라도, 어찌 반란이 일어나지 않는다고 보장할 수 있겠는가? 눈물을 흘리면서 형을 집행하고 싶지 않다고 말하는 것은 어진 일이기는 하지만, 그러나 형을 중지시킬 수 없는 것은 법 때문이다. 성왕이 그 법을 없애지 않고 눈물을 별로 문제시하고 있지 않은 점으로 보더라도, 인(仁)만으로는 나라를 다스릴 수 없었던 모양이다.

초나라 사람 중에 직궁(直躬)이라는 자가 있었는데, 어느 날 그의 아버지가 이웃의 양을 훔쳤다. 그 사실을 안 직궁은 곧바로 아버지를 관청에 고발했지만, 관리는 오히려 직궁에게 사형을 선고했다. 이것은 관리가 직궁의 행동이 군주(와 국가)에 대해서는 정직한 것이지만, 아버지에 대해서는 (사람으로서의) 도리가 아니라고 생각했기 때문이다. 이것으로 볼 때 군주에게 있어서의 충신은, 부모에게 있어서는 불효자가 되는 셈이다. 노나라 사람으로 군주를 따라서 전쟁에 나선 자가 있었다. 그는 세 차례의 전투에서 세 번 모두 도망쳤다. 공자가 그 이유를 묻자, 그가 대답했다. "제게는 늙은 부모가 계십니다. 제가 전쟁터에서 죽으면 부모를 모실 사람이 없기 때문입니다.” 이 말을 들은 공자는 그를 나라에 천거(薦擧)하기 위해 힘썼다. 이것으로 볼 때 부모에게 있어서의 효자는, 군주에게 있어서는 반역자가 되는 셈이다. 관리가 직궁을 죽였기 때문에 초나라에서는 범죄자를 고발하는 자가 없어졌고, 공자가 아들을 매우 칭찬했기 때문에 노나라 사람은 전쟁에서 항복하고 도망하는 자가 많아졌다.

…『한비자』 49편 〈오두〉

205번과 206번에서 드러난 유교의 본심과 목적은, 진심이든 아니든 백성들에게 그들을 사랑하는 마음이 있음을 보여주어야만 그들이 고분고분 말을 잘 들어 다스리기가 수월할 거라는 믿음이다. 한비는 유교의 주장을 깔끔한 논리로 하나하나 조곤조곤 부순다. 한비는 유가가 두 가지 ‘범주의 오류’에 빠져 있다고 비판한다. 첫째는 부모의 ‘사랑’과 ‘다스림’이다. 이 두 범주가 같은 것이라면, 왜 자식 농사가 가장 어렵다는 말이 있겠는가? 학교 폭력을 자행하고 범죄를 저지르는 청소년의 부모들도 모두 자기 자녀를 죽도록 사랑한단다. 둘째는 ‘치국’과 ‘제가’인데, 던바의 수로 여러 번 설명했었다(3번/99번). 초나라 직궁의 이야기는 31번의 내용이다.

거의 모든 부모가 자식을 끔찍이도 사랑한다. 문제는 부모들이 보여주는 사랑의 종류와 개념이 천차만별이고, 그래서 모두가 똑같이 이해할 수 있는 공통된 기준이 없기에 정치 원리로는 사용할 수 없다는 것이다. 이것이 상앙이 법치를 주장한 이유이기도 하다. **부모의 사랑은 자녀를 가르칠 힘이 없다(21번). 한비의 주장은 분명하다. 인의예지나 사랑 모두 개개인의 삶에는 꼭 필요하지만, 그것들로 정치를 할 수는 없다는 것이다. 게다가 한비가 덕치(德治)를 반대한 이유는 매우 타당하다. 덕치란 인치(人治)이고, 인치가**

곧 심치(心治)이며, 심치는 곧 군주의 주관(主觀)이나 자의(自意)에 의한 통치를 의미하기 때문이다.

✱ 208. '자기 가문을 (알맞게 가지런히 바로잡고) 다스리는 것이 자기 몸을 수양함에 있다'라는 것은, 사람이란 그가 친하고 사랑하는 것에는 매달리기 마련이고[지기소친애이벽언(之其所親愛而辟焉)], 그가 천시(賤視)하고 미워하는 것은 피하기 마련이며, 그가 두려워하거나 공경하는 것은 본받기 마련이고, 그가 애처롭고 불쌍히 여기는 것에는 (마음이) 쓰이기 마련이며, 그가 오만하게 대하고 게을리하는 것과는 멀어지게 된다는 말이다. (대부분 사람이 이렇기에) 좋아하되 그 (좋아하는 사람의) 나쁜 점도 (충분히) 알고 있고, 미워하되 그 (미워하는 사람의) 좋은 점도 (충분히) 알고 있는 사람은 세상에 드물다. 속담에 이런 말이 있다. "사람은 자기 자녀의 나쁜 점은 알지 못하며, 자기 (논에서 자라는) 곡식의 싹이 (때에 맞춰 꾸준히) 크고 있다는 사실도 알지 못한다." 그래서 '(우선 자기) 몸을 닦지 않으면 자기 가문을 바로 잡을 수도 없다'라고 말하는 것이다.

…『대학』《전문》8장 〈수신/제가〉

'벽언(辟焉)'에서 '언'은 '그래서 ～한다' 또는 '～하기 마련이다' 정도로 해석하면 되지만, '벽'에는 수십 개의 뜻이 있다. 대부분 번역에서는 '치우친다'로 해석하지만, 그러면 '친하고 사랑하는 것'에 치우친다는 말은 괜찮아도 바로 이어지는 '천시하고 미워하는 것'에 치우친다는 말은 적절해 보이지 않는다. 그래서 개인적으로 수많은 '벽'의 뜻을 문맥에 맞게 변형시켜서 적용한 해석임을 밝힌다. 자기 곡식의 싹이 크는 것은 알지 못한다는 말은, '남의 떡이 커 보인다' 또는 '뚫어지게 지켜보는 주전자의 물은 끊지 않는다'라는 말과 같다. 그러나 이런 것들은 누구나 무슨 뜻인지 알 수 있기에 중요하지는 않다. 핵심은 정심(正心)과도 연결되는 전체 내용이다.

마음이 편견과 선입견과 인지적 오류 등으로 탁해져 있다면, 미혹으로 인해 이리저리 치우치게 된다. 그래서 자연히 자기가 믿고 보고 싶은 것만 보면서 기존 자기 믿음을 더욱더 진리로 확신하는 '확증편향(確證偏向, confirmation bias)'과 '선택적 지각(選擇的 知覺, selective perception)'에 따라, 좋아하는 사람은 장점만 계속해서 보게 되고 경쟁 관계에 있거나 미워하는 사람은 단점만 계속해서 보게 된다. 그 결과 사람을 '좋은·싫은·믿을만한·나쁜·훌륭한·별 볼 일 없는' 같은 단 하나의 형용사로 규정하는 잘못을 저지른다. '감정'이 문제가 아니라 '감정만 사용'하는 게 잘못이다. 이런 잘못을 저지르지 않으면서 동시에 좋아하는 사람에게서도 단점을 보고 싫어하는 사람에게서도 장점을 보는 방법을 찾아야 할 텐데, 다행히도 있다. 사람을 '상황이나 부분별로 분석해서 판단'하는 방법이다.

분야 또는 범주를 세분해서, 각각을 별개의 것으로 분석해서 판단하라. 그러면 성격은 뭐 같지만 일은 믿고 맡길 수 있다거나, 성격은 좋은데 일 처리는 깔끔하지 못하다거나, 허언(虛言)은 심한데 계산은 꼼꼼할 수 있다거나, 친구로서는 좋은데 후배나 아랫사람에게는 폭군이라거나 하는 부분적이고 나름 객관적인 판단이 가능해진다. 알기 위한 이런 분석적 판단은, 상대방을 이용하거나 칭찬하거나 비난하고자 하는 의도를 지닌 전인적(全人的) 비판이나 평가나 판단과는 아예 다르다. 그리고 그런 분석적 판단을 토대로 그 사람의 장점이 최대한 발휘될 수 있는 지위나 업무나 상황을 만들어 주면 된다. 이런 식으로 사람을 판단해서 적재적소에 배치고, 그에 따른 권한을 일임할 수 있는 능력이 바로 리더(leader)에게 가장 필요한 자질

이다. 리더들은 대체로 자신의 능력을 과신해 다른 사람을 믿지 못하고 혼자서 모든 일을 처리하려 한다. 문제는 모든 일을 혼자서 처리할 수 없다는 것이고, 그런 일이 반복되면 아랫사람들은 세세한 부분까지 지시를 기다리며 수동적인 존재가 된다.

또한 리더는 조직의 비전(vision)을 분명히 제시할 수 있어야 한다. 조직에 분명한 비전이 있을 때, 조직 내 사람들이 조직의 종합적인 방향에 어떻게 적응해 들어갈지를 배우는 것이 쉽기 때문이다. 동시에 그 조직이 일심 단결해 성공하기 위해선, 비전이 조직의 필요에서 나와야 하고 그 안에 있는 사람들에 의해 요구되어야 한다. 그래서 비전은 조직 내부의 요구에서 나와야 하고, 리더는 그 비전을 더 명료하게 표현하고 제시하는 역할을 하는 것이다. 리더의 자질을 키우려면, 당신이 만났고 만나고 만날 사람들 한 명 한 명의 데이터를 머릿속에 정리해서 축적해 둬야 한다. 그리고 새로운 사람을 만나게 되면, 새로 만난 사람과 가장 비슷한 사람의 데이터를 찾아 머릿속에 부팅(booting)시켜 놓은 후, 그 새로운 사람을 만날 때마다 머릿속 데이터와 비교하면서 수정할 건 수정하고 새로이 기록할 건 기록하면서 데이터를 업데이트하면 사람을 보는 눈이 매우 예리해질 것이다. 일종의 수신(修身)이라고 할 수 있다.

✳ 209. 명군(名君)은, 세상 만물 모든 것을 다 알고 있는 것이 아니라 세상 만물의 핵심을 장악한다. 그래서 그들이 나라를 다스릴 때는, 그저 핵심을 분명히 살필 따름이다. 군주가 여러 가지 학설에 현혹되어 오락가락하고 관리들이 각종 여론에 밀려 소란하면, 백성들은 나태해져 더는 농사에 전념하지 않게 된다. (…) 나라에 사고가 생겨도 지식인들은 (해결은 도외시한 채) 법령이나 물고 늘어지며, 상인들은 임기응변으로 자신의 이

익만 좇고, 장인들은 국가를 위해 일하지 않으려 할 것이다. 그런 나라는 적의 공격에 쉽게 무너지고 만다.

…『상군서』 3편 〈농전〉

✽ 210. 닭에게 새벽을 알리게 하고 고양이에게 쥐를 잡게 하는 것과 같이, 모름지기 신하를 씀에 있어서 그 사람의 능력에 따라 임명하고 그 힘을 충분히 발휘할 수 있게 해주면, 신하 된 자는 보람을 느껴 스스로 성실하게 그 책임을 다할 것이다. 나아가 그 능력에 어울리는 권한을 주면, 스스로 노력하여 성과를 올리려고 할 것이다.

…『한비자』 8편 〈양권〉

✽ 211. '몸을 닦음이 그 마음을 바르게 함에 있다'라는 것은[수신 재정 기심자(修身 在正其心者)], 자기 마음에 노여워하는 바가 있어도 마음의 올바름을 얻지 못하고, 두려워하는 바가 있어도 마음의 올바름을 얻지 못하며, 좋아하고 즐기는 바가 있어도 마음의 올바름을 얻지 못하고, 걱정하는 바가 있어도 마음의 올바름을 얻지 못한다는 말이다.

…『대학』《전문》 7장 〈정심/수신〉

✽ 212. **마음이** (다잡아져서 한 곳에 집중되어) **있지 않으면**[심부재언(心不在焉)], **보아도** (제대로) **보이지 않고**[보아도 보는 게 아니고][시이불견(視而不見)], **들어도** (제대로) **들리지 않고**[들어도 듣는 게 아니고][청이불문(聽而不聞)], **먹어도 그 맛을** (제대로) **알지 못한다**[먹어도 먹은 게 아니다][식이 부지기미(食而 不知其味)]. 그래서 '몸을 닦음이 그 마음을 바르게 함에 있다'라고 말하는 것이다.

…『대학』《전문》 7장 〈정심/수신〉

65번의 마지막 문장과 연결된다. 정말로 뭔가를 알고 싶다면, 가장 먼저 '관심과 궁금증[호기심]'을 가져야 한다. 이것이 '심부재(心不在)'에서 '부(不)'를

뺀 '심재' 즉 '마음이 있어야 한다'라는 말이다. 그런 후에는 '시(視, see) · 청(聽, hear)'이 아니라 '견(見, look at/watch) · 문(聞, listen to)'을 해야 한다. '천천히 오랫동안 낯설게 자세히 마음을 다해서' 들여다보고 귀를 기울이는 견문은 심재에 바탕을 두기에, 모두가 보는 평범한 것을 똑같이 보면서도 아무도 생각하지 못한 것을 생각하거나 느끼지 못한 것을 느끼는 것이다. 시인과 예술가와 천재들은 평범한 것 속에서 특별한 것을 끄집어내는데, 우리는 그러지 못한다. 진리 즉 특별한 것은 평범함 속에 있다는 사실을 몰라서이고, 평범한 것들의 속을 꿰뚫어 볼 수 있는 눈이 없어서이며, 평범한 것들이 걸어오는 말을 들을 수 있는 귀가 없어서다. 우리의 눈과 귀가 '당연함'과 '익숙함[습관화]'과 '빨리빨리'에 의해 막혀버렸기 때문이다.

견문이든 역지사지든 어떤 방법을 사용해서라도, 일상에서 '당연함과 익숙함[습관화]과 빨리빨리'를 제거한다면 그토록 모두가 바라는 행복의 전제조건인 '새로움과 낯섦과 천천히'가 남게 된다. 그리고 삶의 매 순간이 '새로움과 낯섦과 천천히'로 바뀌면 놀라운 일이 벌어지기 시작한다. 습관적으로 매일 먹던 밥이 맛있어지고, 매일 보던 지겨운 사람들조차 반갑고, 매일 보던 맑은 하늘이 눈물 나도록 푸르게 느껴진다. 전에는 무심코 또는 지겨움 속에서 지나치던 일상의 모든 것과 모든 일 하나하나에, 깜짝깜짝 놀라면서 감동(感動)과 함께 자연스럽게 감사(感謝)가 넘쳐나게 된다. 메마르고 공허했던 삶이, 풍요로워지고 행복해진다. 매사를 그냥 지나치지 않고 천천히 오랫동안 낯설게 자세히 마음을 다해서 들여다보고 귀를 기울이는 것이 '쉬지 않고 기도함'이고, 그로 인해 삶에 감동과 감사가 넘쳐나는 것이 '항상 기뻐함'이며 '범사에 감사함'이다. 이런 삶이, 그리스도 예수 안에서 우리를 향하신 하나님의 뜻이다.[21]

'시청'은 눈이 떠있고 귀가 막혀있지 않다면 누구에게나 당연한 거지만,

'견문'은 의도적으로 집중하지 않으면 안 된다. 이것이 TV는 '시청한다'라고 하지만, 여행이나 외국 유학은 '견문을 넓힌다'라고 하는 이유다. 하지만 지금은 그런 목적 즉 본질은 사라지고 누구나 하니까 무조건 나도 해야 한다는 형식만 남게 되면서, 견문조차 시청으로 바뀌어 버렸다. '더 많이' 보려고 할 뿐, '제대로' 보려고 하지 않는 것이 문제다.[22] 너무 많이 보려 하지 말고, 본 것들만이라도 제대로 소화하자. 많이 아는 건 중요하지 않다. 하나라도 깊이 보고 듣고 느끼려고 해야 한다. 공부도 마찬가지다.

내가 아날로그 세대라서 그렇겠지만, 요즘 사람들의 행동이 내 눈에는 차지 않는다. 일할 때도 사람을 대할 때도 휴식을 취할 때도, 늘 '심재'가 아닌 '심부재' 상태이기 때문이다. 그렇게 건성건성 정신 놓고 사는 모습을 '멀티태스킹(multi-tasking)'이라는 말로 멋지게 포장한다. 부모든 친구든 사람과의 만남에선, 휴대전화를 진동으로 바꾼 후 책상 위에 엎어 놓자. 전화가 와도 받지 말고. 상대방이 왜 안 받냐고 물으면, 누군지도 모르는 전화보다는 지금 당신과 함께하는 시간이 훨씬 더 중요하기 때문이라고 말하는 건 어떨까? 사람을 향한 이런 작은 예의가 매우 큰 차이를 만들 것이다. 그리고 이것이 바로 사람과 사람과의 진정한 만남이다.

✱ 213. **군자에겐 세 가지 구별된 모습이 있다**[군자 유삼변(君子 有三變)]. **멀리서 바라보면 엄격하고**[위엄이 있고][망지엄연(望之儼然)], **가까이서 보면 따스하며**[온화하며][즉지야온(卽之也溫)], **말을 들어보면 날카롭다**[옳고 그름이 정확하다][청기언야려(聽其言也厲)].

---

21 〈데살로니가 전서〉 5:16~18
22 박웅현, 『여덟 단어』(2013)

✻ 214. 군자의 도(道)에는 네 가지가 있는데, 나[공자]는 하나도 (제대로) 해내지 못했다. 자녀가 해야 할 바 어버이 섬김을 아직 다하지 못했고, 신하가 해야 할 바 임금 섬김을 아직 다하지 못했으며, 동생이 해야 할 바 형님 섬김을 아직 다하지 못했고, 친구가 해야 할 바 먼저 베풀기를 아직 다하지 못했다.

…『중용』13장

✻ 215. 공자가 말했다. "배움을 좋아하는 것은 지(知)에 가깝고, (배운 것을) 힘써 행하는 것은 인(仁)에 가깝고, (스스로) 수치[부끄러움]를 아는 것은 용(勇)에 가깝다." 이 세 가지를 알면 곧 수신(修身)의 방법을 알게 되고, 수신의 방법을 알면 곧 사람을 다스리는 방법도 알게 되며, 사람을 다스리는 방법을 알면 곧 국가와 천하를 다스리는 방법도 알게 될 것이다.

…『중용』20장

✻ 216. (공자가 노나라 군주 애공(哀公)에게 하는 말이다) "천하의 (사람이라면 마땅히 지켜야 할) 도(道)가 다섯 가지 있고, 그것을 실천하는 방법에는 세 가지가 있습니다. 군신과 부자와 부부와 형제와 친구의 사귐 다섯 가지는 천하의 (사람이라면 마땅히 지켜야 할) 도이고, 지혜·어짊·용기[용맹] 이 세 가지는 천하의 (사람이라면 마땅히 지녀야 할) 덕(德)인데 이 세 가지를 실천하는 방법은 (사실) 단 하나입니다."

…『중용』20장

215번에서 '인(仁)'을 정적(靜的)인 상태가 아니라 동적(動的)인 행위로 표현한 것에 주목할 필요가 있다. 정약용도 이 점에 주목해서 맹자의 측은지심을 비판했었다. 216번에서 공자는 세 가지 덕을 실천하는 방법이

단 하나라고 말할 뿐, 더 이상의 언급은 없다. 궁금하다. 과연 뭘까? 그건 바로 '지극한 정성[간절함]'인 '성(誠)'이다(219번).

＊ 217. 아랫자리에 있으면서 윗사람의 신임을 얻지 못하면, 백성을 다스릴 (기회조차 얻을) 수 없게 될 것이다. 윗사람의 신임을 얻는 데도 방법이 있으니, 친구들에게 신용을 얻지 못하면 윗사람의 신임도 얻지 못한다. 친구들에게 신용을 얻는 데도 방법이 있으니, 친족을 공경하고 (그 말씀에) 순종하지 않으면 친구들에게 신용을 얻지 못한다. 친족을 공경하고 (그 말씀에) 순종하는 데도 방법이 있으니, 자신을 (늘) 되돌아보며 (스스로) 지극[간절]하지 않으면 친족을 공경하고 (그 말씀에) 순종하지 못한다. 자신을 (늘) 되돌아보며 (스스로) 지극[간절]해지는 데도 방법이 있으니, 선(善)을 (밝혀) 드러내지 않으면[불명호선(不明乎善)] 자신을 지극[간절]해지게 하지 못한다[불성호신의(不誠乎身矣)].

…『중용』 20장

윗사람이 제대로 된 사람이라면 몰라도 그렇지 않은 경우가 그때나 지금이나 허다한 상황에서, 윗사람의 신임을 얻으려면 그 윗사람만큼 세상의 때가 묻어야 한다. 원체 더러운 세상에서 윗사람이 그 지위까지 올라간 이유는, 그만큼 더럽다는 방증(傍證)이니까. 그런데 윗사람의 신임을 얻는 방법이라며 공자가 제시하는 건, 업무 능력도 아니고 아부하거나 아첨하는 능력도 아니며 든든한 뒷배경도 아닌, 친구들의 신용이란다. 물론 결론은 또다시 자기 자신으로 귀결되긴 해도, 어이가 없는 자의적인 엉터리 분석이다. 이어서 제시되는 주장들도 마찬가지고. 219번과 연결되는 내용이다.

✽ 218. 하늘과 땅의 도(道)를 단 한마디로 표현하자면, (바로 지극한 정성[간절함]의 다른 표현인) 다함(盡)이다. (다함이라는 지극한 정성) 그것이 만물을 생육(生育)할 땐 (하늘과 땅이라는 별개의) 두 가지가 아니(라 하나로 조화를 이루되 수많은 변화를 품고 있)기에 (그로 인해 생육하는) 만물의 (종류와) 각각의 독특함이 (이루) 헤아릴 수 없다. 하늘과 땅의 도는, 넓고 두텁고 높고 밝고 오래 지속되고 영원하다.

…『중용』26장

✽ 219. (인간에게 본래부터 있는) 지극한 정성[간절함]은 하늘의 도(道)이고[성자 천지도야(誠者 天之道也)], (살면서) 그 지극한 정성[간절함]을 닦(고 드러내려고 노력하)는 것은 사람의 도(道)이다[성지자 인지도야(誠之者 人之道也)]. 지극한 [간절한] 사람은 (애써) 힘쓰지 않아도 (용(庸) 또는 화(和)에) 알맞게 되고, (굳이) 생각하지 않아도 (중(中)을) 알게 되며, (무엇이든) 자연스럽게 해도 (그것이) 도에 알맞으니, 성인(의 경지에 이른 셈)이다. 지극한 정성[간절함]을 닦(고 드러내려고 노력)하는 방법은, 선(善)을 선택해서 (그것을 자나 깨나) 놓지 않는 것이다[택선이고집지자야(擇善而固執之者也)]. (선을 선택해서 자나 깨나 놓지 않으려면) 그에 관한 모든 것을 배우고[박학지(博學之)], (이해되지 않는 것은) 자세히 묻고[심문지(審問之)], 신중(하게 곰곰)히 생각하고[신사지(愼思之)], 명확하게 분별하고[명변지(明辨之)], 온 힘을 다해 행해야 한다[독행지(篤行之)].

…『중용』20장

지극한 정성[간절함]이라는 뜻인 '성(誠)'은 일상적으로도 '뭔가에 대한 노력이 꽉 찬 상태'라는 의미로 사용된다. 이것은 실천적 행위의 의미가 강하고, 그래서 '용(庸)'과 연결된다. 그런데 '성(誠)'은 공평무사(公平無私)하다는 뜻도 가지고 있다. 이것은 '중(中)'과 연결된다. '성(誠)'이라는 단 한 글자에 중용(中庸)의 뜻이 모두 들어있는 셈이다. 217번의 마지막 문장 '불명호선'에서의 '명선(明善)'과 연결되는 '택선이고집지자야'에서의 '택선(擇善)'은, '명선'과는 달리 다양한 해석 간에 거의 교집합이 없을 정도다. 전문가들의 그런 어려운 해석들 말고, 일상적인 다른 방법으로 접근해 보는 건 어떨까? 선(善)에도 수준에 있어서 크고 작음이 있다면(153번), 충분히 특정 상황에 더 적절한 선을 택하는 게 가능해진다. 그리고 그런 능력을 키우기 위해선, 선에 관해서 '배우고 묻고 생각하고 분별하고 행동'해야 한다는 마지막 문장과의 연결도 매끄럽고.

『중용』은 여러 사람의 손때가 묻으면서 지저분해진 것뿐이지, 철학적이거나 어려운 책이 아니다. 조미료인 '하늘'과 '본성'을 빼고 보면, 공자의 주장은 명확하다. 공자의 목적은 사회 질서 확립이었고, 방법은 지배 계층 개개인이 가문에서부터 주례를 익히는 것이었으며, 모든 관심은 사람 사이의 예절과 그것을 가르치는 교육이었다. '하늘'과 '본성'은 자기의 주장에 정당성을 부여하기 위해 첨가한 조미료다. 다만 조미료가 여기저기 무분별하게 들어가다 보니 음식 본연의 맛이 사라져 버린 것뿐이다. '이기적 유전자'가 이해를 돕기 위해 의인화시킨 표현인 것처럼, '하늘의 명(命)'(66번)이나 '하늘의 도(道)'(219번)도 우리가 생각하는 인격적이고 초월적인 존재가 아니라 이해를 돕기 위해 인격을 부여한 표현일 뿐이다. '자연의 법칙[본성]'이라는 표현은, 사람에게 마땅히 있어야 하거나 사람이 마땅히 갖춰야 할 그 무엇에 공자가 어김없이 붙이는 꼬리표다.

『중용』의 핵심을 쉬운 말로 요약하면 이렇다. '사람을 비롯해 모든 만물은 저마다의 고유한 본성(性)을 타고 태어난다. 대부분 동식물은 그 본성을 최대한(誠) 따르면서(道) 동시에 어느 한쪽으로 치우치지도 않고(中

庸) 주위 모든 것과 조화를 이루며(中和) 잘 살아가는데, 유독 사람만은 본성에 무관심하고 여러 외부적인 요인으로 인해서 본성이 흐려지곤 한다. 그래서 사람에게게만은 교육(敎)이 필요하다.' 조금 더 요약하면 '본성을 따르지 않아서 모든 혼란과 어려움이 닥치는 것이니, 지극 정성의 노력을 기울여 자신의 본성이 무엇인지 찾고 그 본성을 밝게 닦아야 한다'라는 것이고, 한마디로 요약하면 '지성(至誠)이면 감천(感天)'이라는 것이며, 한 글자로 요약하면 바로 '지극한 정성[간절함](誠)'이라고 할 수 있다.

지성(至誠)이면 감천(感天), 즉 '지극한 정성[간절함]이 곧 하늘의 도(道)'라는 말을 힌두교의 전신(前身)인 브라만교에서는 '당신이 곧 그것(탓 트밤 아시, Tat tvam asi)'이라고 말한다. 자아(自我)인 아트만(atman)이 곧 우주의 궁극적 원리이자 진리인 범아(梵我) 즉 브라흐만(Brahman)이라는 것인데, 이것을 힌두교와 불교에서는 '범아일여(梵我一如)'로 표현한다.

✻ 220. 공자가 (제자들과 함께) 초나라로 가는 길에 숲속을 지나다가 곱사등 노인[구루자(痀僂者)]이 매미를 마치 (땅에 떨어진) 물건을 줍는 것처럼 너무도 쉽게 잡는 것을 보고 물었다. "재주가 좋으시군요. 무슨 비결이라도 있습니까?" "비결이 있지요. 손바닥 위에 구슬 두 개를 포개 놓아도 떨어뜨리지 않을 정도가 되면 매미를 잡을 때 (잡는 횟수보다) 놓치는 횟수가 줄어들고, 구슬 세 개를 포개 놓아도 떨어뜨리지 않을 정도가 되면 매미를 잡을 때 놓치는 횟수가 열 번에 한 번 정도가 되며, 구슬 다섯 개를 포개 놓아도 떨어뜨리지 않을 정도가 되면 마치 땅에 떨어진 물건을 줍는 것처럼 잡을 수 있습니다. 지금의 나는 내 몸을 그루터기처럼 팔은 나뭇가지처럼 만든 셈입니다. 비록 광활한 천지에 수많은 사물이 있지만, (지금 내겐 광활한 천지에) 오직 (단 하나의 사물 즉) 매미 날개만 있다고 느껴질

뿐입니다. 어떤 상황에도 내 몸과 마음은 오로지 매미 날개에만 집중되어 있으니, 어찌 (매미를) 놓치겠습니까?” 공자가 제자들에게 말했다. “뜻[의지]을 한 가지 일에 집중하면 귀신과 다를 것이 없게 된다고 했는데, 바로 저 노인을 두고 한 말 같구나.”

…『장자』《외편》 12. 〈달생〉

✻ 221. (군자라면 하늘의 도(道)를) 배우지 않음이 있을지언정 (일단) 배우기 시작했다면, 능(熟)해질 때까지 (멈추거나) 그대로 두지 않아야 한다. 묻지 않음이 있을지언정 (일단) 묻기 시작했다면, (모든 걸 온전히) 알 때까지 (멈추거나) 그대로 두지 않아야 한다. 생각하지 않음이 있을지언정 (일단) 생각하기 시작했다면, (결론을) 얻을 때까지 (멈추거나) 그대로 두지 않아야 한다. 분별하지 않음이 있을지언정 (일단) 분별하기 시작했다면, (모든 이것과 저것의 분별에) 밝아질 때까지 (멈추거나) 그대로 두지 않아야 한다. 행하지 않음이 있을지언정 (일단) 행하기 시작했다면, (그것이 습관이 되어) 굳어질 때까지 (멈추거나) 그대로 두지 않아야 한다. **다른 사람은 단 한 번에** (하늘의 도(道)에) **능해지는데 자기는** (그렇지 못하더라도 타인과 비교하지 말고 능숙해질 때까지) **백 번**(이라도) **하고, 다른 사람은 열 번 만에 능해지는데 자기는** (그렇지 못하더라도 타인과 비교하지 말고 능숙해질 때까지) **천 번**(이라도) **해야 한다.**

…『중용』20장

219번 마지막 문장의 '배우기·묻기·생각하기·분별하기·행동하기'를 하나씩 거론하면서, 멈추지 않고 흔들리지 않고 끝까지 노력하고 또 노력할 것을 당부하고 있다. 다른 사람은 한 번 만에 또는 열 번 만에 터득하든 말든, 신경 쓰지 말고 말이다.

 고전일까 정치일까

✽ 222. 5. (아르주나여!) 누구라도 행위를 하지 않고는 한순간도 살 수 없고, 모든 생명체는 그 본성상 (숨 쉬고 소화하고 자는 것처럼) 자기의 의지와는 무관하게 (무의식적인) 행위를 할 수밖에 없다. 8. (그러니 그대는 신으로부터) 명령받은 (그대의 신분과 지위에 맞는) 일을 하기만 하면 된다. (어떤 결과가 나오든) 행동하는 것(行)이 행동하지 않는 것(非行)보다 낫기 때문이다. 9. 제사를 제외하면, 이 세상의 (모든) 행위는 속박되어 있다[온전한 것이 없다]. 10. 태초에 (브라흐만이 주신(主神)이 되기 전의 주신이었던) 프라자파티(Prajapati)가 제사를 통해 사람을 만든 후 이렇게 말했기 때문이다. "(너희는) 제사와 더불어 번성하리라. 제사가 너희 모든 소원의 (원하는 것은 모두 이루어 준다는 인드라(Indra)의 신비스러운 암소인) 카마두크(Kamadhuk)가 되리라." 14. 모든 생명체는 음식을 통해서, 음식은 비를 통해서, 비는 제사를 통해서, 제사는 행위를 통해서 15. 행위는 브라흐만을 통해서 생겨나고, 브라흐만은 (다시 처음으로 돌아가) 모든 생명체로부터 생겨난 것임을 알아야 한다. 모든 것 속에 두루 존재하는 브라흐만은 언제나 제사 위에 거한다는 사실을 잊지 말라.

…『바가바드기타』 3장

'제사'란 고대에는 글자 그대로 제사를 의미했지만, 힌두교가 확립되면서 의미가 변했다. 결과나 보상에 집착하지 않고 다르마[의무]에 따라 마땅히 해야 할 일을 하면서 타인을 자신처럼 생각하며 즐겁게 하는 행위가 곧 제사요, 그런 행위의 과정 과정이 희생이며 헌신이고, 이것이 바로 『중용』의 핵심 중 하나인 '지극한 정성[간절함]'이다.

✽ 223. 스스로(의 본성을) 지극 정성으로[간절히] 밝게 만드는 것이 본

성이고[자성명 위지성(自誠明 謂之性)], 스스로(의 본성을) 밝게 만들기 위해 지극한 정성[간절함]을 다하는 것이 교육이다[자명성 위지교(自明誠 謂之敎)]. 지극한 정성이 곧 (본성을) 밝게 하는 것이고, (본성을) 밝게 하는 것이 곧 지극한 정성이다[성즉명의 명즉성의(誠則明矣 明則誠矣)].

…『중용』21장

어렵게 보자면 한도 끝도 없지만, '지극한 정성[간절함](誠)'에 중점을 두면 그것이 곧 '본성(本性)'이고, '깨끗이 닦아 드러내고자 하는 노력[(明)]'에 중점을 두면 그것이 곧 '교육'이라는 건데, 두말하면 입 아플 정도로 당연한 말이다. 다르게 말하면 이렇다. **만화 주인공인 나루토(Naruto)의 잠재력은 생사가 오갈 정도의 고통과 위험의 순간에 그것을 극복하려는 지극한 정성[간절함]을 통해 비로소 드러나는데, 그런 경험의 횟수가 계속될수록 점점 더 원할 때 불러내서 사용할 수 있을 만큼 익숙해진다. 한번 불러내 본 경험이 있다고 끝난 게 아니다. 즉각성과 더불어 점진성이 필수적이다.**

마찬가지로 나루토의 잠재력에 해당하는 사람의 본성도, 고통과 위험과 유혹의 순간에 그것을 극복하려는 지극한 정성[간절함]이 없으면 드러나지 않는다. 지극한 정성[간절함]만이 본성을 깨울 수 있는 유일한 알람 시계라는 말이다. 이것이 바로 224번의 첫 문장이다. 그리고 원할 때 불러내서 사용할 수 있을 만큼 익숙해질 때까지 나루토가 수없이 같은 경험을 반복했듯이, 그런 지극한 정성[간절함]이 몸과 마음에 습관이 되어 무의식중에도 늘 흘러넘치게 하는 것이 교육이다. 선한 것은 고작 몇 번으로는 완성되지 않는다. 무의식에 체화될 때까지, 오랜 시간 지겨우리만치 우직하게 행하고 또 행해야 한다. 그래야 선하다고 상 받을 자격이 있지 않을까?

✱ 224. 오직 지극한 정성[간절함]이 (뒷받침 되)어야 자신의 본성을 온전히 (드러내고) 사용할 수 있다. 자신의 본성을 온전히 (드러내고) 사용할 수 있다면 곧 (다른) 사람의 본성도 온전히 (드러내어) 사용하게 할 수 있고, (다른) 사람의 본성도 온전히 (드러내어) 사용하게 할 수 있다면 곧 만물의 본성도 온전히 (드러내어) 사용할 수 있으며, 만물의 본성을 온전히 (드러내어) 사용할 수 있다면 곧 하늘과 땅이 조화로움으로 만물을 양육하는 것을 도울 수 있게 되고, 하늘과 땅이 조화로움으로 만물을 양육하는 것을 도울 수 있다면] 곧 하늘과 땅의 섭리에 더불어 동참할 수 있게 될 것이다.

…『중용』22장

『대학』은 모든 것의 근본이 수신(修身)이라고 말하고, 『중용』은 수신의 정성이 지극하면 감천(感天)한다고 말한다. 감천은 하늘이 감동했다는 것이고, 그것은 지극한 정성(至誠)을 들인 사람의 뜻에 맞춰 자연의 섭리가 변한다는 말인 동시에 지극한 정성을 들인 사람이 자연의 섭리에 영향을 끼친다는 뜻도 되며, 그것은 곧 지극한 정성을 들인 사람은 자연의 섭리에 동참할 정도의 레벨이 된다는 뜻이다. 다만, 중간의 논리 전개 과정은 비현실적이다. 이런 공자의 비약은, 이제 놀랍지도 않다.

✱ 225. 14. 언제나 지극한 정성[간절함]을 지니고 늘 나를 기억하는 사람에게, 나는 쉽게 모습을 드러낸다. 28. 이것을 아는 사람은 베다·제사·고행·보시(普施) 등에 규정된 공덕(功德)의 결과를 모두 초월해서 지고(至高)의 경지로 나아갈 수 있다.

…『바가바드기타』8장

✱ 226. 23. 다른 신들을 섬기는 자들이라고 해도, (지극한 정성[간절함]

과) 온전한 믿음으로 하는 이상, 그들도 나만을 공경하는 셈이다. 비록 올바른 길을 따르는 것은 아닐지라도. 26. 그가 누구든 (지극한 정성[간절함]과) 온전한 믿음을 가지고 나에게 잎새 하나, 꽃 한 송이, 과일 한 알, 혹은 물 한 잔을 바친다면, 나는 그 사람의 사랑과 경건을 (소중히) 받을 것이다. 27. 무슨 일을 하거나, 무엇을 먹거나, 무엇을 바치거나, 무엇을 베풀거나 또 어떤 고행을 하거나, 그대는 내게 제사[희생과 헌신]를 올리는 마음으로 해야 한다. 31. (어떤 사람이라도 지극한 정성[간절함]과) 온전한 믿음으로 내게 귀의(歸依)한 자는 멸망하지 않으리라.

…『바가바드기타』 9장

『바가바드기타』에는 일신(一神)도 다신(多神)도 범신(汎神)도 없다. 오직 브라흐만을 향한 믿음[신앙]만이 있을 뿐이고, 필요한 게 바로 '지극하고 정성스러운 마음[간절함]'이다. 그리고 지극하고 정성스러운 마음을 상징하는 단 한 단어가 바로, 힌두교와 불교에서 가장 위대한 진언(眞言, 만트라)이라고 말하는 '옴(唵, aum/om)'이다. 'ㅏ·ㅜ·ㅁ' 세 음이 합해져 있는 모습으로, 삼위일체를 상징한다. 그림은 고대 인도의 산스크리트어와 팔리어 등을 기록할 때 사용된 문자로, 현재는 힌디어와 네팔어 등을 기록하는 데 사용되고 있는 데바나가리 문자(Devanagari)로 '옴'을 형상화한 것이다.

✱ 227. 그다음은 (하늘과 땅의 섭리로 확장한 것을 다시 거꾸로 축소해서) 구석구석(아주 작은 일들)에도 지극한 정성[간절함]을 쏟아야 한다. 지극한 정성을 쏟으면 (비로소 겉으로) 드러나고, 드러난 후에는 이내 (구체적인 형태를 띠면서) 뚜렷해지며, 뚜렷해진 후에는 이내 (그 의도했던 바가 무엇인지)

명확해지고[밝아지고], 명확해진 후에는 이내 (사람을) 감동시키며, (사람을) 감동시키면 이내 (그들의 행동이) 변하게 되고, (그렇게 그들의 행동이) 변하면 (그때야 비로소 결실을 맺어 새로운 것이) 탄생하(고 자라)게 된다. 오직 (천하의) 지극한 정성[간절함]을 기울이는 사람만이 능히 (모든 것을) 변화시킬 수 있다.

…『중용』23장

✱ 228. 지극한 정성[간절함]을 지속하면 (어떤 사건이 발생할 것 같은 징조나 조짐을) 미리 알 수도 있다. (…) 화 또는 복이 오려 할 때, (지극한 정성을 기울이는 사람은) 분명 그 징조가 선한 것인지 또는 선하지 않은 것인지를 미리 알아보기 마련이다. 그러므로 지극한 정성은 신과 같다고 할 수 있다[지성여신(至誠如神)].

…『중용』24장

영조(英祖)(1694~1724~1776)가 죽고 25세의 나이로 정조(正祖)(1752~1776~1800)가 즉위했다. 권력을 장악한 서인(西人) 계열의 노론(老論)과 대척점에 있던 장헌세자[사도세자]의 아들이었기에 지지기반이 거의 없던 정조는, 어려서부터 노론으로부터 암살의 위협 속에서 살았다. 그런 정조의 모습을 다룬 영화가 현빈 주연의 〈역린〉(2014)이고, 그중 정조 역의 현빈이 실천은커녕 학문적으로도 노론이 아는 것 하나 없음을 지적하면서 신임하던 신하 상책 역의 정재영에게 읊어보라고 시킨 부분이 바로 224번에 이어지는 227번이다.

✱ 229. (군자도 미워하는 것이 있냐는 제자 자공의 물음에 공자가 답했다) 다른 사람의 단점을 말하는 것을 미워하고, 낮은 지위에 있으면서 윗사람을

헐뜯는 것을 미워하고, 용기만 있고 예가 없는 사람을 미워하고, 과감하기만 할 뿐 융통성 없이 막혀있는 사람을 미워한다.

…『논어』 17편 〈양화〉

✱ 230. 맨손으로 호랑이를 잡고 맨몸으로 강을 건너면서 죽어도 후회하지 않는다는 (생각 없이 무모한) 사람과는, 함께하지 않을 것이다[오불여야(吾不與也)]. **반드시 일을 앞에 두고 두려워하면서 계획을 잘 세워 마침내 일을 완성하는 사람과 함께할 것이다.**

…『논어』 7편 〈술이〉

✱ 231. 자로(子路)가 '강함[용맹]'에 관해 묻자, 공자가 말했다. "남쪽 사람들의 강함을 말하는 것이냐? (아니면) 북쪽 사람들의 강함을 말하는 것이냐? 그것도 아니면 네(가 생각하는) 강함을 말하는 것이냐? 너그럽고 부드러움으로써 가르치고 무지막지함에 (맞서지 않고 유도나 태극권처럼 상대의 힘을 흘려보내) 보복하지 않는 것이 남쪽 사람들의 강함인데, (그것이) 군자의 (살아가는) 모습이다. 무기와 갑옷으로 (온통) 무장한 채 (전쟁터에서) 죽는 것에 (조금도) 개의치 않는 것이 북쪽 사람들의 강함인데, (그것은 성격이) 불같은 자의 (살아가는) 모습이다."

…『중용』 10장

자로는 비록 생각은 깊지 못했지만, 무술과 용맹함이 뛰어났으며 성실하고 우직했다. 그래서 공자에게 혼나기도 많이 혼났지만, '내가 뜻하는 도(道)가 이 세상에 행해지지 않아 뗏목을 타고 멀리 떠난다면, 나를 뒤따를 사람은 아마도 자로일 것'(『논어』 5편 〈공야장〉)이라고 인정받기도 했다. 예수에게 있어서 베드로였던 셈이다. 남방과 북방을 대비시킨 공자의 주장은 『주역』에 근거한 것인데, 남방과 북방의 대체적인 특징을 나누는 선

에서 멈췄더라면 좋았을 것을, 둘 중 하나를 군자의 모습이라고 규정한
건 큰 실수다. 음과 양 중 어느 하나만 옳다고 하는 건, 무지(無知)한 말이
기 때문이다.

✽ 232. 백성들이 (싫어하고) 꺼리는 것은 외로움[고인(孤人)]과 덕의 부
족함[과인(寡人)]과 정성의 부족함[불곡인(不穀人)]인데, 이 세 가지는 통치
자나 삼공(三公)이 자신들을 지칭하는 말이기도 하다. (통치자가 이처럼 자
기를 낮춰 겸손하게 포장하는 이유는 아마도) 때로는 낮추(고 덜어내고 손해를 보)
는 것이 (오히려) 이익이 되고, 더하(고 보태고 얻)는 것이 (오히려) 손해가 되
기도 하기 때문인 것 같다[물 혹손지이익 혹익지이손(物 或損之而益 或益之而
損)]. 사람들이 가르치는 것이 곧 내가 가르치는 것이기도 한데, (그것은)
힘(이나 권세)만 앞세우는 사람은 자기 명(命)대로 살지 못한다는 것이다.
나도 이것을 내 가르침의 으뜸으로 삼고자 한다.

…『도덕경』 42장

✽ 233. 명예와 목숨 중 어느 것을 더 사랑해야 할까? 목숨과 재산 중
에선 어느 것이 더 소중할까? (명예와 재산을) 얻는 것과 잃는 것 중에선 어
느 것이 더 해로울까? (명예를) 지나치게 좋아하는 만큼 손실[낭비]도 크
고, (재산을) 많이 쌓아 둬봐야 곧 잃어버리게 된다. (그러므로) 만족할 줄
알면 부끄러운[치욕스러운] 일을 당하지 않고, 적당할 때 그칠 줄 알면 위
태로운 일을 당하지 않게 되어, 오랫동안 (목숨과 통치를) 이어갈 수 있다
[가이장구(可以長久)].

…『도덕경』 44장

✽ 234. 천하에 도(道)가 행해질 때는 (전쟁터를 누비던) 말이 농사짓는
(원래의) 쓰임으로 돌아가서 그 거름으로 땅을 비옥하게 하지만, 천하에

도가 문란해질 때는 (전쟁이 끊이지 않는 탓에 전쟁터로 끌려간) 말이 (원래의 쓰임으로 돌아가지 못한 채) 성 밖 (들판)에서 평생을 살아가게 된다. 만족할 줄 모르는 것보다 더 큰 화는 없고, (충분히 가지고 있음에도 더) 소유하려는 욕심보다 더 큰 허물은 없다. (따라서 자기가 처한 현실과 상황이) 충분히 만족할 만함을 안다면, 늘 만족 속에서 살아갈 수 있다.

……「도덕경」 46장

✽ 235. **지혜로운 사람은 물을 좋아하고**[지자요수(知者樂水)], **어진 사람은 산을 좋아한다**[인자요산(仁者樂山)]. **지혜로운 사람은 동적이고 인자한 사람은 정적이며**[지자동 인자정(知者動 仁者靜)], **지혜로운 사람은 활력이 넘치게**[즐겁게] **살고 인자한 사람은** (살얼음판인 정계(政界)에서 그나마 오래) **목숨을 부지(扶持)한다**[지자락 인자수(知者樂 仁者壽)].

…「논어」 6편 〈옹야〉

적절하고 좋은 비유다. 지혜로운 사람은 우주 만물의 속성인 끊임없는 '변화'를 추구하기에, 대체로 쉬지 않고 흐르는 물을 좋아한다. 인자한 사람은 늘 한결같은 평상심과 행동을 추구하기에, 대체로 늘 같은 곳에서 우리를 반겨주는 산을 좋아하고. 그래서 단순화하면, 지혜로운 사람은 동적이고 인자한 사람은 정적이라고 할 수 있다. 다만 늘 행동하고 문제를 해결하고 변화를 추구하다 보니 지혜로운 사람은 활력이 넘치게 살 수는 있지만, 시대와 때를 잘못 만나면 제거 대상 영순위가 되기 십상이다. 이런 면에서 인자한 사람이 지혜로운 사람보다는 조금이나마 더 오래 산다는 말이다. 즉 마지막 구절 '인자수'는, 일반적인 장수(長壽)가 아니라 정치 인생을 가리키는 것이니 오해 없길 바란다.

✽ 236. 사람이 멀리 내다볼 줄 모르면[인무원려(人無遠慮)], 반드시 가까이에서 근심할 일이 생긴다[필유근우(必有近憂)].

…『논어』15편 〈위령공〉

✽ 237. 군자의 마음은 안정적이고 너그럽지만[군자 탄탕탕(君子 坦蕩蕩)], 소인은 언제나 조바심 내고 두려워한다[소인 장척척(小人 長戚戚)].

…『논어』7편 〈술이〉

✽ 238. 군자는 남의 장점은 완성되게 하지만[군자 성인지미(君子 成人之美)], 남의 단점은 실현되지 않게 한다[불성인지악(不成人之惡)]. 소인(小人)은 이와 정반대다[소인 반시(小人 反是)].

…『논어』12편 〈안연〉

✽ 239. 군자는 사람들과 화합하지만 (주관 없이 남이 하는 대로 따라 하는) 부화뇌동(附和雷同)은 하지 않고[군자 화이부동(君子 和而不同)], 소인은 부화뇌동하나 사람들과 화합하지 못한다[소인 동이불화(小人 同而不和)].

…『논어』13편 〈자로〉

말장난 같지만, '화합(和合)'과 '동일성(同一性)[획일성]'은 전혀 다른 의미다. 화합을 다양한 색이 조화를 이뤄 예쁘게 만들어진 색동옷이라면, 동일성은 상복(喪服)처럼 단색의 옷이라고 할 수 있다. 화합이 주체성을 지닌 개인들의 모임이라면, 동일성은 주체성을 잃은 개인들의 결합이다. 음과 양이 '따로 또 같이' 존재하듯, 레바논계 미국 시인 칼릴 지브란(Kahlil Gibran)이 '함께 있되 그사이에 거리[공간]를 두라'라고 사랑하는 사람들에게 조언했듯, 화합해야지 똑같아지면 안 된다. 개성과 주체성을 상실한 결과 똑같아지면, 한병철이 지적한 투명 사회[23] 즉 구성원들 간에 '거리(distance)'와 '아름다움'과 '의미'가 사라져 역겨움만 남는 사회가 되고 만다.

✽ 240. 제(齊)나라 선왕(宣王)이 물었다. "어떻게 하면 자질 없는 자들을 알아내 제거할 수 있겠소?" "어진 사람을 등용할 때 마지못해서 하는 것같이 해야 합니다. 신분이 낮은 사람이 신분이 높은 사람을 뛰어넘는 지위에 앉을 수도 있고, 관계가 먼 사람이 가까운 사람을 뛰어넘는 지위에 앉을 수도 있기에 신중해야 합니다. 측근이나 관리들이 모두 특정인을 어질다고 말하더라도 믿어선 안 됩니다. 백성들 모두가 어질다고 말하면, 그때도 주의 깊게 살펴본 후에 등용하십시오. 측근이 누군가를 그대로 두어서는 안 된다고 할 때도 이렇게 하셔야 합니다. 이렇게 한 후에라야 비로소 백성의 부모가 될 수 있습니다."

…『맹자』1편 〈양혜왕 하〉 7장

✽ 241. **여러 사람이 싫어하는 것일지라도 반드시 살펴야 하고**[중오지 필찰언(衆惡之 必察焉)], **여러 사람이 좋아하는 것일지라도 반드시 살펴야 한다**[중호지 필찰언(衆好之 必察焉)].

…『논어』15편 〈위령공〉

✽ 242. (군자란) 이루어진 일은 더 이상 논하지 않고[성사불설(成事不說)], 끝난 일은 더 이상 따지지 않으며[송사불간(遂事不諫)], 지난 일은 더 이상 탓하지 않는 법이다[기왕불구(旣往不咎)].

…『논어』3편 〈팔일〉

정치인 또는 리더라면 늘 어떤 일에든 '합리적 의심'을 습관화하고(240번/241번), 벌어진 일에 대해선 더 이상 왈가왈부하지 말고 어떻게 해결할 것인지에만 몰두하라는 말이다(242번). 공자가 미처 말하지 않은 부분을

---

23 한병철, 『투명사회』(2012)

　　　　고전일까 정치일까

첨가하면, 해결한 후에는 반드시 왜 그런 일이 발생했는지 반드시 원인을 철저하게 분석하고 반성해야 한다. **일이 벌어졌을 땐 해결에만 집중하고, 해결한 후에는 철저한 원인 분석과 반성을 통해 다시는 같은 종류의 일이 발생하지 않도록 대비책을 세워둬야 한다는 것이다.**

일이 발생했을 때 "거봐! 내가 뭐랬어!"라며 지난 일을 들추며 자기만 쏙 빠져나가려는 사람, "다 누구 때문이야!"라며 타인에게 책임을 전가하는 사람, "뭐! 별거 아니네!"라며 일을 해결한 사람의 능력과 방법을 과소평가하려는 사람, "해결했거나 끝났으면 됐지, 뭐 하러 지난 일을 들추는데?"라며 해결 후의 철저한 분석과 반성을 거부하는 사람이 주위에 있다면, 멀리하라! 그런 사람들 속에 있느니, 혼자 있는 게 훨씬 낫다. 먹을 게 정말 없다고 독약을 먹을 순 없지 않은가? 특히 우리나라 사람들의 성향상 마지막 말을 많이 한다. 그래서 일제의 잔재도, 독재의 잔재도, 사대주의의 잔재도 어느 것 하나 해결하지 못한 채 여전히 그 영향력 아래서 똑같은 고통을 반복해서 당하고 있다.

✱ 243. 백성이 즐거워하는 것을 즐거워하면 백성들 또한 그 윗사람의 즐거워함을 같이 즐거워하고, 백성의 근심을 걱정해 주면 백성들 또한 그 윗사람의 근심을 걱정합니다. 천하가 다 같이 즐거워하는 것을 함께 즐거워하고, 천하가 다 같이 근심하는 것을 함께 걱정합니다. 그렇게 하고서도 왕 노릇을 하지 못하는 사람은 있지 않습니다.

…『맹자』1편 〈양혜왕 하〉 4장

✱ 244. 요임금과 순임금이 인(仁)으로 천하를 다스릴 때는 백성들이 (그들의 인(仁)을) 따라 했고, (반대로) 걸왕과 주왕이 폭력으로 천하를 다스릴 때는 (역시) 백성들이 (그들의 포악함과 폭력을) 따라 했다. 그 명령하는 바

가 백성들이 좋아하는 것과 일치하지 않는다면, 백성들은 따르지 않는다.

···『대학』《전문》 9장 〈제가/치국〉

아무리 봐도, 244번의 앞 문장과 뒤 문장은 관련성이 없다. 두 문장을 억지로 연결해 놓은 느낌이다. 혹여 244번을 보며 역시 '윗물이 맑아야 아랫물이 맑은 법'이라는 격언을 떠올린 사람이 있다면, 연탄은 '아래 불이 세야 위 불이 붙는 법'이라는 말을 하고 싶다. 모든 것은 좋고 나쁨이 없다. 그것을 우리 각자가 어떻게 받아들여서 해석하고 어떤 '상황'에 사용하느냐에 따라 비로소 선악의 구별이 생긴다. 따라서 모든 건 자기 '스스로' 결정해야 하지만, 보다 더 좋은 결정을 할 수 있기 위해선 다양한 분야에 걸쳐 많이 공부해야 한다. 평생 말이다.

244번의 뒤 문장에 대해 한마디 덧붙이자. 과연 백성들이 좋아하는 것이 무엇일까? 분명 어떤 의도적인 노력도 들어가지 않은 채 본능에 따른 자연스러운 상태를 가장 편하게 여기고 좋아할 것이다. 그렇다면 그런 가장 자연스러운 상태는 어떤 걸까? 바로 엔트로피(entropy)가 가장 높은 무질서한 상태다(152번). 쉬고 앉고 눕고 자고 먹고 놀기만을 바라는 니체의 '중력의 영'이기도 하고. 따라서 백성들은 본성상 그들이 좋아하는 것과 일치하지 않으면 따르지 않는 법이라고 해서, 백성들이 좋아할 만한 것들만 추구한다면 파퓰리즘(대중영합주의, Populism)이 될 수밖에 없다는 딜레마(dilemma)가 있다.

✱ 245. 백성들의 성정(性情)은 재봐서 긴 것을 취하고, 달아봐서 무거운 것을 취하고, 헤아려 봐서 이익되는 것을 찾는다. 군주가 시속(時俗)을 관찰하지 않고 나라의 근본을 살피지 않으면, 설령 법률이 확립되어 있을

지라도 백성들이 혼란스러워하고, 그 결과 일이 번잡해지고 성과도 적어진다. 이것이 내가 말하는 권력자들의 과실(過失)이다. (…) **명리(名利)[명예와 이익]가 모이는 곳에 백성들이 들끓기 마련이다. 농사는 백성들이 힘들어하는 일이고 전쟁은 위험하게 여기는 일이다. (그런데도 그들이) 힘든 일과 위험한 일을 하는 것은, 득실을 따져본 결과 이익이 있다고 판단하기 때문이다.** 백성들은 살아서는 이익을 계산하고, 죽어서는 이름을 남기기를 원한다. 이익이 땅에서 나올 때 백성들은 있는 힘을 다해 농사를 지을 것이며, 명예가 전쟁터에서 나올 때 백성들은 죽기 살기로 싸울 것이다. (…) 형벌은 그릇된 행위들을 금지하기 위한 것이고, 포상은 금지의 효과를 더 낼 수 있도록 돕기 위한 것이다.

…『상군서』 6편 〈산지〉

✱ 246. 뱀장어는 뱀과 같고 누에는 벌레와 같다. 사람은 뱀을 보면 놀라고, 벌레를 보면 소름이 돋는다. 그러나 어부는 태연하게 뱀장어를 잡고, 여인들은 아무렇지 않게 누에를 만진다. 이익이 되는 일이라면, 누구나 용사(勇士)가 되는 법이다. (…) (장자의 친구인) 혜자(惠子)는 이렇게 말했다. "예(羿)가 활의 명수(名手)라는 사실을 잘 알고 있었기 때문에 월나라 사람들이 예(羿)를 위해 과녁을 들고 서 있을 수 있었다. 그러나 어린아이가 활을 쏠 때는 화살이 어느 쪽으로 날아갈지 모르기 때문에 그의 어머니라도 도망칠 것이다."

…『한비자』 23편 〈설림 하〉

✱ 247. 다 같이 부모의 뱃속에서 잉태되어 나왔지만, 아들은 축하를 받고 딸은 천대받거나 심지어 죽게 된다. 이것은 부모가 장래 자기에게 돌아올 편익(便益)[이익]을 계산해서 행동하기 때문이다.

…『한비자』 46편 〈육반〉

✽ 248. 세상을 다스리는 데는 인정(人情)에 기초해야 한다. 인정(人情)이란 이익을 좋아하고 손해를 싫어하는 것이다.

…『한비자』 48편 〈팔경〉

✽ 249. 어렸을 때 부모가 양육을 소홀히 하면 어른이 되어 부모를 원망하고, 자식이 어른이 되어 부모에게 효도를 다 하지 않으면 부모는 서운히 여겨 자식을 나무라고 원망한다. 부모 자식 사이가 원래 세상에서 가장 친밀한 사이임에도 불구하고 서로 원망하고 나무라는 일이 생기는 것은, 부모나 자식 모두 상대방에게 의지하여 자기만을 위해주기만을 바랄 뿐이기 때문이다.

…『한비자』 32편 〈외저설 좌상〉

친구들이나 지인들 또는 직장 동료들을 보자. 그들이 나에게 잘해주는 것이 과연 순수하게 나를 위해서일까? 세상 좀 산 사람치고 그렇다고 대답할 사람은 거의 없을 것이다. 어른들은 '잘 나갈 때나 친구지'라는 말을 곧잘 한다. 국회의원들이 때마다 땀 뻘뻘 흘리며 유세하러 돌아다니는 게 정말 국민을 위해서 일하고 싶어서일까? 아니다. 모두 자기의 이익 때문이다. 순자는 사람은 태어날 때부터 자신의 이익을 추구하는 이기적인 존재라고 생각했다. 제자 한비는 '사람은 이기적'이라는 순자의 주장을 근거로 하되, 그 방법에 있어서는 순자의 (교육을 통한) 예치(禮治)가 아니라 상과 벌에 근거한 법치(法治)를 채택했고. 물론 '모두가 서로를 사랑하고, 서로를 이롭게 하라[겸상애 교상리(兼相愛 交相利)]'는 묵자의 공리주의적인 사상도 어느 정도 수용했다.

✽ 250. 왕도정치에 관해 묻는 제(齊)나라 선왕(宣王)에게 맹자가 답했

다. "옛날 주나라 문왕이 기(岐) 땅을 다스릴 때 경작자에게는 정전제(井田制)로 하였고, 관리에게는 그 녹(祿)을 대대로 주었고, 관문(關門)과 시장에서는 사정을 살피면서도 세를 징수하지 않았고, 물고기를 잡아먹는 것을 금하지 않았고, 죄인의 처자식에게까지 형벌이 미치지 않게 하였습니다. 늙고 아내가 없으면 홀아비[환(鰥)]라 하고, 늙고 남편이 없으면 과부[과(寡)]라 하고, 늙고 자식이 없으면 외로운 사람[독(獨)]이라 하고, 어리고 아비가 없으면 고아[고(孤)]라고 합니다. 이 네 부류의 사람들은 천하의 궁박(窮迫)한 백성들로서 호소할 곳이 없는 사람들입니다. 문왕은 인(仁)을 베풂에 반드시 이 네 부류의 사람들을 먼저 돌보았습니다." "좋은 말씀이오." "좋게 여기신다면 어찌 실행하지 않으십니까?" "과인은 재물과 여색(女色)을 좋아하오. 이것이 왕 노릇을 하는 데 걸림돌이 되지는 않겠소?" "왕께서 재물을 좋아하시든 여색을 좋아하시든 그것을 백성들과 더불어 나누신다면, 왕 노릇을 하는 데 있어 무슨 어려움이 있겠습니까?

…『맹자』1편 〈양혜왕 하〉 5장

✱ 251. 송나라 관리 대영지(戴盈之)[대불승]가 맹자에게 물었다. "(정전법의 조세인) 십일조와 관문 및 시장의 세금 철폐를 올해에 할 수는 없으니, 가볍게 하였다가 내년을 기다린 뒤에 그침이 어떻겠습니까?" "어떤 사람이 날마다 그 이웃의 닭을 훔치는데 누군가가 (닭을 훔친 사람에게) 그것은 군자의 도(道)가 아니라고 하니 (닭을 훔친 사람이) 말하기를, 그것을 줄여서 한 달에 한 마리씩 닭을 훔치고 내년을 기다린 뒤에 그치겠다고 함과 같습니다. 그것이 의(義)가 아님을 알았다면 빨리 그칠 일이지, 어찌 내년을 기다리겠다고 하십니까?"

…『맹자』3편 〈등문공 하〉 8장

맹자의 말이 다 옳다고 인정하면서도, 제나라 선왕은 성격상의 핑계를 대고 송나라 관리는 절차상의 핑계를 댄다. 그에 대해 백성들과 함께 나누는 한 성격상의 문제는 해결되며, 잘못된 건 당장 그만두면 될 일이라고 말하는 맹자의 비유는 송곳과도 같다. 돈을 많이 벌기를 원하는 건 절대 문제가 되지 않는다. 그렇게 돈을 버는 과정에서부터 주위의 힘겨운 사람들과 함께 벌고 나누면 누가 욕하겠는가? 자기만 그것도 많이 벌려고 하니 문제가 되는 것이다(109번 설명). 사회적 성공을 원하는 건 절대 문제가 되지 않는다. 그렇게 성공해서 얻은 권력과 지위를 모두를 위해 공정하게 사용한다면 누가 욕하겠는가? 잘못되었다고 생각되는 건, 당장 그만두면 될 일이다. 미련 때문에 미루고 미루면, 그렇게 미룬 만큼 더 힘들어진다. 익숙해지고 습관이 되기 때문이다. 물론 그만둘 땐, 힘들 것이다. 그러나 그때의 고통은, 좋아지기 시작했다는 징후다. 몸에 좋은 약이 입에는 쓴 법이다.

다만 통치자가 좋아하고 싫어하는 것을 백성들도 함께 좋아하고 싫어하는 것이 또는 그렇게 만드는 것이 가능할까? 가능하다고 해도, 그것이 과연 맹자가 생각한 왕도정치일까? 맹자가 양혜왕에게 한 말을 보면, 사실 맹자의 궁극적인 목표는 왕도정치가 아니라 왕 노릇을 하는 것 아닐까 싶을 정도다. 맹자의 말처럼, 통치자가 재물을 좋아할 땐 그리고 우리가 겪은바 통치자가 술을 좋아할 땐, 그 재물과 술을 백성들과 더불어 나누는 것이 가능할 수는 있다. 하지만 통치자가 여색을 좋아할 땐, 그것을 어떻게 나누란 말인가?

✻ **252. 어진 사람은 재물을 (수단으로) 사용해서 몸을 일으키고**[사람을 모으고][인자 이재발신(仁者 以財發身)], **어질지 못한 사람은 몸을**[사람을] **(수단으로)**

[불인자 이신발재(不仁者 以身發財)]. 위에서 (통치자가/관리들이) 어짊을 좋아한다면 (그 결과) 아래에서 (관리들이/백성들이) 올바름을 좋아하지 않는 사람은 없고, (관리들이/백성들이) 올바름을 좋아한다면 (누구든 각자가 맡은) 일을 끝마치지 않는 사람도 없으며, 관청 창고의 재물을 통치자[나라]의 재물로 여기지 않고 (그 대신 사익(私益)을 위해) 함부로 사용하는 사람도 없게 된다.

···『대학』《전문》10장 〈치국/평천하〉

✻ 253. 재물[부(富)]을 (풍족하게) 늘리는데도 대도(大道)가 있다. 재물을 생산하는 자는 많은데 재물을 소비하는 자는 적거나 (아니면) 재물을 생산하는 자는 (행동이) 빠른데 재물을 소비하는 자는 (행동이) 더디다면, 재물은 항상 (모자람 없이) 풍족하다는 것이다.

···『대학』《전문》10장 〈치국/평천하〉

✻ 254. 하루의 일은 새벽에 달렸으니, 동트기 전에 일어나 생각을 정리해서 그날 해야 할 일들을 적은 후 선후(先後)의 차례를 마음속에 분명히 결정해야 한다. (신유학을 일으킨 이정자(二程子) 중 형) 정호(程顥)는, 현령이 되자 자리 오른편에 (백성 보살피기를 아픈 곳 대하듯 한다는) 시민여상(視民如傷) 넉 자를 써 놓고 매일 부끄러움을 느꼈다고 한다. 벼슬살이하는 데는 석 자의 비결이 있으니, 첫째는 맑음[청(淸)]이고, 둘째는 조심함[신(愼)]이며, 셋째는 부지런함[근(勤)]이다. (명나라 사람) 정선(鄭瑄)은 "백성의 수령이 되면 자기 몸은 화살의 표적이 되는 것이므로, 한마디 말이나 한 가지 행동도 삼가지 않을 수 없다."라고 했다.

···『목민심서』2편《율기》1조 〈칙궁〉

✽ 255. (상산(象山)은 황해도 곡산(谷山)이고, 정약용이 그곳의 부사(府使)로 있을 때 쓴 것으로 추정되는)『상산록(象山錄)』에 이렇게 적었다. "청렴에는 세 등급이 있다. 최상은 봉급 외에는 아무것도 먹지[받지] 않고, 임기를 마치고 돌아가는 날에는 아무것도 지닌 것 없이 떠나는 것이니, 이것이 고대의 청렴한 관리다. 그다음은 봉급 외에 명분(名分)이 바른 것은 먹고 바르지 않는 것은 먹지 않는 것이니, 이것이 중고(中古)의 청렴한 관리다. 최하는 이미 규례(規例)[관례]가 된 것은 명분이 바르지 않더라도 먹으며, 세금과 곡식과 송사(訟事)만큼은 농간(弄奸)하지 않는 것이니, 이것이 오늘날의 청렴한 관리다."

재물이란 사람들이 모두 크게 욕심내는 것이다. 그러나 욕심 중에는 재물보다도 더 큰 것도 있다. 지혜가 원대하고 생각이 깊은 자는 그 욕심이 (재물보다도) 크기 때문에 청렴한 관리[염리(廉吏)]가 되고, 지혜가 짧고 생각이 얕은 자는 그 욕심이 (재물이면 완전히 충족될 만큼) 작아서 탐관오리[탐리(貪吏)]가 되는 것이다. 송(宋)나라의 한 농부가 밭을 갈다가 귀한 옥(玉)을 발견하고는 수령에게 바쳤는데, 수령은 사양하면서 이렇게 말했다. "그대는 옥을 보배로 삼고 나는 (내 기준에 근거하지 않는 것은) 받지 않는 것을 보배로 삼으니, 내가 받는다면 그대와 나 둘 다 보배를 잃는 셈이다." 청렴은 벼슬살이하는 근본이요, 검약은 몸가짐의 바탕이다. 털끝만 한 더러움도 평생의 흠이 되니 늘 삼가야 한다. (…)

청렴하되 덕(德)이 부족한 사람은 옳은 일을 할 때 큰소리로 자기의 청렴함을 드러내곤 하는데, 그것은 옳지 못하다. 만약 자기의 청렴을 칭찬하는 사람이 있으면, "이번에는 그렇게 했지만, 다음에는 그렇지 못할 것 같다"라고만 답하고 화제(話題)를 돌리는 것이 좋다. 정선이 말했다. "(스스로) 청렴하기가 어려운 것이 아니라, (자신의) 청렴함을 드러내지 않기가 어려운 것이다. 자신의 청렴으로 남을 협박하거나 업신여겨서는 안 된다. 자신은 예(禮)로써 (끝없이) 가다듬되, 타인은 보통 사람이라고 생각하는 것이 원망을 듣지 않는 길이다."

(명나라 사람) 풍유룡(馮猶龍)은 "**천하의 한없이 좋지 못한 일은 모두 돈[재물]을 버리지 못하는 데서 일어나고, 천하의 끝없이 좋은 일은 모두 돈[재물]을 버리는 데서 이루어진다.**"라고 말했다. 어떤 관리가 도적에게 죄를 자백하라고 말하자 도적이 되물었다. "무엇을 도적질이라고 합니까?" "궤짝을 열어 재물을 훔치는 것이다." "만일 그렇다면 **도적은 제가 아니라 당신 같은 관리들입니다. 유생(儒生)이라는 사람들이 백성들에게 베풀 생각은 하지 않고 밤낮 권력을 얻어 일확천금만 노리고, 아비와 스승이 가르치는 것이나 벗들에게서 배우는 것들 모두 (백성들의 것을) 도적질하는 기술뿐입니다. 이익을 따져 아랫사람을 임명하고, 정치는 뇌물로 이루어지게 하며, 백성들에겐 중벌을 내려 돈으로 속죄하도록 하니, 이렇게 백성들의 돈 궤짝을 열어 재물을 훔치는 자가 진정 천하의 도적이 아니고 무엇이겠습니까? 그런데도 큰 도적에게는 죄를 묻지 않고 거지들과 좀도둑만 나무라시는 겁니까?**"

…『목민심서』 2편《율기》 2조 〈청심〉

✻ 256. 맹자가 (양혜왕이 죽은 후 왕위를 계승한 그의 아들) 양양왕(梁襄王)을 만나보고 나와 사람들에게 말했다. "그를 바라보니 왕 같지 않고 곁에 가까이 가 봐도 (기품이 없어) 두려워할 데가 보이지 않았다. 그가 갑자기 묻기를 '천하는 어떻게 정해질까요?' 하기에 '하나로 통일될 것입니다'라고 답했다. '누가 능히 통일할까요?' 하고 묻기에 '사람 죽이기를 좋아하지 않는 자가 능히 통일할 것입니다'라고 답했다. '누가 능히 따라갈까요?' 하기에 '천하에 따라가지 않을 사람이 없을 것입니다. (…) 오늘날 천하의 왕치고 사람 죽이기를 좋아하지 않는 이가 없으니, 만일 사람 죽이

기를 좋아하지 않는 이가 있다면 천하의 백성들이 모두 다 우러러볼 것입니다. 진실로 이와 같으면 백성들이 돌아오는 것이 물이 아래로 흐름과 같을 것이니, 백성들이 힘차게 일어나 돌아옴을 누가 막아낼 수 있겠습니까?'라고 답했다."

···『맹자』1편 〈양혜왕 상〉 6장

✽ 257. 제나라 선왕이 물었다. "어떤 사람은 과인더러 연(燕)나라를 빼앗지 말라 하며, 어떤 사람은 빼앗으라고 하는데 어찌해야 하겠소?" "빼앗아서 연나라 백성들이 기뻐할 것 같으면 빼앗으십시오. 주나라 무왕이 그랬습니다. 빼앗아서 연나라 백성이 기뻐하지 않을 것 같으면 빼앗지 마십시오. 주나라 (무왕의 아버지인) 문왕이 그랬습니다."

···『맹자』1편 〈양혜왕 하〉 10장

왕의 호불호(好不好)를 백성들과 더불어 나누라는 건 왕과 백성 즉 지배계층과 피지배계층을 동류(同流)로 그러니까 지금의 민주주의처럼 평등한 존재로 본 것이라면서, 맹자는 시대를 앞서간 정치 사상가라고 추켜세우는 사람도 있다. 하지만 이런 해석은 전체는 무시하고 부분만, 맥락[문맥]은 무시하고 글자만 본 셈이다. 그저 누구나 측은지심을 지니고 있다는 의미 정도로만 봐야 한다. 맹자의 주장을 민본(民本)주의로 받아들여서도 안 된다. 제자백가 중 그 누구도 피지배계층인 백성들에게 의무 외에 권리를 부여해 준 적이 없다. 맹자의 핵심은 왕도정치, 즉 가장 쉽게 왕 노릇을 하는 것에 있었음을 잊지 말자.

✽ 258. "선생께서는 남들과 다른 점이 있습니까?" "어찌 남들과 다르겠는가? 요임금이나 순임금도 다 (나와) 같은 사람이다."

…『맹자』 4편 〈이루 하〉 32장

✲ 259. 풍년에는 (게으르고) 착하지만, 흉년에는 (앙상하고 모질고) 포악해진다. 하늘이 사람의 본바탕을 다르게 내린 게 아니라, (외부적인 요인에 따라) 그 마음이 빠져드는 바가 다를 뿐이다. 비록 같지 않음이 있는 이유는, 땅에 기름짐과 메마름이 있으며 비나 이슬의 길러줌과 사람이 들인 공(功)이 같지 않기 때문이다. 무릇 같은 부류의 것은 모두 서로 비슷하니, 어찌 홀로 사람은 다르리라 의심하는가? 성인(聖人)도 나와 더불어 같은 부류의 사람이다.

…『맹자』 6편 〈고자 상〉 7장

✲ 260. 제후들을 설득할 때는, 제후를 대수롭지 않게 여기고 그의 높은 지위를 안중(眼中)에 두지 말아야 한다. 고래 등 같은 집을 짓고, 화려하고 풍성한 요리에 하인을 수백 명이나 두고, 사냥하러 가면서 뒤따르는 수레를 천 대나 두는 그런 짓들은 모두 내가 하지 않는 행동들이다. 내가 하는 행동은 모두 옛날 제도에 합치(合致)되는 것들이다. 내 무엇 때문에 그들을 두려워하겠느냐?

…『맹자』 7편 〈진심 하〉 34장

뻔뻔하기도 하다. 제자 팽경의 질책을 그새 잊은 모양이다(93번).

✲ 261. 장자가 여기저기 기운 거친 무명옷에 삼[마(麻)]으로 엮은 신발을 신고서 위(魏)나라 임금을 알현했다. "선생, 어쩌다 이토록 곤경에 빠지셨소?" "옷이 해지고 신발에 구멍이 난 것은, 가난한 것일 뿐 곤경에 빠진 건 아닙니다. 때를 만나지 못했을 뿐이죠. 원숭이가 평소 나무 사이에 있을 때는 그 움직임이 워낙 빨라서 (전설상의 활쏘기 달인인) 예(羿)나 봉몽

(蓬蒙)이라도 온통 집중해야 하지만, 원숭이가 가시나무 사이에 있을 때는 제대로 움직이지 못해 누구나 쉽게 잡을 수 있습니다. 그것은 원숭이의 능력이 달라져서가 아니라 처해 있는 상황[형세]이 불편해서 제 능력을 발휘할 수 없기 때문입니다. (선비에게 있어서) 지금처럼 혼미한 임금과 어지러운 신하들 사이 속에서 하늘의 도와 덕을 실행하지 못하는 것이야말로 곤경에 빠진 것이죠. 그래서 충신 비간(比干)이 (은[상]나라 마지막 왕 주왕과 그의 애첩 달기(妲己)에 의해) 심장을 도려냄을 당한 채 죽은 것입니다."

…『장자』《외편》 13편 〈산목〉

✽ 262. 하늘과 땅이 비록 크고 넓다고는 하나 그 조화(造化)는 평등하고, 만물의 종류가 (수없이) 많음에도 질서 있게 다스려지는 건 하나[도(道)]에 의한 것이며, 백성이 비록 많다고는 하나 그 주인은 (단 한 명) 임금인데, 임금은 덕(德)을 근거로[군원어덕(君原於德)] 하늘이 내리는 것이다[이성어천(而成於天)]. 도를 기준으로 말[명분(名分)]을 살피면 천하의 군주들이 올곧아지고, 도를 기준으로 분수[신분(身分)]를 살피면 임금과 신하의 관계가 분명해지며, 도를 기준으로 능력을 살피면 천하의 관직[지위와 업무]이 잘 다스려지고, 도를 기준으로 모든 것을 살피면 만물의 기능이 완전해진다. 천지 사이에 널리 통하는 것은 덕(德)이고, 만물 가운데 널리 작용하는 것은 도(道)다.

…『장자』《외편》 5편 〈천지〉

✽ 263. (제자) 만장이 물었다. "요임금이 순임금에게 천하를 주었다는 것이 사실입니까?" "아니다. (아무리) 왕이라고 해도 천하를 남에게 주지는 못한다." "그러면 순임금이 천하를 차지한 것은 누가 준 것입니까?" "하늘이 준 것이다[천여지(天與之)]. 요임금이 순임금을 하늘에 천거했더니 하늘이 이를 받아들였고 [순임금에게 제사를 주관하게 했는데 온갖 신령들이 제

고전일까 정치일까

사를 흠향했으니 이는 하늘이 받아들인 것이고], 그를 백성들 앞에 내보였더니 백성들이 받아들인 것이다[일을 주관하게 했는데 일을 잘 진행해서 백성들이 편안해했으니 이는 백성들이 받아들인 것이다]. 하늘은 말하지 않고, 행동과 진행되는 일로써 그 뜻을 보일 따름이다. (…) 하늘은 내[우리] 백성의 눈을 통해서 보고[천시자 아민시(天視自 我民視)], 하늘은 내[우리] 백성의 귀를 통해서 듣는다[천청자 아민청(天聽自 我民聽)]."

…『맹자』5편 〈만장 상〉 5장

✱ 264. 하늘은 현명한 사람에게 (왕의 자리를) 줄 만하면 현명한 사람에게 주고, 왕의 아들에게 줄 만하면 왕의 아들에게 준다. (…) 억지로 그렇게 하려고 한 것이 아닌데도 되는 것이 천(天)[천리(天理)]이요, 억지로 이르게[도달하게] 하지 않았는데도 다가오는 것이 명(命)[운명(運命)]이다. 필부이면서 천하를 소유할 수 있는 사람은 그 (지닌) 덕이 반드시 순임금이나 우임금과 같아야 하면서도 (동시에) 천자(天子)가 그 사람을 중용해야 하므로, 공자께서는 (후자(後者)의 이유로) 천하를 소유하지 못하신 것이다. 대를 이어서 천하를 소유했는데 하늘이 버리는 자는 반드시 걸이나 주 같은 폭군이어야 하므로, 이윤이나 주공(周公)도 천하를 소유하지 못하신 것이다. (…) 공자께서 말씀하셨다 "요임금과 순임금께서는 (혈연관계가 아닌 사람에게 왕위를 물려주는) 선양(禪讓)을 하시고, 하·은·주나라는 (혈연에 따라) 아들이 왕위를 계승했지만, 그 의미는 하나다."

…『맹자』5편 〈만장 상〉 6장

왕[통치자]은 하늘이 내리는 것이란다. 하지만 이것은 '이성어천'(262번)과 '천여지'(263번)라는 글귀만 본 것뿐이다. 늘 문맥 전체 속에서 부분을 볼 때라야만, 정확한 해석이 가능하다. 하늘이 왕을 내릴 땐 두 단계의 판단 기준이 있단다. 먼저 왕 노릇할 만큼의 덕(德)이 있어야 한다. 이것은 그가 올린 제사나 그의 행동으로 드러난다. 다음은 백성들의 동의다. 그가 진행한 일이 잘되고, 그로 인해 백성들이 편안함을 느껴야 한다. 이 두 단계를 통과해서 왕이 된 자여야만, 비로소 하늘이 내린 왕이라고 할 수 있다는 것이다. 그렇다면 덕도 없고 백성들을 고통스럽게 하는 자가 왕이 된 경우는 어떻게 된 걸까? 하늘이 내린 게 아니라 도둑질한 것이거나, 아니면 하늘의 뜻에 합치하는 다른 자를 백성들이 다시 세울 수 있거나, 혹여 그런 자를 정말로 하늘이 내렸다면 하늘도 별 볼 일 없는 것이거나 셋 중 하나일 것이다.

하늘이 왕위를 줄 만한 사람의 자격을 설명하는 264번의 논리가 매우 빈약하다. 먼저 결과를 본 후 그 원인을 찾는, 결과론적인 해석이다. 이 논리를 계속 밀고 가면, 일단 역사상 모든 왕은 하늘이 왕위를 줄 만한 사람으로 판단해서 준 것이고, 역성혁명 즉 쿠데타로 왕이 바뀌는 건 전적으로 왕들의 잘못이 된다. 그러면 하늘은 왕위를 준 후에는 알아서 하라고 손 놓고 지켜만 본다는 걸까? 그게 아니라 하늘이 한 나라의 흉년·풍년·가뭄·전쟁 등 매사에 관여함에도 그런 일이 벌어진다면, 왕의 자질을 판단하는 하늘의 능력이 형편없다는 걸까? 이것이 내가 하늘은 하늘일 뿐, 우리의 판단과 행위에는 무관심하다고 말하는 이유다. 이런 사실과 하늘을 존중하는 마음은 전혀 별개의 것이고.

통치자는 정말로, 하늘이 정하거나 내린 사람일까? 우리의 통념처럼 하늘을 인격적인 신으로 생각한다고 해도, 그런 일은 불가능하다. 우주 만물을 창조한 유일신이라면, 그런 신은 전체의 조화를 신경 쓸 뿐 사람만 편애하지는 않는다. 논리적으로도 반드시 그래야만 한다. 편애에는 '차별'과 '배제'와 '누락'이 수반되고, 그런 편애는 완전함 또는 전지전능과 대척점에 있기 때문이다. 그런데도 인간만을 편애하는 신이라면, 그런 신은 우주 만물의 창조주가 아니라 인간만의 국지적이고 지엽적인 불완전한 신일 수밖에 없다. 그러면 신의 수가 국가의 수만큼 많아지는 셈이고, 결국 원시시대나 SF 소설에 등장하듯 국가의 전쟁은 신들의 전쟁이 된다. 게다가 그런 신이라면, 모든 사람의 일상에 매 순간 동시에 관여할 수도 없다.

혼돈이론(Chaos theory)은 세상 모든 것이 연결되어 있음을 증명했다. 힌두교에서 말하는 '인드라망(Indra net)'처럼 말이다. 그래서 하찮은 나비의 날갯짓 하나가 지구 반대편에 태풍을 불러일으키고, 소수점 서너 자리의 매우 작은 입력값의 변화가 예측할 수 없는 엄청난 결괏값을 초래한다. 누군가의 일상 하나에 개입하는 순간, 80억 인구의 일상이 변한다는 말이다. 서너 명만 모여도 각자 원하는 게 달라서 충돌한다. 그런데 매 순간 동시에 전 세계 20억 명 이상인 그리스도교인의 일상에 개입한다는 건 천문학적인 경우의 수를 갖게 되고, 그것은 불완전한 신으로서는 도저히 감당하지 못할 결괏값을 초래하게 될 것이다. 그런데도 우리나라 인구 5명 중 1명 이상인 1,500여만 명의 그리스도교인이 저마다 일상의 매 순간 신의 손길을 느끼며 산단다. 과연 그럴까?

그리스도교인은 세상의 빛과 소금이란다.[24] 하지만 현실은 초롱불의 불빛 정도도 찾기 어려울 만큼 칠흑같이 어둡고, 소금을 뿌렸었는지조차 모를 만큼 이미 부패할 대로 부패해 있다. 그렇다면 넷 중 하나일 수 있다. 첫째 '하늘도 무심하시지'라는 말처럼, 그리스도교인들의 믿음과는 달리 인격적이고 유일한 하나님은 존재하지 않는 것일 수 있다. 둘째 인격적이고 유일한 하나님이 존재하고 그리스도교인 하나하나의 삶 속에서 매 순간 역사

---

24 〈마태복음〉 5:13~14

하지만, 개인의 삶이나 이 작은 나라 하나조차 바꿀 능력이 애초부터 없을 수 있다. 셋째 인격적이고 유일한 하나님이 존재하고 삶 속에서 매 순간 역사하며 모든 것을 바꿀 능력까지 갖추고 있긴 하지만, 하나님 스스로 아무것도 하지 않고 있는 것일 수 있다. 넷째 이도 저도 아니라면, 그리스도교인들의 기도 내용이 사악하거나 썩은 것일 수 있다.

물론 평가 기준이 모호한 건 사실이다. 제사 흠향의 판단 기준이 무엇인지 알 수 없고, 누가 어떤 정책을 시행하든 그것을 환영하는 세력과 반대하는 세력이 있기 마련이다. 과연 얼마나 많은 사람이 환영해야 백성들이 편안해졌다고 평가할 수 있는지 알 수 없다. 그러나 여하튼 맹자가 말하는 하늘은 곧 민심(民心)이며, 그런 하늘 즉 민심만이 줄 만한 사람을 골라서 천하를 줄 수 있음은 분명하다. 그렇다고 맹자가 민주주의를 주장했다고 말하는 건 비약이다. 다만 통치자는 민심을 살펴야 자리를 보전하고, 나아가 천하를 얻게 된다는 선에서 멈추는 것이 가장 합당해 보인다.

✽ 265. 맹자가 제나라 선왕에게 물었다. "처자식을 친구에게 부탁하고 여행길을 떠난 사람이 있었습니다. 그런데 돌아와 보니 그 처자식이 추위와 배고픔에 떨고 있었다면 이를 어떻게 해야 합니까?" "그런 친구는 버려야지." "관리가 하급 관리들을 제대로 관리하지 못한다면, 이를 어떻게 해야 합니까?" "그만두게 해야지." "국경 안의 사방(四方)이 잘 다스려지지 않는다면, 이를 어떻게 해야 합니까?" 왕은 좌우를 돌아보며 (대화의) 주제를 다른 것으로 돌렸다.

…『맹자』 1편 〈양혜왕 하〉 6장

✽ 266. 제나라 선왕이 물었다. "은[상]나라 탕왕은 하나라 걸왕을 축출했고, 주나라 무왕은 은나라 주왕을 토벌했는데, 신하가 자신의 통치

자를 시해(弑害)해도 괜찮은 것인가?"**"인(仁)을 해치는 자를 도적(盜賊)이라 부르고, 도의(道義)를 해치는 자를 잔악하다고 말합니다. 도적질하고 잔악한 자를 한낱 필부(匹夫)라고 부릅니다. 저는 한낱 필부인 (은나라의) 주를 죽였다는 말은 들어봤지만, 통치자를 시해했다는 말은 들은 적이 없습니다."**

…『맹자』 1편 〈양혜왕 하〉 8장

✷ 267. 백성들이 가장 소중하고[민위귀(民爲貴)], 사직[조정(朝廷)]은 그 다음이며[사직차지(社稷次之)], 통치자는 그다지 중요하지 않다[군위경(君爲輕)]. 그래서 백성들의 신뢰를 얻으면 천자가 되고, 천자의 신뢰를 얻으면 제후가 되고, 제후의 신뢰를 얻으면 대부가 된다. (따라서 백성들은) 제후가 사직을 위태롭게 만들면 교체하고, 가뭄이나 홍수가 연이으면 종묘사직[왕가와 신하들 모두]을 바꾼다.

…『맹자』 7편 〈진심 하〉 14장

✷ 268. 〈강고〉는 말한다. **"천명(天命)이라고 해서 무조건 불변하는 건 아니다[유명 불우상(惟命 不于常)].**" (통치자가 행하려는) 도리(道理)가 선하면 천명을 얻지만, 선하지 못하면 잃게 된다.

…『대학』《전문》 10장 〈치국/평천하〉

✷ 269. 남[백성들]이 싫어하는 것을 좋아하고 남[백성들]이 좋아하는 것을 싫어하면, (그것은 자연스러운) 사람의 본성을 어기는 것이기에 반드시 (통치자) 자신에게 재앙이 미치고야 만다. 군자가 (백성과 나라를 잘 다스리고 평천하하기 위해서 반드시) 지녀야 하는 대도(大道)는, 오직 (통치자와 신하들 또는 통치자와 백성들 서로 간의) 충성과 믿음이 있으면 얻게 되고[필충신이득지(必忠信以得之)] (통치자의) 교만함과 (국정(國政)에 대한) 소홀함으로 잃게 된다는 사실이다[교태이실지(驕泰以失之)].

…『대학』《전문》 10장 〈치국/평천하〉

267번의 첫 문장이, 백성을 소중히 여기고 왕을 가볍게 여긴다는 뜻의 **민귀군경(民貴君輕)**이다. 〈강고〉(170번)의 내용인 268번의 '천명'은, 하늘로부터 받은 왕위와 권력과 나라를 의미한다. 왕의 자리를 지키고 싶다면 이렇게 저렇게 해야만 한다는, 동생 강숙(康叔)을 위(衛)나라 초대 제후로 임명해 떠나보내면서 걱정하는 주공 단의 말이다. 265번부터 269번까지가, 맹자 사상 중 가장 유명하고 독창적인 '역성혁명(易姓革命)' 즉 '탄핵 가능성'을 언급한 부분이다. 다만 통치자를 교체하는 구체적인 방법에 대해선, 맹자는 입을 굳게 다물었다.

국민이 주인인 민주주의 사회에서 선출직인 대통령은, 결코 혈연에 근거해서 계승되는 왕이 아니다. 하물며 선출직인 대통령을 하늘이 정했다거나 내렸다는 생각은, 민주주의 사회의 근간을 뒤흔드는 매우 위험한 생각이다. 대통령은 하늘이 정하거나 내린 게 아니라, 국가의 주인인 국민이 선출한 사람이다. 뽑아 놓고 보니 개차반이라면, 역시 국민의 손으로 탄핵할 수 있다. 맹자의 말처럼, 하늘이 내린 대통령을 탄핵하는 게 아니라 인(仁)과 도의(道義)를 저버린 한낱 필부를 문책하는 지극히 당연한 권리 행사일 뿐이다.

✽ 270. 제나라 선왕이 (관직 중 하나인) 경(卿)에 관해 물었다. "왕께서는 어느 경을 물으십니까?" "경(卿)은 다 같지 않은가?" "같지 않습니다. 왕과 혈연관계에 있는 경[귀척지경(貴戚之卿)]이 있으며, 그렇지 않은 경[이성지경(異姓之卿)]이 있습니다." "(그럼) 친척인 경에 관해 묻겠소." "왕에게 큰 허물이 있으면 간언(諫言)하고, 여러 번 간언해도 듣지 않으면 다른 왕을 세웁니다." 왕이 깜짝 놀라 얼굴빛이 변했다. 왕은 표정을 바로잡은 다음, 성(姓)이 다른 경에 관해 물었다. "왕에게 허물이 있으면 간언(諫言)하

고, 여러 번 간언(諫言)해도 듣지 않으면 떠납니다."

…『맹자』 5편 〈만장 하〉 9장

✽ 271. 관직을 맡은 사람은 직무를 완수할 환경이 못 되면 떠나고, 간언을 책임진 사람은 계책(戒責)이 받아들여지지 않으면 떠난다.

…『맹자』 2편 〈공손추 하〉 5장

✽ 272. 오직 백성을 위하는 일에 있어서 만큼은 윗사람이 만약 자애(慈愛)롭지 않은 일을 한다면, 그의 뜻에 굽혀 따라서 백성들에게 해독(害毒)을 끼쳐서는 안 된다. (…) 자기는 잘못이 없는데 윗사람이 추궁(追窮)할 때가 있다. 만일 윗사람이 악한 마음이 있는 것이 아니라 단지 몰라서일 때는, 사정을 자세히 기록해 알게 하는 것이 도리이다. 만약 자기를 해치기 위한 것이어서 말로 다툴 문제가 아닐 때는, 사직서를 내야 한다. 그 일로 윗사람이 사과하면 평소대로 힘써 일하고, 만일 겉으로만 알겠다며 속엔 여전히 악의(惡意)를 품고 있다면, 즉시 벼슬을 버리고 집으로 돌아올 일이지 구차하게 버텨서 스스로 욕됨을 자초해서는 안 될 것이다. 부득이한 경우에는 백성들에게 죄를 짓느니보다 차라리 윗사람에게 죄를 짓는 것이 낫다. 백성에게 죄를 짓는 것은, 곧 하늘에 죄를 짓는 것이기 때문이다. 우리나라는 오로지 체통만을 보고, 윗사람이 하는 일이 비록 불법이더라도 수령으로서 감히 한마디도 말 못 하니, 민생의 고통이 날로 더욱 심해지는 것이다.

…『목민심서』 3편 《봉공》 3조 〈예제〉

✽ 273. 벼슬살이하는 법은, 마땅히 버릴 '기(棄)' 한 글자를 벽에 써 붙여 놓고 아침저녁으로 눈여겨보는 것이다. 행동에 장애가 있거나, 마음에 꺼리는 일이 있거나, 상급 관리가 불법을 요구하거나, 자기의 뜻이 행해지지 않으면 벼슬을 버릴 수 있어야 한다. 만약 행여나 자리를 잃을까 염

려하는 말씨와 얼굴빛이 표정에 나타나면, 윗사람은 나를 더욱 업신여겨 (오히려) 그 직책에 오래 있을 수 없는 것이 필연이다. 그러나 윗사람과 아랫사람의 예절은 본디 엄한 것이니, 비록 사직하고 떠날 때도 그 말씨와 태도만은 온순하고 겸손하여 털끝만큼이라도 울분을 터뜨리는 기미가 없어야 예(禮)에 알맞다고 할 수 있다.

전관(前官)과는 동료의 우의[동업자 정신]가 있으므로, 서로 교대할 때도 혹 전관의 잘못이 있으면 고치고 정리하는 데 있어서 조용하게 처리해 (전관의 잘못을) 들춰내거나 (자기의 공(功)을) 드러내지 않도록 힘써야 한다. 만약 예전 정사(政事)를 모두 뒤집어서 마치 큰 추위 뒤에 따뜻한 봄이 온 것처럼 보이게 해 명예를 취하려는 자는, 덕이 경박(輕薄)하고 그 뒤를 이어서 잘할 수도 없을 것이다. 혹여 전관이 자신의 세력을 믿고 약한 자를 능멸하며 뒷일은 걱정하지 않은 채 온갖 비리를 저지른 자일 경우, 그를 대응하는 데는 강경하고 엄하게 해서 조금이라도 굴하지 말아야 한다. 비록 이 때문에 모함을 받아 평생토록 불우하게 되더라도 말이다.

…『목민심서』 3편 《봉공》 3조 〈예제〉

아이히만의 죄가 바로 위와 같이 하지 않았다는 것이다.[25] 그리고 지금도 대부분 사람이 '목구멍이 포도청'이라는 또는 '먹고살자니 어쩔 수 없어서'라는 말 뒤로 숨은 채 너도나도 아이히만이 되어가고 있고. 물론 정약용의 조언을 실천하기란 어렵다. 그러나 쉽든 어렵든 자신과 가족들에게 떳떳해지려면 자존감을 높이려면, 해야 할 일은 해야 한다(31번 설명). 이에

---

25. 한나 아렌트, 『예루살렘의 아이히만』 (1963)

대해 다음과 같은 반론을 충분히 생각해 볼 수 있다. "아이히만은 그 시대 상황과 패러다임에 충실하게 산 사람일 뿐이다. 나치의 명령을 거부하면 죽음이 기다리는 상황이었기에, 누구도 그의 삶을 재판할 권리는 없다. 따라서 '악의 평범성'이라는 표현은 아이히만에게 여론재판을 한 셈이다. 과거를 현재의 가치로 판단하는 건 모순이다. 아렌트가 아이히만의 입장이었다면, 과연 나치에 저항했을까?" 이에 관한 나의 반론은 다음과 같다.

첫째, 나치의 명령을 거부하는 것이 곧 죽음으로 연결된다는 근거는 빈약하다. 정약용의 조언처럼, 군복을 벗는 방법도 있으니까. 따라서 아렌트가 현재의 가치로 과거를 판단한 것이라고 할 수 없다. 설혹 죽음만이 기다린다고 해도, 그것이 면죄부는 될 수 없다. 그렇게 되면 일제강점기 시절의 친일파나 앞잡이들을, 군부 시절 자유와 평등을 외치던 수많은 사람을 죽음으로 몰고 갔던 사람들을, 죽음에 직면해서 범죄를 저지른 모든 종류의 범죄자들을 벌하기는커녕 욕할 수조차 없게 된다. 둘째, 우리는 불완전한 존재이기에 늘 이상을 쳐다보며 현실을 고쳐나갈 수밖에 없다. 교육도 성평등도 정치도 마찬가지다. 그래서 우리가 추구해야 하는 이상의 측면에서, 아이히만은 잘못했다고 말할 수 있는 것이다. 셋째, 아렌트 역시 같은 입장이었다면 아이히만처럼 행동했을 수도 있고 그러지 않았을 수도 있다. 그러나 이것은 문제의 본질을 흐리는 전형적인 반문(反問)이다. 한 학생이 영어 시간에 수학 문제를 풀다가 걸렸다. 선생의 나무람에 "재도 그랬는데, 왜 나만 갖고 그러세요?"라고 대드는 것 같은 물귀신 작전이다. 잘못한 건 잘못한 것이다.

✳ 274. 대인(大人)이란 어릴 적의 마음을 잃지 않는 사람이다.

…『맹자』4편 〈이루 하〉12장

✽ 275. 유순한[부드러운] 것으로 바름[기준]을 삼는 것은 아녀자의 도(道)이다. 대장부라면 천하라는 넓은 (인(仁)의) 집에 살고, 천하의 가장 올바른 (예(禮)를 실천하는) 위치에 서며, 천하에서 가장 정정당당한 (의(義)의) 길을 걷는 법이다. 뜻을 얻으면 백성들과 더불어 그 길을 갈 것이고, 뜻을 얻지 못하면 홀로 그 도(道)를 행할 것이다. 부귀가 능히 그 마음을 음란[방탕]하게 하지 못하며, 가난하고 천함이 능히 그 절개를 변하게 하지 못하며, 권력과 지위(의 위협과 폭력)도 능히 그 지조를 굽히게 하지 못하는 것, 이를 일컬어 대장부라고 한다.

…『맹자』 3편 〈등문공 하〉 2장

맹자가 말하는 대장부란, 지배계층·지식인·관리·통치자의 총칭인 군자이고 대인이다. 맹자는 큰 뜻을 품은 대장부 정치를 주문한다. 무엇이 큰 뜻일까? 당연히 인의(仁義)를 바탕으로 민심을 천심으로 알고 백성과 더불어 펼치는 정치, 이런 왕도의 추구가 맹자가 말하는 큰 뜻의 의미다. 그런데 백성의 성향은 복합적이고 양가적(兩價的)이다. 권력을 추구하면서도 사랑을 기대하고, 현실의 다툼을 우선순위로 앞세우면서도 마음속에선 언제나 평화를 그리워한다. 민심은 갈대와도 같다. 소위 신사의 나라 국민이라는 사람들조차, 손흥민이 그동안 보여준 노력과 사랑과 헌신은 기억하지 못한 채 한두 게임만 못 해도 온갖 막말을 퍼붓는다. 이런 민심과 동고동락하는 정치는, 포퓰리즘(대중영합주의, Populism)이라고 할 수밖에 없다(244번 설명). 맹자가 민심의 부화뇌동(附和雷同)을 몰랐다면 멍청하다고밖에 할 수 없고, 알았으면서도 이렇게 말했다면 자기 이론을 위해 논리의 일관성을 버린 지식인으로서는 해서는 안 될 짓을 한 셈이다.

✽ 276. 순임금은 마른 밥에 푸성귀를 먹을 때는 평생토록 그렇게 살 것같이 하다가, 천자(天子)가 되어서는 고운 옷을 입고 거문고를 타며 요임금의 두 딸의 시중을 받았는데 마치 전부터 그랬던 것처럼 담담했다.

…『맹자』 7편 〈진심 하〉 6장

198번과 연결되는 내용이다. 대장부가 추구해야 할 삶의 자세는 카르페 디엠(Carpe diem) 또는 현재 지향성이어야 한다는 건데, 핵심은 마지막 단어 '담담했다'다. 삶의 이치를 깨달은 사람만이 이런 복합적인 자세를 가질 수 있다. 밤이 가면 낮이 오고 좋은 일이 있으면 그보다 더 많은 나쁜 일이 올 것을 머리와 몸으로 알고 있기에, 특별히 기뻐함도 특별히 슬퍼함도 없다. 얼핏 생각하면 그런 삶이나 사람은 재미가 없을 것 같지만, 절대 그렇지 않다. '특별히 기뻐하고 슬퍼함이 없다'라고 말한 의미는, 겉이 아니라 속에 관한 말이기 때문이다. 겉으로는 작은 것 하나에도 그 누구 못지않게 매우 기뻐하고 공감하고 슬퍼함이 넘치지만, 그 속은 잔잔한 호수의 상태를 유지한다는 뜻이다. 한마디로 정중동(靜中動) 하면서도 동중정(動中靜)하고, 색즉시공을 추구하면서도 공즉시색을 실천한다는 말이다(119번 설명).

✽ 277. 3. 아르주나여! 대립(하는 쌍의 분별)을 벗어난 자는 (모든) 구속으로부터도 쉽게 해방된다. 4. 상키아 요가와 카르마 요가를 서로 다르다고 말하는 것은 무지(無知)한 자의 말이다. 5. 상키아 요가와 카르마 요가를 하나로 보는 사람이 깨달은 사람이다. 7. 요가를 통해 자아를 깨끗이 한 사람, (사사로운) 마음을 이겨내고 감각 기관을 극복해서 모든 타인의 자아를 자기의 자아처럼 보는 자는 (자기 마음 가는 대로 어떤) 행위를 할지라도 더럽혀지지 않는다. 8. 진리를 아는 지혜로운 사람은 보고, 듣고, 만

지고, 냄새 맡고, 먹고, 걷고, 자고, 숨 쉬면서도 결코 아무것도 하지 않는다고 생각할 것이고 (사실 아무것도 하지 않는 셈이며) 9. 말하고, 배설하고, 눈을 뜨고 감으면서도 감각의 대상에 (전체로서의 자아(自我)가 아니라 단지 자기의) 감각 기관이 작용할 뿐이라고 생각하며, 10. (모든) 집착을 버린 채 행위 하므로 (마치) 물에 젖지 않는 연꽃처럼 죄악에 물들지 않는다. 18. 지혜로운 사람은 브라만[바라문]·소·코끼리·개·수드라[천민]까지도 평등하게 본다. 20. 마음에 좋아하는 것을 얻어도 크게 기뻐함이 없고, 마음에 좋아하지 않는 것을 얻어도 심히 슬퍼하지 않는 사람, 그렇게 깨달음 위에 굳게 서서 흔들리지 않는 사람, 그 사람이 브라흐만을 아는 사람이요 브라흐만 안에 거주하는 사람이다.

…『바가바드기타』5장

277번의 상키아 요가와 카르마 요가는 119번에서 설명했고, 7절은 70세의 공자 모습과 일치하며(4번/118번), 20절은 276번의 순임금의 모습이다.

✳ 278. 모든 존재[사물]는 '저것'이 되지 않는 것이 없는 동시에 '이것'이 되지 않는 것도 없다. (밝은 곳에 있을 땐 그곳이 얼마나 밝은지 알 수 없다가도 어두운 곳으로 들어가거나 어두운 곳에서 밝은 곳을 볼 때라야 그곳이 얼마나 밝은 곳인지 명확히 알 수 있듯) '저것'은 '저것'의 입장에서는 드러나지 않지만, '이것'을 통해 볼 때라야 (비로소 '저것'이) '저것'임을 알 수 있다. 이것이 (불교의 연기설(緣起說)처럼) '저것'은 '이것'에서 비롯되고 '이것'은 '저것'에서 비롯된다고 말하는 것이다. 삶이 있으므로 죽음이 있고 죽음이 있으므로 삶이 있으며, 옳음(이라고 말하는 것) 때문에 틀림이 있고 틀림(이라고 말하는 것) 때문에 옳음이 있는 것이니, (이런 사실을 아는) 성인(聖人)은 상

   고전일까 정치일까

대적인 시시비비를 벗어나 모든 것을 하늘[자연의 법칙]에 비추어 볼 뿐이다. '이것'이 또한 '저것'이고 '저것'이 또한 '이것'이며, '저것'에 하나의 옳고 그름이 있다면 '이것'에도 역시 하나의 옳고 그름이 있다. (그렇다면) 과연 '저것'과 '이것'의 구별이 있다고 해야 할까? 아니면 없다고 해야 할까? '저것'과 '이것'의 상대적인 구별과 대립이 그친[해소된] 상태를 도추(道樞)라고 한다. 문고리는 도추의 효용을 얻어야만 (비로소 문짝의 고리가 축을 중심으로 회전할 수 있는 것처럼) 무궁한 변화에 대응[순응]할 수 있게 된다. (이런 관점에서 볼 때라야) '옳음'도 무궁한 변화 중의 하나이고, '그름'도 무궁한 변화 중의 하나가 된다. 이것이 (도(道)의 요체인) '밝음'이 최상의 판단 기준인 이유이다.

…『장자』《내편》2편 〈제물론〉

✽ 279. 분열[파괴]은 곧 (다른 관점에서의) 통합[갖춰짐]이며, 통합은 곧 (다른 관점에서의) 분열이다. (그러나) 만물은 다시 본래의 완성도 파괴도 없는 하나로 돌아간다. 오직 도(道)의 이치를 깨달은 사람만이 만물이 모두 하나라는 사실을 알기 때문에, (개개 사물과 상황을 자신의 관점에) 억지로 끼워 맞추려 하는 대신 (휘어진 것은 휘어진 대로 곧은 것은 곧은 대로) 모든 것을 (본성이라고 할 수 있는) 그 고유의 쓰임새[용(庸)]대로 따른다. 용(庸)은 곧 (작용하거나 사용한다는) 용(用)과 같고, 용(用)은 곧 (서로 관련이 있어 통한다는) 통(通)과 같으며, 통(通)은 곧 (제대로 되거나 얻는다는) 득(得)과 같다. (이런 사실에 근거해 모든 존재를 있는 그대로 긍정하면서 모든 변화를 그 본성에 그대로) 맡긴 채 뭔가를 할 뿐 (자기가 왜 그렇게 하고 있는지) 그 이유조차 (잊어서) 모르는 상태, 그것을 일컬어 도(道)라고 한다.

…『장자』《내편》2편 〈제물론〉

278번은 불교 경전의 내용이라고 해도 믿겠다. 이것과 저것이라는 대립 개념은 어떤 측면에서 보느냐 하는 관점의 차이에서 기인하는 것일 뿐 실은 하나이며, 모든 존재는 서로 의존하는 동시에 배척하고 배척하는 동시에 의존한다. 모든 것은 서로 얽혀 있기 때문이다(264번). 그러면 보통 사람들은 왜 모든 것이 하나라는 사실을 깨닫지 못하는 걸까? 그것은 자기가 옳다고 생각하는 것에 집착하고 얽매여 있기 때문이다(116번~118번/174번~178번). 도추(道樞, pivot of the Tao)는 '도의 지도리[경첩]'라는 뜻으로, 문을 여닫을 때 꼭 필요한 장치다. 장자가 개념에 의한 구별과 상대성에 근거한 대립을 포함하는 동시에 초월한 도추가 곧 '천균(天鈞)'이고, 도추와 천균처럼 옳고 그름의 구별을 넘어서 모든 걸 동등한 하나로 대하는 게 '양행(兩行)'인 동시에 '밝음[보광(葆光)]'이다(278번). 도추의 관점에서 보면, 가장 한국적인 것이 가장 세계적인 것인 동시에 가장 세계적인 것이 가장 한국적인 것이 되는 셈이다.

153번에서 소개한 쾨슬러는, 사실 홀라키와 함께 홀론(holon)이라는 용어도 창안했다. 홀론은, 모든 존재는 전체(holos)인 동시에 부분(on)이기도 한 야누스(Janus)적인 속성을 지니고 있다는 뜻이다. 즉 그 자체가 하나의 완전한 전체이면서 동시에 더 큰 다른 전체의 부분인 건 모두 홀론이다. 그런 홀론들의 (전체로의 통합이라는 더 높은 수준을 향해 올라가는) 홀리스틱(holistic) 능력이 증대되는 과정에서 자연스럽게 발생하는 계층구조[위계질서]가 홀라키(holarchy)이고, 홀론과 홀라키를 통해 진행되는 진화는 하위 수준[단계]의 내용[홀론]을 통합하는 동시에 그것을 넘어서서 새로운 상위 수준[단계]으로 나아가는 것이다. 이런 개념이 도추를 이해하는 데 도움이 될 듯하다.

✱ 280. 황하의 신 하백이 물었다. "하늘과 땅은 크다고 하고, 털 끄트머리는 작다고 할 수 있지 않을까요?" "그렇지 않습니다. 세상에 변하지 않는 것이란 없습니다. (그래서) 큰 지혜를 지닌 사람은 먼 것과 가까운 것을 똑같은 것으로 보며, 작은 것이라고 해서 적다고 여기지 않고 큰 것이라고 해서 많다고 여기지 않습니다. (시간의 흐름에 끝이 없음을 알고 있기에) 먼 미래의 일을 (비록 명료하지 않더라도) 걱정하지 않고, (화살처럼) 빠르게 지나가는 일이더라도 아등바등하지 않습니다. (모든 것은 고정된 것이 아니라 달처럼 찼다가 기울기를 반복하는 변화 속에 있는 것임을 알고 있기에) 무엇을 얻어도 기뻐하지 않고[득이불희(得而不喜)], 잃어도 걱정하지 않습니다[실이불우(失而不憂)]. 산다고 해서 기뻐하지도 않고[생이불열(生而不說)], 죽는다고 해서 불행(이나 재앙)으로 여기지도 않습니다[사이불화(死而不禍)]. 사람들이 아는 것은 알지 못하는 부분의 극히 일부이며, 태어나서 살아 있는 시간은 태어나기 전이나 죽은 후의 시간에 비하면 극히 일부입니다. 이런 관점에서 본다면, 털 끄트머리가 지극히 작다고 어떻게 단정할 수 있으며, 천지가 지극히 크다고 어떻게 규정할 수 있겠습니까?"

…『장자』《외편》 10편 〈추수〉

✱ 281. 하백이 물었다. "그렇다면 무엇을 기준으로 귀하고 천하며 작고 큰 구분이 생기는 것입니까?" **"도(道)의 관점에서 보면 물건에는 귀하고 천한 것이 없지만, 물건의 관점에서 보면 자기는 귀하고 다른 것은 천한 것이 되며, 세상의 관점에서 보면 귀하고 천한 것은** (남이 정하는 것일 뿐) **자신에게 있지 않습니다.** (상대적인 관점에서 볼 때) 어느 것에 비해 크다고 말하자면 만물 중에 크지 않은 것이 없고, 어느 것에 비해 작다고 말하자면 만물 중에 작지 않은 것이 없습니다. 효용(效用)의 관점에서 보면 사람들의 기준에 따라 (만물은 모두) 쓸모없는 것이 되기도 하고 쓸모 있는 것이 되기

도 합니다. 요순은 (부자 상속이 아닌) 이양(移讓)을 통해 천하를 세웠지만, 연(燕)나라 임금 쾌(噲)는 재상의 아들 지(之)에게 임금의 자리를 이양했으나 나라가 멸망하고 말았습니다. 은[상]나라 탕왕과 주나라 무왕은 무력으로 임금이 되었지만, 초나라 백공(白公)은 무력으로 멸망했습니다. 이처럼 똑같은 행동이라도 때[상황]에 따라 잘되기도 하고 못되기도 하니, 고정된 기준에 의해 판단할 수 없는 것입니다.

들보나 기둥처럼 큰 재목은 작은 구멍을 막는 데는 소용이 없고, 하루에 천 리를 달린다는 천리마는 쥐를 잡는 데는 소용이 없으며, 올빼미는 밤에는 벼룩을 잡고 티끌도 볼 수 있으나 낮에는 눈을 뜨고도 큰 산조차 보지 못합니다. 그것은 재주와 본성이 다르기 때문이죠. (모든 것이 이러한데 어찌 세상에서) 옳다는 건 존중하고 그르다는 건 무시하며, 질서는 존중하고 혼란은 무시할 수 있겠습니까? 그것은 마치 하늘은 존중하면서 땅은 무시하고, 음은 존중하면서 양은 무시하는 것과 같습니다. 따라서 그런 주장을 내세우는 자들은, 어리석거나 아니면 (거짓말로) 속이는 자일 것입니다."

…『장자』《외편》 10편 〈추수〉

핵심은, 모든 것은 변화하고 고정된 것은 없다는 **제행무상(諸行無常)**이다. 이미 2,500여 년 전에 부처가 말한 이 간단한 결론을, 우리가 우리의 삶에 충분히 적용하지 못한다는 게 문제다. **행복? 좋다. 그러나 '행복을 찾는다'라는 생각은 틀렸다. 어딘가 외부의 고정된 공간에 시간의 변화에도 불구하고 고정된 모양을 지닌 채 존재하는 행복이란 없기 때문이다. 모든 건 상황과 사태(事態)에 스스로 어떤 가치[의미]를 부여해서 받아들이느냐에 달려있다. '행복'은 '매 순간' 스스로 '만드는 것'이다**(296번).

행복과 즐거움과 자존감과 만족감은, 역설적으로 쉽게 보이고 얻을 수 있는 삶의 표면이 아니라 본질이라는 깊은 곳에 존재한다. 편안함과 편리함과 편승(便乘)과 안정 속에는 없다. 우물처럼 깊은 곳에 존재하는 행복과 즐거움과 자존감과 만족감을 꺼내려면, 어려움과 역경과 도전과 노력의 과정이라는 두레박이 절대적으로 필요하다. 그런데 정확히 말하자면, 행복과 즐거움과 자존감과 만족감은 고정되고 불변하는 특정 형태를 띠고 있지 않다. 즉 우물 깊은 곳엔 아무것도 없다. 어려움과 역경과 도전과 노력의 과정이라는 두레박으로, 깊은 곳에 있다고 여겨지는 행복과 즐거움과 자존감과 만족감을 꺼내려고 시도하는 '순간순간'이 바로 행복과 즐거움과 자존감과 만족감 그 자체다. 가수 신해철이 이런 말을 한 적이 있다. "신은 당신의 성공 여부에는 관심을 두지 않는다. 당신이 행복한가에만 관심을 둘 뿐이다." 하지만 달란트 비유를[26] 보면, 신은 성공도 행복도 아닌 주어진 삶에서 얼마나 '최선의 노력'을 다하느냐에만 관심을 두는 것 같다. '아모르 파티'와 '카르페 디엠'을 합한 이것이 내가 사람을 판단하는 기준이다.

✱ 282. 한창 꿈을 꾸고 있을 때는 (꿈속에서 꾼 꿈을 아무리 해몽하려고 이리저리 노력해도) 그것이 꿈인 줄 모르다가, 꿈에서 깨어난 뒤에야 (그 모든 것이) 꿈인 줄 알게 되는 법입니다. 우리네 삶도 이와 같아서, 진정한 깨달음을 얻은 후에라야 (지금의) 삶이 한바탕 꿈인 줄 알게 될 수도 있지 않을까요? 당신도 지금 꿈을 꾸고 있는 것이고, 당신이 지금 꿈을 꾸고 있다고 말하는 나도 역시 꿈을 꾸고 있는 것일 수도 있습니다. (…) 언젠가 장주[장자]가 꿈에 나비가 되어[몽위호접(夢爲胡蝶)] 훨훨 날아다니고 즐겁게 노닐면서도, 자기가 (그저 한 마리의 나비라고 생각할 뿐) 장주라는 사실을 깨

---

26 〈마태복음〉 25:14~19

닫지 못했다. 그러다 문득 꿈에서 깨어나 보니, 나는 (나비가 아니라) 분명히 장주였다. 장주가 꿈에 나비가 되었던 것인지 아니면 나비가 꿈에 장주가 된 것인지 (즉 꿈에서 깼다고 생각하고 있는 지금이 나비가 꾸는 꿈속인지) 알 수 없었다. 장주와 나비 사이에는 (세상의 상대적인 관점에서 보면) 반드시 (완전히 다른 존재라는) 분별[구별]이 있을 텐데, (지금은 그 분별 또는 차이를 전혀 느끼지 못할 만큼 나와 자연이 하나로 동화(同化)되었으니) 이를 일컬어 물화(物化)라고 한다.

…『장자』《내편》 2편 〈제물론〉

유명한 **호접지몽(胡蝶之夢)**이다. 지금까지 여러 글을 보면서 느끼는 점은, 장자의 글 쓰는 능력이 정말 탁월하다는 사실이다. 우화를 사용하거나 가공의 인물들을 배치해서 자기의 주장을 화려하게 꾸미면서도, 문단과 문단 사이의 연결성과 논리성 또한 절대 놓치지 않는다. 삶과 죽음조차 무엇이 좋은 것이고 나쁜 것인지 사람마다 다르고 같은 사람이라도 때에 따라 판단이 달라지니, 삶이 좋은지 나쁜지 죽음이 좋은지 나쁜지조차 절대적으로 알 수 없다. 이런 논리를 극단으로 밀고 가면, 깨어 있는 지금이 사실은 꿈이고, 꿈이 사실은 현실일지 누가 정확히 알 수 있겠냐는 질문에 이르게 되는 것이다. 이런 질문을 영화화한 것이, 〈토탈리콜(Total Recall)〉(1989/2012)과 1999년에 개봉한 시리즈물 〈매트릭스(Matrix)〉다.

호접지몽은 나비든 장자 본인이든 다 좋다는 식의 몽롱한 상태를 찬양하는 게 아니다. 나비여야 할 때 나비이지 못하고 장자여야 할 때 장자이지 못하다면, 현실의 삶에선 매우 큰 문제가 발생하고 만다. 따라서 **호접지몽의 핵심은, 나비나 자연과 만날 땐 나비가 되고, 사람과 만날 땐 장자 본인이 되어야 한다는 것이다. 누구 또는 무엇을 만나든, 그것과 하나가 될 수**

✽ 283. 군자에게는 세 가지 즐거움이 있는데[군자유삼락(君子有三樂)], 천하의 왕 노릇은 포함되지 않는다. 부모가 모두 살아계시며 형제들이 아무 탈 없음이 첫째 즐거움이요, 우러러 하늘에 부끄럽지 않고 굽어 사람에게 부끄럽지 아니함이 둘째 즐거움이요, 천하의 빼어난 인재(人材)를 얻어 교육함이 세 번째 즐거움이다.

…『맹자』7편 〈진심 상〉 20장

✽ 284. 넓은 땅과 많은 백성은 군자가 바라는 바이지만, 즐거움[행복]은 그 안에 있지 않다. 천하의 한가운데 서서 온 세상의 백성을 안정시키는 일을 군자는 즐거움으로 삼지만, 본성이 여기에 있지는 않다. 군자가 지키는 본성은 천하에 통용되는 큰일을 했다고 더 보태지지도 않으며, 가난하게 은거해서 산다고 더 줄어들지도 않는다. 군자가 지키는 본성은, 인의예지가 마음에 뿌리를 내린 것이다. 그것이 생생하게 밖으로 발(發)하여 맑고 윤택한 모습이 낯빛에 드러나고, 등 뒤에 충만하고, 사지(四肢)에 넘쳐흘러, 말하지 않아도 사지가 저절로 깨달아 행하게 된다.

…『맹자』7편 〈진심 상〉 21장

✽ 285. 군자가 보통 사람과 다른 점은, 그가 '마음에 담고 있는 것[존심(存心)]' 때문이다. 군자는 마음에 인의(仁義)와 예의(禮儀)를 담고 있다. 타인을 사랑하는 어진 사람은 항상 사람들의 사랑을 받으며, 타인을 공경하는 예를 갖춘 사람은 항상 사람들의 공경을 받는다.

…『맹자』4편 〈이루 하〉 28장

✽ 286. 낮은 자리에 거할지라도 (자신의 뛰어난) 지혜로 못나고 어리석

은 자를 섬기지 않은 사람이 백이요, 다섯 번 (은나라의) 탕왕한테 나아가 벼슬하고 또 다섯 번 (하나라의) 걸왕에게 나아가 벼슬한 사람이 이윤이요, 부도덕한 왕을 싫어하지 않고 작은 벼슬도 사양하지 않은 사람이 유하혜다. 이 세 사람의 행한 방식은 다르지만, 그 따름은 같다. 바로 (사심 없이 천리(天理)에 합하는) 인(仁)이다. (그 따름만 같다면, 방식에 있어서) 구태여 같을 필요가 있겠는가? (…) 군자가 하는 바를[군자지소위(君子之所爲)] 뭇사람들은 본래 알지 못하는 법이다[중인고 불지야(衆人固 不識也)].

…『맹자』6편 〈고자 하〉 6장

맹자가 말하는 '따름'은 285번의 존심(存心)이다. 대중은 '현상'만 볼 뿐 '본질'은 보지 못하기에, 그들이 왈가왈부하더라도 '따름'만 올바르다면 신경 쓰지 말과 계속 나아가라는 말이다. **따름을 소중히 간직해야 할 핵심이자 정신인 '전통'으로, 방식을 시대와 문화와 상황에 따라 바꿔야 하는 보충 설명이자 겉으로 드러나는 몸인 '관습'으로 바꿔서 생각할 수도 있다.** 다만 이윤에 대한 설명은 틀렸다. 이윤은 탕왕에게 처음 발탁되어, 탕왕 사후(死後) 3명의 임금을 더 섬기다가 4번째 임금 태갑의 시기에 사망했다.

✽ 287. **일상의 사례를 들어가며 말하는데도 그 의미가 심원(深源)한 것이 가장 좋은 '말'이다. 누구나 간단하게 지킬 수 있으면서 효과가 광범위한 것이 가장 좋은 '방법'이다.** 군자는 일상에 보이는 것들을 말하지만, 항상 도(道)가 그 가운데 존재한다. 군자는 굳건히 지키며 자기 수양을 하지만, 결국 그로 인해 천하가 태평해진다. (군자와는 반대로 소인인) 일반 사람들은 다른 사람에 대한 요구는 매우 엄중하게 하면서도 자기의 책임은 가볍게 여긴다.

…『맹자』7편 〈진심 하〉 32장

군자를 굳이 지배계층이나 통치자로 생각하지 않고 인격적으로 성숙한 사람이라고 생각하고 본다면, 참으로 멋진 설명이다. 특히 일상의 사례를 들어 말하는데도 그 의미가 깊이 있다는 말은, '진리는 평범함 속에 있다'라는 말과도 연결된다. 이것은 진리 '속에' 평범함이 있거나 평범함 '속에' 진리가 있다는 말일 뿐, 결코 '진리가 곧 평범함 그 자체'라는 말은 아니다. 간혹 평범하게 사는 게 얼마나 어려운 줄 아느냐며, 자신이 사는 모습을 과대 포장하는 사람들이 있어서 하는 말이다. 평범한 건 흔하고 평범한 것일 뿐, 그 이상도 이하도 아니다. 진리와 평범함은 서로 각각의 속에 존재한다는 것이 핵심이다. 그래서 일상의 평범한 모든 걸 '천천히 오랫동안 낯설게 자세히 마음을 다해' 관찰하지 않는 한, 진리는 당신에게 모습을 드러내지 않으리라(225번). 누구나 쉽게 지킬 수 있으면서도 큰 효과를 얻는 방법을 제시한다는 말은, 리처드 탈러(Richard Thaler)와 캐스 선스타인(Cass Sunstein)이 함께 쓴, 팔꿈치로 슬며시 찔러 주의를 환기시키듯 사람들을 바람직한 방향으로 부드럽게 유도하는 방법을 다룬『넛지(Nudge)』(2008)의 내용과도 비슷하다.

✱ 288. "어떤 사람이 힘은 장사(壯士)라고 자랑하면서 깃털은 들 수 없고, 저 멀리 티끌 하나도 볼 수 있다면서 눈앞의 수레에 쌓인 장작더미는 볼 수 없다고 말하면, 왕께서는 그 말을 믿으실 수 있겠습니까?" "믿을 수 없소." "(그렇다면) 금수(禽獸)에게도 미치는 왕의 은혜가 백성에게는 이르지 못하는 것은 무슨 까닭일까요? 백성이 편안해지지 않는 것은, (왕이) 은혜를 베풀지 않아서입니다. (앞에서 예를 든) 그 사람이 깃털을 못 들고 장작더미를 못 보는 것은 그 힘과 볼 수 있는 능력이 없어서가 아니라 (깃털을 들때와 장작더미를 볼 땐) 그 힘과 시력을 사용하지 않기 때문이듯, 왕

께서도 하지 않아서일 뿐 할 수 없어서가 아닙니다[불위야 비불능야(不爲也 非不能也)]. (…) 내 어버이를 받드는 마음을 미루어 남의 어버이에게까지 미치고, 내 아이들을 아끼고 기르는 마음을 미루어 남의 아이들에게까지 미치면, 천하를 손바닥에서 움직일 수 있을 것입니다."

작은 나라는 큰 나라를 대적할 수 없으며[소고불가 이적대(小固不可 以敵大)], 약한 나라는 강한 나라를 대적할 수 없습니다[약고불가 이적강(弱固不可 以敵強)]. 천하의 나라가 아홉이고, 제(齊)나라는 그중 하나일 뿐입니다. 하나로써 여덟을 굴복시키려는 것이 어찌 작은 나라가 큰 나라를 대적하는 것과 다르겠습니까? (그러니 부디) 돌이키시어 근본으로 돌아가셔야 합니다[반기본의(反其本矣)]. 왕께서 인정(仁政)을 베푸시면, 천하의 관리들이 모두 다 왕의 조정에 와서 일하고자 하며, 천하의 농민들이 모두 왕의 논과 밭을 갈고자 하며, 천하의 장사치들이 모두 다 왕의 시장에서 장사하고자 하며, 천하에 자기 왕을 미워하는 자가 모두 다 왕에게 와서 호소하려 할 것이니, 이와 같으면 누가 능히 막겠습니까?

…『맹자』 1편 〈양혜왕 상〉 7장

제나라 선왕이 도살장으로 끌려가는 소를 보고 측은지심을 느꼈다는 147번 뒤에 이어지는 내용이다. 첫 문단은 어떤 군더더기 없이 정확히 핵심을 찌른다. 할 수 없어서가 아니라 하지 않아서라는 것. 대체로 많은 사람이 자기가 하지 않음과 자기의 게으름에 대해 '사람인지라'라는 핑계를 댄다. 보통 이것을 영웅들의 행보에 따라가지 못하는 자신을 합리화하고 정당화하기 위해 사용하므로, 영웅과 자신은 피 또는 종(種) 자체가 다른 존재라고 여기는 셈이다. 맹자도 확언했듯, 영웅도 분명 사람이다(258번/259번). 그렇다면 사람들은 자신을 반인반수라고 말하는 걸까? 사람에게만 유일하게 인권(人權)을 인정할 정도로 특별 대우를 하고 있음에도 '사람인지라'라는 핑계를 댄다는 건, 사람을 하찮게 또는 동물과 동급으로 여기고 있음이다.

　그리스도교에선 우주 만물을 '말씀'으로 만드신 하나님이, 유일하게 인간만은 '손수' 진흙으로 당신의 형상대로 빚어 당신의 생기를 불어넣었다고 말한다. 이 역시 특별 대우다. 그래서 예수도 "내가 자비를 베푼 것처럼[27], 너희를 사랑한 것처럼[28], 거룩한 것처럼[29], 너희도 나처럼 하라"라고, 의향을 묻는 게 아니라 할 수 있으니 하라고 요구했다. 사람이라면 할 수 있다는 것이다. 그런데도 '사람인지라'라는 핑계를 댄다는 건 하나님과 예수의 말을 믿을 수 없다고, 나아가 하나님의 형상도 별 볼 일 없다고 말하는 것과 다를 바 없다. 자녀가 부모의 얼굴에 먹칠을 하는 셈이다.

　두 번째 문단의 첫 문장은 이성계조차 '당연히' 맞는 말이라고 믿어서 '위화도 회군(威化島 回軍)'(1388)을 정당화한 4불가론(四不可論) 중 첫 번째 근거로 삼은 것인데, 그 '당연함'을 뒤집어 보고 싶다. 강하고 대단해 보이는 사람들이 사실 그렇지 않을 때가 많고, 약자도 보기보다 약하지 않을 때가 많다. 기존의 '힘'에 관한 우리의 편견과 고정관념이 대체로 잘못되어 있는 이유는, 상대를 전체적인 맥락 속에서 정확하고 깊게 분석하지 않은 채 겉으로 보이는 것만 가지고 판단하기 때문이다. 따라서 강하고 대단해 보이는 상대와 어쩔 수 없이 싸워야 한다면, 싸움의 규칙을 바꿔야 한다. 다윗의 위대함은 무모할 정도의 용기가 아니라, 갑옷과 칼을 들고 싸우는 기존 방식에서 벗어나 자기가 지닌 무기의 장점과 활용법을 십분 활

27　〈누가복음〉 10:37
28　〈요한복음〉 13:34
29　〈베드로전서〉 1:16

용했다는 데 있다.[30] 따라서 작은 나라가 자신의 강점을 최대한 발휘할 수 있는 장소나 방법으로 강한 나라를 끌어들여 싸운다면, 충분히 승산이 있다. 해당 분야에서의 초보나 기성 질서의 아웃사이더 속에 다윗이 숨어있을 가능성이 크다. 기존과 다르게 볼 수 있는 시각과 해볼 수 있는 자유가 그들에게 있기 때문이다.

✽ 289. (백성들은) 물이 맑으면 (아끼는) 갓끈을 씻고[청사 탁영(淸斯 濯纓)], 흐리면 (더러운) 발을 씻게 된다[탁사 탁족의(濁斯 濯足矣)]. (통치자) 자기 자신이 (백성들이 행동하는 방식인) 그런 사태(事態)를 초래하는 것이다.

…『맹자』4편 〈이루 상〉 8장

✽ 290. 노나라에서 악정자(樂正子)에게 정치를 맡긴다는 말을 듣자, 맹자가 말했다. "나는 너무 기뻐서 잠을 못 자겠다." 공손추(公孫丑)가 물었다. "악정자는 굳센 사람입니까?" "아니다." "지혜롭고 생각이 깊은 사람입니까?" "아니다." "견문과 학식이 많습니까?" "아니다." "그렇다면 어찌하여 기뻐서 잠도 주무시지 못하십니까?" "그의 사람됨이 선(善)을 좋아하기 때문이다." "선을 좋아하는 것만으로 충분한 것입니까?" "선을 좋아함이 천하에서 가장 뛰어난 것이다."

…『맹자』6편 〈고자 하〉 13장

✽ 291. 제(齊)나라 사람 호생불해(浩生不害)가 맹자에게 물었다. "악정자는 어떤 사람입니까?" "선한 사람이며 믿을만한 사람이다." "선(善)과 신(信)의 기준이 무엇입니까?" "그 사람됨이 바람직하면 (그래서 사람들이 그 사람처럼 되고 싶어 하면) 선하다고 하고, 그 선함을 자기 몸에 지니고 있

---

30 말콤 글래드웰,『다윗과 골리앗』(2013)

으면 (그래서 그 선함이 행동으로 나타나면) 믿을 만하다고 하며, 그 믿을 만함이 (넘치도록) 충만하게 채워져 있으면 아름답다고 하고, 그로 인해 (그에게서) 빛이 나면 위대하다고 하며, 위대하면서 (자신을 넘어) 모든 것을 감화(感化)시키면 성스럽다고 하고, 성스러움이 깊어 알 수 없는 경지에 이른 것을 신령스럽다고 한다. 악정자는 앞의 둘 중간에 그리고 뒤의 넷 아래에 있는 사람이다."

…『맹자』7편 〈진심 하〉 25장

✽ 292. 〈진서(秦誓)〉는 말한다. "만약 어떤 성실한 사람[신하]이 있는데 (정말로 성실하다는 것 외엔 내세울 만한) 다른 능력은 없으나 마음만은 착하다면, 그런 사람은 (충분히) 등용(登用)해서 부릴 수 있다. (왜 그럴까? 그런 사람은) 다른 사람이 지닌 능력[기술](을 발휘해 주위의 칭송을 받는 것)을 마치 자기의 일처럼 좋아하고, 어질고 뛰어난 사람을 진심으로 좋아함이 (마음에 차고 넘쳐서) 그의 입으로 (자기가 그런 사람을 정말 좋아한다는 말이 자기도 모르게) 나오는 것에 그치지 않(고 그런 사람과 함께하고 닮으려고 할 것이)기에, 그런 사람은 충분히 받아들일 수 있다는 것이다. 그렇게 하면 충분히 자기 자손과 백성들을 보전(保全)할 수 있으니, (이것은) 오히려 이익이 되는 일이다. (반대로) 남이 지닌 능력을 시샘하고 그를 미워하며 남의 뛰어나고 어짊을 방해해서 (그가 그의 능력을) 발휘할 수 없게 하는 사람은, 받아들이면[등용해서 부리면] 안 된다. 그렇게 하면 자기 자손과 백성들을 보전할 수 없으니, (이것은) 오히려 (가문과 나라를) 위태롭게 만드는 일이다."

…『대학』《전문》10장 〈치국/평천하〉

〈진서〉는 『서경』의 일부로, 진(秦)나라 목공(穆公)에 관한 내용이다. 292번은 리더(leader)의 자질과 연결되는 내용이다(208번 설명). 리더가 하나의 분야에 뛰어나다면, 그것은 오히려 역효과를 일으킬 때가 많다. 리더가 뛰어난 능력을 발휘하는 분야에서는, 같은 극(極)은 서로를 밀어내고 배척하는 성질이 있어서 인재가 성장하지 못하기 때문이다. 그래서 **최상의 리더는, 다양한 분야의 뼈대는 모두 알고 있되 한 분야의 전문가는 아니며, 사람의 장단점을 정확히 파악해서 각자의 장점을 살릴 수 있는 자리와 상황을 마련해주고, 사람 간 그리고 분야 간의 충돌을 조율할 수 있는 사람이라고 할 수 있다.** 제2차 세계대전 중 원자폭탄 제조를 위한 맨해튼 프로젝트(Manhattan Project)(1942~1947)의 최고 책임자였던 미국 물리학자 로버트 오펜하이머(Robert Oppenheimer)처럼 말이다. 다만 리더의 이런 능력을, 인용문의 내용처럼 '착한 마음'이나 '어짊'이라고 하기에는 무리가 있다.

✽ 293. 어진 사람을 보고도 (적절한 자리에) 추천하지 못하고 추천하되 (자기보다) 윗자리에 추천하지 못하는 것은 속 좁음이며[거이불능선 명야(擧而不能先 命也)], 어질지 못한 사람을 보고도 물리치지 못하고 물리치되 멀리하지 못하는 것은 (통치자로서의) 허물이다.

…『대학』《전문》 10장 〈치국/평천하〉

앞부분의 '거이불능선 명야(擧而不能先 命也)'에는 두 가지 문제점이 있다. 첫째, '선(先)'의 해석이다. 어진 사람을 자기보다 '먼저' 추천하지 못하면 문제가 있다는 해석은 깔끔하지 않다. 게다가 그렇다면 추천하는 사람은 여전히 벼슬을 하지 못한 사람이라는 말인데, 그런 평범한 사람이 혹시라도 어질지 못한 사람을 보고도 물리치지 못하고 물리치되 멀리하지 못했다며 그것을 '허물'이라고 지적하는 건 너무 지나치다. 이것은 국가를 다스리고 다스릴 사람들을 위해 쓰인 『대학』이, 갑자기 평범한 백성에게

 고전일까 정치일까

충고하는 이상한 모습이 되어 앞뒤가 맞지도 않는다. 따라서 여러 번역서와는 달리, '선(先)'을 '윗자리' 또는 '높은 자리'로 해석했음을 밝힌다.

둘째, '명(命)'은 누가 봐도 오타가 분명하다. 주희는 '게으르다'라는 '만(慢)'의 오타라고 말하고, 다른 사람들은 '게으르다'라는 '태(怠)'의 오타라고 말한다. 따라서 대체로 '게으름'이나 '태만함'으로 해석하지만, 내겐 이런 해석도 못마땅하다. '태만(怠慢)'의 사전적 의미는 '해야 할 일을 열심히 하지 않고 게으름을 피움'인데, 내 짧은 국어 실력으로도 이것이 어진 사람을 자기보다 높은 자리에 추천하지 못한 사람의 잘못으로 적절한 단어라고는 도저히 생각할 수 없어서다. 그래서 '속 좁음'으로 해석했음을 밝힌다.

✱ 294. (노나라 군주) 애공이 정치를 묻자, 공자가 말했다. "문왕과 무왕이 (나라를) 다스린 방법은 목판과 죽간에 모두 기록되어 있습니다. (그 내용을 근거로 말씀드리자면) 그 같은 인물들이 있으면 그 같은 정치가 시행되고, 그 같은 인물들이 없으면 그 같은 정치도 사라집니다. 사람의 도(道)는 정치에 (가장) 민감하(게 나타나)고[인도민정(人道敏政)] 땅의 도(道)는 나무에 (가장) 민감하(게 나타나는 법이)니[지도민수(地道敏樹)], 무릇 정치라는 것은 창포나 갈대(처럼 제반(諸般) 조건과 상황에 따라 변하는 것)입니다[부정야자 포로야(夫政也者 蒲盧也)]."

…『중용』 20장

애공의 아버지가 통치할 때 노나라를 떠나 천하를 주유하던 공자는, 애공 즉위 11년에 노나라로 귀국했다. 그때 애공이 공자에게 정치를 묻고 공자가 답한 내용이 인용문이고, 그래서 이 장을 '애공문정(哀公問政)'이라고 부르기도 한다. 그러나 알 수 없는 이유로 애공은 공자를 등용하지 않았다. 부국강병을 꿈꾸는 통치자라면, 공자나 맹자를 등용하기는 어려웠을 것이다. 게다가 공자가 꿈꾼 통치는, 어쩌다 세상에 등장하는 성인군자를 한없이 기다리다가 그런 이가 나타나 은혜를 베풀면 떡고물이나마 받아먹으면서 감사해하는 것이다. 즉 통치자 개인에 따라 모든 게 완전히 이리저리 변하는 '인치(人治)'다. 노자가 주장한 '시스템'이나 한비가 주장한 '법치'와 비교해 볼 때, 우열은 차치하고라도 통치의 '안정성'과 '예측 가능성'이라는 측면에서조차 도저히 통치의 방법이라고 할 수 없다.

✱ 295. 하늘의 때는 지리적 이점만 못하고[천시불여 지리(天時不如 地利)], 지리적 이점은 사람들의 화합만 못 하다[지리불여 인화(地利不如 人和)]. 성벽을 에워싸고 공격할 때는 반드시 하늘의 때를 고려해야겠지만, 그런데도 이기지 못한다면 하늘의 때가 지리적인 이점만 못해서이다. (반대로 수비할 때) 성벽은 높으며 못[해자(垓字)]은 깊고 병기와 갑옷은 굳고 날카로우며 식량은 넉넉한데도 성을 내버리고 도망가는 것은, 지리적인 이점이 사람들의 화합만 못 해서이다. 도(道)를 얻은 사람에게는 도와주는 이가 많고, 도를 잃은 사람에게는 도와주는 사람이 적다. 돕는 사람이 적어지는 게 극단으로 치달으면 친척도 배반하고, 돕는 사람이 많아지는 게 극단으로 치달으면 천하가 순종하게 된다. 천하가 순종하는 바로써 친척에게까지 배반당하는 바를 치는 법이다. 그러므로 군자는 (쉽사리) 싸우지 않지만, 싸우면 반드시 이긴다.

…『맹자』 2편 〈공손추 하〉 1장

인의(仁義)라는 도(道)를 바탕으로 어진 정치를 펴야 한다고 말하고 싶은 건 알겠지만, 앞부분에서 든 전쟁의 예시는 매우 엉성하다. 『손자병법』

에서는 전쟁에 임했을 땐 반드시 '도(道)·천(天)·지(地)·장(將)·법(法)'을 순서대로 살펴야 한다고 말한다. 가장 먼저 서로가 전쟁에 임하는 대의명분(大義名分)을 비교해 보고, 그것이 같다면 다음으로는 계절과 날씨 같은 하늘의 기상 현상, 지형지물이나 높고 낮음이나 평평함과 빽빽함 같은 땅의 형세, 장군이나 병력의 능력치, 그리고 서로의 군영(軍營)에 얼마나 규율과 원칙이 올바로 서 있는지를 살피라는 것이다.

이제야 말하지만, 공자와 맹자를 비롯해 많은 사람이 '1 + 1 = 2'라는 단순한 산술적인 논리를 편다. 하지만 그때는 그랬는지 모르지만, 지금의 현실은 그렇지 않다. 애매함과 모호함과 모순되는 딜레마 천지다. 그래서 마음으로야 정말로 공자와 맹자의 논리처럼 많은 사람이 선하거나 인자한 사람을 돕고 좋아해 주고 따르기를 바라지만, 지금의 현실은 그렇지 않다. 누구나 자기 수준 이상의 사람은 알아보지 못하기에, 많은 사람이 선하거나 인자한 사람을 알아보지 못한다. 호구(虎口)로 볼 뿐이다. 그래서 뭐 같은 충고까지 한다. 지금 세상에서 그렇게 살면 안 된다고. 왜? 그렇게 살다 간 굶어 죽기 딱 좋기 때문이란다. 이 말엔, 어떻게 살아야 하는지가 아니라 먹고 사는 것이 최우선 순위라는 믿음이 깔려 있다. 목숨보다 소중한 건 없다며, 가치관과 애국심과 여러 신념을 위해 목숨을 버리는 행위를 업신여기는 마음이 깔려 있다. 지금 우리가 누리는 거의 모든 게, 자기들과 반대의 삶을 산 사람들에 의해 남겨진 유산임을 모르고 하는 소리다. 내가 대신 사죄드리며, 기도한다. "저들을 용서하소서. 저들은 자기들이 무슨 말을 하고 무슨 생각을 하고 무슨 일을 하는지 알지 못합니다."[31]

---

31 〈누가복음〉 23:34

✽ 296. 물이 깊게 고여 있지 않으면, 큰 배를 띄울 수 없다. 물 한 잔을 파인 곳에 부으면 그 위에 티끌 하나 정도는 띄울 수 있지만, (티끌 대신) 물잔을 띄우면 곧바로 가라앉는다. 물은 얕고 얼마 없는데 물잔은 (그에 비해서) 크고 무겁기 때문이다. (…) 가까운 교외로 (잠시) 소풍하러 가는 사람은 (세 끼 식사만 제대로 한 후) 갔다 와도 배고프지 않지만, 백 리 길을 가는 사람은 하루 전에 쌀을 찧어 먹을 걸 준비해야 하고, 천 리 길을 가는 사람은 석 달 전부터 식량을 준비해야 한다. 하찮은 매미와 새끼 새가 (큰일에는 큰 준비가 필요하다는 사실을) 어찌 알 수 있겠는가?

작은 지혜는 큰 지혜에 미치지 못하고, 짧은 수명은 긴 수명에 미치지 못한다. 하루살이 버섯은 한 달이 얼마나 긴지 알지 못하고, 한 달을 사는 매미는 1년이 얼마나 긴지 알 수 없는 법이다. 이것이 짧게 사는 것들의 사례(事例)다. 초나라 남쪽에 명령(冥靈)이라는 나무가 있는데 500년을 봄으로 하고 500년을 가을로 삼으며, 더 옛날엔 대춘(大椿)이라는 나무가 있었는데 8,000년을 봄으로 하고 8,000년을 가을로 삼았다고 한다. (이것이 길게 사는 것들의 사례(事例)다) 그런데 지금 세상 사람들은 (요임금 때 벼슬길에 올라 순임금과 하나라 건국자 우임금을 지나 은[상]나라 때까지 기껏 700년을 살았다는 전설 속의 인물) 팽조(彭祖)를 으뜸으로 삼아 그처럼 장수하고자 바라니 이 얼마나 슬픈[창피한] 일인가? 은[상]나라의 탕임금이 현자(賢者)로 이름 높은 극(棘)에게 들은 내용도 바로 (지금까지와) 같은 이야기였다.

메추리가 (구만리 높이로 날아올라 머나먼 남명을 향해 날아가는) 붕을 비웃으며 말했다. "쟤는 대체 뭐 하러 저렇게 사서 고생을 할까? 내가 비록 힘껏 날아올라 봐야 얼마 높이 오르지도 못한 채 다시 바닥으로 내려와 쑥대밭 사이를 왔다 갔다 하는 게 고작이지만, (그 정도만으로도) 다른 데로 옮겨 갈 필요를 전혀 느끼지 못할 만큼 사는 게 너무 즐거운 이런 행복

을 모르는 걸까? (어차피 날아다니는 건 똑같으니) 저나 나나 똑같은 새 아닌
가?" 이것이 바로 작은 것과 큰 것의 차이다.

… 『장자』《내편》 1편 〈소요유〉

사람은 자기 수준 이상의 것을 볼 수 없고, 그래서 자기 수준 이상의
것에 대해서는 제대로 된 판단도 할 수 없다. 하지만 이런 사실을 모르기
에, 메추리는 붕의 힘겨움을 보면서 왜 저런 멍청한 짓을 하냐며 비난한
다. 그러면서 어차피 날아다니는 건 똑같으니, 저나 나나 똑같은 새라고
자신을 과대 포장하면서 우쭐댄다. 병장이라고 다 같은 병장이 아니다.
종류(kind)는 같을지라도 수준(level)에서는 무수한 차이가 있다(153번/279
번). 사람에게 그 차이는 '품격(品格)[품위]'으로 나타난다. 메추리의 말처럼
누구나 하루에 세 끼 먹는 건 똑같다. 그러나 끼니마다 무엇을 어디에서
먹느냐는 전혀 다르다.

메추리 수준에서, 고통과 행복은 대립하는 전혀 다른 것이고 고통은
곧 불행이기 때문이다. 불행이라고 생각되는 (바로) 그곳에 행복이 있고,
행복이라고 생각되는 (바로) 그곳에 불행이 숨어있음(315번)을 모르는 것
이다. 행복은 그 자체로는 존재하지 않는다. 대립물인 고통 속에서만 존
재한다. 반대로 고통은 행복 속에서만 존재한다. 행복은 고통처럼 보이는
것 속에만 있고, 고통은 행복처럼 보이는 것 속에만 있다. 다시 말해보자. 행
복은 고통의 탈을 쓴 채로만 다가오고, 고통은 행복의 탈을 쓴 채로만 다가
온다. 우리에게 좋은 것과 나쁜 것은, 우리 눈에 보이는 것 또는 우리가 무의
식적으로 느끼는 것과 정확히 반대라는 말이다. 위기가 곧 기회고, 장점이 곧
단점이며, 몸에 좋은 건 입에 쓰다. 이런 사실을 한 단계 높여서 생각해 보면,
'내'가 곧 '너'고, '우리'가 곧 '그들'이라는 통찰에도 도달할 수 있다. 그러면 특

✱ 297. 송나라 사람 영자(榮子)는 (메추리처럼) 자기만족에 빠진 사람
들을 비웃으면서, 온 세상이 모두 그를 칭찬하더라도 (그것을 기쁘게 생각해
서) 더 힘쓰지 않고, 온 세상이 모두 그를 비난하더라도 (그것을 슬프게 생각
해서) 기죽는 일도 없었다. (그렇게 할 수 있었던 이유는) 자기 내면에서 우러
나는 것과 외부에서 들어오는 것을 정확하게 구분하고 있었기 때문이다.
그러나 세상의 평가에 대해 초연하기는 했지만, 여전히 (이것과 저것의) '구
분'을 버리지는 못했다. 열자(列子)는 바람을 타고 하늘을 날아다니다가
15일에 한 번씩 (땅으로) 내려오곤 했다고 한다. 그러나 걸어 다니는 번거
로움으로부터는 해방된 것이지만, 여전히 (바람이 불어야만 한다는) 어떤 조
건에 대한 의존을 탈피하지는 못했다. (자연의 법칙을 깨달은) 지인(至人)[진인
(眞人)]은 (송나라의 영자처럼) 자기 자신을 내세우지 않고[지인무기(至人無己)], (그
것을 뛰어넘어 신의 경지에 이른) 신인(神人)은 (열자처럼) 자기 업적(이나 능력)을 자
랑하지 않으며[신인무공(神人無功)], (그마저도 뛰어넘은) 성인(聖人)은 (노자의 도
(道)처럼) 이름조차 없다[성인무명(聖人無名)].

…『장자』《내편》 1편 〈소요유〉

✱ 298. 위에 있는 왕은 도(道)로써 하늘의 뜻을 헤아림이 없으며, 아
래에 있는 백성들은 법(法)을 지키지 않고, 조정에서는 법도(法道)를 믿
지 않으며, 장인(匠人)과 관리들이 표준을 믿지 않고, 군자가 의리를 어기
고, 소인이 형법을 어기면서도 나라가 보존된다면 요행(僥倖)이다. (…) 그
러므로 성곽이 완전하지 못하고 군사가 많지 않은 것이 나라의 재앙이 아
니며, 밭과 들이 개간되지 않고 재물이 모이지 않는 것이 나라의 해(害)가

아니다. 윗사람이 무례하고 아래에 있는 백성들이 배움이 없으면, 나라를 해치는 사람들이 일어나 나라가 금방 망할 것이다.

…『맹자』 4편 〈이루 상〉 1장

역사 속에서 우리만큼 많은 고난을 겪었음에도 꿋꿋이 살아남은 민족은 이스라엘을 제외하면 거의 없다. 대단한 일이다. 다만 고난을 극복하는 엄청난 힘의 반만이라도, 평상시에 활용하면 어떨까? 평소에 미리미리 준비하고 시행하면 조금 더 수월할 것을, 늘 설렁설렁하다가 위기의 순간이 닥쳐야 기적을 일으킨다. 축구는 늘 경우의 수를 따져야 하고, 야구는 늘 기적의 8회를 기다린다. 물론 짜릿해서 좋지만, 매번 그렇기에 심장에 많은 무리가 간다. 또한 다르게 보면, 그 어느 민족보다도 정신 줄을 놓고 살기에 늘 고난을 겪는다는 말도 된다. 맹자의 관점에서 보자면, 요행의 최고봉인 셈이다. 물론 은혜로워서 좋지만, 요행은 필연이 아니라 독립변수다(20번). 늘 지속되지 않는다는 말이다. 재산이나 지위나 권력을 조금이라도 가지고 있는 자들은 소위 갑질하기에 여념이 없고, 대부분 사람은 대중매체에 세뇌되어 먹고 즐기고 꾸미고 놀고 여행가고 재산 불리기에 여념이 없으니, 이미 나라를 해치는 사람들이 일어나 활동하고 있음을 우리는 현재 보고 있다.

〔 5장 〕

다스림[정치]에 관하여

✱ 299. 도(道)는 (공(空)처럼 가득 찬 듯) 비어 있어서[도충(道沖)] (막상) 쓰려고 할 때마다 차 있지 않은 것처럼 보일 (수 있고 그래서 쓸모[효용]없다고 생각할) 수 있지만, (그 속은) 심연(深淵)처럼 깊어서 만물의 근원[모태(母胎)]이 된다. (도는) 날카로운 것은 무디게 하고, 얽힌 것은 풀어주며, (뽐내고 싶은 자기의) 빛[재능]도 부드럽게 다듬어서 (도를 체득한 성인을) 티끌[보통 사람들]과 같아 보이게 만든다[화기광 동기진(和其光 同其塵)].

…『도덕경』4장

✱ 300. 서른 개의 바큇살이 모여 하나의 (수레) 바퀴를 만들 때, 바퀴 속이 (바큇살을 제외하면) 비어 있음에 수레의 쓰임[효용]이 있다. 진흙을 이겨서 그릇을 만들 때도, 그릇의 속이 비어 있음에 그릇의 쓰임이 있다. (막혀 있던 벽에) 방문과 창문을 뚫어 (비로소 쉬고 잘 수 있는) 방을 완성할 때도, 그 방 안이 비어 있음에 방의 쓰임이 있다. (그러므로 바퀴나 그릇이나 방 같은 사물의) 존재는 (우리에게) 쓰임을 주지만, 그 쓰임은 (바로 그것들 속이) 비어 있음에서 생겨나는 것이다.

…『도덕경』11장

✱ 301. 도(道)가 사라지면, 인과 의가 생겨나고 지혜가 생겨나며 거짓[위선]이 생겨난다. 가족 간에 화목이 사라지면 효나 자애로움이 생겨나고, 나라가 어지러워지면 충신이 생겨나는 것처럼 말이다.

✽ 302. 성인(聖人)은, (백성들을 어떻게 통치해야 하는지) 알고 있지만 (그 것을 겉으로는) 드러내지 않아야 하고[자지부자현(自知不自見)], (비록) 자신만을 사랑하더라도 (겉으로는 스스로) 자신을 높이지 않아야 한다[자애부자귀(自愛不自貴)]. (다시 말해서) 인위(人爲)를 버리고 무위(無爲)를 택해야 한다.

잘 다스려지던 주나라의 권위가 약해지면서 도와 덕도 사라지기 시작했고, 그 결과 춘추시대라는 혼란이 발생한 것이라는 게 노자의 분석이다. 그렇다면 공자와 마찬가지로, 노자 역시 주나라를 지상천국으로 생각한 셈이다. 노자가 보기에 인의예지는 아예 필요 없는 게 아니라, 임시방편일 뿐이었다. 그래서 인의예지만 보면, 자꾸만 잃어버린 주나라의 질서가 생각나서 눈물이 난다는 것이다. 게다가 그 혼란을 어떻게든 타개해보고자, 사방팔방 돌아다니며 주례에 기반한 인의예지를 목이 쉬도록 외치는 공자의 모습도 못마땅했다.

노자가 보기에 혼란의 근본 원인은 따로 있었다. 그건 바로, 약해진 주나라의 건강을 회복시키겠다며 이놈 저놈 모두 팔 걷어붙이고 주나라의 몸을 오물쪼물 누르고 건드리고 찢고 꿰매는 등 뭔가를 하려 했기 때문이다. 그런 노자의 눈에, 공자 역시 그런 놈들과 그다지 다를 게 없어 보였으리라. 노자에게 모든 건 그냥 그대로 가만히 놔두면 될 일이었다. 모든 인위적인 것은 돌팔이 의사에 지나지 않았다.

✽ 303. 가장 훌륭한 통치자는 백성들이 그 존재 정도만 알고 있는 통치자이고[태상 하지유지(太上 下知有之)], 그다음은 백성들이 친하게 생각하

고 존경하는 통치자이며[기차 친이예지(其次 親而譽之)], 그다음은 백성들이 두려워하는 통치자이고[기차 외지(其次 畏之)], 가장 좋지 못한 것은 백성들의 업신여김을 받는 통치자이다[기차 모지(其次 侮之)].

…『도덕경』 17장

춘추시대 당시 주나라의 통치자는 백성들의 업신여김을 받았다. 이름만 천자(天子)일 뿐, 이빨 빠진 호랑이였으니까. 이것이 최악의 통치자다. 아프리카의 많은 나라가 이런 상황이다. 이를 극복하기 위해 취하는 방법은, 대체로 무력이다. 예전 우리나라를 비롯해, 여러 나라의 군부독재가 이런 상황이다. 폭력과 강압이 지속되면 백성들이 무기력해질 수 있지만, 반대로 들불처럼 들고 일어날 수도 있다. 후자의 상황이 임박할 때 나타나는 모습이, 유가에서 찬양하는 성군(聖君)이다. 지금의 민주주의 사회도 이에 해당한다고 볼 수 있다. 그러나 노자는 이조차도 못마땅해했다. 채찍질하든 당근을 주든, 통치자가 직접 인위적으로 뭔가를 한다는 점은 같기 때문이다. 그래서 제시하는 최고 통치자의 모습이 바로, 있는 듯 없는 듯 백성들이 그 존재 정도만 아는 통치자란다. 존재하되 군림하지 않는다는 영국의 국왕과 일본의 천황 정도를 최고의 통치자로 보는 셈인데, 또 그것도 아니다. 군림도 하고 싶어 한다. 모든 인위를 다 버리라고 하면서, 자기는 모든 걸 다 가지려는 욕심을 한껏 부린다. 이율배반이다.

✽ 304. (사방으로 나아가다 때가 되면 다시) 되돌아가는 건 도(道)의 (전체적인) 흐름의 방향이고, 약함[부드러움]은 (물이 높은 곳에서 낮은 곳으로 흐르고, 장애물이 있으면 돌아가는 것처럼) 도가 (구체적으로 사물에) 작용하는 방식이다. 천하 만물은 있음에서 생겨나고, 있음은 없음에서 생겨난다.

고전일까 정치일까

…『도덕경』40장

✽ 305. **최상의 선(善)은 물과 같다**[상선약수(上善若水)]. 물은 만물에 이로움을 줄 뿐 다투는 일이 없고, 모두가 싫어하는 낮은 곳을 찾아 머무르므로 도(道)에 가장 가깝다고 말할 수 있다.

…『도덕경』8장

✽ 306. 도(道)로써 일을 처리하는 사람은, 도를 추구하는 사람을 만나면 그와 같아지니 도를 따르는 사람이 (자기와 똑같은 사람을 만났다며) 좋아하고, 덕(德)을 추구하는 사람을 만나면 그와 같아지니 덕을 따르는 사람이 (자기와 똑같은 사람을 만났다고) 좋아하며, (도와 덕이) 없는 사람을 만나도 (역시) 그와 같아지니 (도와 덕이) 없는 사람도 (자기와 똑같은 처지인 사람을 만났다며) 좋아하게 될 것이다. (이렇게 누구와 함께하든 그와 하나 됨으로써 상대방에게) 신뢰[믿음]를 주(어야 하는데 그렇게 하)지 못하면, 불신이 생길 수밖에 없다.

…『도덕경』23장

✽ 307. 사람이 살아 있을 때는 (그 몸이) 부드럽고 약하지만, 죽으면 굳고 단단해진다. 식물을 비롯해 만물 역시 살아 있을 때는 부드럽고 연하지만, 죽으면 말라서 딱딱해진다. (그러므로) **굳고 단단한 것은 죽음의 부류(部類)이고, 부드럽고 연약한 것은 삶의 부류이다.** 강한 군대는 (결국엔) 승리하지 못하고, 강한 나무는 (결국엔 꺾이고 부러져서) 죽고 만다.

…『도덕경』76장

✽ 308. 덕(德)이 두터운 사람은, (얼핏 보기에) 갓난아기와 비슷하다. (…) (갓난아기가) 온종일 울어도 목이 쉬지 않는 건, (울음소리와 목과 온몸의 상태가) 완전한 조화를 이루고 있기 때문이다. 조화로움을 아는 것이 위태로워지지 않는 방법이며, 위태로워지지 않는 방법을 아는 것이 밝음[지혜]

이다.

…『도덕경』 55장

✱ 309. (물의 움직임이 그렇듯) 큰 나라는 작은 나라 아래로 (자기를) 낮춰야만 작은 나라를 취할 수 있고, 작은 나라도 큰 나라 아래로 (자기를) 낮춰야만 큰 나라에 (자기의 보전을) 의지할 수 있다. (다시 말해서) 때로는 자기를 낮춤으로써 정복할 수도 있고, 때로는 자기를 낮춤으로써 의지할 수도 있다는 것이다. (그러나 그렇게 됐을 때도) 큰 나라는 (더 빼앗으려는) 욕심 없이 (작은 나라와) 함께 (작은 나라의) 백성들을 보살피려 (또는 적어도 그러려는 척은) 해야 하고, 작은 나라도 (더 뜯어내려는) 욕심 없이 큰 나라를 섬기려 (또는 적어도 그러려는 척은) 해야 한다.

…『도덕경』 61장

비록 시간이 흘러 지금은 주나라의 힘이 약해졌지만, 그건 잠시 그런 것일 뿐 역시 시간이 흐르면 다시 예전의 힘을 회복할 거라는 믿음이 노자에겐 있었다. 그게 바로 자연의 이치였기 때문이다. 만물이 기지개를 켜며 탄생하는 봄이 가면 전성기인 여름이 오고 성숙기인 가을을 지나 쇠퇴하는 겨울이 오지만, 겨울 또한 다시 만물이 기지개를 켜는 봄을 준비하는 일시적인 현상일 뿐이다. 둥근 지구처럼, 만물은 순환한다. 끝까지 간 것은 다시 돌아오게 되어 있고, 바닥까지 낮아진 건 다시 올라오게 되어 있다고 믿었다.

존재하되 군림까지 하는 통치자(303번)가 되려는 사람에게 노자는 부탁한다. 절대 나대지 말고, 열 개를 빼앗기 위해 한두 개를 먼저 주는 척하듯 먼저 자기를 낮춰야 하며, 바람이 부는 방향으로 몸을 맡기는 갈대처럼 또는 여성이나 갓난아기처럼 부드럽게(275번) 처신하라는 것이다. 그것이 가장 약하고

고전일까 정치일까

부드러워 보이지만, 가장 강하고 단단한 것도 부숴버리는 힘을 숨기고 있는 물이 만물에 작용하는 방식이기 때문이다. 그래야만 혼란하고 전쟁이 일상이던 시대에, 목숨 부지하며 오래오래 왕 노릇 할 수 있단다(232번/233번/235번).

『도덕경』 전체에서 노자는 308번을 포함해 총 다섯 번, 도와 덕을 체득한 사람을 '갓난아기'에 비유한다. 그 이유야 예수[32]나 니체[33]의 마음과 다르지 않을 것이다. 어린아이는 노자가 통치자에게 당부한 모습들을 거의 모두 갖고 있다. 그리고 대체로 어린아이는 거드름 피우지 않고, 가오(かお)도 잡지 않으며, 세상에 찌들거나 순응한 상태를 뜻하는 '철(딱서니)'도 없다. 노자와 예수가 공통으로 언급한 자기를 낮춘다는 어린아이의 특징은, 아마도 낯선 사람에게도 선뜻 먼저 다가가 자기의 것을 내어주면서 먼저 친구가 되어주는 게 아닐까 싶다.

✱ 310. 정복자가 새로운 영토를 본국에 합칠 때 두 영토가 똑같은 지역이며 똑같은 언어를 갖고 있다면, 다음 두 가지 점에 주의해야 한다. 하나는 이전 지배자의 혈통을 근절(根絶)시키는 것이며, 다른 하나는 그곳의 기존 법률과 세제(税制)에는 손을 대지 않아야 한다는 것이다. 반대로 언어·풍습·제도가 다른 지역의 영토를 지배하게 될 때, 최고의 방법은 정복자가 스스로 그 지방에 가서 정주(定住)하는 것이다. 현지에 가 있음으로써 직접 그곳 사정을 알게 되고, 사건이 터지는 즉시 효율적인 대책을 세울 수 있기 때문이다. 아니면 영토의 중요한 전략 지역에 (해당 지역에 정착해 살면서 전쟁 시 군인의 임무를 수행하는) 상주군(常住軍)을 주둔시키는 것도

---

32 〈마태복음〉 18:3~4
33 프리드리히 니체, 『차라투스트라는 이렇게 말했다』 (1885)

하나의 방법이다.

…『군주론』3장

✱ 311. 시민들 스스로 법률을 만들고 자유스럽게 생활해 오던 국가를 점령했을 경우, 그 나라를 다스리는 방법은 세 가지가 있다. 첫째 방법은 그곳을 완전히 멸망시키는 것이고, 둘째는 그곳으로 이주해 지배자가 직접 살면서 통치하는 것이며, 셋째는 그들 고유의 법률을 그대로 인정하되 대신 연공(年貢)을 바치게 하고 믿을 만한 소수자에 의한 식민 정치를 시행하는 것이다. 식민 정부는 정복자의 호의와 영향력을 상실하는 날에는 자신들의 존속도 끝날 것을 잘 알고 있으므로, 전력을 다해 그 나라를 잘 다스리고 충성하려고 노력할 것이 틀림없다.

…『군주론』5장

자기를 낮춰야만 작은 나라를 취할 수 있다는 노자의 막연한 설명에 비해, 마키아벨리의 조언은 명쾌하다. 정복한 지역이 본국 근처이고 같은 언어를 사용한다면 유지하기는 쉽다. 그리고 그 지역 사람들이 자유가 아니라 복종에 익숙하다면 더더욱 쉽다. 그들을 지배하던 군주 가문을 말살하고 (법과 조세와 관련된) 예전의 생활방식을 건드리지만 않는다면 사람들은 아무 일 없다는 듯이 살아가기 때문이다. 그러나 만일 그렇지 않다면 점령 지역에 직접 거주하는 것이 효과적이다. 그래야만 문제가 발생한 즉시 해결할 수 있기 때문이다. 혹시 그럴 수 없다면 정복지의 주요 지역에 약간의 상주군(常住軍)을 주둔시키는 것이 좋다. 만일 완전한 군대를 주둔시킨다면, 엄청난 유지비용으로 인해 정복 자체가 이익보다 손실이 더 커지게 된다.

최악의 경우 그러니까 정복된 지역이 본국과 같은 지역도 아니고 언어도 다르며 그 지역 사람들이 자유로운 생활에 익숙하거나 반란을 일으킨 전례(前例)가 있다면 (큰 출혈을 감수하고서라도) 그 지역의 기존 모든 것을 철저히 파괴해야 한다. 그렇지 못하면 오히려 정복 군주가 정복당하게 된다는 게 마키아벨리의 분석이다. 마키아벨리의 『군주론』은 통치자뿐만 아니라, 새롭고 낯선 조직이나 부서의 관리자로 임명되어 부임하는 사람들도 꼭 기억할 만한 조언들이다.

✽ 312. 뛰어난 통치자는 도(道)를 들으면 (기뻐서) 당장 그것을 힘써 실천하려고 하지만, 어중간한 통치자는 도를 들으면 반신반의하고, 가장 못난 통치자는 도를 들으면 (비싼 밥 먹고 헛소리한다며) 대놓고 비웃는다. (따라서 못난 사람들에게) 비웃음을 사지 못한다면 (그것은) 참된 도라고 할 수 없다. (…) 너무도 큰 곳에는 (일반적인 규모에서 생각하는) 모퉁이가 없고[대방무우(大方無隅)], 너무도 큰 그릇은 (일반적인 척도에서 볼 때) 완성이 더디고[대기만성(大器晩成)], 너무도 큰 소리는 아예 들리지 않으며[대음희성(大音希聲)], 너무도 큰 형체는 보이지 않는다[대상무형(大象無形)].

…『도덕경』 41장

✽ 313. 배움[학문]의 길은 하루하루 쌓아가는 것이지만[위학일익(爲學日益)], 도(道)의 길은 하루하루 덜어내는 것이다[위도일손(爲道日損)]. (그렇게 인위(人爲)를) 덜어내고 덜어내면 마침내 무위(無爲)에 이르게 되는데, 무위에 이르면 되지 않는 일이 없다. 천하를 얻고자 한다면, 언제나 무사(無事)해야 한다[상이무사(常以無事)]. 억지로 (특정 목적이나 목표를 위해) 일을 꾸미려고 하면[급기유사(及其有事)] (어느 정도의 규모에서야 원하는 결과를 얻을 수 있겠지만) 천하를 취하기에는 부족하다.

…『도덕경』 48장

✻ 314. 도(道)를 체득한 사람은, 미묘함과 오묘함과 현묘함이 막힘이 없어서 그 깊이를 헤아릴 수 없다. 그래도 어떻게든 그 본모습을 묘사해 보자면, (일을 미리 준비하고 계획하는) 신중함은 겨울에 (살얼음이라 자칫 빠질 수도 있는) 냇물을 건너는 것 같고[여언약동섭천(與焉若冬涉川)], 조심스러움은 (늘) 주위를 살피는 원숭이 같으며[유혜약외사린(猶兮若畏四隣)], 예의를 갖춤은 (자기 자신마저) 손님(처럼 대하는 것) 같고, (부드럽고) 포근함은 얼음이 녹는 것 같으며, (밝음[지혜]의 깊이와) 두터움은 (꾸밈없고 소박한 다듬지 않은) 통나무 같고, 텅 비어 있음은 계곡[골짜기]과 같으면서도, 세상 속에 섞여 있을 땐 (세상 사람들과 똑같이) 혼탁한 흙탕물로 보이기도 한다.

…『도덕경』 15장

312번이 **대기만성**의 출처이고, 313번은 배경 설명에서 언급한 이소룡 말의 출처이며, 정약용이 자기 집 이름을 **여유당(與猶堂)**이라고 지은 출처가 314번의 신중함(여(與))과 조심스러움(유(猶)) 두 글자이다.

✻ 315. (법령과) 정치가 (대략의 큰 기준들만 세워둬서) 어수룩해 보일 땐 백성들이 순박해지지만, (법령과) 정치가 (세밀한 부분까지 규제해서) 자세할 땐 백성들이 (무엇하나 마음껏 할 수 없어서 결국엔) 이지러진다[불만을 표출하게 된다]. 불행이라고 생각되는 (바로) 그곳에 행복이 있고[화혜 복지소의(禍兮 福之所倚)], 행복이라고 생각되는 (바로) 그곳에 불행이 숨어있는 법이니[복혜 화지소복(福兮 禍之所伏)], 누가 그 끝을 (보고서 행복인지 불행인지) 알 수 있겠는가? (언제 어떤 상황에도 적용할 수 있는) 절대적으로 옳은 것은 없다. 올바르던 것도 (시간이 지나거나 상황이 변하면) 이상한 것이 되고, 선한 것도 (시간이 지나거나 상황이 변하면) 악한[요사(妖邪)한] 것이 되기 때문이다.

(그러나) 사람들이 (이런 사실을 모르고) 미혹된 (채 지낸) 것이 너무도 오래되었다. (이런 사정을 알기에) 성인(聖人)은, 곧음과 올바름만 내세워 (백성들을 착하다 나쁘다 또는 부지런하다 게으르다) 편 가르지 않고, (날카롭고) 예리한 (법령의) 잣대만 들이대서 (백성들을) 상처입히지 않으며, (자기의 판단과 결정과 정책이) 옳다고 (막무가내로) 밀어붙이지 않고, (자기의 능력이) 뛰어나다고 (스스로) 드러내지[빛내지] 않아야 한다.

…『도덕경』 58장

노자는 춘추시대라는 혼란을 종식할 구체적인 방법에 대해서는 거의 말하지 않았다. 구체적인 방법을 언급한다는 것 자체가, 이미 돌팔이 의사들처럼 자신도 뭔가를 인위적으로 해보려고 시도하는 셈이었기 때문이다. 따라서 어느 정도 큰 틀만 갖춘 후에는, 멈추고 그냥 놔두자고 말한다. 그러면 자연히 예전의 건강을 회복할 테고, 또 그러면 자연히 예전처럼 백성들이 자발적으로 복종해서 주나라가 그랬듯 톱니바퀴처럼 잘 돌아가게 될 테니까. 이것이 노자의 무위(無爲)다. 사실 노자의 모든 초점은, 나라 전체의 질서 확립이 아니라 통치자 단 한 명의 몸가짐에 집중되어 있었던 셈이다. 여하튼 노자가 끝내 무위의 뜻을 정확하게 설명하지 않은 게 답답해 보였는지, 장자가 직접 나선다.

✻ 316. 통치자가 무위(無爲)한다고 해서 아랫사람 또한 무위하게 되면, 이는 아랫사람이 통치자의 덕을 지닌 것이어서 신하라고 할 수 없다. (반대로) 아랫사람이 유위(有爲)한다고 해서 통치자 또한 유위하게 되면, 이는 통치자가 아랫사람의 도를 지닌 것이어서 통치자라고 할 수 없다. 통치자는 반드시 무위로 천하를 다스리고, 아랫사람은 반드시 유위로 천하를

위해 일하는 것, 이것이 영원히 변치 않을 법칙이다. 그 때문에 옛날에 천하를 다스린 사람은 비록 천지를 망라할 정도의 지식이 있다고 하더라도 스스로 생각하지 않았고, 비록 만물에 대해 모두 논할 정도의 말재주가 있다고 하더라도 스스로 말하지 않았으며, 비록 천하의 모든 일을 맡아서 처리할 능력이 있다고 하더라도 스스로 일하지 않았다. 이것이 천지를 타고 만물을 몰아서 사람들을 (다스리고) 부리는 도(道)다. 요점[핵심/근본]은 통치자가 맡고, 세세한 일[말단]은 신하가 맡아야 한다.

…『장자』《외편》 6편 〈천도〉

주인공인 통치자 단 한 명만 착하고 예쁜 척하면 되고, 나머지 잡일이나 악역은 모두 신하들에게 떠맡겨라! 이것이 노자가 『도덕경』 전체를 도와 덕에 관한 모호한 설명으로 도배하면서 은연중에 제시한 무위다. 꼭두각시 같아 보여서 멋있지 않지만, 장자의 설명만큼은 깔끔하다. 주나라 종법제의 근간이던 혈연관계가 희미해지고 여기저기에서 자기만의 나라를 세우겠다고 우후죽순처럼 들고 일어나는 자들이 판을 키우던 당시 춘추시대에, 노자와 장자의 주장처럼 그냥 가만히 놔두면 자연스레 다시 주나라의 종법제로 회귀할 수 있을까? 어불성설이다. 비록 신하들만 발바닥에 땀 나도록 뛰어다니게 한다고 해도, 무슨 매뉴얼(manual)이라도 있어야 할 것 아닌가? 변한 시대와 변한 규모에 맞는 제도들이 필요한 법인데, 그게 무엇인지 그걸 어떻게 누가 얼마나 세세하게 제정해야 하는지 또 그렇게 만들기 위해 신하들은 어떻게 다뤄야 하는가? 노자도 장자도 묵비권만 행사할 뿐이다.

✳ 317. 거둬들이고 싶다면 반드시 먼저 베풀어야 하고, (착하고 겸손하고

부드럽고) 약하게 보이고 싶다면 반드시 먼저 (누구도 넘볼 수 없을 만큼) 강해져야 하며, 없애고 싶다면 반드시 먼저 흥하게 해야 하고, (더 많이) 빼앗으려면[장욕탈지(將欲奪之)] 반드시 먼저 (조금이나마) 줘야 한다[필고여지(必固與之)]. 이것을 일러 '미묘한 밝음'이라고 한다[시위미명(是謂微明)]. (백성들을 다스림에 있어서) 부드럽고 약한 (척하는) 것이 굳세고 강한 (척하는) 것보다 더 좋은 방법이다[유약승강강(柔弱勝剛強)]. 물고기를 연못 밖으로 나오게 해서는 안 되듯, 국가의 (수많은) 편리한 물건들을 백성들에게 보여줘서는 안 된다. (그렇게 되면 백성들이 재능을 발휘하고 알고 원하는 게 많아져 다스리기가 어려워지기 때문이다)

…『도덕경』36장

이것이 『도덕경』의 핵심이자 민낯이요 무위자연(無爲自然)의 진짜 의미다. 단도직입적이며 과격하다. 노자라는 산신 할아버지는 없다. 노자가 제시하는 최고의 통치자는 수탈과 억압이라는 직접적이고 가시적인 통치 행위인 유위(有爲)[인위(人爲)] 대신, 분배와 자비라는 간접적이고 은밀한 통치 행위인 무위(無爲)의 정치를 수행하는 통치자다. 소리장도(笑裏藏刀)요, 양두구육(羊頭狗肉)이요, 구밀복검(口蜜腹劍)이다.

✽ 318. 무위(無爲)로 (일이 저절로) 되게 하고, 무사(無事)로 (일을) 처리하며, 무미(無味)로 맛을 내고, 작은 것은 크게 여기고 적은 것은 많다고 여기며, 원한은 덕으로 갚아라[보원이덕(報怨以德)]. 어려운 일은 그것이 (어려워지기 전인) 쉬울 때 해야 하고, 큰일은 그것이 (아직 보잘것없는) 작은 일일 때 해야 한다. 천하의 모든 어려운 일도 언제나 쉬운 것에서 시작되고, 천하의 모든 큰일도 반드시 미세한 것에서 시작된다. 그러므로 성인(聖人)은

(미루고 미루다가 결국엔) 끝에 가서 큰일(이 되어버린 후에 일)을 처리하지 않기 때문에 능히 (결과적으로) 큰일을 이룰 수 있는 것이다. (또한) 대체로 약속을 쉽게 하는 사람은 분명 신뢰하기가 어렵고, (모든 일을) 너무 쉽게 생각하는 사람은 반드시 수많은 어려움에 부딪히기 마련이다. (그러나) 성인은, (쉽고 하찮게 보이는) 일도 신중하게 처리하기에 결국은 어려움에 부딪히지 않는다.

…『도덕경』63장

✽ 319. (어떤 것이든) 안정된 상태에 있을 때 보전하기 쉽고, (어떤 잘못될) 기미가 드러나기 전이라야 도모[대비]하기 쉬우며, 무르고 부드러울 때 녹이기 쉽고, 작고 미세할 때 흩트리기 쉽다. (그러므로 좋지 않은) 일이 발생하기 전에 (미리 대비) 하고, 어지러워지기 전에 (미리 시스템을) 갖춰야 한다. 아름드리 큰 나무도 털끝만 한 싹[씨앗]에서 시작되고, 9층 높이의 누대(樓臺)도 한 줌 흙이 쌓여 올려진 것이며, 천 리 길도 (한 걸음 한 걸음) 발을 내디뎌야만 가능하기 때문이다. (상황을 고려하지 않고서 독단적으로 세운 목표를 이루기 위해) 억지로 밀어붙이면 실패할 수밖에 없고, 집착하면 잃을 수밖에 없다. (…) 그러므로 성인(聖人)은, (온갖) 욕심을 버리고자 하는 (좋은) 욕심만 있을 뿐 (얻기 어려운) 희귀한 사치품을 귀하게 여기지 않고, 배운 것을 덜어내는 방법을 배우며, 사람들이 (사소하다며 무시해서 지나치는) 작은 것들을 (오히려) 더 돌아보고, 만물이 원래의 모습 그대로 (발현될 수 있도록) 도와줄 뿐, 억지로 (그것에 뭔가를) 더하지 않는다.

…『도덕경』64장

『바가바드기타』의 아카르마(akarma) 즉 한쪽으로 치우치지 않고 결과나 목적을 의식하거나 집착하지 않으면서 자신의 신분이나 지위가 요구하는 마

고전일까 정치일까

땅히 해야 할 일을 하는 무(無)행위가 곧 '무사(無事)'이고, 굳이 나서서 뭔가를 하지 않아도 이미 갖춰진 시스템 속에서 모든 것이 잘 굴러가는 상태가 '무위(無爲)'이다. 『도덕경』을 통틀어 무위는 총 10회 그리고 무사는 총 4회 등장하는데, 무사가 등장한 네 곳 모두에서 무위도 같이 등장한다. 이렇게 보니, 노자의 사상은 국가의 통치 시스템이 모두 갖춰진 뒤엔 어느 정도 참고할 만한 게 있어 보인다.

공자는 원한은 정직함으로 갚으라고 했는데(40번), 318번에서 노자는 덕으로 갚으란다. 노자의 본심을 몰랐다면, 깜빡 속을 만한 구절이지만, 이젠 안다. 원한은 일단 덕처럼 보이는 모습으로 갚고, 나중에 제대로 복수하라는 말이다(309번/317번). 어려운 일은 그것이 쉬울 때 해야 하고, 큰 일은 그것이 작은 일일 때 해야 한다는 건 편작의 이야기에서 살펴본 내용이다(32번).

✽ 320. 백성들이 굶주리는 이유는 세금이 무겁(고 가혹하)**기 때문이다. 백성들을 다스리기 어려운 이유는 통치자가** (독단적(獨斷的)이고 독선적(獨善的)인 판단에 근거해서 억지로 나서서) **뭔가를 하려 하기 때문이다. 백성들이 죽음을 불사하**(고서라도 끊임없이 반란과 혁명을 일으키)**는 이유는 통치자가 지나치게** (자신만 귀히 여기는 이기적이고 소유적인) **삶에 집착하기 때문이다.**

…『도덕경』75장

✽ 321. (나라 살림으로) **백성들을 다스리고 하늘을 섬길 땐 근검절약보다 더 좋은 건 없다**[치인사천 막약색(治人事天 莫若嗇)]. (통치자와 지배계급이 자신들의 몫을 최대한 줄여서 나라 살림을) **근검절약한다는 건 이미** (계곡[골짜기]처럼 백성들의) **밑**[뒤]**에 서 있음을 의미하고, 이미** (백성들의) **밑**[뒤]**에 서 있다는 것은** (백성들에게) **덕을 많이 쌓고 있음을 의미하며,** (백성들에게) **덕**

을 많이 쌓으면 (백성들이 자발적으로 합심해서 국난을 극복할 테니) 극복해 내지 못할 일이 없고, 극복해 내지 못할 일이 없기에 (즉 모든 일이 잘 돌아가기에 백성들은 통치자의 능력의) 끝이 어디까지인지 알 수 없(고 굳이 알려고 하지도 않)으며, (백성들이 통치자의 능력의) 끝을 알 수 없을 때라야 (비로소) 나라를 세울[다스릴] 수 있고, (그런) 나라의 통치자라야 오래 갈 수 있다.

…『도덕경』59장

✽ 322. **진실한 말은 아름답(고 멋지)게 들리지 않고**[신언불미(信言不美)]**, 아름답(고 멋지)게 꾸민 말에는 진실함이 없다**[미언불신(美言不信)]**. 진실한[도(道)를 아는] 사람은 변명이나 핑계를 대지 않고**[선자불변(善者不辯)]**, 변명이나 핑계를 대는 사람은 진실하지[도를 알지] 못하다**[변자불선(辯者不善)]**. 아는 사람은 많이 아는 척하지 않고**[지자불박(知者不博)]**, 많이 아는 척하는 사람은 모르는 사람이다**[박자부지(博者不知)]**. 성인(聖人)은 (무엇이건) 쌓아 두지 않아서, 먼저 백성들을 위하기에 (그럴수록) 더욱 채워지고, 먼저 백성들에게 베풀기에 (그럴수록) 더욱 넉넉해진다. (이처럼) 하늘의 도는 이롭게 할 뿐 해롭게 하지 않고, (그런 하늘의 도를 따르는) 성인(聖人)의 도도 (일을 처리)할 때 (누구와도 업적이나 재능을) 경쟁하지[다투지] 않아야 한다.

…『도덕경』81장

✽ 323. 백성들이 죽음을 두려워하지 않는다면, 어떻게 죽음으로 그들을 위협할 수 있겠는가? (따라서) 만약 (수단과 방법을 가리지 않고) 백성들이 죽음을 두려워하도록 만든 후 법을 어긴 사람을 직접 잡아서 죽인다면, 누구도 감히 법을 어길 생각조차 하지 못할 것이다. 항상 (법을 어긴) 사람을 죽이는 일을 맡은 사람이 있었다. (그렇게) 대신 사람을 죽이는 사람을 일컬어 '뛰어난 장인(匠人)을 대신해서 일한다'라고 했다. (그렇게) 뛰어난 장인을 대신해서 일하는 사람치고 손에 상처를 입지 않는 사람은 드

물었다.

…『도덕경』 74장

323번의 해석이 조금 어렵다. 백성들이 죽음을 두려워하지 않는 이유는, 통치자가 지나치게 자신만 귀하게 여기는 이기적이고 소유적인 삶에 집착하기 때문이다(320번). 따라서 백성들이 죽음을 두려워하도록 만들어야 한다는 말은, 충분히 먹고살 만해서 잃을 게 많고 그래서 잃는 걸 두려워하도록 만들라는 말이 된다(326번). 뛰어난 장인은 하늘이나 도(道)로 생각하면 되고, 손의 상처는 통치자가 하늘을 대신해서 실질적으로 백성들을 다스리다 보면 비난이나 욕설을 먹게 된다는 뜻이다. 그건 당연하고 어쩔 수 없는 일이니, 일일이 신경 쓰지 말라는 것이다. 320번부터 여기까지의 내용들이, 노자가 백성들을 위하는 것 같은가? 아니다. 잊지 말자. 노자의 시선은 통치자에게만 쏠려 있음을.

✱ 324. (학벌로 대표되는) 현명함[지식]을 (최고의 가치로) 떠받들지 않는다면 사람들 사이에 경쟁하는 일은 없을 것이고, 희귀한 사치품을 귀하게 여기지 않는다면 사람들 사이에 훔치는 일도 없어질 것이다. (견물생심(見物生心)은 인지상정이라) 백성들이 탐낼 만한 것을 (아예) 띄지 않게 한다면, 그들의 마음이 어지러워지(고 사악한 생각을 품)는 일도 없을 것이다. 그러므로 성인(聖人)이 (나라를) 다스릴 땐 (백성들의 사악한) 마음은 비우고 배는 든든히 차게 해야 하며[허기심 실기복(虛其心 實其腹)], (억지로 뭔가를 하려는) 의욕은 약하게 하고 (열심히 일하게 해서) 뼈[몸]는 튼튼하게 만들어야 한다[약기지 강기골(弱其志 强其骨)]. (다시 말해서) 항상 백성들을 (생존에 필요한 이상으로) 더 알지 못하게 하고 (더 가지려는) 욕망을 없애며, 현명하다고

자부하는 사람들이 (잡다하게 벌리는) 여러 인위적인 짓들도 못 하게 해야 한다.

···『도덕경』3장

✽ 325. 예로부터 제대로 도(道)를 닦은 사람은 백성들을 (지적(知的)으로) 현명하게 만드는 대신 (오히려) 어리석게[고지식하게] 만들었는데, 백성들을 다스리기 어려울 때가 (바로 백성들이) 아는 것이 많을 때였기 때문이다. (그리고 통치자가 독선적인) 지식으로 나라를 다스리면 (나라에) 해가 되고, 그렇지 않으면 나라에 복이 된다. 이 두 가지를 아는 것이 곧 (통치의) 묘(妙)를 깨닫는 것이고, 항상 이 (두 가지) 묘(妙)를 잊지 않는 것을 그윽(하고 미묘)한 덕(德)이라고 한다.

···『도덕경』65장

✽ 326. 국가(의 크기)를 작게 하고 인구도 적게 하라[소국과민(小國寡民)]. (백성들이) 수백 가지의 (편리한) 물건을 사용하지 못하게 (통제)하고, 백성들이 죽음을 두려워하게 만들어서 (자기의 터전을 버리고) 멀리 이사[이민] 가는 일도 없게 (통제) 해야 한다. (···) 다시 백성들에게 (지푸라기나) 노끈을 엮어 쓰도록 (즉 먹고살기가 빠듯해서 그 외의 일엔 신경 쓰지 못할 만큼의 생활을 하게) 만들면, (모든) 음식을 (불평 없이) 달(고 맛있)게 여길 것이고, (모든) 옷을 (좋고) 아름답다고 생각할 것이며, (자기가) 사는 (집과) 장소가 (가장 좋고) 편하다고 생각할 것이고, (나라의 모든) 관습과 제도와 정책에 만족할 것이다.

···『도덕경』80장

✽ 327. 오색의 화려한 빛깔은 사람의 눈을 멀게 하고, 오음의 아름다운 소리는 사람의 귀를 먹게 하며, 오미의 좋은 맛은 사람의 입을 버리게 한다. 말을 타고 사냥하는 것은 사람의 마음을 (흥분시켜서 이성을 잃을 정도

로) 미치게 만들고, 구하기 어려운 물건은 사람의 행동을 (도리(道理)에서)
벗어나게 만든다. 그러므로 성인(聖人)은, (백성들의) 배를 위할 뿐 (즉 생존
적 욕구만 해결되면 만족할 뿐) 눈을 위하지 않아야 한다.

…『도덕경』12장

노자가 꿈꾼 소국과민(326번)은 고대 그리스의 아테네처럼 민주주의가
꽃핀 아름다운 나라가 아니라, 오로지 통치자의 편의와 안녕과 통치의 지
속을 위해 인위적인 노력으로 만들어진 폐쇄 사회이며, 상공업과 이주의
자유가 철저히 억압되어 있고 교육조차 없는 사회임이 분명해 보인다. 북
한이 따로 없다. 노자의 도(道)와 무위(無爲)도, 결국은 이런 폐쇄 사회 내
에서만 비로소 기능할 수 있는 임의적이고 임시적이며 상대적인 통치술
일 뿐이다. 지금의 독재자들이 좋아서 인용할 만한 내용들이다.

『도덕경』을 고전(古典) 이상으로 칭송해 마지않는 사람들에게, 특히
324번부터 327번까지는 아픈 손가락일 것이다. 백성들을 어떻게 다스려
야 하는지에 대해서 참으로 적나라하게 기록하고 있으니까. 하지만 노자
의 부족함이나 잘못도 그대로 받아들이는 것이 노자와『도덕경』을 진정으
로 사랑하는 자세라고 생각한다. 2,500여 년 전 사람인데, 실수와 부족함
이 없다면 그게 더 이상하지 않을까?

**오로지 좋은 면만 보려 하고 신격화하는 것은, 사실 '노자가 무슨 말을 했
건 관심 없고 오로지 내가 나에게 맞게 해석한 것만 옳다고 하겠다'라는 무
서운 확증편향이다**(208번 설명). 그런 이들 앞에 노자가 나타난다면, 그들은
노자를 쥐도 새도 모르게 죽일지도 모른다. 자기가 만든 이미지가 깨지는
것을, 노자가 한 말의 진정한 의미보다 훨씬 더 소중하게 여기기 때문이
다. **연인이나 부부 사이에서 상대방이 싫어지고 상대방에게 실망했다거나 변**

했다며 화를 내는 이유 역시, 상대방의 장단점 모두를 수용하지 않고 상대방을 처음 만났을 때 자기가 멋대로 만든 특정 이미지만을 머릿속에 고정해 놓고 그것에 집착하기 때문이다. 그건 본인만의 환상일 뿐이다.

✽ 328. 사람은 누구나 다른 사람에게 위해(危害)가 가해지는 것을 참지 못하는 마음을 갖고 있다. 다른 사람에게 위해가 가해지는 것을 참지 못하는 마음을 가지고[이 불인지심(以 不忍之心)] 백성들에게 위해가 가해지는 것을 참지 못하는 그런 정치를 하면[행 불인지정(行 不忍之政)], 마치 손바닥 위에서 물건을 굴리듯 천하를 쉽게 다스릴 수 있다.

…『맹자』2편 〈공손추 상〉 6장

✽ 329. 사람으로서 두려워할 것이 세 가지 있으니, 백성과 하늘과 자기 마음이다. 윗사람과 임금과 부모는 속일 수 있어도 백성은 속일 수 없고, (우리를 품고 있는) 하늘도 속일 수 없으며, (모든 것엔 의도가 있기 마련이니) 자기 마음도 속일 수 없다. 진휼(賑恤)을 끝마치고 나서 수고한 자들을 위로하는 것[파진연(罷賑宴)]은 경사스럽고 기쁜 일이 아니니, 한 잔 술과 한 접시 고기로 여러 사람의 노고를 위로해 대접하는 것으로 충분하다. 죽은 자가 수만 명이나 되는데 시체는 다 묻지 못했고, 살아 있는 자는 병에 걸려 신음하는 소리가 끊이지 않는다. 이때가 어느 때이기에 서로 함께 즐기겠는가? 백성들의 마음을 생각해 춤과 음악은 절대로 써서는 안 된다.

무릇 빌려준 자는 가을에 응당 곡식을 받을 것이니, 부채 한 자루 이외에는 상을 줄 필요가 없다. 작으나마 상을 줘야 할 사람들은, 관아에서 빌려주라고 권했는데 거저 주기[진희(賑餼)]를 원한 자들이다. (…) 큰 흉년이 든 뒤에는 백성들의 기진함이 마치 큰 병을 치른 뒤에 원기가 회복되지 않은 것과 같으니, 위로와 물품으로 돕고[무휼(撫恤)] 편안할 수 있도록 하는 것을 소홀히 해서는 안 된다. 환난 뒤에 백성들을 편안하게 하는 방법은 첫째는 양식을 돕는 것이고, 둘째는 농우(農牛)를 돕는 것이고, 셋째는 부세(賦稅)를 가볍게 하는 것이고, 넷째는 빚을 탕감해 주는 것이다.

…『목민심서』 11편 《진황》 6조 〈준사〉

지금은 이런 측은지심과 공동체 정신이 너무 옅어졌다. 충분히 먹고 살 수 있음에도, 코로나19 긴급재난 지원금 대상에서 제외되었다고 악을 썼다. 자기도 국민이라며 할 수 있는 대로 탈세한 쥐꼬리만 한 세금을 낸다며, 힘든 사람들의 밥그릇에 숟가락 하나 더 못 얹었다고 발광했다. 참 지저분하고 구차하다. 어부나 낚시꾼들도 강과 연못의 치어(稚魚)조차 싹쓸이하지는 않는다. 그런 정신과 몸뚱어리를 명품으로 둘러싼다고, 그 추악한 냄새가 어찌 퍼지지 않을 수 있겠는가? 국가적 재난에도 버젓이 해외로 놀러 가고 골프장으로 향하고, 사상 최악의 산불을 선봉에 서서 직접 진화한 이들은 나 몰라라 한 채 사무직 공무원들에게만 포상금을 지급한 산림청의 고위직 공무원들을 보며 생각한다. 정약용의 마음, 어디 있는가?

✱ 330. 하나라 걸왕과 은[상]나라 주왕이 천하를 잃은 것은, 그 백성들을 잃었기 때문이다. 백성들을 잃은 것은, 백성들의 마음을 잃었기 때문이다. (떠나버린) 백성들의 마음을 얻는 도(道)[방법]가 있으니, (그들이) 바라는 것을 모아서 주고, (그들이) 싫어하는 것을 없애주는 것이다.

…『맹자』 4편 〈이루 상〉 9장

✱ 331. (등(滕)나라 문공(文公)이 나라를 다스리는 것에 관해 묻자, 맹자가 답했다) "백성들에게 일정한 생업이 있으면 일정한 마음도 있지만, 일정한[지

속적인] 생업이 없으면[무항산(無恒産)] 일정한[지속적인] 마음[도덕심]도 갖지 못합니다[무항심(無恒心)]. 일정한 마음이 없으면 방탕·(공정하지 못하고 한쪽으로 치우침을 뜻하는) 편벽(偏僻)·사악(邪惡)·사치 등 못하는 짓이 없습니다. 죄에 빠진 다음에 잡아다가 형벌을 가한다면, 백성을 속이는 것이 아니고 무엇이겠습니까? (나라에 바치는 지방 특산물인) 공(貢)은 여러 해를 비교해서 그 중간치를 표준으로 삼기 때문에, 풍년이 든 해에는 많이 가져가도 되는데 적게 가져가고, 흉년에는 생산이 (먹고살기는커녕) 비룟값을 충당하기도 버거운데 (그때는 오히려) 많이 가져가니, 백성의 부모가 되어서 백성들이 원망을 품게 (조장(助長)) 하고, 일 년 내내 일을 하고도 그 부모를 봉양하지 못하게 하고, 또 빚으로 보태어 세금을 내게 하여 이자를 더 받아서 늙은이와 어린이들이 개천과 구렁 속에 굴러 죽게 하니, 그 어디에서 백성의 부모 됨을 찾아볼 수나 있겠습니까?

바라건대 교외(郊外)의 농지에는 900묘[약 393m = 1정(程) =1리]에 한 공전(公田)씩을 두어 조세를 거두고, 근교의 농지에서는 10분의 1을 거두게 하십시오. 사방으로 1리씩 우물 정(井)자를 그으니 정전(井田)이 900묘고, 정(程) 중 100묘인 그 가운데가 공전(公田)입니다. 공전은 공동으로 경작해서 그 생산량은 세금으로 바치게 하고, 나머지 800묘인 사전(私田)은 여덟 가구가 각자 100묘씩 경작합니다. 그렇게 하면 장례를 지내거나 이사를 하더라도 그 마을에서 떠나는 일이 없습니다.”

…『맹자』3편 〈등문공 상〉3장

✽ 332. 양혜왕이 말했다. “과인은 나랏일에 마음을 다하고 있소. 이 지역에 흉년이 들면 다른 지역의 곡식을 그곳으로 옮기고, 다른 지역에 흉년이 들어도 역시 똑같이 하오. 과인만큼 마음을 쓰는 통치자도 없는데, 이웃 나라의 백성은 더 줄지 않고 과인의 백성도 더 늘지 않음은 무엇

때문이겠소?”

“농사철을 어기지 않고 농사를 지으면 곡식이 먹고도 넘칠 것이고, 방죽(防築)[둑]과 연못에 **빽빽**한 그물을 집어넣지 못하게 하면 물고기와 자라 등이 먹고도 남을 것이며, 나무꾼들을 정해진 시기에만 산에 들어가도록 통제하면 좋은 목재가 넘치고도 남을 것입니다. 이것이 백성으로 하여금 산 사람을 봉양하고 죽은 사람을 장사 지내는데 유감(遺憾)됨이 없게 하는 것이며 왕도(王道)의 시작입니다. 5묘의 집터에 뽕나무를 심게 하면 나이 50인 사람이 비단옷을 입을 수 있습니다. 닭과 돼지와 개 같은 가축을 길러 새끼 칠 때를 잃지 않도록 하면 나이 70인 사람이 고기를 먹을 수 있습니다. 100묘의 전답에 농사 시기를 **빼앗기**지 않고 경작하게 하면 여덟 식구의 집안이 굶주리지 않을 수 있습니다. 이러고도 왕 노릇 하지 못할 사람은 없습니다. 개와 돼지가 사람이 먹을 것을 먹어도 제지할 줄을 모르고, 길에 굶주려 죽은 송장이 널려 있어도 창고의 곡식을 풀어낼 줄 모른 채, 사람이 죽으면 말하기를 ‘나 때문이 아니라 흉년 때문’이라고 하니, 이 어찌 사람을 찔러 죽이고도 ‘나 때문이 아니라 무기 때문’이라고 말하는 것과 다르겠습니까? 왕께서 흉년 때문이라고 탓을 돌리지 않으시면, 온 천하의 백성이 모여들 것입니다.”

…『맹자』 1편 〈양혜왕 상〉 3장

331번의 ‘무항산 무항심’ 그리고 332번에서 맹자가 설명하는 부분은 『맹자』 1편 〈양혜왕 상〉 7장에서도 반복된다. 구체적인 정치 방법에 대해선 무심했던 공자 그리고 뜬구름 잡는 말로 치장했던 노자와 장자와는 달리, **맹자는 유가 중 최초로 구체적인 방법을 제시한다. 그것이 바로 ‘무항산 무항심’이다. 백성들이 측은해 보이지도 않냐면서, 무슨 짓을 하든 먹고 살게**

이익은 '균전제(均田制)'를 주장했다.[34] 나라의 모든 토지는 임금의 소유이지 개인의 소유가 아니며, 그래서 임금이 골고루 분배해야 한다는 것이다. 이것을 조금 더 좁힌 것이, 농지의 일정 부분은 농민이 영구적으로 농사를 지을 수 있는 영업전(永業田)으로 규정해서 절대로 매매할 수 없게 하자는 '한전제(限田制)'다. 자기의 이런 주장을 반박하는 사람들에게, 이익은 주희의 말을 인용해서 답했다. 천하의 제도에 완전히 이롭기만 한 것은 있을 수 없으니, 그 이익과 피해가 어떤지를 살펴서 이익이 많은 것을 시행해야 하며, 만약 해로운 점만 지적해서 이로운 점을 시행하지 않는다면 가만히 앉아서 아무 일도 하지 않는 것과 다를 바가 없다는 것이다.

지금의 상황에도 그대로 해당하는 옳은 말이다. 어떤 정책을 시행하기 전엔 발생할 수 있는 문제점들을 예측하는 데 집중해야 하지만, 이미 시행된 정책에서 발생하는 문제점들에 대해서는 그 해결에 신경을 집중해야 한다. 그런데 시행된 사안에 대해서 시행 전의 상황을 계속 끄집어내 지적하는 게 지식인 또는 전문가라고 인식되는 듯하다. 지적하는 똑똑한 사람은 많아도 공감과 연민으로 포용하는 순박한 사람은 적고, 자극적인 말은 많아도 무심한 듯 덤덤한 실천[행동]은 찾아보기 어렵다. 영화 〈창궐〉(2018)에서 배우 현빈이 임금인 아버지에게 등을 돌리면서 읊는 대사

34　이익, 『성호사설』〈인사문(人事門)〉 (1760)

가 있다. "아바마마는 아무것도 하지 않았으니 형의 죽음에 잘못이 없다고 말씀하시지만, 형의 죽음을 막기 위해 아바마마가 '아무것도 하지 않으셨다는 것' 그것이 바로 아바마마의 죄입니다." 방관자는 선한 사람들의 '이웃'이긴 하지만, 악한 사람들의 '친척'임을 잊지 말자.

당시 1묘(畝)는 동서남북으로 100걸음의 면적을 가리켰다고 한다. 맹자의 주장대로, 먹고사는 문제만 해결되면 정말 사람들이 윤리 교과서처럼 행동할까? 그때는 맞을 수 있었는지도 모르지만, 지금은 명백히 틀렸다. 시대와 가치관이 변해서일 수도 있지만, 그보다는 먹고살기 바쁠 땐 다른 것에 신경 쓸 겨를조차 없다. 그러나 먹고살 만해지면 즉 등 따습고 배부르면, 먹고사느라 잊고 있던 게으르고 이기적인 본성과 정신적 결함들이 손에 손을 잡고 온갖 범죄를 양산해 내기 시작한다.

거듭 느끼는 거지만, 비록 인의예지와 본성에 관한 논리는 부실했어도, 한나라의 통치자에게조차 대놓고 말하고 질책할 수 있는 맹자의 성깔은 인정할 수밖에 없다. 332번에서 나름대로는 할 일을 다 했다고 자찬하는 양혜왕에게 맹자는, '제대로 하는 것'과 '나름대로 하는 것'은 전혀 다른 것이라고 지적한다. 공부를 비롯한 어떤 일이든, 제대로 하지 않는 사람들이 대는 핑계가 바로 '나름대로'다. 늘 나름대로는 최선을 다했다고 말하지만, 결국엔 제대로 하지 않았음을 시인하는 말일 뿐이다. 말콤 글래드웰이 말한 '1만 시간의 법칙'[35]처럼, 거의 모든 일에는 '절대적으로 필요한 시간'이 있다. 그것을 채우고 넘지 않을 거라면, 아예 시작도 안 하는 게 나은 일들이 많다. 나름대로의 최선은 아무 소용이 없다.

양혜왕의 잘못은 또 있다. 흉년이 들었을 때 양혜왕은 평년 지역에서

---

35 말콤 글래드웰, 『아웃라이어』 (2008)

곡식을 강제로 거둬 흉년 지역으로 옮긴 듯하다. 그러면 평년 지역에선 먹을 것을 빼앗아 갔다고 통치자를 원망하고, 흉년 지역에선 간에 기별도 차지 않아 뭘 도와줬냐며 또 원망하게 될 수 있다. 그래서 맹자가 지적하는 것도, 왜 나라의 곳간을 풀 생각은 하지 않은 채, 백성들의 곡식으로 이리저리 틀어막고서는 생색은 있는 대로 내냐는 것이었다.

흉년은 긴급 상황이다. 긴급 상황 땐 그때만의 예외적인 방법을 써야 한다. 긴급 상황에서 평소의 방법을 사용하는 건 큰 착오다. 호흡이 곤란한 위급한 환자에게, 심폐소생술 대신 평소처럼 천천히 심호흡을 깊게 해보라고 시킬 수는 없다. 그렇다면 긴급 상황이어서 나라의 곳간을 푼 이후, 빈 곳간은 어떻게 채워야 할까? 그건 일단 백성들을 살리고 난 후, 백성들과 함께 생각하고 대책을 세울 문제다. 코로나19로 인해 정부가 긴급재난 지원금을 편성하려 할 때, 이와 똑같은 일이 벌어졌다. 국민이 힘들어 죽어도 어쩔 수 없다는 국가의 경제를 담당하고 있던 고위 공무원들의 논리도 일리 있었지만, 그 논리 대부분이 평소에 시행할 방법들이었다는 게 아쉬웠다. 그들이 잘못했다는 말이 아니다. 상황의 시급함 그리고 우선순위를 어떻게 정하느냐에 있어서 아쉬운 점이 있었다는 말이다.

✱ 333. (왕이) 현자(賢者)를 존중하고 유능한 인재를 벼슬자리에 있게 하면, 천하의 지식인들 모두 기뻐하여 그 나라의 조정에 나아가 벼슬하기를 바랄 것이다. 시장에서 자릿세[점포세]만 받고 (부동산 취득세와 등록세에 해당하는) 거래세는 받지 않거나 (법으로 다스리기만 하고) 자릿세도 받지 않으면, 천하의 장사하는 사람들이 다 기뻐하여 그 나라의 시장에 상품을 두고 팔기를 바랄 것이다. 농부에게는 공전(公田)을 경작하게 할 뿐 다른 세금을 받지 않으면, 천하의 농사짓는 자가 다 기뻐하여 그 나라에서

농사짓기를 바랄 것이다. 인구세(人口稅)와 가구세(家口稅)가 없으면, 천하의 백성들이 모두 기뻐하여 그 나라의 주민이 되기를 바랄 것이다. 참으로 이 다섯 가지를 실시할 수 있다면, 이웃 나라 백성들조차 그 나라의 왕을 부모같이 우러러볼 것이다. 그렇게 되고서도 천하의 왕 노릇 하지 못한 사람은 아직 있지 않다.

…『맹자』 2편 〈공손추 상〉 5장

✽ 334. 양혜왕이 말했다. "진(晉)나라보다 더 강한 상대가 없음은 선생께서도 아시는 바일 게요. 과인의 때에 이르러, 동으로는 제(齊)나라에 패하여 큰아들이 죽고, 서로는 진(秦)나라에 국토를 700리나 빼앗겼고, 남으로는 초(楚)나라로부터 욕(辱)을 보았소. 심히 부끄러울 뿐이오. 하여 그 전쟁 중 죽은 (우리나라) 사람들을 위해 한번 (크게) 설욕하려 하는데, 어떻게 하면 좋겠소?"

"영토가 사방 100리여도 그것으로 충분히 왕 노릇 할 수 있습니다. 왕께서 만일 어진 정치를 백성들에게 베풀어 형벌을 신중하게 살피고[덜어주고] 세금을 적게 하며, 백성들이 깊이 밭 갈고 다듬어 김매기 쉽게 하고, 장정들이 효도와 공경과 충성과 미더움[효제충신(孝悌忠信)]을 닦아 집에 들어가서는 부모와 형제를 섬기며 나와서는 윗사람과 왕을 섬기게 한다면, 몽둥이를 들고서도 진나라와 초나라의 견고한 갑옷과 날카로운 무기를 지닌 병사들을 물리칠 수 있을 것입니다. 저들은 백성으로부터 농사지을 시기를 빼앗아 밭 갈고 김매지 못하게 함으로써 부모를 봉양하지 못하게 하여, 부모가 춥고 굶주리며 형제와 처자(妻子)가 생이별하고 있습니다. 저들이 이처럼 자기 백성들을 도탄에 빠뜨리고 있는데, 왕께서 나아가서 저들을 정벌한다면 누가 감히 왕께 대적하겠습니까? 옛말에 '인자는 대적할 자가 없다[인자무적(仁者無敵)]'라고 한 말을, 청컨대 왕께서는 의심하지 마십시오."

…『맹자』 1편 〈양혜왕 상〉 5장

맹자가 생각한 '먹고 사는 것'에 무엇이 포함되어야 하는지에 관한 설명이다. 유능한 인재를 등용하고, 경작할 토지를 제공하며, 최소한의 세금만 거두고, 농번기 때는 백성들을 전쟁에 동원하지 말며, 기본적인 효제충신의 교육을 시행하라는 것이다. 그리하면 모든 것이, 노자의 무위처럼 자연스럽게 이루어지리라는 믿음이다. 다시 말하지만, 맹자 당시만 해도 먹고 사는 것만 해결되면 정말이지 모든 것이 자연스럽게 이루어지리라는 예측이 틀리지 않을 시대였다. 지금과는 너무도 다르다. 그래서 맹자를 통해 얻을 수 있는 건 거의 없다. 백성들을 향한 측은지심을 빼고는 말이다.

334번 마지막 문장의 '무적(無敵)'을, 보통은 '대적할 수가 없다·적이 없다·싫어하는 사람이 없다' 등으로 해석한다. 그러나 어떻게 해석하든, 사람의 본성과 세상 물정을 모르는 소리다. 모두가 좋아하거나 모두가 싫어하는 사람은 존재하지 않는다. 세상 그 무엇도, 음과 양 중 하나를 완전히 없앤 상태로는 존재할 수 없기 때문이다. 교황의 나라인 이탈리아가, 마피아의 나라이기도 하다. 세종대왕이 장영실을 중용했을 때 그리고 한글을 창제했을 때, 그로 인해 어떻게든 피해를 본 이들이 과연 세종대왕을 좋아했을까? 이순신을 싫어하던 이들이 많지 않았다면, 그가 그렇게 갖은 고생을 했을까? 당신이 아무리 올바르게 행동해도, 당신을 좋아하고 싫어하는 사람들은 반드시 있다. 그래서 우리가 보통 하는 실수는, 자신을 싫어하는 사람들을 더 신경 쓰고 염려하느라 자신을 좋아하는 사람들에게 소홀해진다는 점이다. 당신이 올바르게 행동한다는 전제하에서 당신의 시간과 에너지를, 당신을 좋아하는 사람들에게 모두 쏟아라.

둥글둥글하게 사는 것보다, 모나게 사는 게 좋을 때가 훨씬 더 많다. 동그라미는 누구에게나 쉽게 다가갈 수 있다는 장점이 있지만, 그 누구와도 단단한 결합을 이루지 못한다는 단점이 있다. 모난 세모와 네모와 마름모 등은 누구에게나 쉽게 다가가지 못한다는 단점이 있지만, 웬만한 것들과도 틈새 없이 단단한 결합을 이룰 수 있는 게 장점이다. 동그라미는 자기 위에 누구도 두려고 하지 않지만, 모난 것은 원하는 만큼 높이 쌓을 수 있다. 동그라미는 눈에 띄는 단점은 없는 듯하지만, 마찬가지로 내세울 만한 자기만의 개성이나 전문적인 능력 또한 없다. 동그라미는 매끈하다는 장점이 있지만, 바로 그 장점이 늘 이리저리 채이고 굴려진다는 단점이 되기도 하다.

✷ 335. (제(齊)나라 선왕(宣王)이 맹자를 만나려고 여러 번 불렀지만, 맹자는 응하지 않았다. 그러자 제나라 대부 경추씨(景丑氏)가 무례한 것 아니냐고 맹자를 비판했고, 이에 맹자가 말했다) 예전에 증자는 "진(秦)나라와 초(楚)나라의 부유함에는 내가 미칠 수 없지만, 저들이 그 부유함을 가지고 (나를) 대하면 나는 (나에게 있는) 인(仁)으로 대하고, 저들이 그 지위를 가지고 (나를) 대하면 나는 (나에게 있는) 의(義)로 대하면 될 일이니, 내가 (그들과 비교해서) 무엇이 부족하겠는가?"라고 말했다. 세상에서 존중하는 세 가지가 있는데, '벼슬'과 '나이'와 '덕(德)'이다. 조정에선 벼슬이 최고이고, 마을에선 나이가 최고이며, 통치자를 도와 백성들을 위한 정치를 펴는 데는 덕이 최고다. (그런데) 어찌 그중 하나를 갖췄다고 해서, 나머지 둘을 경시할 수 있겠는가?

큰일을 하려는 통치자에겐, 반드시 (그조차도) 함부로 오라 가라 하기 어려운 신하도 있는 법이다. (그래서 그런 신하와) 상의하고 싶은 일이 있으면 (통치자가 흔쾌히) **직접 찾아가곤 했다.** 덕을 존중하고 도(道)를 즐기는 것이 이와 같지 못하다면, (그런 그릇이 작은 통치자와는) 더불어 큰일을 할 수 없기 때문이다. (은나라 건국자) 탕왕은 이윤에게 배운 후 (그를) 신하로 삼았기 때문에 힘들이지 않고 패업(霸業)을 이루었고, 제나라 환공(桓公)도 관중(管仲)에게 배운 후 (그를) 신하로 삼았기 때문에 힘들이지 않고 패업을 이루었다. **지금 천하의 통치자 중 아무도 뛰어난 사람이 없음은, 자기가 가르칠 사람을 신하로 삼기 좋아할 뿐 가르침을 받을 사람을 신하로 삼는 건 좋아하지 않기 때문이다.** 탕은 이윤을 환공은 관중을 감히 불러서 오게 하지 않았는데, 하물며 관중처럼 (잘못된 판단을) 하지 않을 (관중보다 더 뛰어난 나 같은) 사람이야 더 말할 나위가 있겠는가?

…『맹자』 2편 〈공손추 하〉 2장

구구절절 간단하고 명료하며 시원하다. 이것이 고전(古典)의 맛이다. 큰일을 하려는 통치자라면 반드시 함부로 오라 가라 할 수 없는 어려운 신하가 있는 법이라는 건, 통치자가 마음속에서 자기와 동급으로 여길 정도의 신하가 한둘은 꼭 곁에 있어야 한다는 뜻이다. 그러지 않으면 통치자가 잘못된 결정을 할 때 또는 통치자가 방황할 때 붙잡아 줄 수 있는 사람이 없기 때문이다. 하지만 모든 통치자가 자기 마음대로 부리기 쉬운 사람들만 신하로 삼는다. 작년 우리나라에 계엄령이 선포될 수 있었던 이유 중 하나이기도 하다.

마지막 문장을 이해하려면, 관중에 관해서 살펴볼 필요가 있다. 기원전 7세기 초중반에 활동했던 관중은 포숙아(鮑叔牙)와 함께 **관포지교(管鮑之交)**로 유명한 인물이다. 제나라 희공(僖公)의 뒤를 이어 장남 양공(襄公)이 즉위했는데, 성격이 포악해서 자기 마음에 들지 않는 사람은 개미 죽이듯 죽였다. 노나라 환공(桓公)에 시집보낸 여동생과 불륜관계를 지속하다가 발각되자 아들 팽생(彭生)을 시켜 노나라 환공을 암살하는가 하면, 그 일로 노나라 사람들이 들고일어나자 팽생에게 모든 혐의를 씌워 죽이기까지 한 인물이다. 그렇기에 그의 동생들인 규와 소백은 살기 위해 다른 나라로 망명했는데, 그때 규를 수행한 사람이 관중이고 소백을 수행한 사람이 포숙아다.

얼마 후 제나라에 쿠데타가 발생해 양공이 살해당하고, 망명한 규와 소백이 제나라로 귀환하는 과정에서 치열한 왕위쟁탈전이 시작되었다. 관중은 규를 왕으로 옹립하기 위해 매복해 있다가 소백에게 화살을 쏘아 맞혔다. 소백의 허리띠에 꽂혔을 뿐이지만, 당시 관중이 보았을 땐 명중한 것으로 보였다. 그래서 규에게 소백을 죽였다고 보고한다. 하지만 먼저 입성해 있던 포숙아와 소백이, 여유 부리면서 뒤늦게 들어오는 규와 관중을 공격했고 관중은 도망쳤다. 제나라의 16대 왕이 된 소백이 바로 환공(桓公)이다. 환공은 자기를 죽이려 했던 관중을 찾아서 죽이고자 했으나, 포숙아의 설득으로 오히려 관중을 재상(宰相)으로 임명한다. 그리고 바로 그런 어려운 결단이, 환공을 춘추오패(春秋五覇) 중 첫 번째 패자(霸者)가 되게 했다. 마지막 문장은, 맹자가 관중처럼 통치자를 잘못 선택하지도 않을 것이고, 자신이 선택한 통치자를 위한다는 명목으로 암살 같은 인의(仁義)를 저버리는 짓도 하지 않으리라 자신하고 있는 셈이다.

재위 41년째인 기원전 645년, 환공이 오늘내일하는 관중에게 병문안을 가서 그[관중]의 뒤를 이을 재상감으로 누가 적절한지 물었다. 관중은 높은 자리를 차지하기 위해 자식을 죽인 역아(易牙), 부모를 저버린 개방(開方), 자기 생식기까지 자를 정도로 독한 수조(竪刁) 모두 인정(仁政)에 어긋나는 행동을 한 사람들이기에 안 된다고 답했다. 그러나 관중이 죽자 환공은 그들을 중용했고, 정치는 개판이 되었으며, 환공 사후(死後)에는 다섯 명의 왕자가 왕위쟁탈전을 벌이느라 환공의 시신은 두 달 이상 방치되어 구더기가 들끓을 지경이 되었다고 한다.

우주 만물과 더불어 사람의 성향도 변한다. 한번 1억 원을 벌었다고 그 액수가 죽을 때까지 유지되는 게 아니듯, 한번 깨달음을 얻었다고 그 깨달은 상태가 평생 유지되는 게 아니며, 한번 현명한 선택을 했다고 그 현명함이 평생 유지되는 것도 아니다. 인격적으로나 정신적으로 훌륭한 정치인이나 종교인이 한순간 말도 안 되는 실수를 저지를 수 있고, 관중처럼 자기가 죽이려고 했던 상대와 평생의 의리를 쌓을 수도 있다. 따라서 한 번의 실수만 물귀신처럼 물고 늘어지지 말고, 그 실수를 곧바로 인정하고 사죄하고 그에 합당한 처벌을 달게 받으려 하는지 아닌지를 가지고 사람을 판단하자.

물론 도저히 용서할 수 없는 실수도 있다. 바로 '살인'이다. 다만 살인에는, 한 사람의 마음을 찢고 삶의 지속성을 끊는 '성폭력'과 누군가의 전 재산을 갈취하는 '사기'도 반드시 포함해야 한다. 하지만 사회적 공감 능력이 현저히 떨어지는 우리나라의 검찰과 재판부에는 그런 인식이 없음이 안타까울 뿐이다. 성폭력을 당하거나 평생 힘들게 모은 전 재산을 날리는 순간, 하늘은 내려앉고 눈앞은 캄캄해지며 세상에 홀로 있고 싶고 자책(自責)만 쌓인다. 더 중요한 건 삶의 희망이 산산이 부서졌다는 점이다. 희망이 없으니 이미 죽은 목숨이요, 희망이 없으니 스스로 생을 마감할 때의 고통이 오히려 해방감으로 느껴지는 그 마음을 검찰과 재판부는 부디 헤아려 주기 바란다. 말이 나온 김에, 재판부에 하고 싶은 말이 더 있다.

범죄 성립의 3요소는 '구성요건 해당성·위법성·책임능력'이고, 구성요건과 위법성을 충족하더라도 만 14세 미만의 미성년자이거나 심신미약자라면 형을 감경해 주는 게 책임능력 조항이다. 그리고 양형 기준을 보면, 초범·피해자와의 합의 또는 피해 금액 변제·합의나 변제를 못 했다면 지속적인 반성문 제출·범행을 인정하는 자백·노부모나 미성년자 등의 부양가족·우발적인 경우 형을 감경해 준다.

살인과 성폭력과 사기에만 한정한 내 바람을 말하면 이렇다. 살인과 성폭력과 사기 범죄를 저질렀다면 초범이라도 예외를 두지 말아야 하며, 피해자와의 합의나 변제 그리고 부양가족도 고려하지 말아야 한다. 그 세 가지 범죄는 범행을 저지르기 전까지 멈추기에 충분한 시간이 있고, 그런 범죄자는 부모나 자녀가 있어도 제대로 부양하지 않는 게 보통이기 때문이다. 반성문도 애초에 고려 대상이 될 수 없다. 사과는 제3자인 판사에게 하는 게 아니라, 피해자나 유족에게 해야 하는 것이기 때문이다. 따라서 반성문보다는, 오히려 진정성 있는 참회의 눈물과 몸짓과 변제로 피해자나 유족에게 사죄한다면 감형을 고려해 볼 수 있다. 그런 사죄 없이, 편하게 앉아서 글로 끄적인 반성문에 진정성이 없음은 자명하다. 온전한 변제와 자백은 당연하므로, 오히려 자백하지 않거나 온전히 변제하지 못했다면 형량을 더 높이는 게 옳다.

핵심은 심신미약과 우발성이다. 지적장애나 조현병 같은 정신질환은 감경 사유로 인정할 수 있다. 하지만 만취는 절대 안 된다. 온전히 개인적이고 의도적이며 의식적인 선택으로 마셨으니 100% '고의성(故意性)'이요, 술을 마시다 보면 소위 필름이 끊길 수도 있다는 사실을 알면서도 음주 행위를 멈추지 않았으니 또한 '미필적 고의(未必的故意)'다. 실수인 '과실(過失)'이 아니다. 그런데도 유독 술에만 심신미약이라는 말도 안 되는 아량을 베푼다. 본인들이 술을 좋아해서 그런 걸까? 그렇다면 이미 공정성을 상실한 셈이니, 법복(法服)을 벗어야 하리라. 만약 재판부가 법리(法理) 즉 논리를 중시한다면, 대마

'어떤 일이 예기치 않게 우연히 일어나는 것', 즉 순간적으로 욱하는 게 '우발적'이다. 따라서 범행 도구를 준비했거나, 사전에 범행 장소를 답사했거나, 비록 시신이 없더라도 오랜 시간에 걸친 정황 증거가 뚜렷하다면, 우발적 살인으로 봐서는 안 된다. 물론 재판부도 여러 고충이 있을 테고, 헌법 제27조의 '무죄추정의 원칙'도 존중한다. 다만 바라는 건, 국민의 법 감정과 보조를 맞추기 위한 재판부의 자정(自淨) 노력과 어느 정도 예측 가능한 판결이다. 똑같은 식당의 똑같은 음식임에도 손님에 따라 가격을 다르게 그것도 이해하기 어려울 정도로 큰 차이가 나게 책정한다면, 어느 누가 그 식당을 믿고 가겠는가? 마찬가지로 거의 똑같은 범죄임에도 재판관에 따라 형량의 차이가 예측 불가능하고 천차만별이라면, 어느 누가 재판부를 신뢰하겠는가?

✽ 336. 『상산록』에 이렇게 적었다. "사람들은 술을 즐기는 것을 멋진 것[청취(淸趣)]으로 여기지만, 사실은 객기(客氣)일 뿐이다. 마시면 주정하는 자, 말이 많은 자, 자는 자도 있다. 주정하지 않더라도 (했던 말을 하고 또 하는) 잔소리나 군소리 또는 술에 곯아떨어져 잠드는 것은 아랫사람들을 괴롭게 하는 것이다. 어찌 미친 듯 소리 지르고 마구 떠들어 대며 부당한 형벌과 지나친 곤장질을 해야만 정사(政事)에 해를 끼친다고 하겠는가? 수령이 된 자는 술을 끊어야 한다."

…『목민심서』 2편 《율기》 1조 〈칙궁〉

담배가 더 불쾌한 냄새를 주긴 하지만, 술도 냄새로 주위 사람에게 피해를 준다는 점에서 큰 차이는 없다. 뇌세포에 치명적인 건, 담배보다는 이성과 신체 모두를 마비시키는 술이다. 지속적인 음주는, 치매로 이어지는 고속도로가 된다. 담배는 거의 집중적으로 폐와 기관지에 치명적이지만, 술은 삶 전체에 치명적이다. 담배는 개인의 문제에서 끝날 수 있지만, 술은 고성방가와 시비와 폭행 등 주위 사람들에게 피해를 주는 단계로 쉽게 넘어간다. 아빠가 아내와 자녀를 상습적으로 폭행하는 건, 상습적인 줄담배가 아니라 상습적인 음주 때문이다. 흡연 운전은 어떻게든 대처가 가능한 피해를 일으키지만, 음주 운전은 자신뿐만 아니라 특히 타인의 생명을 순식간에 앗아가는 돌이킬 수 없는 피해를 일으킨다. 전도유망한 스포츠 선수들의 선수 생명을 한순간에 끝장내는 것 역시 음주다. 성희롱과 성추행 나아가 성폭력은 흡연이 아니라 음주의 절친들이다. 술은 이성을 마비시켜서 하지 않아도 되는 말로 자신의 치부(恥部)를 드러내 스스로를 곤경에 처하게 하거나 타인에게 씻을 수 없는 상처를 주기도 한다.

✽ 337. 제(齊)나라 관리 심동(沈同)이 맹자에게 물었다. "연(燕)나라를 쳐도 될까요?" "됩니다." (그러자) 심동은 연나라를 쳤다. 어떤 사람이 맹자에게 물었다. "제나라에 연나라를 치라고 권했다던데 사실입니까?" "아니다. 나는 심동이 연나라를 쳐도 되냐고 물어서 된다고 대답했을 뿐이다. 그가 만일 누가 쳐야 하는지까지 물었다면 '하늘이 보낸 일꾼이라야 칠 수 있다'라고 대답했을 것이다. 누군가 살인자를 죽여도 되냐고 묻는다면 난 된다고 대답할 테지만, 누가 죽일 수 있는지까지 묻는다면 '법을 담당하는 관리라야 죽일 수 있다'라고 대답할 것이다."

… 『맹자』 2편 〈공손추 하〉 8장

'하늘이 보낸 일꾼'은 본성인 인을 밖으로 드러나게 할 수 있는 사람이고, '법을 담당하는 관리'는 의를 행할 수 있는 사람을 가리킨다. 만약 이 대화가 일견 말장난처럼 보인다면, 당신은 평소에 정확한 문장을 구사하지 않고 글이나 대화의 빈 부분을 당신만의 생각과 상상력으로 채우며 사는 비논리적인 사람일 확률이 높다. 자기만의 착각에 쉽게 빠지고, 자주 김칫국부터 마시는 성향일 것이다. 당신의 잘못은 아니다. 인과관계를 따져 대화나 글의 모든 빈 부분을 채우려는 게 우리 뇌의 본능이기 때문이다. 다만 본능대로 내버려 두지 말고, 조금은 스스로 통제하며 살아가길 바란다.

'육하원칙'은 논리적인 글을 쓸 때처럼 논리적으로 말할 때도 매우 중요하다. 예를 들어 "알코올을 마셨더니 코로나가 완치됐대!"라는 말을 들었다고 치자. 이런 말을 들을 때마다 어떤 부분이 생략되어 있는지 순간적으로 파악할 수 있어야 한다. 빠진 부분이 무엇일까? 완치된 주체인 '누가'가 없다. 그가 남녀노소 어느 연령층인지, 평소에 그의 건강 상태는 어떠했는지도 없다. 그가 코로나에 걸린 게 초기인지 말기인지도 알 수 없고, 코로나에 걸린 총인원 중 알코올을 마셔서 몇 명이 완치되었는지도 알 수 없다. 알코올의 두 종류인 에탄올과 메탄올 중 무엇을 마셨는지, 양은 얼마나 마셨는지, 그것을 한 번에 마셨는지 아니면 어느 정도의 기간 동안 하루에 어느 정도씩 마셨는지 알 수 없다. 완치의 정의도 불분명하다. 개인의 느낌인지, 신체 기능은 정상으로 돌아왔는데 몸속엔 여전히 잠재하고 있는지, 병원에서 공식적으로 확인받은 것인지가 생략되어 있다.

이렇게 살면 너무 피곤하지 않냐고? 스포츠건 악기건 공부건 게임이건 요리건, 처음 시작하고 훈련할 때 힘들고 피곤하지 않은 건 없다. 한 번에 되지 않으니, 무의식에 체화(體化)될 때까지 꾸준히 훈련해야 한다.

모든 일이 다 그렇다. 맹자 같은 사람이 만약 나쁜 의도를 품었다면, 눈 뜨고 코 베일 수밖에 없다. 계약서나 법적인 서류의 문구로 장난치는 사람도 그리고 자기가 했던 말과 썼던 글을 교묘하게 둘러대며 부끄러움 없이 당장의 곤란에서 어떻게든 빠져나가려는 인간도 한둘이 아니지 않은가! 심동이 물었으니, 연나라를 치는 사람은 '당연히' 심동일 것이다? 이건 당신만의 생각이다. 맹자처럼 다른 사람을 염두에 두고 대답할 수도 있다. 따라서 '당연히'가 아니고, 이렇게 첫 단추가 잘못 끼워진 대화가 지속될수록 오해도 누적된다. 그래서 처음엔 어색하더라도, 처음부터 제대로 하자.

대화도 이렇게 어려움이 많은데, 토론은 오죽하랴! 목소리 크게 자기 할 말만 하고 상대방의 주장이나 답변은 듣지 않는 건, 토론이 아니라 강의나 연설이다. 대통령이 되겠다는 자들이 TV 토론회에 나와서 이런 모습을 보이는 걸 보고 있자니, 너무 슬프고 답답하다. 가톨릭에서 교황을 선출할 때도 토론한다. 그런데 그 자리엔 반드시 교황 지명자에 대해 반대 의견을 말하는 역할을 부여받은 사제, 즉 '악마의 옹호자(devil's advocates)'를 지정해서 참석시키고 그의 말을 경청하는 게 규칙이다. 악마의 옹호자는 온갖 비난 속에서도 논쟁에 균형을 잡아주는 역할을 담당한다. 당신이 회사를 경영하는데, 모두가 당신의 눈치를 보느라 당신의 의견과 말에 찬성만 한다면, 그 회사는 어떻게 될까? 반드시 참고할 부분이다.

✱ 338. 어진 사람은 다른 사람에게 어진 마음을 베풀 수는 있으나, 다른 사람을 어질게 만들 수는 없다. 의로운 사람은 다른 사람에게 사랑을 베풀 수는 있으나, 다른 사람을 사랑하게 만들 수는 없다. 이렇게 보면 인의(仁義)로 천하를 다스리기에는 많이 모자란다. (…) 성왕(聖王)은 (개인의

사사로운) 의로움을 중시하지 않고 법을 중시한다. 법은 반드시 엄정하고 분명해야 하며[법필명(法必明)], 명령은 반드시 실행되어야 한다[영필해(令必行)]. 그러면 충분하다.

…『상군서』 18편 〈획책〉

✴ 339. 인(仁)이란 마음속으로부터 기뻐하며 사람을 사랑함을 말한다. 의(義)란 군신(君臣)·귀천(貴賤)·친소(親疏)[친하거나 친하지 않음]·내외(內外)[지인과 타인] 간에 구별이 있음을 말한다. 집안의 불행은 그대로 두고 타인의 행복을 먼저 생각하는 것은, 참된 의가 아니다. 의란 관계의 적절함[우선순위]을 말한다. 예(禮)는 자기의 마음을 외부에 표현한 것으로, 의가 외부로 아름답게 드러나 서로 간에 만족해하는 것을 말한다. 상대방에게 자신의 내면을 깨닫게 하려고 외부를 꾸미는 것이다. 타인이 아니라 자기가 스스로를 위해 예를 하는 것이 최고의 예[상례(上禮)]다. 상례를 지키는 자는 스스로의 부끄러움을 경계하지만, 보통 사람들은 타인으로부터 좋은 대우나 인정을 받지 못하면 예를 다하지 않는다.

…『한비자』 20편 〈해로〉

유가의 학설이 국가의 통치 원리가 될 수는 없다는 사실을, 상앙이 이미 간파하고 있었음이 놀랍다. 나아가 더 놀라운 건, 한비가 유가의 그 누구보다 인과 의와 예를 간명하면서도 정확하게 설명하고 있다는 점이다. 역시 집을 나가봐야 집이 고마운 줄 알고, 부모를 잃어봐야 부모가 얼마나 헌신했는지를 아는 법인가 보다. 339번에서 한비가 최고의 예로 꼽은 모습은『대학』이 말한 '신기독야'와(186번~188번) 일치하고, 공자가 말한 '부끄러움'과(74번/129번) 연결된다.

✽ 340. 백성들이 좋아하는 여섯 가지 방탕한 것[육음(六淫)]에는 '연말에 여분의 양식을 마련한 후 손님을 초대하기[세찬(歲饌)]·많이 먹고 마시기[식탐(食貪)]·화려하게 치장하기[미장(美裝)]·진기한 물건을 추구하기[호기(好奇)]·관리가 소극적으로 업무에 임하기[약지(弱志)]·(무조건) 예전에 하던 대로만 일을 처리하기[관행(慣行)]'가 있다. 백성들이 싫어하는 네 가지 어려운 것[사난(四難)]에는 '농사에 힘쓰기·전쟁에 나가기·나라의 전쟁에 자기 재산을 내놓기·(국가의 관점에서 간사한) 이웃을 고발하기'가 있다. (…) 천하의 제왕(帝王)은 형벌을 9할, 상은 1할로 운용한다[형구상일(刑九賞一)]. 형벌을 9할로 하면 육음이 그치게 되고, 상을 1할만 주어도 사난을 다 실천하게 된다. (…) 사람들이 바라는 바는 수없이 많지만, 이익을 얻을 수 있는 길은 단 하나여야 한다. 농사와 전쟁이라는 외길을 걷게 하면 힘이 모일 것이고, 힘이 모이면 강해진다. (…) 백성들에게 반드시 먼저 싫어하는 일을 하게 하고 그 후에 바라는 것을 얻을 수 있도록 하면, 국가의 역량이 크게 증대될 것이다. 국가 역량이 크게 증대되었는데도 (영토를 넓히는 일에) 이를 쓰지 않으면, 백성들이 뜻을 넓히지 못하게 되어 사사로운 경로를 찾게 되고 그 나라는 약해진다.

…『상군서』 5편 〈설민〉

✽ 341. 백성을 이끌어가는 관건은, 전적으로 군주가 우선시하는 것에 달려있다. 백성을 농전(農戰)에 전념하게 만들 수도 있고, 유세하며 관직을 구하게 만들 수도 있고, 학문에 종사하게 만들 수도 있다. 이는 군주가 그들을 어떻게 대우하느냐에 달려있다. 군주가 전공(戰功)을 좇아 포상하면 백성들은 앞다퉈 전쟁에 나갈 것이고, 유가(儒家)의 경전을 익힌 정도에 따라 포상하면 백성들은 학문에 힘쓸 것이다. 백성들이 이익을 추구하는 것은, 마치 물이 아래로 흐르는 것과 같다. 동서남북 사방 가운데 어느 한

유가나 도가가 왜(Why) 혼란한 시대를 맞이했는지 그 원인을 고민했다면, 법가는 어떻게(How) 하면 국가를 부유하고 강력하게 만들 수 있는지에 관한 구체적인 정치술을 제시했다. 나아가 지금 우리도 법치주의(法治主義) 국가에 살고 있으니, 법가의 주장에서 가장 많은 조언을 얻을 수 있으리라.

법가의 문을 연 상앙이 언급한 백성들이 좋아하는 여섯 가지를 보면, 소름이 돋을 지경이다. 세찬은 캠핑과 파티요, 식탐과 미장은 TV와 유튜브와 SNS를 점령했고, 호기는 신제품에 열광하는 소비지향 주의이며, 약지는 '놀고먹는 공무원'이라는 말을 만들어 낸 모습이고, 관행은 우리의 삶 곳곳에서 합리적인 이유와 정확한 근거 없이 행해지는 모든 일들을 정확히 짚어낸다. 상앙이 백성들의 본성 또는 성향 파악부터 한 이유는, 원인을 제대로 알아야 그에 맞는 처방을 할 수 있기 때문이다.

단순화의 위험은 있지만, 상앙은 사람들의 본성이 '개인적인 이익 추구'라고 날카롭게 지적한다. 지금도 맞는 말이다. 인간 본성의 기본값(default)은 이기주의 그리고 무질서 즉 최대치의 엔트로피(entropy)다. 서 있으면 앉고 싶고, 앉으면 눕고 싶고, 누우면 자고 싶고, 무엇이든 쉽고 편한 것만 찾으려 한다. 그런 기본값을 극복해서 개인적이든 사회적이든 질서를 세우려면, 당연히 노력이 필요하고 귀찮고 힘들고 땀을 흘려야 한다. 즉 무위(無爲)가 아니라 인위(人爲)적이어야 한다. 질서란, 어려움과 인내의 자녀다. 청소년들이, 부모가 늘 자기들이 하기 싫어하는 것만 시킨다고 불평하는 이유가 바로 이것이다. 잠시라도 가만히 그대로 놓아두면, 순식간에 이기주의와 무질서로 추락해 버리기 때문이다.

백성들뿐만 아니라 정치인들 모두 이익을 추구하는 건, 물이 아래로 흐르는 것과 같다. 이익이 있는 곳으로 자연스럽게 사람들의 눈과 귀와 마음과 몸이 쏠리게 되어 있다. 만약 사람들이 갑이라는 것에 열광한다? 그렇다면 갑이라는 것에 큰 이익이 있기 때문이다. 이것을 상앙은 군주가 그쪽을 포상한 결과라고 말한다. 당시의 통치자[왕]는 모든 걸 자기 마음대로 할 수 있었던 시대였기에, 정확한 분석이다. 다만 지금은, 통치자가 포상한 결과가 아니라 거기에 큰 이익이 있기 때문이라고 수정하면 충분하다. 사람들이 로또와 부동산과 주식과 코인에 목을 매는 이유다. 많은 학생이 유튜버와 웹툰 작가와 아이돌 그룹을 꿈꾸는 이유다. 이렇게 백성들의 성향을 규정한 상앙은, 이후 거칠 것 없이 달려간다.

✽ 342. 변법(變法)[법률 개정]을 해야겠다는 결심을 굳혔다면, 세상 사람들이 그것에 대해 왈가왈부하는 따위는 전혀 신경 쓰지 말아야 한다. 독특한 견해를 지닌 사람은 반드시 보통 사람들의 비난을 받는 법이다. 속담에 이런 말이 있다. '백성들이란 더불어 일을 도모할 수 있는 상대가 아니라, 더불어 성공을 즐기면 되는 상대이다.' 진(晉)나라의 대부 곽언(郭偃)은 '최고의 덕(德)을 논하는 사람은 세속과 화합[타협]하지 않고, 큰 공(功)을 이루는 사람은 대중과 도모하지 않는다'라고 했다.

…『상군서』1편 〈경법〉

상앙의 말이 언짢게 느껴지는 사람들은, 그저 상앙 개인의 생각일 뿐이라고 치부하면 된다. 2009년 5월 노무현 전(前) 대통령의 죽음에 많은 국민이 '미안하다. 미처 당신의 가치를 알아보지 못했다. 잊지 않겠다'라며 슬퍼했다. 그때까지 우리가 지니고 있던 통치자, 즉 대통령으로서의 카리스마적인 모습과 맞지 않는 그를 인정하지 못했기 때문이다. 우리만 그런 건 아니다. 손흥민에게 주장의 자격이 없다며, 막말을 쏟아내고 어떻게 하면 방출시킬지를 고민하는 지금의 토트넘 홋스퍼 팬들과 영국 축구 전문가들이 꼭 그 꼴이다. 그리고 2014년 4월 세월호 침몰 사고 후에도 많은 국민이 '미안하다. 잊지 않겠다'라며 슬퍼했다. 하지만 3~4년도 채 지나지 않아 그 다짐은 '지겹다. 언제 적에 난 사고인데 아직도 세월호를 우려먹냐?'라는 막말로 변했다.

1980년대 민주화 운동 때부터 무소불위의 권력을 휘두르며 정치권과 야합한 검찰에 얼마나 많은 사람이 피눈물을 흘렸는가? 얼마나 많은 사람이 정치인과 고위공직자들이 썩었다며 욕해왔는가? 그런데 그런 검찰 조직을 뿌리부터 개혁하고 고위공직자를 처벌하는 기관을 만들자는 움직임에 이곳저곳에서 분열이 발생했다. 자기 자신에게 직접적인 피해가 없는 한 국가 전체를 보지 않고 학연·지연·혈연에 근거한 편 가르기에 몰두하고, 무엇이든 쉽게 잊고 기초공사가 중요한 사안들까지도 빨리빨리를 외치는 우리의 사고방식은, 누가 욕하든 욕하지 않든 시간이 얼마나 걸리는 일이든 반드시 뜯어고쳐야 할 부분이다. 생각이 깊지 못함이 우리의 가장 큰 문제라는 함석헌의 지적처럼 말이다.

전체 속에서 부분을 보지 못하는 탓에, 위안부 모욕으로 불매운동의 중심에 서 있는 유니클로를 여성가족부와 보건복지부에서는 최우수 기업으로 선정해서 각종 혜택을 퍼다 주는 촌극을 연출했고, 대한민국을 얕보든 말든 일본과 세계 유명 브랜드가 선심 쓰듯 할인판매를 한다 치면 새벽부터 그 앞에서 길게 줄을 선다. 물론 나라가 위기에 처했을 땐, 놀라운 힘을 발휘한다. 하지만 딱 그 한 가지 경우뿐이다. 평상시엔 그렇지 못한 대중과 큰일을, 나랏일을 도모할 수 있을까? 바로 이런 여러 이유로, 슬프게도 현재 내 생각 역시 상앙과 같다.

✱ 343. 나라가 잘 다스려지는 원인은 세 가지다. 첫째는 법이고, 둘째는 믿음이며, 셋째는 권력이다. 법은 군신(君臣)이 함께 준수하는 것이고, 믿음은 군신이 함께 세우는 것이고, 권력은 군주가 홀로 통제하는 독제(獨制)의 대상이다. 권력으로 규제하는 것을 군주가 독단(獨斷)[홀로 결단]하면 위엄(威嚴)이 생긴다. 백성이 군주의 포상을 믿으면 업적을 이루고, 군주의 형벌을 믿으면 간사함이 발생하지 않는다. 오직 명군(名君)만이 사사로운 일로 법을 해치지 않는다. (…) **무릇 포상은 격려를 위한 문치(文治)의 수단이고, 형벌은 간사한 짓을 금하기 위한 무치(武治)의 수단이다. 문치와 무치는 법치(法治)의 요체이다. 포상할 때는 관계가 소원(疏遠)한 사람들도 빠**

뜨리지 않아야 하고, 형벌을 내릴 때는 친근한 사람도 제외하지 않아야 한다. (…) 지금 혼란스러운 세상의 군주와 신하들은 득의양양하게 나라의 이익을 독차지하고, 관직의 중요한 권력을 장악해 그들의 이욕(利慾)을 채우고자 한다. 나라가 위태로워지는 이유이다. 공과 사의 엄격한 구분이 국가 존망(存亡)의 근본이다.

…『상군서』 14편 〈수권〉

✱ 344. 법이란 한계를 정해 구분을 명확히 하는 것이다[명분(明分)]. 법이 정해져 있다는 사실을 모든 백성이 다 알게 해야 하고[명법(明法)], 그러려면 법은 간결하고 쉬워야 한다. (…) 그러면 천하의 관리나 백성들이 법을 모르는 사람이 없게 될 것이다. 관리들은 백성들이 법을 잘 알고 있다는 사실을 알고 있기에, 감히 법에 맞지 않게 백성들을 대하지 못할 것이다. (…) 백성 중 법을 어긴 자가 있으면 관리는 법관(法官)에게 묻고, 법관은 즉각 법에 입각한 죄목과 처벌 사항을 관리에게 알려줘야 한다.

…『상군서』 26편 〈정분〉

✱ 345. 법령(法令)[법률과 명령]은 나라를 다스리는 근본이고, 백성들을 부리는 명령이자 백성들을 보호하는 수단이다. 나라를 다스리면서 법령을 버리는 것은, 마치 기아(飢餓)를 면하고자 하면서 음식을 버리고, 추위에 시달리지 않고자 하면서 옷을 버리고, 동쪽으로 가고자 하면서 서쪽으로 가는 것과 같다. 토끼 한 마리가 달아날 때 100명의 사람이 그 뒤를 쫓는 것은 토끼를 100등분 할 수 있기 때문이 아니라 누구 소유인지 정해지지 않았기 때문이다. 명의(名義)[권한이 있는 사람의 이름]가 정해지지 않으면, 요순과 탕왕 같은 성인(聖人)조차 말이 질주하듯 토끼의 뒤를 쫓는다. 명의(名義)가 정해지면 아무리 탐욕스러운 도적일지라도 감히 빼앗지 못한다. 명의를 정하는 것이 바로, 잘 다스리는 쪽으로 객관적인 추세를 만

들어 나가는 길이다. 그렇지 못한 것은, 어지러운 쪽으로 객관적인 추세를 만들어 나가는 셈이다.

성인(聖人)은 법령을 만들 때 반드시 명의와 개념을 명확하고 쉽게 알 수 있도록 했다. 그래서 백성들 누구나 법령을 명확히 이해할 수 있었다. "성인이 천하를 다스리면 형벌로 죽는 자가 없다"라고 하는 것은, 형벌로 사람을 죽이지 않는다는 뜻이 아니라 법령의 시행이 명백하며 알기 쉽고, 법관과 법리(法理)가 백성들의 스승 역할을 해서 백성들을 위험에 빠뜨리지 않는다는 뜻이다. 화를 피하고 복을 맞이한다[피화취복(避禍就福)]는 것은, 모든 사람이 법령을 이용해 스스로 단속하고 절제하는 것을 의미한다.

…『상군서』 26편 〈정분〉

법가답게, 법부터 손을 댄다. 하지만 상앙의 주장과는 반대로 지금 우리의 법령은 전문가가 아니면 해석조차 할 수 없을 만큼 어렵고, 전문가라도 여러 해석이 가능할 정도로 두루뭉술하다. 가능한 한 많은 사례를 다루기 위해서겠지만, 핵심은 분량이 아니라 정의(定義)에 있기에 상앙의 말을 마음에 새길 필요가 있다. 또한 자기의 법이 일견 가혹해 보여도, 백성들을 보호하는 수단이기도 하다는 점을 상앙은 놓치지 않았다(345번). 반대로 지금은 모두가 법에 쉽게 접근할 수 있는 듯하지만, 지금의 법은 못 배우고 돈 없는 사람들을 보호하지 않는다. 법은 있으나 어렵고 방대해서 대부분 일반인은 법을 알지 못하기에, 결국은 무법(無法) 사회에서 생활하는 것과 다를 바가 없는 현실이다. 그래서 지금 '형벌로 죽는 자가 많다.'

옛날부터 지식의 독점은 곧 권력이었다. 지금은 많은 분야의 지식이 개방되었지만, 유독 법률 지식은 여전히 법률 전문가들이 온전히 독점하고 있다. 그런 기득권에 있는 사람들이 순순히 자기들의 권력을 포기하리라고 희망하는 건 순진한 생각이다. 사법고시 폐지가 그랬다. 처음엔 모든 게 큰일이라도 날 듯 이해 집단 간에 고성(高聲)이 오고 갔지만, 우려했던 큰일은 일어나지 않았다. 변호사 사회에도 드디어 무한 경쟁이 시작되었다는 점만 빼면 말이다. 그렇다면 의대 정원 증원과 관련한 사항도 이와 비슷하지 않을까? 모든 일이 그렇듯, 해보지 않았을 땐 뭐 대단한 일이라도 되는 것 같다가도 막상 해보면 별것 아닌 게 세상 이치다. 이제 다음 순서는 검찰 차례다. 그들의 지식 독점을 깨뜨리려면, 많은 시간과 노력과 갈등과 부작용이 따를 것은 당연하다. 그래도 해야 한다. 진정한 민주주의 사회를 원한다면. 갈등과 혼란을 부정적인 것으로만 규정해서 두려워하지 말자. 갈등과 혼란은, 질서와 평화를 향해 나아가는 도로의 이름인 동시에 질서와 평화 그 자체이기도 하다(114번/115번/177번/278번).

✳ 346. 법을 통해 나라를 다스리게 되면 실수가 거의 없지만, (사사로운) 지혜나 재능으로 나라를 다스리게 되면 일정한 표준이 없어 실수가 따르게 되고 완전하지 못하다. 따라서 법을 통한 통치가 가장 좋은 방법이며, 이것이 만전(萬全)[아주 완전함]의 도(道)이다. 한 번 명하면 반드시 행해지고 한 번 금(禁)하면 반드시 중지하는, 그것이 바로 군주로서의 공의(公義)이다.

…『한비자』19편 〈식사〉

✳ 347. 나라를 다스리는 데 있어 법을 분명하게 집행하고 형벌을 엄하게 하는 것은, 모든 사람이 순리(順理)를 저버리고 문란해지는 것을 막아 재앙을 없게 하려고 최선을 다하는 일이다. 그리하여 (궁극적으로는) 힘

고전일까 정치일까

을 가진 자가 약한 자를 업신여겨 도리에 어긋나는 짓 못 하게 하고, 다수가 소수에 대해 난폭한 짓을 못 하게 막으려는 것이다. 어리석은 사람들은 이와 같은 사실들을 알지 못한 채, 법으로 다스리는 것을 '폭정(暴政)'이라고 한다.

…『한비자』 14편 〈간겁시신〉

✻ 348. 거울은 티 없이 맑아야, 아름답고 추한 것을 있는 그대로 비출 수 있다. 저울은 정확한 상태로 균형을 잘 잡고 있어야, 모든 물건의 무거움과 가벼움을 판별할 수 있다. 거울을 흔들면 투명하게 비출 수 없고 저울을 흔들면 정확해질 수 없다는 것은, 법에도 그대로 적용된다. (…) 집 안에 생계를 꾸려갈 수 있는 일정한 생업(生業)이 있으면 아무리 흉년이 들어도 굶주리지 않듯이, 나라에 정해진 법이 있으면 아무리 위태로운 사태에 직면해도 망하지 않는다.

…『한비자』 19편 〈식사〉

✻ 349. 군주는 한번 방침을 세운 이상 그에 따라 모든 것을 실행해야 하며, 경솔하게 (그리고 자주) 변경해서는 안 된다. 변혁(變革)이 잦으면 신하들은 법을 믿으려 하지 않게 된다. 상벌을 시행할 때는 지체해서는 안 된다. 절대 감정에 치우쳐 상벌을 결정해서도 안 된다. **많은 군주가 실패하는 원인은, 대개 감정에 따라 상벌을 결정하기 때문이다.**

…『한비자』 8편 〈양권〉

법 없이 군주의 마음에 따라 통치하면, 같은 공인데도 상을 달리 주고 같은 죄인데도 벌을 달리 주게 된다. 이것이 원망이 생기는 원인이라는 지적이다. 한비는 법이란 문서로 기록하고 편찬해서 관청에 보관하고, 낮고 천한 사람들까지도 법령을 익히 들어서 그 내용을 알지 못하는 사람이 없어야 한다고 말한다. 배움이 부족한 사람들조차 이해할 수 있을 만큼 간단하고 분명하지 않으면, 모든 사람이 법을 지키게 하는 데 어려움이 있기 때문이다. 법은 통치자 단 한 명만을 제외하고, 모든 사람에게 예외 없이 공정하게 시행되어야 한다는 게 한비의 주장이다. 만약 통치자마저 예외가 아니라면, 한 번 정해진 법을 바꿀 방법이 전혀 없으니까.

인치(人治)에서 법치(法治)로, 즉 군주의 마음대로가 아니라 법대로 나라를 경영해야 할 때가 되었다는 판단이 법가의 공로이다. 다만 통치자가 폭주할 때가 문제다. 통치자의 폭주를 제어할 수 있는 장치가 없다. 2,200여 년 전의 한비에게 삼권분립 같은 것까지 바라는 건, 오히려 우리의 잘못이다. 어쨌든 이렇게 통치자가 폭주하지 않고 법을 잘 시행하기만을 기도하다 보니, 한비의 통치자도 유가의 요순과 다를 게 없어진다는 문제점이 있긴 하다. 또 하나의 문제는 고대 동양의 군주제가 세습제여서 그렇겠지만, 모두가 통치자가 된 이후의 언행에 대해서만 언급할 뿐 통치자가 되는 방법에 대해선 무관심했다. 이 부족한 부분은 마키아벨리의 입을 통해 들어보자.

✽ 350. 첫 번째로 자기의 역량에 의해 군주가 되려는 자들이 봉착하는 난점은, 자칫 잘못하면 옛 질서 아래서 편히 살던 모든 이를 적으로 돌리게 될 가능성이 크고, 새로운 질서로부터 이익을 얻게 될 사람들은 기껏해야 미온적인 지지자로 남아 있기 마련이라는 점이다. 따라서 다음으로 중요한 문제는, 군주가 과연 이런 문제를 (제3 세력의) 원조 없이 자력으로 처리할 수 있느냐 없느냐이다. 결과적으로 무기를 든 예언자는 성공하지만, 말뿐인 예언자는 실패한다. 시민의 천성이란 변덕스러워서, 그들을 설득하기는 쉬워도 설득된 상태를 유지하기란 쉽지 않기 때문이다.

…『군주론』 6장

마키아벨리는 국가를 건설하는 다섯 가지의 방법을 살펴보면서, 통치자가 되는 방법에 따라 부딪힐 장애물도 다르다고 말한다. 그러나 다섯 번째는 교황을 다루므로, 네 가지 경우만 살펴보자. 스스로 역량에 의해 통치자가 되는 건, 획득은 어렵지만 무력(武力)만 손안에 쥐고 있다면 유지하기는 쉽단다. 법가의 용어로 보면, '세(勢)'가 있어야 한다는 말이다. 여기에서 '역량'에 해당하는 라틴어 '비르투스(virtus)'는 이탈리아어로는 '비르투(virtu)'인데, 동양의 '덕(德)'에 해당한다. 이래저래 유사점이 있다.

✻ 351. (두 번째는 역량이 없음에도) 오로지 운이 좋아 군주가 된 자는, 군주의 지위에는 쉽게 오를 수 있어도 다스리는 데는 대단한 시련을 겪을 것이다. 이것은 금전(金錢)에 의하거나 타인의 호의로 (꼭두각시처럼) 군주가 된 자들도 마찬가지이다. 이런 자들은 군주의 지위를 유지할 수 있는 능력도 없고 방법도 모르기에, 끝내 그 자리를 유지 못 하게 된다. 그리고 그들에게 나라를 넘겨준 자들의 호의나 행운도 변덕스럽고 불안정하기 때문이다.

…『군주론』 7장

✻ 352. (세 번째로) 도리에 어긋나고 모독적인 방법으로 군주의 자리에 오른 실례로는, (기원전 3세기 초반의) 아가토클레스(Agathocles)를 들 수 있다. 도공(陶工)의 아들로 태어나 갖은 어려움을 극복하며 군대에서 세력을 쌓았고 마침내 (시칠리아(Sicily)의 도시 중 하나인) 시라쿠사(Siracusa)의 왕위에 오른 그는, 평생 비행(非行)을 일삼았다. 시민들을 학살하고, 자기편을 배신하고, 신의나 자비심이나 종교심을 저버린 그의 행위는 도저히 좋게 볼 수 없다.

그런데 그런 아가토클레스가 평안했고 외국의 침입을 막아냈으며 시민들의 반란도 없었다는 것은 어떤 이유에서였을까? **보통 잔악한 대다수 지배자는 전시(戰時)는 물론 평화로울 때도 나라를 유지하기가 어려운데, 그는 어떻게 성공한 것일까? 차이의 원인은 바로, 잔악성이 제대로 사용되는지 서투르게 사용되는지에 달려있다고 나는 생각한다. 잔악성이 제대로 사용되었다는 것은, 권력 확보를 위해서 어쩔 수 없이 한 번은 그렇게 했으나 그 이후에는 평화적인 방법으로 방향 전환을 한 경우를 말한다. 서투르게 사용되었다는 것은, 툭하면 잔악성을 나타냈을 경우를 말한다.** (…) **(잔악한) 가해행위는 길게 끌지 말고 한꺼번에 해치움으로써 시민들의 노기(怒氣)를 짧게 해야 하고, 반대로 베푸는 은혜는 시민들이 오랫동안 음미할 수 있도록 조금씩 나눠서 베풀어야 한다.**

…『군주론』8장

✻ 353. (네 번째인) 다른 시민들의 후원으로 군주가 되는 길은 시민의 지지를 얻는 경우와 귀족의 지지를 얻는 경우 두 가지가 있는데, (대체로) 시민과 귀족의 대립이 당파싸움으로 나타나 각 도시는 군주제나 공화제나 무질서[무정부주의] 등 셋 중 하나의 모습을 띠게 된다. (…) **귀족의 도움으로 군주가 된 사람은, 시민의 도움으로 군주가 된 사람보다 권력을 유지하는 것이 훨씬 더 어렵다. 귀족들은 스스로를 군주와 동등하다고 생각하기 때문에, 군주의 뜻대로 무엇을 하기란 매우 어렵다. 게다가 귀족들의 욕망을 채워주려면 공정한 방법을 통해서는 불가능한 데 비해, 시민의 경우는 그렇지 않다. 시민의 원하는 바는 귀족의 그것에 비해 너무나도 작고 별것 아니다. 귀족은 자기의 권력을 행사해 시민을 눌러야만 만족하지만, 시민은 그저 억압당하지 않는 것만으로도 만족하기 때문이다. 시민은 절대다수를 차지하고 있기에 귀족의 힘으로 군주가 된 자도 반드시 민심을 자기편으로 돌려야 하**

는데, 이것은 다행히 매우 쉽다. 인간이란 자기에게 해를 끼치리라고 생각했던 사람으로부터 도리어 은혜를 받게 되면, 보통으로 은혜받는 것 이상으로 그것에 감사를 느끼기 때문이다.

충성심이 약한 귀족은 다음 두 가지 태도를 구별해서 취급해야 한다. 하나는 소심해서 결단력이 부족해 온전히 복종하지 않는 자들인데, 이들은 등용해서 이용할 가치가 있는 자들이며 학식이 많은 자일수록 더욱 그래야 한다. 군주가 흥할 때는 군주를 더욱 따를 것이며, 반대로 군주가 역경에 처한다고 해도 (군주가) 두려워할 것이 없는 자들이기 때문이다. 또 다른 하나는 야심이 있어서 복종하지 않는 자들인데, 이들은 적과 동일시해야 한다. (…) 지금까지의 내 의견에 "시민을 토대로 삼는 것은 진흙 위에 터를 잡는 것과 같다"라는 케케묵은 속담으로 반박하는 것은 부당하다. 이 속담은 적이나 귀족에게 억압받던 한 시민이 다른 시민들과 함께 봉기(蜂起)하면서, 위급할 때 시민들이 자기를 구해 주리라고 믿는 경우에만 적합한 말이기 때문이다. 나는 이미 군주 된 자가 시민의 힘을 믿고 이용하는 것에 대해 말한 것뿐이다.

…『군주론』9장

마키아벨리는 귀족의 도움보다 일반 백성의 지지를 받아 군주가 되는 사람이 더 낫다고 주장하지만, 여기엔 매우 큰 위험 요소가 있다. 귀족들의 성향은 거의 변치 않지만, 일반 사람들의 마음은 갈대와 같기 때문이다. 귀족들은 자자손손 먹고살 만큼의 경제력이 있지만, 대다수 국민은 그렇지 않다. 그래서 국민은 장기전에 약하다. 교육적·지적 수준이 낮을수록, 생존 본능의 힘은 믿음이나 가치관보다 월등히 세다. 그리고 귀족들은 가짜뉴스를 제작하는 제작자의 위치에 있지만, 국민은 그런 가짜뉴스에 현혹되는 소비자의 위치에 있다. 2014년 4월 16일 세월호가 침몰했다. 대다수 국민이 '잊지 않겠다'라며 눈물을 흘렸다. 하지만 5년도 지나지 않아 '그만 좀 해라. 지겹지도 않냐?'라는 소리가 꽤 커졌다. 이런 국민을 믿을 수 있을까? 이런 국민을 믿고 그 무슨 일을 추진할 수 있을까? 정치인들을 탓하기 전에, 모든 잘못의 시작은 국민 각자에게 있음을 자각해야 한다.

늘 선하던 사람이 어쩌다 한두 번 저지른 잘못엔 뜯어먹을 듯 달려들면서도, 늘 악하던 사람이 어쩌다 한두 번 한 괜찮은 행동엔 놀라워하며 고마워한다(353번). 이것이 여성들의 마음을 흔드는 '나쁜 남자' 스타일이다. 왜 그럴까? 우리의 뇌가 지닌 두 가지 특성 중 하나는 똑같은 자극이 지속할 땐 그 자극을 당연시해서 없는 것으로 처리하는 것이고, 다른 하나는 기존의 것과는 다른 새롭고 흥미로운 자극에서 행복을 느끼는 호기심[궁금증]이다. 사실 이 두 특성 모두 '생존'과 관련되어 있다. 익숙한 자극은 생존의 위협이 되지 않기에 무시하고, 새로운 자극은 생존의 위협이 될지도 모르기에 주의를 집중하는 것이다. 지속은 익숙해서 무시하지만, 반전(反轉)엔 민감한 이유다. 물론 이런 덕에 짜증 나는 시계 소리도 금세 잊고서 잠을 청할 수 있기는 하지만, 사람을 판단하는 데는 너무 위험하다.

느닷없이 일어난 정반대의 행동엔 온통 신경을 집중한다. 그럼으로써 그 느닷없는 행동의 크기와 중요성은 과대 평가된다. 이것이 분명 피로일군 정권임에도 불구하고 박정희 전(前) 대통령과 전두환 전(前) 대통령을 추앙(推仰)하는 사람들이 많은 이유이고, 선생이나 팀장들에게 새로 반이나 팀을 맡았을 땐 처음엔 엄하게 하다가 조금씩 풀어주라는 귀띔을 하는 이유이기도 하다. 만약 반대로 하면 학생들이나 팀원들이 기어오르기 때문이라고 친절하게(?) 설명하면서 말이다. 그나마 이런 우리의 본능을 제어할 수 있는 한 가지 방법은, 사람을 판단할 때 전체가 아니라 부분별로 구분해서 평가하고 판단하는 것이다(208번 설명).

✲ 354. **특히 새로운 군주는, 정권을 잡던 초기에 (군주에게) 반항하던 사람들일수록 처음부터 헌신을 약속한 사람들보다 더욱 믿을 만하고 쓸모 있다는 사실을 알아야 한다.** 이 문제에서는 모든 것이 개별적인 상황에 따라 달라지기 마련이어서 논리를 일반화할 수 없다. 다만 여기서 말할 수 있는 것은, 정권을 장악했을 때 새 군주에게 적의(敵意)를 가지고 있던 사람들일지라도 (군주가 세력을 다진 후에는) 자기들의 생존을 위해서는 (군주로부터의) 보호의 필요성을 느낀다는 것이다. 더구나 이들은 자기들이 갖게 만든 처음의 부정적인 이미지를 씻어야 한다는 부담감을 지닌 만큼, (이후) 군주에게 향하는 충성심이 클 수밖에 없다. 이야기가 여기까지 이르면, 그 중대성에 비추어 충고하지 않을 수 없는 것이 있다.

그것은 **국내의 지지자들을 발판으로 새로이 나라를 얻은 군주라면, 그들이 무슨 이유로 자기편을 들었는가를 신중히 고려해야 한다는 것이다. 만약 이 지지자들이 새로운 군주를 자연스럽게 경애(敬愛)한 것이 아니라 이전 군주에 대한 불만 때문에 협력한 것이라면, 이들을 끝까지 동지로 생각하기는 어렵다. 그것은 새로운 군주도 이들의 기대에 어긋나기 쉽기 때문이다.** 국외의 세력보다 자국민을 두려워하는 군주는 성곽을 세워야 하지만, 자국민보다 국외를 두려워하는 군주는 요새를 구축하지 말아야 한다. 군주에게 있어서 최상의 성곽은 바로 백성의 미움을 사지 않는 것이다. 아무리 단단한 성을 세워도, 시민의 격노(激怒) 앞에서는 당신을 구할 수 없기 때문이다. 또 시민이 봉기하게 되면, 반드시 시민의 편에 서려는 국외 세력이 나타나기 마련이다.

정확한 지적이다. 처음부터 헌신을 약속한 사람들은 대체로 자기들의 공로를 과대평가하기 마련이고, 그래서 정복 후의 논공행상(論功行賞)이 대체로 자기들의 기대에 미치지 못하다고 여겨 쉽게 등을 돌리고 반란을 계획하곤 하기 때문이다. 마키아벨리는 성 밖의 농토나 가옥을 침략군이 불태우는 걸 보게 되면 시민들이 군주를 배신할 수 있지 않겠냐는 반문(反問)에 다음과 같이 대답한다. 적군이 침략했을 때 시민들에게 희망과 함께 침략군의 잔인함에 대한 두려움을 불어넣으면 되고, 며칠이 지나 시민들의 사기가 가라앉을 땐 이미 엎질러진 물이기에 끝까지 갈 수밖에 없게 된단다.

✽ 355. 어떤 사람이 한비에게 물었다. "신불해의 술(術)과 상앙의 법(法) 중, 어느 것이 국가에 유익합니까?" "그것은 비교할 수 없습니다. 사람은 10일 동안 먹지 않으면 죽게 되고, 강추위에 옷을 입고 있지 않으면 죽습니다. 따라서 의복과 음식 중 어느 것이나 없어서는 안 될 물건입니다. 술이란 군주가 신하의 능력에 따라서 임무를 부여하고, 임무에 따라 관직을 수여하며, 생살권(生殺權)을 가지고 그 실적에 따라 책임을 지우는 것으로, 이것은 군주가 홀로 굳게 지켜야 할 것입니다. 위에 있는 군주에게 술(術)이 없으면 그 눈이 가려지고, 아래에 있는 신하에게 법(法)이 없으면 문란해집니다. 술과 법은 그 어느 하나라도 없어서는 안 되는 것이며, 함께 제왕에게 필요한 도구입니다. (···) 정명(正名)이란, 이름[관직]에 따라서 사실[업무의 종류와 그것의 결과]을 따지는 것입니다."

···『한비자』43편 〈정법〉

✽ 356. 천하에 꼭 믿어야 할 세 가지 이치가 있다. 첫째 지혜만으로

는 성사하게 시키지 못할 일이 있다는 것이고, 둘째 힘만으로는 들 수 없는 일이 있다는 것이며, 셋째 강한 것만으로는 이길 수 없는 일이 있다는 것이다. 그러므로 요임금과 같은 지혜가 있다고 해도 여러 사람의 도움이 없이는 큰 공을 세우지 못하고, 오획(烏獲)과 같이 센 힘이 있다고 해도 스스로 자기 몸을 들지 못하며, 맹분(孟賁)이나 하육(夏育)과 같은 강함이 있다고 해도 법술(法術)[법과 수단]이 없이는 항상 이기지 못할 것이다. 그러므로 사세(事勢)[일이 되어가는 형세]에 따라서 그렇게 될 수 없는 것이 있고, 일에 따라서 이룰 수 없는 것이 있다.

… 『한비자』 24편 〈관행〉

한비는 앞 세대 법가들의 세 가지 주장, 즉 진나라 상앙(商鞅)의 법(法)[제도]·한나라 신불해(申不害)의 술(術)[통치 기술]·제나라 신도(愼到)의 세(勢)[권력 기반/통치권]를 하나로 통합했다.

✱ 357. 형벌을 시행할 때, 경죄를 엄하게 처벌하면 경죄뿐만 아니라 중죄도 발생하지 않는다. 형벌을 시행할 때, 경죄는 가벼이 처벌하고 중죄는 엄하게 처벌하면 경죄도 막지 못하고 중죄 또한 그치지 않게 된다. (…) 가벼운 죄에 무거운 형벌을 가하면, 형벌이 없어도 소기(所期)의 성과를 거둘 수 있으며 나라는 강해진다. 무거운 죄에 무거운 형벌을 가하고 가벼운 죄에 가벼운 형벌을 가하면, 형벌이 있어도 끊임없는 사건이 생겨나며 나라는 약해진다. 가난한 자는 형벌을 이용해서 (농사에 매진하게 만들어) 재산을 불리도록 하면 부유해지고, 부유한 자는 관작(官爵)을 상으로 이용해서 (자비(自費)로 전쟁에 참여하게 만들어) 그들의 재산을 덜어내면 가난해진다. 나라를 다스리는 정책은, 가난한 사람을 부유하게 만들고 부유한 사람을 가

난하게 만드는 것이 중요하다[빈자부부자빈(貧者富富者貧)]. 형벌은 실력을 낳고, 실력은 강함을 낳고, 강함은 위세(威勢)를 낳고, 위세는 (강한 자만이 은혜를 베풀 수 있으므로) 덕(德)을 낳는다. 덕(德)은 형벌에서 나오는 셈이다.

…『상군서』5편 〈설민〉

✱ 358. 성인(聖人)이 나라를 다스린 방법을 보면, 상과 형벌과 교육을 통일시킨다. 상을 통일시키면 군대가 무적(無敵)이 되고, 형벌을 통일시키면 명령이 모두 이행되고, 교육을 통일시키면 백성들이 군주에게 복종한다. 상을 통일시킨다는 것은, 이익이나 녹봉(祿俸)[연봉] 또는 관작(官爵)[관직과 작위(爵位)]이 오직 군사적 공로에 대해서만 주어지고 달리 주어지는 일이 없어야 한다는 말이다.

형벌을 통일시킨다는 것은 형벌에 차별이 없어야 한다는 말이다. 경상(卿相)[육경(六卿)과 삼상(三相)]과 장군으로부터 대부와 서인(庶人)[서민]에 이르기까지 국왕의 명령을 따르지 않는 자, 국가가 금지한 바를 범한 자, 위에서 제정한 법도를 어지럽힌 자가 있으면, 모두 사형을 내리고 절대로 용서하지 말아야 한다. 예전에 공로가 있었더라도 나중에 실패하면, 그로 인해 형벌을 줄여주지 않아야 한다. 충신이나 효자라도 잘못이 있으면, (형을 감경하지 않고) 반드시 그 (해당) 죄목에 따라 판결해야 한다. 귀천(貴賤)에 상관없이, 고발당한 자의 관직과 작위와 녹봉 등을 고발자가 그대로 계승하도록 해야 한다. 간사함이나 잘못을 저지르지 못하게 하려면, 형벌을 무겁게 하는 것보다 좋은 방법은 없다. 형벌이 무거우면서도 절대적으로 집행되면, 백성들이 감히 법을 시험해 볼 엄두도 내지 못한다. (…) 일형(壹形)이란, 형벌에 차별이 없어야 한다는 말이다. 특히 법을 집행하는 사람이 법을 어긴 경우, 사형을 내리고 절대 용서하지 않으며 형벌이 3족에 미치게 해야 한다.

교육을 통일시킨다는 것은 지식이 넓고 말을 잘하는 사람, 청렴결백과 예악(禮樂)을 강조하는 사람, 덕을 수양한답시고 작당(作黨)하는 사람, 멋대로 사람됨의 높낮이를 평가하는 사람들이 절대로 부귀해지지 못하도록 하고, 절대로 형벌에 대해 비평하지 못하도록 하며, 절대로 개인의 사적인 논의를 군주에게 아뢰지 못하도록 해야 한다는 것이다. 부귀를 얻는 길은 오직 전쟁에 참여하는 것뿐이어야 한다. 그런 사실을 백성들 모두가 알게 되면 전쟁이 났다는 소문을 들으면 서로 축하해 주고, 살면서 먹으면서 마시면서 전쟁을 노래할 것이며, 이것이 유일한 최고의 교육[일교(壹敎)]이다.

… 『상군서』 17편 〈상형〉

상앙의 서릿발 같은 모습이 떠오를 만큼, 무섭다. 하지만 누구에게도 억울함만큼은 생기지 않을 방법이기도 하다. 스스로의 기준을 가지고 신기독야(186번~188번/339번) 하는 자존감 높은 사람들은, 사실 상앙의 일형(壹形)처럼 살고 있다. 예전의 공로는 지나간 것이기에, 왼손이 한 일을 오른손이 모르게 하듯 깨끗이 잊어버린다. 그러나 예전의 잘못은 앞으로의 삶에 반면교사가 되기에, 절대 잊지 않고 와신상담한다. 이들은 늘 현재를 살아간다. 카르페 디엠이다. 그래서 현재 잘못한 것에 대해서는, 이런 저런 핑계와 변명을 통한 감형도 단호히 거부합니다(129번 설명). 원칙주의자들인 셈이다.

다음과 같은 반론도 충분히 일리 있다. '상앙의 법치는 결국은 백성들을 위해 이익을 도모하는 것이 아니라 이익을 미끼로 백성들에게서 거대한 힘을 낚아 올리려는 의도이다. 상앙은 백성들에 대한 믿음이 전혀 없었다. 그들의 자발적 능력과 힘을 신뢰하지 않았다. 백성들이란 그저 이익을 던져주면 옳거니 하고 받아먹는 이용(利用)의 대상이며, 강력한 형벌로 통제하면 군소리 없이 따라오는 통치의 대상이었다.' 그렇다면 묻자. 지금 우리나라는 이와 다른가? 물론 상앙의 일상(壹賞)과 일교(壹敎)는 지금과 맞지 않으니 버려야겠지만.

잠시 그러나 깊이 생각해 볼 문제가 있다. '형벌과 범죄와의 관계'다. 이것은 '행복과 소득·학급당 학생 수와 학업 성취도·알코올 소비와 건강과의 관계'처럼 어느 지점까지는 가로축인 X가 증가하면서 세로축인 Y도 증가하지만, 그 지점을 지나면 일정 정도 변화가 없다가 마침내 어느 지점에서부터는 다시 X가 증가할수록 오히려 Y는 감소하는 '뒤집힌 U자형(∩) 곡선'을 따른다는 사실이다. 물론 범죄에 대한 처벌이 전혀 없는 것과 있는 것 사이에는 큰 차이가 있다. 학생이 40명인 학급과 25명인 학급 사이에 큰 차이가 있는 것과 마찬가지다. 하지만 두 가지 문제점이 있다.[36]

첫째, 상앙의 주장처럼 범죄의 이익보다 처벌의 강도가 더 크다면 범죄율이 낮아지지 않을까? 이것은 잠정적 범죄자들에게 선을 넘기 전에 한 번 더 생각해 보도록 겁을 주는 전략인데, 놀랍게도 일정 지점을 지나면 이 전략은 오히려 범죄를 더 부추기는 결과가 발생한다. 그리고 이런 전략의 배경에는, 고전 경제학이 가정하던 합리적 개인이 자리하고 있다. 이성적으로 이익과 손실을 따져서, 이익이 큰 것을 하고 손실이 큰 것은 하지 않으리라는 믿음이다. 그런데 만약 이성이 마비된다면, 그러면 이 전략은 무용지물이 될 것이다. 행동경제학은 인간의 선택에는 이성뿐만 아니라 감정도 중요한 역할을 한다고 말한다. 순간 욱해서 뚜껑이 열리는 분노조절장애거나, 술에 만취해서 이성이 멈추는 심신미약이거나, 한나 아렌트

---

36 말콤 글래드웰, 『다윗과 골리앗』 (2013)

 고전일까 정치일까

의 지적처럼 원래 생각 자체가 없어서 충동적으로 사는 막가는 인생에는, 이런 전략이 통할 리 없다. 지금도 수많은 범죄가 발생하는 이유다.

둘째, 삼진아웃제처럼 범죄자들을 가능한 한 오래 교도소에 수용시키면 범죄율이 낮아지지 않을까? 이것은 첫째 전략 중에서도 특히 상습범을 겨냥한 전략이다. 하지만 횟수만 고려한 나머지, 죄질(罪質)을 간과한다는 문제가 있다. 단순 절도범과 살인자를 구별할 수 없다는 말이다. 범죄자들을 감옥에 가두는 기간만큼, 직접적인 피해자는 줄어들 것이다. 그러나 수감 기간 교화(敎化)는커녕 근거 없는 분노만 커지는 게 보통이라 출소 후 보복살인이 발생하고, 수감 기간에 비례해서 출소 후 일자리를 구해 사회에 정착할 가능성은 그만큼 낮아져 재범률이 높아지며, 수감 기간 범죄자 주위엔 온통 다른 범죄자들뿐이라 서로의 정보를 공유하면서 더 지능적인 범죄를 저지르게 된다.

그리고 이것들만큼 중대한 위험이 또 있다. 많은 범죄자가 한 가정의 가장이고, 아버지가 교도소에 있다는 사실이 자녀들에게 미치는 부정적인 영향은 생각 외로 엄청나다는 사실이다. 그리고 미국의 연구 결과, 특정 지역에서 2% 이상의 사람들이 수감 되는 경우, 범죄에 미치는 효과는 역으로 나타나기 시작한다. 많은 가장과 형제자매와 친척과 지인들이 수감 되면, 해당 지역 사람들은 법을 '보호 수단'이 아닌 '적'으로 여기게 된다는 것이다. 범죄자는 교도소에 가두는 게 옳다. 그러나 너무 많은 사람을 너무 오래 가둬두면, 잠재적이고 부수적인 피해가 수감의 이익을 넘어서기 시작한다는 점을 잊지 말자.

✱ 359. 시민을 다스릴 땐, 머리를 쓰다듬든가 아니면 (아예) 없애버리든가 둘 중 하나를 선택해야 한다. 인간이란 사소한 모욕에 대해서는 보복하려

하지만 엄청난 피해에는 보복할 엄두도 못 내는 것이 보통이기 때문이다. 따라서 타인에게 해를 끼칠 땐 복수가 뒤따르지 않을 정도로 (잔인하게) 해야 한다. (…) 현명한 군주란 단지 눈앞에 보이는 것만이 아니고 먼 장래의 일도 고려하면서 전반적인 것에 대처해야 한다. 위험이란 미리 알면 쉽게 그 대책이 강구되지만, 가만히 좌시(坐視)만 하고 있다가는 불치의 병으로 악화하는 것이다.

…『군주론』3장

✽ 360. 나라를 잘 다스리는 사람은, 착하지 않은 사람에게는 형벌을 주되 착한 사람에게는 상을 주지는 않는다. 그 결과 형벌을 쓰지 않아도 백성들이 착하게 된다. 형벌이 무겁기 때문이다. 형벌이 무거우면 어떤 백성도 감히 법을 어기는 행동을 하지 않게 되므로, 한 국가 전체가 착해진다는 뜻이다. 착한 사람에게 상을 주지 않아도 모든 백성이 착하게 되는 것이다. 착한 사람에게 상을 줘선 안 되는 것은, 마치 도둑질하지 않았다고 상을 주는 것과 같기 때문이다. 나라를 잘 다스리는 군주는, 도척(盜跖) 같은 도적조차 (국가 정책이 갖는) 공신력을 수긍하게 만든다. 하물며 백이(伯夷) 같은 청렴한 자들이겠는가? 나라를 잘 다스리지 못하는 군주는, 백이처럼 청렴한 자조차 의심하게 만든다. 하물며 도척 같은 자들이겠는가? 객관적인 추세가 간사한 짓을 허용치 않으면 설령 도척일지라도 믿고, 객관적인 추세가 간사한 짓을 허용하면 백이일지라도 의심하게 된다.

…『상군서』18편 〈획책〉

✽ 361. 군주의 권위가 바로 서고 그 가르침이 엄하면 법과 군주의 명령을 어기지 않게 되며, 나무람과 칭찬이 한결같으면 아무도 이것에 대해 비판하지 않는다. 포상은 후하게 내리는 것이 좋은데 그래야 백성들이 그것을 큰 이득으로 생각하게 되고, 칭찬은 크게 하는 것이 좋은데 그래야

백성들이 그것을 명예[영광]로 여기게 된다. 처벌은 엄중하게 해야 백성들이 그것을 두려워하게 되며, 나무람은 호되게 해야 백성들이 그것을 부끄럽게 여기게 된다.

…『한비자』 48편 〈팔경〉

359번을 보면, 마키아벨리도 미리미리 작은 것부터의 중요성을 알고 있었다(32번/318번/319번). 상앙은 형벌만 무겁게 정확히 사용하면 궁극적으로 백성들 모두가 기본적으로 착해질 것이고, 그러면 선(善)이 기본값이 되는 셈인데 기본값에 상을 주는 경우가 어디 있느냐고 따진다(360번). 사람 심리의 복합성을 몰라도 너무 모르는 순진한 생각이다.

노자의 영향을 받아서인지, 상앙과 한비의 통치 방법도 사실 무위(無爲)와 일치한다. 노자의 두루뭉술한 무위가 법가의 명확한 법으로 이름만 바뀌었다는 점이 다를 뿐, '통치자가 굳이 나서서 뭔가를 하지 않아도 갖춰진 체계[시스템] 속에서 모든 것이 잘 굴러가는 상태'(319번 설명)를 추구했다는 점에서는 일치한다. 상앙은 자신이 만든 무시무시한 법에, 결국 자기의 목숨을 잃었다. 그래서인지 한비는 상앙과는 달리, 죄의 무게에 따른 형벌을 주장한다. 물론 어떤 죄에 어느 정도의 형벌이 적절한 것인지에 대한 논의나 합의가 있어야겠지만 말이다. 그래도 최대한 이렇게 하려 한다면, 억울함은 크게 줄어들지 않을까?

공자의 제자인 자고(子羔)가 위나라에서 벼슬할 때, 어떤 죄인에게 (발뒤꿈치를 베는) 월형(刖刑)을 내린 적이 있다. 그 죄인은 후에 성문의 문지기가 되었고, 어느 날 모함을 받아 도망치던 자고가 성문을 빠져나가려다 그 문지기와 마주쳤다. 모든 게 끝이라고 생각한 순간, 문지기는 뒤쫓아 온 병사들에게 거짓말을 둘러대서 자고를 살려주었다. "월형을 선고했던 내게 복수할 수 있었는데 왜 나를 도와준 건가?" "내가 월형을 당한 것은 그럴 만한 죄를 지었었기 때문이오. 당신이 형을 내리기 전에 여러 차례 법령을 살펴 최대한 정상을 참작하려 했음을 알고 있었고, 형이 집행될 때 슬퍼하며 안타까워했음도 알고 있소. 그것은 사사로운 정 때문이 아니라 곧은 마음으로 국가를 위해 형을 집행한 것이 아니고 무엇이겠소? 그런 올바른 사람을 내 어찌 원망하고 무고하게 죽도록 모르는 체할 수 있겠소?" 우리 국민 다수가 문지기와 같은 마음과 생각을 지닐 날이 오기를 기도 한다.

잠시 시선을 통치자 한 명이 아니라 고위직 공무원들의 자세로 돌려보자. 정약용이 말한다.

✻ 362. 백성을 사랑하는 근본은 비용을 절약하는 데 있고, 비용을 절약하는 근본은 검소함에 있다. 검소한 뒤에야 청렴하고, 청렴한 뒤에야 자애로울 것이니, 검소함이야말로 수령으로서 가장 먼저 힘써야 할 것이다.

…『목민심서』 1편 《부임》 2조 〈치장〉

✻ 363. 내가 벼슬살이를 못 해 밭뙈기 얼마만큼도 물려주지 못했으니, 오늘은 **오직 두 글자를 정신적인 부적(符籍)으로 마음에 지니어 잘 살고 가난을 벗어날 수 있도록 너희들에게 물려주련다. 하나는 부지런할 '근(勤)'이요, 다른 하나는 검소할 '검(儉)'이다.** 부지런함이란 무엇을 뜻하겠느냐? 오늘 할 일을 내일로 미루지 않고, 아침때 할 일을 저녁때로 미루지 않으며, 밝은 날에 해야 할 일을 비 오는 날까지 끌지 않는 것이다. 집 안의 상하 남녀 간에 단 한 사람도 놀고먹는 사람이 없게 하고, 잠깐이라도 한가롭게 보여서는 안 된다. 검소함이란 무엇을 뜻하겠느냐? 하나의 옷을 만들 때마다 앞으로 계속 오래 입을 수 있을까를 생각해서 만들어야지, 곱고

아름답게만 만들어 빨리 해지게 해서는 안 된다. 음식이란 목숨만 이어가면 되는 것이다. 아무리 맛있는 고기나 생선이라도 입안으로만 들어가면 더러운 물건이 되어 나온다.

… 두 아들 학연(學淵)과 학유(學游)에게

정약용은 지배계층에 강조한 근검절약과 검소함을 유배지 강진에서 두 아들에게 보내는 편지에서도 똑같이 강조한다(255번). 언행일치다. 이후 정약용의 말에는 별도의 설명이 필요 없다. 오히려 사족(蛇足)이 된다. 그저 정약용의 말 자체를 천천히 긴 호흡으로 읽으면서 공감하기를 바란다.

✽ 364. 아랫사람은 그곳의 토박이지만, 수령은 오래가야 2년이요 그렇지 않으면 몇 달 만에도 바뀌니, 마치 여관에 며칠 머물다가 가는 손님과도 같다. 따라서 주객의 처지가 다르고, 권한도 다르다. 비록 죄를 저지르더라도 도망했다가 수령이 떠난 뒤에 다시 돌아와 예나 다름없이 안녕과 부를 누리게 되니, 무엇을 두려워하겠는가? 그러니 (이런 어려운 자리를) 어찌 스스로 하겠다고 자처할 수 있겠는가? 자기의 재주와 지혜로 수령의 직책을 감당할 수 있느냐 없느냐에 대해서는, 구하는 사람도 스스로의 실력을 헤아리지 않고 들어 주는 자도 묻고자 하지 않으니, 이는 진실로 잘못된 일이다. 벼슬을 위해서 사람을 고르는 것이지 사람을 위해서 벼슬을 고르는 법은 없다.

…『목민심서』1편 《부임》1조 〈제배〉

✽ 365. 수령으로서 월급이 박할지라도, 열 식구가 굶주리게 되지는 않을 것이다. (…) 관리를 천거하거나 선출한 자는 국가를 위해 사람을 뽑았을 뿐이니 사은(私恩)을 베풀었다고 생각해서는 안 될 것이고, 수령은 자격에 따라 관

직을 얻은 것이니 사은(私恩)을 받았다고 생각해서도 안 된다.

…『목민심서』1편 《부임》 3조 〈사조〉

✽ 366. 우리나라의 풍속에 수령의 행차에는 (수령이 탄 말이나 가마가 지나갈 때 그 앞에서 목청껏 행차를 알리며 내는 소리인) 권마성(勸馬聲)이 있는데, 이 횟수는 최소한으로 줄여야 한다.

…『목민심서』1편 《부임》 4조 〈계행〉

✽ 367. 너희들은 편지에서 항상 버릇처럼 말하기를, 일가친척 중에 궁휼히 여겨 돌보아 주는 사람이 한 사람도 없다고 개탄하더구나. 더러는 험난한 물길 같다느니, 꼬불꼬불 길고 긴 험악한 길을 살아간다느니 한탄하고 있는데, 이는 모두 하늘을 원망하고 사람을 미워하는 말투니 큰 병통이다. 전에 내가 벼슬을 지낼 때는 조그마한 근심이나 질병의 고통이 있으면, 다른 사람들이 돌봐주게 마련이어서 날마다 어떠시냐며 안부를 전해오고, 안아서 부지해 주는 사람도 있고, 약을 먹여 주고 양식까지 대 주는 사람도 있어서 너희들이 이런 일에 익숙해진 것 같다. 예나 지금이나 남의 도움이나 받으면서 살라는 법은 애초부터 없다.

… 두 아들 학연(學淵)과 학유(學游)에게

✽ 368. (당나라 사람) 장진주(張鎭周)가 그의 고향에 수령으로 임명되었는데, 도착한 후 자기 옛집에서 친척들과 친구들을 초대해 열흘 동안 잔치를 즐겼다. 머리는 흐트러지고 두 다리는 뻗고 앉은 것이, 마치 벼슬 없던 시절 같았다. 이윽고 잔치가 끝나는 날 여비와 선물을 주면서 눈물지어 작별하기를, "내가 여러분들과 예전처럼 웃고 마실 수 있는 건 오늘까지입니다. 내일부터는 도독으로 백성을 다스릴 따름이고 관민(官民)의 예는 각별하니, 다시 이런 자리를 마련할 수 없습니다"라고 말했다. 다음 날부터는 친척이나 친구라도 법을 어기면 일체 용서하는 바가 없었다. (…)

옛말에 "가난한 친구와 궁핍(窮乏)한 친척은 잘 대접하기가 가장 어렵다"라고 했다. 진실로 맑고 고상한 선비와 벗은 비록 매우 가난하고 궁할지라도, 친구나 친척임을 내세워 관부(官府)에 찾아오려 하지 않을 것이기 때문이다. 수령을 찾아오는 자는 대개가 못난이거나 구차하고 비루한 자들이다. 그러나 혹여 (맑고 고상한) 가난한 친구가 와서 도움을 청할 때는 후히 대접하고, 물건을 줄 적에는 노자까지 계산해서 집에 돌아가서도 남는 것이 있게 하는 것이 좋다.

… 『목민심서』 2편 《율기》 4조 〈병객〉

366번에서 권마성의 횟수를 제한해야 한다는 이유는 이렇다. 권마성을 들은 백성들 역시 하던 일을 멈추고 행차가 모두 지날 때까지 엎드려 고개를 숙여야 하며, 양반이나 선비들은 말에서 내려 고개를 숙여야 했기 때문이다. 이것이 지위의 고하(高下)를 떠나 타인을 배려하는 마음 아닐까 싶다.

부임은 공무를 수행하러 가는 것이지 이사하는 것이 아니므로 동행하는 사람이나 옮기는 살림이 많아서는 안 되며, 부득이하게 가족을 동반한다면 절대 관아에는 출입하지도 못하게 하고, 관용(官用) 가마나 물건도 사용하지 못하게 하며, 관아의 아랫사람들과의 접촉도 철저하게 막아야 한다고 덧붙인다. 수령의 가족이 수령의 지위를 누리면 안 된다는 것이다. 너무도 당연한 말인데, 현실에선 찾아볼 수가 없다. 남편이나 아버지가 사장이나 교장이면, 그 아내와 자녀들은 자기가 사장이나 교장이라고 착각한 채 회사나 학교에 멋대로 행동한다. 재산에서도, 부모의 재산이 곧 자기의 재산이라고 매우 당연히 생각하고. 당사자보다 아내나 자녀들이 더 나대는 게 문제다. 자기의 것이 아닌 부모나 부부 한쪽의 성공에

편승하려는 태도와 기생충의 차이가 뭔지, 나는 알지 못한다.

✱ 369. 공청(公廳)이 굉장하고 화려하더라도 좋다는 말을 하지 말고, 공청이 곧 무너질 것 같더라도 누추하다는 말을 하지 말며, 온갖 물건들이 아름답거나 추하더라도 또한 일체 침묵을 지키어, 눈은 보이지 않고 입은 말을 못 하는 것같이 해서 물을 끼얹은 듯 관아(官衙)의 분위기를 엄중하게 해야 할 것이다.

…『목민심서』1편《부임》5조 〈상관〉

✱ 370. 백성들에게 내리는 명령은 일자반구(一字半句)라도 함부로 서명날인해서는 안 된다. 대체로 가장 어리석은 사람일수록 모든 일을 다 잘 아는 체하고 아랫사람에게 묻기를 부끄러워해서 어름어름 의심스러운 것을 그냥 덮어둔 채, (무슨 내용인지도 모르고) 서명만 하다가 아랫사람들의 술수에 빠지는 사람이 많다. 반드시 먼저 법령이나 명령의 내용을 자세하게 (세 번 이상) 밝히고 (그 후 여러 번 더 일깨워 줄 수 있도록) 기한을 넉넉하게 줘야 한다. 그 뒤에 이를 어기는 사람이 있으면, 약속대로 시행해도 딴소리하지 못할 것이다.

…『목민심서』1편《부임》6조 〈이사〉

✱ 371. 군주와 신하는 서로 처지가 다르다. 자기의 몸을 해치면서까지 나라의 이익을 도모하는 신하는 없으며, 나라의 이익을 해치면서까지 신하의 이익을 도모하는 군주는 없다.

…『한비자』19편 〈식사〉

✱ 372. 군주와 신하와의 이해관계가 다르다는 사실을 냉정하게 알고 행동하는 자는 군주가 되어 큰 업적을 이룰 것이요, 둘의 이해관계가 같다고 여기고 신하에게 바라는 것이 있는 자는 신하에게 위협을 받게 될 것이며, (나아가) 신하를 (완전히) 믿고 일하는 자는 (필경 신하에게) 살해될

것이다.

··· 『한비자』 48편 〈팔경〉

✻ 373. 신하의 이익과 군주의 이익은 (세 가지에서) 서로 다르다. 첫째 군주의 이익은 재능 있는 인물을 등용하는 데 있지만, 신하의 이익은 재능이 없음에도 공직에 종사하는 데 있다. 둘째 군주의 이익은 공(功) 있는 신하에게 작록(爵祿)[작위와 녹봉]을 주는 데 있지만, 신하의 이익은 공로 없이 부귀를 얻는 데 있다. 셋째 군주의 이익은 걸출한 인물이 그 재능을 군주를 위해 바치는 데 있지만, 신하의 이익은 도당(徒黨)[붕당(朋黨)]을 만들어 사리사욕을 취하는 데 있다. 간신(奸臣)은 위로는 군주를 속이고 아래로는 어망(漁網)으로 물고기를 잡듯 백성들에게서 이익을 거두어들인다. 모든 일을 작당해서 떼 지어 행동하고, 군주를 기만하며, 국법을 파괴하고, 국토를 좀먹는다. 그것이야말로 대죄(大罪)이다. 신하에게 대죄가 있는데도 처벌하지 않는 것은, 군주의 큰 과실이다. **위에서는 군주가 과실을 범하고 아래에서는 신하가 대죄를 범하고 있는 나라 중 망하지 않은 나라는 없다.**

··· 『한비자』 11편 〈고분〉

✻ 374. **현명한 군주가 업적을 이루고 명예를 얻는 네 가지 조건이 있는데, 천시(天時)[때]·인심(人心)[민심(民心)]·기능(技能)[재능]·세위(勢位)[권세와 지위]가 그것이다.** (···) 한 자(약 30cm) 길이의 나무를 높은 산 위에 세워두면 그것이 천 길의 계곡을 내려다보고 있는 듯 보이는 것은, 그 나무가 길어서가 아니라 그것이 서 있는 위치가 높기 때문이다. 이와 마찬가지로 걸왕이 천자가 되어 천하를 제어한 것은, 그가 현명했기 때문이 아니라 세(勢)가 강했기 때문이다. 요임금도 한낱 필부였더라면 세 채뿐인 작은 마을도 다스리지 못했을 것인데, 그것은 요임금이 미욱[어리석고 미련]하기

때문이 아니라 지위가 낮기 때문이다. 천근의 무거운 물건도 배에 얹으면 물에 뜨지만, 치수(鍿銖)[매우 가벼운 무게]의 물건이라도 배를 잃으면 가라 앉고 만다. 이것은 천근이 가볍고 치수가 무거워서가 아니라, 세가 있거 나 혹은 없기 때문이다.

…『한비자』 28편 〈공명〉

이제 마음의 먹먹함은 잠지 제쳐두고, 다시 이성의 눈을 떠서 법가를 보자. 법만 잘 세워져 있다고 되는 게 아니라 그것을 강제할 힘[세(勢)]이 있어야 한다. 권위(權威)의 원천은, 통치자 본인이 아니라 통치자가 가지 고 있는 힘에 있고, 통치자의 위력은 통치자라는 바로 그 자리[지위/위치] 에서 나온다. 자리가 사람을 만든다는 말이다. 통치자와 신하의 위치와 이익은 다름을 알아봤다. 그렇다면 통치자는 어떻게 처신해야 할까? 어 떻게 해야 최고의 통치자가 될 수 있을까? 마키아벨리의 조언부터 들어 보자.

✽ 375. ‘인간이 어떻게 사는가?’ 하는 것은 ‘인간이 어떻게 살아야 하 는가?’와는 전혀 다른 문제다. 따라서 ‘어떻게 살아야 할 것인가’라는 명 제로 인해서 인간이 실제 사는 실태(實態)를 놓친다면, 이는 자기를 보존 하는 것이 아니라 파멸에 빠뜨리게 하는 것이다. 또 무슨 일에서나 그리 고 어디에서나 스스로를 선한 인간으로만 내세우고자 하는 사람은, 반드 시 수많은 악인의 무리 속에서 파멸할 것이다. 따라서 스스로를 보존하려 는 군주는 선하기만 해서는 안 되며, 필요에 따라서는 선인도 악인도 될 줄 알아야 한다. (…) 좋은 기질(氣質)만을 갖춘다면 이에 더 바랄 것이 없겠지 만, 이는 거의 불가능한 일일뿐더러 인간 조건이 그렇게 허용하지도 않는

다. 따라서 무릇 군주는 최소한 자기의 나라를 잃게 할 수치스러운 악덕 (惡德)만은 피해야 한다. 다른 악덕들도 가능하다면 피해야겠지만, 그렇게 하지 못하겠으면 너무 신경 쓰지 말고 되어가는 대로 내버려 둬도 상관없다.

…『군주론』 15장

이제부터의 논의는 인간이 기본적으로 이기적이고 악한 존재라는 판단에 기초한다. 이것은 인간의 본성에 대한 상앙과 한비의 기본 전제이기도 하다(340번~342번). 인간은 은혜도 모르고 변덕스러운 데다가 뻔뻔하고, 강한 사람 앞에서는 찍소리도 못한 채 배신할 엄두도 못 내면서 자신보다 약한 사람이나 자신을 사랑하는 사람은 쉽게 배신하며, 약속을 어기기 일쑤이고, 이익을 위해서라면 가족의 정까지 저버릴 수 있고, 모든 걸 겉모습만으로 판단하는 어리석은 존재다. 이런 인간의 본성을 모른 채 도덕만 외치는 군주는 멸망할 수밖에 없다. 그래서 마키아벨리는 통치자는 기존의 도덕적 이상주의를 버리고 현실주의적인 생각을 지니고 행동해야 한다고 강조한다.

✽ 376. (관대함과 인색함에 대해서는 두 가지로 구분해서 생각해 볼 필요가 있다) 먼저, 그 사람이 이미 군주인지 아니면 앞으로 군주가 될 사람인지를 생각해야만 한다. 첫 번째 경우라면 관대(하고 후)한 것은 해가 된다. 여러 사람으로부터 관대(하고 후)하다는 평판을 많이 들으려면, 어쩔 수 없이 사치(奢侈) 쪽으로 기울어지기 때문이다. 더구나 관대(하고 후)하다는 평판을 잃지 않고 유지하기 위해, 필요 이상의 무거운 과세(課稅)로 어떻게든지 시민들의 돈을 긁어내려고 애쓰게 되기 때문이다. 따라서 현명한 군주

라면, 인색하다는 악평쯤은 신경 쓰지 말아야 한다. 그러나 두 번째 경우에는 관대(하고 후)하다고 보일 필요가 있다.

…『군주론』16장

✽ 377. 모든 군주가 잔인하다기보다는 인자하다는 평판을 받으려 한다는 점을 간과할 수 없다. 그러나 인자함도 역시 서투르게 발휘하면 못 쓴다. 군주는 자기 시민들을 결속시키고 그들이 충성을 다하도록 하기 위해서는, 잔인하다는 악평쯤은 개의(介意)치 말아야 한다. 군주는 상대방을 지나치게 믿어 분별을 잃는다든가, 반대로 불신에 사로잡혀 편협함에 빠지지 않도록 해야 한다. 그렇다면, 사랑을 받는 것과 외경(畏敬)[두려워하면서 존경함]을 받는 것 중 어느 쪽이 좋은가? 누구나 둘 다 갖기를 바라지만, 그것은 지극히 어렵다. 따라서 만약 하나를 택해야 한다면, 사랑받는 것보다는 오히려 외경(畏敬) 받는 편이 더 안전하다.

인간이란 원래 은혜를 모르고, 변덕이 심하며, 위선자요, 염치를 모르는 데다가, 자기 몸은 지독히 아끼고, 물욕에 눈이 어두운 속물이기 때문이다. 그래서 당신이 은혜를 베푸는 동안은 모두가 당신에게 간과 쓸개도 빼줄 것처럼 하지만, 이것은 아직 위험이 멀리 있기에 가능할 뿐이다. 정작 위험이 닥치면, 그들은 금방 등을 돌린다. 게다가 인간은 두려워하는 자보다 애정을 느끼는 자를 더욱 쉽게 배반하기 때문이다. 인간은 원래 사악(邪惡)해서, 단순히 의리라는 끈에 매인 정(情) 같은 것은 자기의 이해가 얽히는 기회 앞에서는 언제나 서슴없이 끊어버린다. (…) 외경 받는 것과 원한(怨恨) 사지 않는 것은, 군주가 시민들의 재산이나 부녀자에게 손을 대지만 않는다면 얼마든지 양립할 수 있다. 인간이란 어버이의 죽음은 쉬 잊을 수 있어도, 자기 재산의 손실은 여간해서 잊기 어려운 법이다.

…『군주론』17장

✱ 378. 군주가 약속을 지키며 간책(奸策)을 쓰지 않고 공명정대하게 산다는 것은 칭찬할 만하다. 그러나 오늘날 신의(信義) 같은 것은 안중에도 없고 계략으로 사람들을 교란하는 군주가 오히려 더 큰 일을 성취한 사실을 우리는 또한 알고 있다. 싸움에는 두 가지 방법이 있다. 하나는 인간 본연의 길인 도리(道理)에 의한 것이고, 다른 하나는 짐승에게 합당한 길인 힘에 의한 것이다. 그러나 대체로 첫 번째 방법만으로는 부족하기에, 어쩔 수 없이 군주는 인간성과 야수성 모두를 교묘히 구사할 줄 알아야 한다. 옛 저술가들은 아킬레스(Achilles)를 비롯해 고대의 많은 영웅이 반인반수(켄타우로스, centaur)인 키론(Chiron)에게 맡겨져 양육되었다는 점을 지적하고 있다. 반인반수를 교육자로 내세운 것은, 군주란 반드시 이런 양면의 기질을 구사할 줄 알아야 한다는 것을 뜻한다.

특히 여우와 사자의 성질을 동시에 갖춰야 한다. 함정을 알아차리는 데는 여우의 머리가 필요하고, 늑대를 물리치려면 사자의 힘이 필요하기 때문이다. 따라서 현명한 군주는 신의를 지키는 것이 그에게 불리하게 작용할 때 그리고 약속을 맺은 이유가 더는 존재하지 않을 땐, 약속을 지키려 하지도 않을뿐더러 지켜서도 안 된다. 이 조언은 모든 인간이 선하다면 적절치 못할 것이다. 그러나 인간은 원래 신의가 없고 (자기 이익에 반한다면) 약속을 지키려고 하지 않기 때문에, 군주 역시 그런 자들과 맺은 약속에 구속될 필요가 없다.

군주가 인간의 좋은 성품들을 갖추고 그 성품들을 행동으로써 지킨다면, 그것은 오히려 해로운 일이다. 다만 그런 성품들을 존중하고 가진 것처럼 위장해서 믿게 만든다면, 유익하다. 즉 군주는 운명의 변화, 사태의 변천에 따라 자유자재로 행동할 줄 알아야 한다. (…) 모든 사람이 당신의 겉모습만 볼 뿐, 실제로 당신을 아는 사람은 극소수이다. 군주로서 권력이 있고 다수의 여론이 뒷받침한다면, (그 극소수의 사람이 아무리 당신의 실제 모습을 폭로한다고 해도) 걱정할 필요는 없다. **시민들은 언제나 외관(外觀)만으로 그리고 결과만으로 평가하게 마련이며, 이 세상은 그런 속된 사람들로 가득 차 있다. 따라서 군주의 행동에서는, 결과만이 중요하다.** 결과가 좋기만 하면, 그 과정의 모든 수단과 방법은 훌륭한 것으로 칭송받는다.

···『군주론』 18장

✽ 379. 군주는 되도록 경멸과 증오를 피해야 한다. 이것만 피할 수 있다면 군주의 임무는 반드시 성취할 수 있을 것이다. 군주가 변덕이 심하고 경박하며 여성적이고 무기력한 데다 결단력이 없어 보일 때, 경멸을 받게 된다. 군주가 신하들과 시민들의 재산과 명예만 빼앗지 않는다면, 크게 미움받을 일은 없다. (···) 그런데 군주가 아무에게서도 미움받지 않는다는 것은 불가능하다. 그러기에 우선 많은 사람으로부터 미움을 받지 않도록 노력해야 한다. 이것이 어려울 땐, 적어도 세력 있는 집단의 미움을 피하도록 노력할 필요가 있다. **중요한 점은, 사람의 원한은 악행에서뿐만 아니라 선행에서도 생긴다는 점이다. 따라서 군주가 나라를 보존하려면 이따금 선하지 못한 일도 행해야 한다. 당신이 군주의 자리를 지킴에 있어서 자기편으로 만들어야 할 시민들이나 군대 혹은 귀족이라는 집단이 부패해 있을 때 이들의 욕구를 채워주려면, 당신도 그들의 풍조(風潮)에 물들어야 한다.** 즉 이런 경우, 선행은 당신의 적이다.

···『군주론』 19장

✽ 380. 군주가 명성을 얻으려면 무엇보다도 대규모 계획을 세우고 희귀한[범상치 않은] 실례(實例)를 몸소 행해야만 한다. 그러면 백성들은 항상 정신을 못 차리고 감탄하며, 그가 추진하는 계획에 몰두하기에 바빠진다. (···) 한 가지 유의해야 할 것은, 군주란 필요불가결한 때 외에는 자기보다

강한 자와 손을 잡고 제삼자를 공격하면 안 된다. 이런 경우 승리를 거둔다고 해도 동맹국의 먹이가 되기 마련이다. 군주는 될 수 있는 한 타인의 뜻대로 되는 것은 피해야 한다. **안정책만을 취할 수는 없다. 아니 항상 무엇을 선택하든 그것은 (위험을 수반하는) 불안정한 선택임을 알아야 한다. 그것이 세상의 이치이다. 어떤 고난을 피했다고 다음에 또 고난이 없으라는 법은 없다. 따라서 사려 깊은 사람이라면, 여러 가지 고난의 성격을 통찰해서 될 수 있는 한 해독(害毒)이 가장 적은 길을 선택해야 한다.**

···『군주론』21장

마키아벨리의 인간 본성에 관한 묘사를 보면(353번/359번/377번/378번), 상앙은 아무 말도 하지 않은 셈이다(340번~342번). 부패하고 썩은 세상에서의 성공 여부는, 자기 자신이 얼마큼 썩었는지에 따라 달라진다고 말했던(111번 설명) 이유가 바로 379번이다. 세상이 3급수라면, 1급수와 2급수에서만 살 수 있는 물고기는 곧 숨이 막혀 죽겠지만, 3급수에서도 살 수 있는 물고기는 그런대로, 4급수에서도 살 수 있는 물고기는 너무 깨끗해서 좋다며 가장 성공적으로 잘 살 것이다. 따라서 대체로 조직에서 승진한다는 건, 세상 사람들에게 인정받는다는 건, 사실 슬픈 일이다. 이제 통치자가 구체적으로 해야 할 일이 무엇인지 한비에게로 마이크를 돌려보자.

✱ 381. 군주가 반드시 신하가 처음 발언하거나 보고한 것과 실제 결과[실적]를 대조(해서 그 두 가지가 모자라든 넘치든 일치하지 않으면 처벌)하고, 발언하지 않는 신하에게도 찬성과 반대를 물어서 책임을 추궁한다면, 신하는 책임지지도 못할 말을 함부로 하지 못하게 될 것이며 또한 침묵을

지켜 그 지위에 안주하려는 자 역시 없어질 것이다. 말하든 안 하든 간에
모두 자기의 행동에 책임을 져야 하기 때문이다.

···『한비자』18편 〈남면〉

일의 결과[실적]가 아니라 '계획과 결과의 일치 여부'가 상벌의 기준이라는
것, 이것이 한비가 말하는 술(術)의 핵심이다. 이렇게 하면, 무능한 자는 관
직을 준다고 해도 손사래 치며 거절할 것이므로, 그 자리에 합당한 능력
을 지닌 인물들만이 관직에 남게 된다는 것이다. 매사가 계획과 의도대로
되지 않을 때가 훨씬 더 많은 게 세상사다. 따라서 한비의 술(術)은 많은
보완과 수정이 필요하겠지만, 그 기본 개념만큼은 탁월하다는 생각이다.

계획보다 실적이 더 좋다고 처벌하지 않거나 오히려 상을 줄 경우엔,
신하들이 통치자에게 예상되는 결과를 축소해서 보고한 후 상을 타려고
할 수 있다. 결과 예측이 힘들다? 그렇다면 아무 말도 하지 않고 가만히
있을 것이다. 중간이라도 갈 테니까. 그래서 한비는 신하가 입 다물고 가
만히 있는 건, 자기의 임무를 다하지 않는 것이라며 역시 책임을 물어야
한단다. 그런 신하는 나라가 아니라 자기의 안위만 생각하는 것이어서 그
죄가 더 크다는 이유다. 바로 이점이 마음에 든다. 범죄가 눈앞에서 벌어
지고 있음에도 그리고 올바름이 눈앞에서 침해(侵害)되고 있음에도, 침묵
하고 아무것도 하지 않는다는 것 자체가 이미 잘못이고 범죄에 동조하는
공범임을 분명히 하고 있기 때문이다.

✽ 382. 군주가 자기의 감정을 말하지 않으면 신하는 그 소질(素質)을 전
부 보여주게 되고, 군주가 자기의 지혜와 기교를 버리고 대하면 신하는 군주
의 의향[의도]을 몰라 스스로 경계하게 된다. 이것을 상도(常道)라 한다. 군주

는 조용히 없는 것처럼 있어야 하며, (신하들이 자기의 마음을) 파악할 수 없도록 해야 한다. 수고하는 것은 신하이고, 성공을 독점하는 것은 군주여야 한다. 이것이 상법(常法)이다. (…) 도(道)의 본바탕은 무(無)이기 때문에 볼 수가 없고, 도(道)의 작용은 미묘해서 알 수가 없다. 이런 도(道)를 터득한 군주는 허심(虛心)[마음속에 편견이 없음]·정관(靜觀)[조용히 사태의 추이를 살핌]·무위(無爲)하면서도, 어둠 속에서 밝은 곳을 바라보듯 신하의 결점을 간파한다. 그러나 보고도 보지 않은 척하고 듣고도 듣지 않은 척하며 알고도 모르는 척하여 가슴속에 간직했다가, 실질적인 결과와 합치하는가만 밝히면 된다. 한 사람에게 하나의 (고유한) 일을 시키고, (업무가 다른 신하들끼리) 서로 통하지 못하도록 하면, (국가의 일) 일체(一切)를 모조리 파악할 수 있다.

…『한비자』5편 〈주도〉

✽ 383. 초(楚)나라 영왕(靈王)이 미인을 좋아하자, 나라 안의 여자들이 다투어 맵시를 내려고 절식(絶食)하여 굶어 죽는 자가 많이 나타났다. 제(齊)나라 환공(桓公)이 투기심이 강하고 여색(女色)을 좋아하니 수조[수도(豎刀)]는 내시가 되었고, 환공이 진귀하고 맛있는 음식을 좋아하니 역아(易牙)는 자기 장남을 삶아 바쳤다. (…) 원래 신하의 속마음은 충심으로 군주를 사랑하지 않는다. 섬기는 이유는, 군주에게서 받을 이익 때문이다. 군주가 속마음을 말하지 않으면, 신하는 그 약점을 들추어내지 못해 결국엔 본심을 드러낸다.

…『한비자』7편 〈이병〉

✽ 384. 무릇 군주가 신하의 말을 듣는 태도는, 크게 술 취한 것처럼 모호하게 해서 신하가 심중(心中)에 있는 말을 남김없이 하도록 만들어야 한다. 군주가 먼저 입을 열지 않으면, 신하는 스스로 먼저 말을 할 것이

다. 그때 군주가 무지하고 어리석은 듯 가장하면, 신하는 안심하고 자랑삼아 그 의견과 지혜를 모두 펼쳐놓을 것이다. 따라서 그 말에는 시비(是非)할 점이 있을 것이지만, 군주는 모르는 척하고 있다가 후에 조용히 생각해서 좋은 의견을 실행케 해야 한다.

…『한비자』 8편 〈양권〉

✽ 385. 한 사람의 지혜로는 모든 것을 파악하지 못한다. 또 한 사람을 쓰는 것은, 온 나라를 쓰는 것만 못하다. (…) 나라를 다스릴 때 낮은 수준의 군주는 자신의 능력을 다 발휘하고, 중간 수준의 군주는 다른 사람의 힘을 다하게 만들며, 최고 수준의 군주는 다른 사람의 지혜를 다하게 만든다.

…『한비자』 48편 〈팔경〉

382번부터 384번까지는 중국인들의 특징인 '도회지술(韜晦之術)'과 '난득호도(難得糊塗)'의 예에 해당한다(45번 설명/71번/255번/273번/302번/315번). 통치자의 태도는 왜 이래야 할까? 통치자가 자기의 호불호를 드러내는 게 좋지 않을 때가 더 많기 때문이고(257번 설명/341번/369번), 385번처럼 혼자서는 통치할 수 없기 때문이다. 그래서 신하들이 필요한데, 신하들의 능력을 최대치까지 끌어내기 위한 가장 좋은 방법이 바로 도회지술과 난득호도인 것이다. 이렇게 능력을 발휘하는 신하들을 어떻게 해야 잘 다룰 수 있을까?

✽ 386. 군주가 현명한지 아닌지를 알려면, 먼저 그 측근을 보면 된다. 측근들이 유능하고 성실하면, 그 군주도 현명하다고 평가할 수 있다. 그것은 그들의 실력을 알아보았고, 또 그들의 충성을 얻었다는 확실한 증거이기 때문

이다. 일반적으로 인간의 두뇌에는 세 종류가 있다. 첫 번째는 특정 상황에 대해 스스로 이해하고 알아차리는 것, 두 번째는 남이 이해한 생각이 무엇인지 알아차리는 것, 세 번째는 스스로 이해 못 하고 남의 생각도 모르는 경우이다. 첫 번째 두뇌는 가장 우수하고, 두 번째 두뇌는 조금 우수하고, 세 번째 두뇌는 무능하다. **무릇 군주란, 자신은 창의력이 모자라더라도 타인의 좋고 나쁜 건 가릴 줄 알아야 한다.** (…) 군주가 신하에게 충성심을 갖게 하려면, 그에게 명예를 주고 풍요한 생활을 보장해 주며 은의(恩義)를 베풀면서 책무(責務)도 함께 줘야 한다. 그래서 그 신하가 더 바랄 것이 없도록 해줘야 한다. 그 결과 군주는 신하에게, 군주인 자기가 없으면 아무것도 성사되지 않으며 변혁이란 전혀 바랄 것이 못 된다는 생각을 머릿속 깊이 심어주어야 한다.

…『군주론』 22장

✽ 387. 군주가 총명하다는 평판을 듣는 것은, 사실 군주 자신의 자질보다는 측근이 훌륭하기 때문이라고 말하는 사람이 많다. 그러나 이런 생각은 명백하게 잘못된 오해다. 군주가 총명하지 못하다면, 그런 훌륭한 측근을 발탁할 수도 없고 그의 의견에 귀를 기울이지도 못하리라는 것은 절대적인 사실이기 때문이다. 물론 한 신하가 지극히 총명할 때는, 군주가 그 신하에게 국정을 전적으로 위임하는 수가 있다. 이런 경우는 모든 것이 잘 운영된다. 그러나 그것도 오래는 못 갈 것이다. 그 신하는 곧 군주로부터 나라를 빼앗을 것이기 때문이다. 설상가상으로 조언자들이 제각기 사리사욕에만 빠져 있다면, 조언자들이 자기 욕심에 눈이 어두워지지 않는다는 보장도 없다. **인간이란 필요하니까 선하게 행동하는 것이지, 그렇지 않으면 반드시 당신에게도 나쁜 짓을 할 것이다. 결론은 이렇다. 누군가가 훌륭한 조언을 했다 치더라도, 좋은 의견은 당연히 군주의 깊은 사려에**

서 나오는 것이지 훌륭한 진언(進言)에서 군주의 깊은 사려가 생기는 것은 아
니다.

군주는 (군주가 선택한) 소수의 현인(賢人)에게만 (군주에게) 진실을 말할 수 있는 자유를 주되, 그것도 군주가 하문(下問)할 때만 가능할 뿐 그 외 다른 일에 대해서는 허용치 말아야 한다. 그들의 의견을 들었더라도 결정은 군주 혼자서 내려야 한다. 그들 외에는 다른 어떤 사람의 의견도 듣지 말 것이며, 군주 스스로가 결정한 것은 실행하되 그 결정을 끝까지 관철(貫徹)해야 한다. (다만) 군주는 자기가 질문한 문제에 관한 한, 모든 진실을 참을성 있게 들을 줄 알아야 한다. 그뿐만 아니라 당신에 대한 외경(畏敬)이 지나쳐 대답을 주저할 때는, 오히려 불쾌하다는 뜻을 표현해야 한다.

…『군주론』 23장

군주는 자기 능력이 조금 모자라더라도, 타인의 좋고 나쁜 건 가릴 줄 알아야 한단다(386번). 어떻게? 208번에서 설명한 리더의 자질을 참고하라. 387번 첫 번째 문단의 끝부분은 정확한 지적이다(377번). 아무리 선생이 똑같이 그리고 훌륭하게 가르치고 인도한다고 해도, 학생마다 받아들이는 정도의 차이가 크기에 결과도 매우 다르다. '네 믿음이 너를 구원했다'[37]라는 말도 같은 뜻이다. 그러나 378번 두 번째 문단은 위험한 주장이다. 현실적으로 군주가 현명하지 않은 경우가 대부분이고, 그런 군주 곁에는 군주의 시야를 막거나(45번/389번) 군주와 비슷한 성향의 측근들이 포진해 있을 것이며, 그렇다면 군주가 선택한 소수의 사람도 결국엔 유유

---

37 〈마태복음〉 9:22

상종일 테니까 말이다. 박근혜 전(前) 대통령과 윤석열 전(前) 대통령의 실수 중 하나가 바로 이것이었다.

비록 마키아벨리의 설명도 좋긴 하지만, 통치자와 신하와의 관계만 놓고 한비의 설명과 비교해 보면, 바다 앞의 연못과 같다고 할 수 있다. 현명하지 못한 군주는 당연히 간신들에 둘러싸이고 그들의 아부와 칭찬에 귀가 막히게 된다. 이것을 예방하는 유일한 방법은? 신하들이 진심을 말해도 결코 해를 입지 않을 것이라는 사실을 알게 하면 된다는 것이 마키아벨리의 대답이다. 그리고 군주는 현명한 사람들을 몇 명 골라 그들에게만 진심을 말하는 걸 허용해야 한단다. 현명한 사람을 볼 능력이 안 된다는 게 문제다.

✳ 388. 군주가 신하를 다루는 일곱 가지 술(術)[방법]이 있다. 첫째는 참관(參觀)으로, 신하의 여러 가지 말을 서로 비교하며 관찰해야 한다. 둘째는 필벌(必罰)로, 죄 있는 자는 반드시 벌하여 군주로서의 위력을 보여야 한다. 셋째는 상예(賞譽)[신상(信賞)]로, 공을 세운 자는 반드시 상을 주어 그 능력을 충분히 발휘하게 해야 한다. 넷째는 일청(一聽)으로, 군주가 한 사람 한 사람 따로 불러 말을 듣지 않으면 어리석은 신하와 현명한 신하를 구분할 수가 없다. 다섯째는 궤사(詭使)로, (가끔) 신하에게 의심스러운 행동을 보이거나 명령을 내려서 (신하가) 군주의 속내를 알 수 없게 해야 한다. 여섯째는 협지(俠智)로, 알고 있으면서도 모르는 척 신하에게 물으면 알지 못하던 일까지 알게 된다. 한 가지 일을 깊이 알고 있을 때도, 신하들은 두려워 감히 숨기지 못하므로 모든 비밀이 다 밝혀진다. 일곱째는 도언(倒言)으로, 일부러 마음에 없는 말을 하거나 말을 거꾸로 해서 의심스러운 점을 시험하면 간신의 진상을 알아낼 수 있다.

…『한비자』 30편 〈내저설 상〉

　한비가 제시한 통치자가 신하를 다루는 방법 일곱 가지를 보자. 첫째 참관은 381번의 내용이고, 둘째 필벌과 셋째 상예는 '상벌'로 합할 수 있으며. 여섯째 협지는 382번부터 384번까지의 내용이다. 다섯째 궤사와 일곱째 도언은 오버(over)다. 따라서 크게 '참관·상벌·협지' 세 가지로 요약할 수 있다. 각각의 구체적인 사례들은 다음과 같다. 가능한 한 설명은 자제할 테니, 한비의 목소리에 집중하길 바란다.

　✽ 389. 미자하가 위나라 영공(靈公)의 총애를 받으며 나라를 자기 마음대로 주무르고 있을 때, 한 난쟁이가 영공을 찾아와 말했다. "제 꿈이 맞았습니다." "어떤 꿈을 말하느냐?" "꿈에 아궁이를 보았는데, 그것이 왕을 만나게 될 징조였습니다." "왕을 배알 하는 자는 태양을 꿈꾼다고 들었다. 그런데 나를 만나는데 하고많은 물건 가운데서 아궁이를 보았다고? 네놈이 죽고 싶은 것이냐?" "원래 태양이라는 것은 천하를 두루 비추는 것으로서, 한 사물을 가지고 그 빛을 막지 못하는 법입니다. 그래서 왕을 만날 사람은 태양을 꿈꾸게 되는 것입니다. 그러나 아궁이의 불이라는 것은 한 사람만 그 앞에서 불을 쬐고 있어도 뒤에 선 사람은 불빛을 볼 수가 없습니다. 지금 누군가가 왕 앞에서 불을 쬐고 있습니다. 그러니 제가 꿈에 아궁이를 본 것이 왕을 만나게 될 징조인 것이 당연하지 않겠습니까?"

…『한비자』 30편 〈내저설 상〉 － ① 참관

　✽ 390. (맹손씨(孟孫氏)·계손씨(季孫氏)와 함께 노나라 삼공(三公) 중 하나인) 숙손씨(叔孫氏)가 노나라 재상이 되어 국정을 마음대로 하고 있을 때, 그가 총애하는 수우(豎牛)라는 자 또한 숙손씨의 명령을 자기 이익을 위해 제멋대로 바꾸기 일쑤였다. 숙손씨에게는 맹병(孟丙)과 중임(仲壬)이라는

두 아들이 있었는데, 수우는 그들을 시기해 죽이려고 벼르고 있었다. 얼마 지나지 않아 수우의 바람은 차례로 이루어졌다. 숙손씨와 두 아들 사이의 통로가 수우밖에 없었고, 그 사이에서 수우는 거짓으로 서로를 이간질했기 때문이다. 얼마 후 숙손씨도 병석에 눕게 되었다. 그러자 수우는 "숙손씨가 그 누구도 만나기를 꺼린다"라는 소문을 퍼뜨렸고, 얼마 후 숙손씨는 굶어 죽고 말았다. 숙손씨가 죽은 다음에도 그 소식을 숨긴 수우는, 창고에 있던 보물들을 싣고 제나라로 도망쳤다. 숙손씨 삼부자가 다 함께 죽임을 당하고 웃음거리가 된 것은, 한 사람의 말만 믿고 다른 사람의 말은 참작하지 않은 데서 일어난 재난이었다.

…『한비자』30편 〈내저설 상〉 – ① 참관

✻ 391. 간신으로서 왕의 총애를 받지 않는 자가 없고, 그 사이가 여간 두터운 것이 아니다. **간신은 지위가 높고 친구도 많으며, 모든 사람이 그를 위해 칭찬을 아끼지 않는다. 법(法)과 술(術)을 행하기 어려운 이유는, 군주가 어떤 사람을 지자(知者)라 간주하면서도 그에 관해 측근과만 의논하기 때문이다. 이것은 우자(愚者)로 지자(知者)를 평가하게 하는 것이다.** 지자가 제안한 정책의 가부(可否)를 우자와 함께 논의한다면, 현자(賢者)나 지자는 (자존심이 상하고 답답하고) 수치스러움에 진언(進言)하지 않게 되고, (그 결과) 군주는 계속해서 과오를 반복하게 된다. 그래서 마침내 궁궐에는 무능한 신하만 남게 될 것이다.

…『한비자』11편 〈고분〉

✻ 392. 간신이란 군주의 비위를 맞춰 신임을 받고 요직(要職)에 등용됨으로써 권력을 잡으려는 자를 말한다. 군주가 좋아하는 것을 신하도 좋아함을 '동취(同取)'라 하고, 군주가 싫어하는 것을 신하도 싫어하는 것을 '동사(同捨)'라 한다. **간신은 자기의 생각은 일체 숨기고 군주의 비위만 맞추**

려고 하므로 군주와 간신의 마음이 다르다는 것은 있을 수 없는 일이다. 군주는 간신과 언제나 의견이 같았으므로 자기의 마음과 언제까지나 일치하리라고 생각해서 아무 말이나 다 믿어 버린다. 이것이 곧 간신이 군주를 속이고 사리사욕을 취하게 되는 소이(所以)[어떤 행위를 하게 된 까닭]다.

…『한비자』14편 〈간겁시신〉

✽ 393. 위나라 혜왕(惠王)이 복피(卜皮)에게 물었다. "너는 나에 대한 평판을 들었을 것이다. 어떠하더냐?" "왕께서는 너무 인정이 많으시고 또 너무 인자하시다는 평판을 들었습니다." "그러면 그 효과는 어떻게 나타나겠느냐?" "왕의 멸망을 초래할 것입니다." "인정을 베푼다는 것은 선한 일인데 어찌하여 멸망한다는 것이냐?" "대체로 너무 인자하면 사람의 고통을 방관할 수 없어서 과실이 있어도 벌하지 못할 것이고, 너무 인정이 많으면 사람에게 물건을 주고 싶어서 공(功)이 없는데도 상을 주게 됩니다. 과실이 있어도 벌하지 않고 공이 없어도 상을 받는다면, 신하는 법을 어기거나 (지키려고) 노력하지 않게 될 것이니 어찌 나라가 멸망하지 않겠습니까?"

…『한비자』30편 〈내저설 상〉 – ② 필벌

✽ 394. 은[상]나라 때는 법에 재(灰)를 길에 버린 자는 손목을 자르게 되어 있었다. 자공(子貢)이 너무하다고 말하자 공자가 대답했다. "(그 법을 제정한 사람은) 정치할 줄 아는 사람이다. 재를 길에 버리면 바람에 날려서 사람들에게 묻게 된다. 그렇게 되면 그 사람들은 화를 내게 될 것이고, 화를 내면 싸움이 벌어진다. 싸움이 벌어지면 양쪽의 삼족(三族)[부모와 형제와 처자]이 서로 살상하게 된다. 그렇게 되면 재를 버린 것이 삼족을 해치는 원인이 되는 셈이니, 그런 자는 사형받아 마땅한 것이다. 거꾸로 재를 버리지 않는 일 정도는 누구나 실천할 수 있다. 그래서 (누구나) 쉽게 할 수 있는 일을 시켜 (누구나 싫어하는) 법을 어기지 않도록 하는 것이 정치를 잘하는

…『한비자』 30편 〈내저설 상〉 - ② 필벌

✽ 395. 위(衛)나라 사군(嗣君)의 재위 때 한 죄수가 도망하여 위(魏)나라로 갔다. 그는 의술이 있었기에 위나라 왕비의 병을 고쳐주고 중용되었다. 그 소식을 들은 사군은 다섯 차례나 사자(使者)를 보내 충분한 몸값을 내고 그 죄수를 데려가겠다고 했지만, 위나라 군주는 모두 거절했다. 그후 사군이 좌씨라는 고을 하나를 통째로 그 죄수와 교환하려고 하자, 신하들은 상식에 어긋나는 일이라며 말렸다. 사군이 말했다. "그대들이 몰라서 하는 소리다. 정치라는 것은 아무리 작은 일도 함부로 다루어서는 안 되며, 반란은 아무리 큰 것이라도 두려워하여 내버려 두면 안 되는 법이다. 만약에 법률이 확립되지 않고 죄를 벌하지 않는다면, 좌씨 같은 고을이 수십 개가 있어도 소용이 없다. 그러나 법률이 확립되고 형벌이 반드시 시행된다면, 좌씨 같은 고을을 잃게 되어도 손해 될 것이 없다." 이 말을 전해 들은 위(魏)나라 군주는 "그렇게까지 나라를 다스리려고 고심하고 있는데, 그 요구를 들어주지 않는 것은 말이 안 된다"라며 그 죄수를 수레에 태워 조건 없이 돌려보내 주었다.

…『한비자』 30편 〈내저설 상〉 - ② 필벌

가벼운 죄를 일벌백계(一罰百戒)하는데도, 상앙의 주장과는 달리 범죄가 줄어들 기미는 보이지 않았다. 가장 큰 이유는, 범죄를 저질러도 잡히지 않는 경우가 많아서였다. 즉 검거율이 현저히 낮았기 때문이다. 그래서 고을 하나와 죄수 한 명을 맞바꿔서라도 완전 범죄란 없음을 통치자가 보여줘야, 비로소 법이 법으로 기능할 수 있다는 것이다. 물론 전쟁이 일상이던 당시 전국시대와 지금의 국가 개념은 전혀 다르다. 갑이라는 성

(城)[고을]이 오늘은 우리나라의 것이었다가 내일은 다른 나라의 것이 되는 게 다반사였다. 그래서 죄수를 돌려받기 위해 성 하나를 내주더라도, 문서상의 변화만 있을 뿐 실질적으로 달라지는 건 아무것도 없었기에 가능했던 방법이기도 했다. 그 문서조차 내일이면 바뀔 수 있고.

✱ 396. 월왕 구천이 문종(文種)에게 물었다. "내가 오나라를 정벌하고 싶은데 잘될 것 같은가?" "공(功)이 있는 자에겐 반드시 상을 후하게 주고 잘못이 있는 자는 반드시 엄하게 처벌한다면, 필경 잘될 것입니다. 시험 삼아 궁전에 불을 한번 질러 주십시오." 궁전에 불을 질렀는데 아무도 소화 작업에 나서지 않았다. 그때 문종은 다음과 같이 명령했다. "소화 작업 중 죽은 자는 전사자(戰死者)와 동등한 대우를 할 것이고, 소화 작업에 나섰으나 살아남은 자는 적과 싸워 승리한 자와 동등한 대우를 할 것이지만, 소화 작업에 참여하지 않은 자는 적에게 굴복하거나 (전쟁에서) 도주한 자로 처리해 처벌할 것이다." 이 명령이 떨어지자마자 몸에 흙탕물을 바르고 불에 뛰어든 자가 좌우에서 각각 3,000명이나 되었다.

…『한비자』 30편 〈내저설 상〉 - ③ 상예[신상]

✱ 397. 오기(吳起)가 위(魏)나라 무후(武侯) 밑에서 서하(西河) 지역의 태수(太守)로 있을 때, 진(秦)나라 쪽 국경 가까이 있는 조그만 성(城)이 자기 백성들에게 해가 되어 공격하려 했으나 군대까지 동원할 필요는 없다고 생각해서 수레 하나를 북쪽 문 앞에 세워 놓고 이렇게 포고(布告)했다. "이것을 남문 밖으로 옮겨놓는 자에게는 좋은 밭과 좋은 집을 주겠다." 처음에는 이상하게 생각해서 아무도 운반하는 자가 없었다. 그 후 우연히 그것을 운반해 간 자가 나오자, 그에게 포고한 대로 포상했다. 또 갑자기 한 섬의 팥을 동쪽 문 앞에 놓고 이렇게 포고했다. "이것을 서문 밖으로

고전일까 정치일까

옮긴 자는 수레를 옮긴 자의 경우와 같은 상을 주겠다." 이제 사람들은 앞다퉈 그것을 운반했다. 그리고 역시 포고한 대로 포상했다. 그 후 오기는 명령을 내렸다. "내일 저 성을 공격할 것이다. 제일 먼저 공격한 자는 대부(大夫)로 임명하는 동시에 좋은 밭과 좋은 집을 주겠다." 성을 공략하는 데 한나절도 걸리지 않았다.

이회(李悝)가 위(魏)나라 문후(文侯)를 섬기면서 태수로 있을 때, (유사시를 대비해서) 백성들에게 궁술(弓術)을 연마시키기 위해 이렇게 말했다. "시비곡직(是非曲直)을 가리기 어려운 소송 사건에서는, (원고와 피고) 두 사람에게 활을 쏘게 해서 과녁 중앙과 더 가깝게 맞힌 자에게 승소 판결을 내릴 것이다." 그러자 사람들 모두가 활쏘기 연습에 열중해 밤낮을 가리지 않고 쉴 줄을 몰랐다. 그 후 진(秦)나라와 전쟁이 났을 때 이회의 성(城)은 크게 승리를 거뒀는데, 그것은 사람들 모두가 활을 귀신처럼 잘 쏘게 된 결과였다.

…『한비자』30편 〈내저설 상〉 - ③ 상예[신상]

✳ 398. 제(齊)나라 선왕(宣王)이 피리를 불게 할 때는 언제나 300명이 동시에 연주하게 했다. 그러자 실력도 없으면서 피리를 잘 분다고 속여 나라의 녹(祿)을 받는 사람이 수백 명에 이르렀다. 그 후 선왕이 죽고 민왕(湣王)이 즉위해 한 사람씩 연주하게 했더니, 실력이 탄로 날 것을 염려해 그들 모두 달아나 버렸다.

…『한비자』30편 〈내저설 상〉 - ④ 일청

✳ 399. 제나라·위나라·한나라 3국이 진(秦)나라로 공격해 오자 진나라 왕이 누완(樓緩)에게 말했다. "세 나라 군사가 우리나라 깊숙이 공격해 들어오고 있다. 나는 하동(河東)을 떼 주는 조건으로 강화(講和)하려고 하는데, 어떻게 생각하는가?" "하동을 떼 준다는 것은 큰 손실이지만, (더

큰) 국난(國難)을 극복하기 위한 훌륭한 공적(功績)이 될 것입니다. 중대한 결정이니 공자(公子)[왕의 아들]를 불러서 한 번 더 상의해 보십시오." 왕이 공자를 불러 의견을 묻자, 공자가 대답했다.

"강화해도 후회하실 것이고, 강화하지 않아도 후회하실 것입니다. 하동 땅을 내놓으면 세 나라는 돌아갈 것이고, 그러면 왕께서는 (하동 땅을 내놓았기 때문이 아니라) '어차피 세 나라가 자발적으로 철수할 작정이었는데, 공연히 땅을 떼 준 셈이구나'하고 후회하실 것이기 때문입니다. 그러나 강화하지 않아 세 나라가 나라 깊숙이 침입해 오면, 국토의 수많은 부분을 빼앗기게 됩니다. 그렇게 되면 왕께서는 '하찮은 하동 땅을 내주지 않아서 이 모양이 되었구나'하고 후회하실 것입니다." "네 말이 맞다. 어찌 되든 후회할 바에야 차라리 하동을 떼 주고 후회하자. 나라를 위태롭게 한 후에 후회하는 것은 하지 않는 것이 낫다."

…『한비자』30편 〈내저설 상〉 - ④ 일청

지금도 우리가 늘 하는 후회다. 자기 잘못으로 인해 합의금을 제시하거나 원하는 물건을 팔기 위해 거래할 때, 보통 자신이 먼저 일정 금액을 제안한다. 그때 상대방이 흔쾌히 제안을 받아들이면 '괜히 많이 불렀나? 조금 더 깎을걸. 아깝네'라고 후회하고, 상대방이 제안을 거절해서 상황이 나빠지면 '괜히 조금 더 아끼려다가 큰일 났네'라며 후회한다. 이런 후회들이 발생하는 이유는, '세상엔 공짜가 없다' 즉 '등가 교환'을 잊은 탓이다. 하나를 얻으려면, 반드시 나도 하나를 내놓아야 합니다. 다만 60을 얻는 대가로 40을 내놓을 수 있다면, 성공한 것이다. 그런데 내놓고 버리고 포기하는 것 없이 전부 다 가지려 하는 탓에, 쓸데없는 고민과 스트레스에 시달릴 건 다 시달리고서도 결국엔 문제와 후회까지 발생하곤 한다. 버릴 건 과감히 그

리고 빨리 버리는 바로 그만큼 성공한다. 진나라 왕의 결정은, 훌륭했다.

✽ 400. 신하가 군주의 권력을 빼앗기 위해 사용하는 간교하고 악독한 여덟 가지 수법이 있다. 첫째는 같은 잠자리를 사용하는 자를 이용하는 수법이다. 귀부인·애첩·미소년들은 군주가 극진히 사랑하는 자들이다. 그래서 간신들은 그런 사람들을 매수해서 군주의 판단을 마비시키는 것이다. 이것을 동상(同床)[같은 침대]에 있는 자를 매수하는 수법이라 한다. 둘째는 측근(側近)을 이용하는 수법이다. 여기서 측근이란, 몸종이나 내시들을 말한다. 셋째는 부형(父兄)을 이용하는 수법이다. 그래서 간신들은 군주의 백부나 숙부 또는 형제의 비위를 맞추고, 군주의 상담 역할을 하는 대신이나 궁정의 관리를 매수한다. 넷째는 궁전·누대(樓臺)[높고 웅장한 건물]·연못 등을 건축하고 치장하는 걸 군주가 좋아한다면, 그런 사치를 이용하는 수법이다. 이것은 군주에게는 재앙이다.

다섯째는 민중(의 여론)을 이용하는 수법이다. 간신은 국가 재정을 자기의 이름으로 뿌려서 백성들에게 군주보다 더 높은 충성심을 끌어낸다. 여섯째는 변설(辯舌)을 이용하는 수법이다. 간신은 밖으로는 타국의 변사(辯士)를 초청하고 안으로는 웅변가를 길러 두었다가, 이들을 이용해서 자기 생각을 교묘하게 퍼뜨리게 한다. 일곱째는 (쿠데타(coup d'Etat)처럼) 사병(私兵)이나 호위 부대를 이용하는 수법이다. 여덟째는 사방(四方)을 이용하는 수법이다. 간신은 조세를 무겁게 하고 국고(國庫)를 낭비하는 등 자국(自國)을 가난에 허덕이게 해서 대국(大國)을 섬기도록 하는데, 그중 지나친 자는 타국 군대를 자기 나라 국경에 집결시켜 놓고 그것을 배경 삼아 국내를 제압하기까지 한다.

… 『한비자』9편 〈팔간〉

✹ **401. 군주가 (권력을 빼앗으려는 신하의) 여덟 가지 간계(奸計)를 방지하는 방법은 이렇다.** 첫째는 궁정 안 생활에서 여색(女色)을 즐기더라도 그 여인을 통해서 일해서는 안 되며, 어떤 (정치적) 요구도 못 하게 해야 한다. 둘째는 측근들에 대해서는 그들의 말에 책임을 지도록 하고, 그 밖의 말은 함부로 하지 못하게 한다. 셋째는 친족과 대신들의 진언(進言)을 듣기는 하되 나중에 성과가 따르지 않으면 반드시 처벌해, 함부로 설치지 못하게 한다. 넷째는 군주에게 오락을 제공하는 자에게는 형벌을 내리며, 신하들이 군주의 기호(嗜好)를 모르도록 한다.

다섯째는 국고를 열거나 백성에게 이익이 되는 행사를 개최할 때는 반드시 군주가 직접 관장하도록 한다. 여섯째는 말은 그대로 믿지 말고 (오로지) 능력과 결과를 실제로 조사해, 그에 따른 상벌을 시행하도록 한다. 일곱째는 신하들이 개인재산(私財)을 털어 사병(私兵)을 두지 못하도록 한다. 여덟째는 **대국(大國)의 요구라도, (자국의 법에) 합당하면 들어주고 어긋나면 거절해야 한다. 소국(小國)이라도 비굴해서는 안 된다.** (…) 대국의 요구에 따르지 않으면 멸망하므로 어쩔 수 없이 굴복해야 하지만, 일단 (아무 소리도 내지 못한 채 무조건) 굴복하면 대국은 더욱 정복욕을 발휘하게 될 것이니, (그렇게) **굴복해서 멸망하느니보다는 굴복하지 않고 멸망하는 편이 낫다.** 그러므로 대국에 복종하라는 신하들의 권고(勸告)를 받아들여서는 안 된다.

…『한비자』 9편 〈팔간〉

통치자가 권력을 빼앗기지 않고 지키는 여덟 가지 방법은, 그다지 실효성은 없어 보인다. 영화 〈나랏말싸미〉(2019)에서는 집현전 학자들을 대표해 정인지(鄭麟趾)가 세종을 협박했다. 끝내 문자를 만드시겠다면, 자신들은 더 이상 세종을 임금으로 섬길 수 없다고. 세종의 모든 특혜를 받으며 지내던 자들이 말이다. 영화 〈천문 : 하늘에 묻는다〉(2019)에서는 세종이 대신들을 향해 탄식한다. 도대체 당신들은 어느 나라의 신하들이고 백성들이냐고. 다시 말해서 지렁이도 밟으면 꿈틀한다는데, 찍소리조차 내보지 못하고 명나라의 밑만 닦고 있는 게 즐겁냐는 질책이다. 그때 영의정이 명나라와 싸워서는 결코 이길 수 없다고 단언한다. 아마도 근거라는 게, 고작 영토의 크기와 인구수였을 것이다. 업적의 수가 아니라, 바로 아무도 도와주지 않던 그런 숨 막히는 상황 속에서도 수많은 업적을 남겼다는 바로 그 점에 세종의 위대함이 있다.

세종의 상황을 단순화시켜서 지금으로 옮겨보면, 대통령이 일본이나 중국이나 미국이 하지 말라는 어떤 것을, 오로지 국민과 한반도 전체의 이익과 복지를 위해 추진하려는 상황이다. 과연 누가 나서서 일본이나 중국이나 미국과 싸워볼 만하다고, 아니면 적어도 상대에게 상처입힐 방법만이라도 찾아내겠다고 말할까? 일본의 억지에 정부가 수출 규제로 강력히 대응했을 때, 중국이 사드(THAAD) 배치를 빌미로 무역을 규제했을 때, 미국이 인상만 써도, 소위 엄마 부대와 손에 태극기와 성조기를 함께 든 사람들이 뭐라고 떠들었는가? 그들의 억지나 부당함을 지적하는 대신, 왜 강대국의 말을 안 듣고 멋대로 행동해서 나라를 망치려 드느냐, 수출길 막혀서 죽겠다는 말만 외쳤다.

무슨 짓을 하든 강대국은 무조건 옳고, 우리는 약소국이니 입만 벌려도 무조건 잘못이라는 뼛속까지 사대주의(事大主義)에 찌든 사고방식이다. 그런 사고방식이니, 학교 폭력이나 성폭력 사건에서도 가해자를 욕하는 게 아니라 피해자가 맞거나 당할 짓을 했으니 그런 게 아니냐는 헛소리가 자연스럽게 입 밖으로 나오는 것이다. 지금 우리 중 누구도 당시 조선의 신하들을 욕할 수는 없을 것 같다. 그때 그들이나 지금 우리나, 대한민국의 자랑스러운 국민이라는 주체성과 자부심과 자존감이 없는 건 매한가지니까. **없을 때일수록 당당하게 행동해야 한다. 비굴한 모습으로 맞느니, 맞붙어 싸워 몇 대나마 때리면서 맞는 게 낫다.**

✻ 402. 예로부터 국가의 가장 중요한 토대란, 바로 좋은 법률과 훌륭한 군대[무력(武力)]다. 예로부터 군주가 자기 나라를 지키기 위해서 갖출 수 있는 군대는 '자국의 군대·용병(傭兵)·외국의 원군(援軍)·(이런 것이 혼합된) 혼성군' 등이 있는데, 이 중에서 용병과 외국의 원군은 백해무익하다. 용병(傭兵)은 동료들과 있을 때는 용맹한 것같이 보이나 적중에 들어가선 비굴하기 짝이 없으며, (용병을 쓰는 나라는) 평상시에는 그들에게 전시(戰時)에는 적에게 시달림을 받게 된다. 용병이 전쟁터에 나가는 것은 얼마 안 되는 급료 때문이지 다른 목적이나 감정은 없다. 그런데 그 급료는 죽음을 각오할 만한 큰 액수도 아니므로, 전쟁이 없는 동안에는 군주에게 충성하는 척하나 전쟁이 터지면 도망쳐 버린다.

…『군주론』 12장

✻ 403. 외국의 원군은 그 자체로는 유능하고 효과적이지만, 원군에게 의존하는 자에게 거의 항상 유해(有害)한 결과를 초래한다. 만약 그들이 패배하면 당신은 몰락할 것이고, 그들이 승리하면 당신은 그들의 처분에 맡겨지기 때문이다. 외국의 원군이란 용병보다 그 위험도가 훨씬 높다. (…) 용병의 경우에는 그들이 겁쟁이가 되는 것이 가장 위험하고, 외국 원군의 경우에는 그들의 (자국(自國)에 대한) 충성심이 위험하다. 그러기에 현명한 군주는 항상 이런 군대를 쓰는 것을 피하고 자신의 시민들로 구성된 군대를 양성한다. 그리고 타력(他力)에 의해 얻어진 승리는 참다운 것이

못되므로, 타력에 의해 이길 바에야 자력으로 싸우다가 패하는 것이 소망
스러운 일인지도 모른다. (…) 결론은, 군주는 반드시 자국의 군대를 가져
야 한다는 것이다.

…『군주론』 13장

외국 군대의 지원을 다룬 내용은, 삼국시대부터 개화기를 거쳐 지금
까지 우리 역사에서 수없이 경험한 부분이다. 마키아벨리가 제시하는 예
보다 신라의 삼국 통일 당시 당나라의 행동이나 조선 후기 동학농민혁명
때의 청나라와 일본의 행동을 보더라도 분명히 알 수 있다. 401번 한비의
주장처럼, 타력(他力)에 의해 이길 바에야 자력으로 싸우다가 패하는 게
더 낫단다(403번). 왜? 44번과 351번을 참고하라.

✱ 404. 후궁이나 왕비에게서 난 자녀들이 자기들끼리 파당(派黨)을 만
들고는 군주가 죽기를 바라는 것은, 군주를 미워해서가 아니라 군주가 죽
지 않으면 그들이 세력을 펼 수 없기 때문이다. 군주가 죽어야만 자신들
에게 이익이 되기 때문이다. 따라서 **군주는 평소 자기의 죽음으로 이익을
보는 자들을 늘 경계해야 한다. 불행하게도 재앙은 자신이 미워하는 자들뿐
만 아니라 사랑하는 자들에 의해서도 일어날 수 있기 때문이다. (…) 군주의
재앙은 다른 사람을 믿는 데서 생긴다.** 군신(君臣)은 혈육에 의해 맺어진 관
계가 아니다. 신하는 단지 군주의 지위와 권력에 압도되어 섬기고 있을
뿐이다. 그래서 신하는 쉴 새 없이 군주의 속마음을 엿보며 자신의 이익
을 취하기 위해 노리고 있으니, 잠시도 마음을 놓아서는 안 된다. 그런데
도 군주는 이런 사실을 알지 못한 채, 안이하게 높은 자리에 앉아 만족하
며 우쭐거리고 있다. 이것이 곧 군주를 위협하거나 시역(弑逆)[부모나 임금

을 죽임]하는 자가 나타나는 까닭이다.

…『한비자』 17편 〈비내〉

✽ 405. **군주가 조심해야 할 여섯 가지가 있다. 이것은 군주의 위태로움 여부를 판단할 수 있는 여섯 가지 기미(幾微)[낌새]이기도 하다.** 첫째는 권차(權借)로, 군주가 권력을 신하에게 맡기거나 넘기는 일이 없어야 한다. 둘째는 이이[이리(利異)]로, 군주와 신하 사이의 이해관계는 상반된다는 사실을 잊지 말아야 한다. 셋째는 사류(似類)로, 간신은 그럴듯한 거짓말과 모함을 통해 자기 이익을 취한다. 넷째는 유반(有反)으로, 군주는 나라에 해가 되는 일에 대해서 그 일로 인해 이익을 얻는 자가 누구인지 살펴야 한다. 다섯째는 참의(參疑)로, 참과 거짓이 뒤섞여 있으면[서로 반대되는 두 세력이 강하게 대립하면] 내란이 일어나는 원인이 된다. 여섯째는 폐치(廢置)로, 다른 나라가 자국(自國)의 신하를 좌지우지하게 되면 멸망하는 원인이 된다.

…『한비자』 31편 〈내저설 하〉

✽ 406. 정곽군(靖郭君)이 제(齊)나라 재상으로 있을 때, 한 친구와 오랜 시간 이야기했다. 그것을 보고 사람들은 그 친구와 정곽군이 매우 친한 사이라고 믿고서, 선물을 많이 보내 그 친구는 부자가 되었다. 또 정곽군이 가까운 신하에게 손수건을 준 일이 있었다. 사람들은 그가 정곽군의 총애를 받는 것으로 믿고, 아첨하게 되어 그 신하는 세도(勢道)를 부렸다. 군주와 오래 사귀었거나 손수건 하나쯤 얻는 것은 아무것도 아닌데도, 그것을 근거로 돈을 벌거나 세도를 부리는 것이 세상이다. (그러니) 나아가 신하가 군주로부터 편리한 권력을 빌려 멋대로 행사하게 된다면, 그 이상의 이익이 있을 것은 분명한 일이다.

…『한비자』 31편 〈내저설 하〉 ① 권차

✻ 407. 주후(州侯)가 초(荊)나라 재상이 되자, 권력을 독점하고 국정을 혼자서 처리하기에 이르렀다. (그리고 모든 신하가 그의 눈치만 보고 줄을 대려고 안달했다) 초나라 왕이 주후를 수상하게 생각해 가까운 신하에게 물었다. "주후에게 수상한 점이 없느냐?" 신하들은 이구동성으로 그럴 리가 없다고 말했다.

…『한비자』31편 〈내저설 하〉① 권차

✻ 408. 위(魏)나라의 신하 적황(翟璜)은, 자신이 한(韓)나라와도 친밀하다는 점을 내세워 (은밀히) 한나라 군대를 끌어들여 (자기 조국인) 위나라를 공격하도록 했다. 그러고 나서는 나라를 위해서 어떻게든 한나라를 설득하겠다며 나서서 강화(講和)를 주선했다. 그 공(功)으로 그의 지위는 반석(盤石) 위에 올려졌다.

…『한비자』31편 〈내저설 하〉② 이이[이리]

✻ 409. 조(趙)나라 재상 대성우(大成牛)가 한(韓)나라 재상 신불해에게 편지를 보냈다. "한나라의 힘으로 나를 우리 조나라에서 중용되게 해주시기를 바랍니다. 그렇게 해주시면 우리 조나라의 힘으로 당신도 한나라에서 중용되도록 노력하겠습니다. 우리 두 사람이 동시에 양국에서 중용되면, 당신에게 두 개의 한나라가 있듯이 나에게도 두 개의 조나라가 있는 셈이 됩니다."

…『한비자』31편 〈내저설 하〉② 이이[이리]

✻ 410. 월왕 구천이 (복수의 칼날을 갈다가 마침내) 오나라를 공격하자, 오왕 부차는 사죄하고 항복을 청해왔다. 구천은 용서하려고 했으나, 범려와 문종은 반대했다. "절대로 용서하면 안 됩니다. 이전에 부차가 왕을 용서한 결과, 오늘날 이렇게 복수할 수 있었음을 잊으신 겁니까? 만일 부차를 용서하신다면, 훗일을 어떻게 감당하시겠습니까?" 그때 오나라의 재

상이던 백비가 은밀히 문종에게 편지를 보냈다. "토끼사냥이 끝나면 사냥개는 필요가 없게 되어 삶아 먹히듯, 적국이 멸망하면 그 정복 계획에 참여했던 신하도 필요가 없게 되어 죽임을 당하게 될 것입니다. 그런데 대부께서는 어찌하여 오나라를 용서함으로써 월나라의 걱정거리를 그대로 놔두려고 하지 않으십니까? 그것이 대부의 목숨과 지위도 보전하는 길임을 정녕 모르신단 말입니까?" 문종은 깊은 한숨을 쉬며 말했다. "오나라를 용서하자고 간언(諫言)해서 내 지위를 확보한다고 해도, 머지않아 (복수의 칼날을 간) 오나라에 의해 월나라가 멸망하면 역시 내 목숨도 끝이 나는 셈이니, 이 편지를 가져온 사자(使者)를 죽여서 내 의지를 명백히 알려라. 나는 끝까지 월나라와 운명을 함께 할 것이다."

…『한비자』31편 〈내저설 하〉② 이이[이리]

이런 간신 같은 자들에게 '너희는 도대체 어느 나라 사람이냐?'라고 소리쳐 봐야 소용없다. 그들에겐 나라나 국민이 아니라 자기 일족(一族)의 부귀와 안위만이 유일한 관심사이기 때문이다. 영화 〈국가 부도의 날〉(2018)에 이런 자들의 모습이 적나라하게 묘사되어 있다. 월나라와 오나라 이야기는 49번의 설명을 참고하라.

✱ 411. 위(魏)나라 왕이 초(荊)나라 왕에게 한 여인을 보냈다. 초나라 왕이 그 여인에게 푹 빠지자, 그때까지 왕의 사랑을 독차지하고 있던 애첩 정수(鄭袖)는 왕보다 그 여인을 더욱 챙기는 척했고, 그 모습에 초나라 왕은 천사의 마음이라며 감동했다. 그러던 어느 날 정수는 그 여인에게 이렇게 일렀다. "왕께서 당신을 사랑하고는 계시지만, 당신 코만은 싫어하는 것 같아요. 그러니 왕을 대할 때는 그 코를 가리세요. 그래야만 왕

의 사랑을 오래도록 차지할 수 있을 겁니다." 그 여인은 정수가 충고해 준
대로 왕과 대면할 때마다 코를 가렸다. 이상하다고 생각하던 어느 날, 왕
은 혹시 그 이유를 아느냐고 정수에게 물었다. "잘 모르겠지만, 언젠가 그
여인이 왕의 몸에서 고약한 냄새가 난다고 말하는 것을 들은 적은 있습니
다." 그 말을 들은 왕은 화를 벌컥 내며 그 여인의 코를 베어버리게 했다.

…『한비자』31편 〈내저설 하〉 ③ 사류

✱ 412. 비무기(費無忌)[비무극(費無極)]는 초(楚)나라 재상 영윤(令尹)의
측근이었는데, 새로 영윤을 섬기게 된 극원[극완(郤宛)]이 영윤의 총애를
독차지하자 원한을 품은 비무기가 영윤에게 말했다. "재상께서 극원을 매
우 마음에 들어 하시는데, 그의 사람됨을 한번 시험해 보시는 게 좋지 않
겠습니까? 그 방법으로 그의 집에서 잔치를 베풀게 하시는 것이 좋을 듯
합니다." 그 말대로 영윤은 비무기를 시켜 극원의 집에서 술자리를 열도
록 지시했다. 그러자 비무기가 극원에게 귀띔했다. "영윤은 매우 오만해
서 무기(武器)를 좋아하니, 안방에서 사랑채까지 온갖 무기를 진열하는 것
이 좋을 것입니다." 극원은 비무기가 귀띔한 대로 했다. 영윤이 극원의 집
에 와서 그 광경을 보고 매우 놀라자, 비무기가 말했다. "빨리 피하십시
오. 재상을 제거하려는 것입니다." 영윤은 크게 노해서 군대를 동원해 극
원을 죽였다.

…『한비자』31편 〈내저설 하〉 ③ 사류

간신의 대명사인 비무기[비무극]의 계략에 목숨을 잃은 극원의 성(姓)
이 백(伯)이고, 그 일로 초나라를 벗어나 오나라로 피신한 백극원의 아들
이 바로 또 다른 간신의 대명사인 백비(伯嚭)다(410번). 그리고 오자서 역
시 비무기의 계략에 아버지와 형을 잃었고. 아마 오자서는 백비에게 동병

상련을 느꼈을지도 모른다. 그리고 하나 더. 비무기의 사람됨을 파악하지 못한 게 극원의 잘못인데, 그런 종류의 잘못은 삶을 파탄 나게 하거나 목숨을 잃을 수 있을 정도로 큰 잘못이다. 즉 남녀노소 할 것 없이, 지금처럼 모든 분야에서 가짜가 판치는 세상에서는 사람을 볼 줄 아는 안목(眼目)을 키우는 것이 가장 중요한 덕목이다.

✽ 413. 어느 날 한(韓)나라 소후(昭侯)가 식사하려 할 때, 국 속에 생간이 있었다. 그러자 소후는 수석(首席) 요리사 대신 차석(次席) 요리사를 불러 문초(問招)했다. "너는 왜 국 속에 생간을 넣었느냐?" 그러자 그는 (소후가 이미 모든 걸 알고 있다는 생각에) 머리를 조아려 죄를 실토했다. "수석 요리사를 몰아내고 제가 그 자리를 차지할 생각으로 그랬습니다."

…『한비자』31편 〈내저설 하〉 ④ 유반

✽ 414. 소해휼(昭奚恤)이 초(楚)나라 재상으로 있을 때, 곡식과 여물을 보관하는 창고에 불이 났다. 방화임이 분명한데 그 범인을 알 수가 없었다. 그래서 소해휼은 관리를 시켜 (동물의 먹이로 사용하는 풀인) 띠(茅)를 팔러 다니는 자를 심문하게 했다. 과연 바로 그가 방화범이었다.

…『한비자』31편 〈내저설 하〉 ④ 유반

✽ 415. 진(晉)나라 문공(文公)이 식사하려 할 때, 구운 고기에 머리카락들이 붙어 있었다. 문공은 당장 요리사를 불렀다. "네 이놈! 너는 머리카락으로 내 목을 막아 나를 죽일 생각이었느냐?" "소인이 죽어 마땅한 세 가지 죄는 이것뿐입니다. 숫돌에 정성스레 칼을 갈아 (춘추시대를 대표하는 두 자루의 명검(名劍)인) 간장막야(干將莫耶)와 같은 명검이 되게 해서 (질긴) 고기는 (쉽게) 잘랐는데도 (이상하게) 머리카락만큼은 자르지 못한 것이 첫 번째 죽을죄입니다. (날카로운) 꼬챙이로 (질긴) 고기는 (쉽게) 꿰뚫었

는데도 (이상하게) 머리카락은 꿰뚫지 못한 것이 두 번째 죽을죄입니다. 활활 타는 숯불로 (질긴) 고기는 (쉽게) 구웠는데도 (이상하게) 머리카락은 태우지 못한 것이 세 번째 죽을죄입니다. 시종들 가운데 혹시 저를 미워하는 자가 있지는 않은가 생각됩니다. 저를 벌하시는 거야 쉬운 일이라 서두르실 필요가 없으니, 부디 조사해 주시기를 바랍니다." 문공이 조사한 결과, 과연 구워 놓은 고기에 머리카락을 일부러 넣은 자가 있어 그를 벌했다.

…『한비자』31편 〈내저설 하〉④ 유반

✽ 416. 정(鄭)나라 왕이 정소(鄭昭)에게 물었다. "태자의 사람됨을 어떻게 생각하느냐?" "태자는 아직 태어나지도 않아서 알 수 없습니다." "이미 책봉한 태자가 있는데 태자가 태어나지도 않았다니, 그것이 무슨 말이냐?" "비록 태자를 책봉하셨다 할지라도 왕께서 여색(女色)을 그치시지 않는 이상, 총애하는 여인에게서 아들이 태어나면 그 아들을 귀여워하셔서 그를 태자로 책봉하시게 될 테니까요." 정나라 왕에게는 이미 태자가 있었는데, 후에 그가 아끼는 후궁에게서 태어난 자식을 태자로 삼으려고 했다. 그러자 그의 정실(正室)이 독약으로 왕을 죽였다. 조(朝)는 주(周)나라의 태자였다. 그러나 왕의 총애는 그의 동생 근(根)에게 향해 있었다. 그러다가 왕이 사망하자, 마침내 주나라는 둘로 분할되었다.

…『한비자』31편 〈내저설 하〉⑤ 참의

✽ 417. 초(楚)나라 왕이 어떤 사람을 진(秦)나라에 보냈다. 진나라 왕은 그를 매우 후대(厚待)하면서 신하들에게 이렇게 말했다. "적국에 현자(賢者)가 있다는 것은 우리나라에는 화근(禍根)이 된다. 오늘 내가 만난 초나라 사자(使者)는 매우 현명한 자라 걱정되는구나." 신하들이 대답했다. "우리에겐 왕의 현덕(賢德)과 풍부한 물자가 있으니, 초나라의 현자 따위는 염

려하실 것이 없습니다. 왕께서는 그를 극진히 대우하십시오. 그러면 초나라는 그자가 우리에게 매수(買收)된 줄 알고 반드시 처벌할 것입니다.”

중니[공자]가 노나라 정권을 장악하면서부터 치국(治國)이 잘 되어, 길에 물건이 떨어져 있어도 줍는 자가 없었다. 제(齊)나라 경공(景公)은 이웃 노나라가 잘 다스려지는 데 대해 위협을 느껴 걱정이 태산 같았다. 그때 이차(梨且)가 경공에게 말했다. “중니를 노나라에서 쫓아내는 것은 아주 쉬운 일입니다. 노나라 애공(哀公)에게 가무(歌舞)가 뛰어난 미녀들을 보내어 그 마음을 사로잡으면 됩니다. 애공은 새로운 즐거움에 도취해 국사(國事)를 게을리할 것이고, 그러면 중니는 반드시 간언(諫言)할 텐데, 이미 판단이 흐려진 애공은 중니의 간언을 듣지 않을 것이고 그러면 중니는 반드시 노나라를 떠날 것입니다.” 경공은 이차의 말대로 아름다운 여악(女樂) 16명을 애공에게 보냈다. 결과는 예측대로였고, 중니는 초나라로 갔다.

…『한비자』31편 〈내저설 하〉 ⑥ 폐치

✽ 418. 오자서(伍子胥)는 (기원전 506년) 초(楚)나라를 공격하기에 앞서 초나라에 사람을 보내 소문을 퍼뜨렸다. “만약 초나라에서 자기(子期)가 중용되면 승산이 있으니 공격할 것이지만, 자상(子常)이 중용되면 승산이 없으므로 군대를 일으키지도 않을 것이다.” 초나라 사람들은 이 소문을 듣고 자상을 중용했다. 그렇게 해서 오(吳)나라에 위협이 되는 인물인 자기(子期)가 제거되자, 오자서는 초나라를 공격해서 정복했다.

…『한비자』31편 〈내저설 하〉 ⑥ 폐치

진(秦)나라 재상 범수(范雎)[범저(范雎)]도 위협적인 인물이던 조(趙)나라의 지휘관 염파(廉頗)를 끌어내리고, 싸우면 무조건 이길 수 있는 조괄(趙括)을 지휘관으로 세우도록 소문을 퍼뜨려서 기원전 260년의 장평전투

(長平戰鬪)에서 대승을 거뒀다. 바로 250여 년 전 오자서가 사용한 방법을 그대로 써먹은 것이다. 이것이 역사를 배워서 얻는 이점(利點)이고, 그래서 후손은 선조들보다는 조금이라도 발전된 모습을 보여야 할 의무가 있다. 그러나 정확히 반대로 가고 있는 현실을 보며, 누굴 탓해야 할지 모르겠다.

✽ 419. **군주가 크게 경계하지 않으면 안 될 열 가지 잘못이 있다.** 첫째는 작은 충성에 빠져 큰 충성을 잃는 것이다. 둘째는 눈앞의 작은 이익을 탐내 큰 이익을 잃는 것이다. 셋째는 자신의 결점을 반성할 줄 모르고 (신하인) 제후에 대해 예를 갖추지도 않는 것이다. 넷째는 정치에 힘쓰지 않고 방만(放漫)한 생활을 하는 것이다. 다섯째는 욕심이 많고 이익만을 생각하는 것이다. 여섯째는 음주가무(飮酒歌舞)와 여색(女色)에 빠져 국정(國政)을 돌보지 않는 것이다. 일곱째는 자주 여행을 떠나거나 수렵(狩獵)[사냥]에 탐닉(耽溺)하는 것이다. 여덟째는 과실을 범하면서도 충신들의 말을 듣지 않고 홀로 자기 멋대로 행동하는 것이다. 아홉째는 자국(自國)의 힘을 믿지 않고 다른 나라의 힘에 의지하는 것이다. 열째는 나라가 작으면서도 강국에 대해 예를 갖추지 않는 것이다.

…『한비자』10편 〈십과〉

✽ 420. 초(楚)나라 공왕(共王)은, 진(晉)나라 여공(厲公)과 언능(鄢陵)이라는 곳에서 맞붙었다가 패하고 눈까지 다쳤다. 싸움이 한창일 때, 초나라 장군 자반(子反)은 목이 말라 물을 마시고 싶었다. 이때 (부하) 곡양(穀陽)이 술을 권하자 자반이 말했다. "치워라! 전쟁 중에 술은 마시지 않겠다." "술이라고 생각하지 마십시오. 갈증을 해결해야 다시 싸울 수 있지 않겠습니까?" 그 말에 자반은 술을 한 모금 마셨지만, 본래 술을 좋아했기

때문에 멈추지 못하고 만취할 때까지 마시고 말았다. 이윽고 잠시의 휴식기 이후 다시 전투가 벌어질 때 공왕은 자반을 선봉으로 삼으려 했지만, 술에 취해 있던 자반은 아프다는 핑계로 거절했다. 이를 이상히 여긴 공왕이 직접 자반의 천막에 들어가 보니, 자반은 술에 곯아떨어져 있었다.

숙소로 돌아온 공왕은 말했다. "오늘 전투에서 나는 눈까지 다쳤다. 이제 믿을 것은 자반뿐이었으나, 그는 우리나라의 곤경(困境) 따위는 아랑곳없이 전쟁 중에 만취해 있다. 나는 이제 싸울 뜻이 없어져 항복할 것이다. 그리고 자반은 사형에 처하라!" 곡양이 자반에게 술을 권한 것은, 그를 해치려 한 짓이 아니다. 그 본심은 자반을 위한 것이었지만, 결과적으로는 그를 죽게 했다. 이것이 '작은 충성을 하는 것은 큰 충성의 적이 된다'라는 말의 뜻이다.

…『한비자』 10편 〈십과〉 ①

의도가 아무리 좋더라도, 그것이 결과적으로는 사랑하는 상대방에게 해를 끼치게 되는 경우가 다반사다. 자녀를 숨 막히게 만드는 부모도, 그 의도는 자녀가 잘되길 바라서다(45번/67번/145번 설명).

✱ 421. 진(晉)나라 헌공(獻公)이 우(虞)나라를 관통해 지나가서 괵(虢)나라를 정벌하고 싶어 하자, 대부 순식(荀息)이 헌공에게 말했다. "수극(垂棘) 지방에서 캐낸 벽(璧)[옥구슬]과 굴(屈) 지방에서 키운 말(馬)을 우나라 왕에게 보내 지나갈 길을 부탁하신다면, 반드시 허락할 것입니다." "수극의 벽(璧)은 조상 대대로 내려오는 우리나라의 보배이며, 굴에서 키운 말은 내가 아끼는 준마(駿馬)인데, 만일 우나라 왕이 그것들을 받고서도 길을 내주지 않으면 너무 아깝지 않은가?" "그가 길을 내줄 생각이 없다면

선물을 받지 않을 것이고, 만일 선물을 받고 길을 내준다면 조만간 우나라도 정복해서 다시 선물들을 회수하면 됩니다. 그저 우리나라의 창고와 마구간에서 잠시 우나라의 창고와 마구간으로 옮겨놓는 셈일 뿐이니 염려하지 마십시오." 헌공은 순식의 말대로 했다.

우나라 왕이 그 보배들에 마음을 빼앗겨 길을 내주려 하자 궁지기(宮之奇)가 진언(進言)했다. "진나라의 요구를 들어주어서는 안 됩니다. 만일 길을 내주면 괵은 멸망할 것이고, (괵을 치러 우리나라를 통과하는 사이 진나라는 우리나라의 지형(地形)과 정보를 수집할 테니) 그렇게 되면 마침내 우리도 멸망하게 될 것입니다." 탐욕에 눈이 먼 우나라 왕은 궁지기의 말을 듣지 않고 길을 내줬다. 순식은 진나라 군대를 이끌고 괵을 정복했고, 3년 후에는 우나라도 정복한 후 보배들을 회수해 헌공에게 전했다. "벽(璧)은 그대로이고, 말은 많이 성장했구나!" 우나라가 멸망한 것은 사소한 이익에 사로잡혀 나라가 망하는 큰 손해를 생각하지 않았기 때문이다. 그래서 '작은 이익을 탐내다가 큰 이익을 잃는다'라고 말하는 것이다.

…『한비자』10편 〈십과〉 ②

괵과 우나라의 관계가, '입술이 없으면 이가 시리다'라는 **순망치한(脣亡齒寒)**이다. 역사 공부 좀 나름 했는지, 도요토미 히데요시[풍신수길(豊臣秀吉)]도 임진왜란 직전인 1589년에 명나라를 치고 싶으니 길 좀 내달라고 조선에 사신을 보냈었다. 그래서 조선에서는 바로 그해 서인 황윤길(黃允吉)과 동인 김성일(金誠一) 등을 일본에 보내 상황을 파악하려 했고. 물론 일본의 말은 거짓이었다. 중국을 정복하겠다는 생각은 꿈에도 하지 못하는 조선에 자신들의 힘과 포부를 과시하려는 의도였으며 동시에 그 핑계로 한반도 전역(全域)을 누비며 사전답사를 하려고 했던 것이었다.

✻ 422. 초(楚)나라 영왕(靈王)이 신(申)이라는 곳에서 제후들과 회합할 때, 송(宋)나라 태자(太子)가 늦게 도착하자 화가 나서 그를 체포해 감금했다. 그리고 서(徐)나라 제후를 멸시하고, 제(齊)나라 경봉(慶封)도 구금했다. 그러자 시중을 들던 신하가 말했다. "제후들의 회합에서 예의를 지키고 안 지킴에 국가의 존망이 달려있습니다. 옛날 걸왕이 유계(有戎)에서 회합을 마련한 적이 있었는데, 예의를 차리지 않은 탓에 후에 유민(有緡)에게 배반당했습니다. 헤아려 살피시기를 바랍니다." 그러나 영왕은 듣지 않았다. 십 년도 채 못 되어 영왕이 남쪽으로 여행길에 오른 틈을 타 제후들이 반란을 일으켰고, 영왕은 건계(乾溪)에서 굶어 죽었다.

···『한비자』10편 〈십과〉 ③

✻ 423. 제(齊)나라 환공(桓公)이 패자로 군림할 때 관중(管仲)이 그를 보좌했었는데, 이제 관중이 늙어 은퇴해 병상에 누워 있게 되었다. 어느 날 환공이 관중을 찾아가서 물었다. "중부(仲父)께 혹여 불행한 일이라도 생기면, 과인은 누구를 믿고 정치를 해야 하겠습니까?" "신하를 아는 데는 군주를 따를 자가 없고, 자식을 아는 데는 어버이를 따를 자가 없다고 했습니다. 왕께서 스스로 정하시면 될 일입니다." "그러면 중부(仲父)의 벗인 포숙아(鮑叔牙)가 어떻겠습니까?" "안 됩니다. 포숙아는 사납고 고집이 셉니다. 사나우니 백성을 난폭하게 다룰 것이고, 고집이 세니 인망(人望)을 얻지 못할 것입니다. 또 생각이 천박(淺薄)하므로 패자(霸者)를 보좌할 인물로는 부적당합니다." "그렇다면 수조[수도](竪刁)는 어떻습니까?" "안 됩니다. 누구나 자기를 소중히 여기는 것이 인정(人情)입니다. 그런데 수조는 왕께서 질투심이 강하고 여자를 좋아한다는 사실을 알고는 (기어이) 내시(內侍)가 되어서라도 (권력을 얻고자) 궁궐로 들어온 자입니다. 이처럼 자기 몸마저 소중히 하지 않는 자가 어찌 왕을 (진심으로) 섬기겠습니

까?” “그러면 위(衛)나라 공자(公子) 개방(開方)은 어떻습니까?” “안 됩니
다. 우리나라와 위나라 사이는 불과 10일 거리밖에 되지 않는데, 개방은
왕의 비위를 맞추려고 15년 동안이나 자기 나라로 돌아가지 않고 있습니
다. 부모도 섬기지 않는 자가 어찌 왕을 섬기겠습니까?”

“그렇다면 역아(易牙)는 어떻습니까?” “안 됩니다. 요리사로서 왕께서
아직 잡숴보지 못한 음식은 사람의 살코기뿐이라며 자기 장남을 죽이고
삶아 왕께 바친 적이 있습니다. 자기 자식을 사랑하지 않는 자가 어찌 왕
을 사랑할 수 있겠습니까?” “그러면 누가 좋겠습니까?” “습붕(隰朋)이 좋
을 것입니다. 그는 마음이 견실하며 행실에 절도가 있고, 욕심이 없으며,
신의가 두텁습니다. 마음이 견실하니 업무를 맡길 수 있고, 욕심이 없으
니 백성들을 다스릴 수 있고, 신의가 두터우니 이웃 나라와도 친교를 유
지할 수 있습니다. 이런 인물이야말로 패자를 보좌할 수 있습니다.” 그러
고 나서 1년 후 관중이 죽자, 환공은 습붕 대신 수조에게 정치를 맡겼다.
수조가 집권한 지 3년 되던 해에 환공이 남쪽의 당부(堂阜)로 유람을 떠나
자, 수조는 그 틈을 타 역아와 개방 그리고 그 밖의 신하들과 함께 반란을
일으켰다. 환공이 죽은 뒤 3개월(67일)이 되도록 매장하지 않았기 때문에
입속에서 구더기가 기어 나오는 형편이었다. 관중의 진언을 받아들이지
않았기 때문이었다.

…『한비자』 10편 〈십과〉 ⑧

관중과 포숙아에 관해서는 335번에서 설명했지만, 조금 더 보충하자
면 이렇다. 관중은 젊어서 개장사와 마부로도 일했고, 포숙아와 함께 봇
짐 장사도 했으며 전쟁에도 나갔다. 포숙아와 함께 일할 때는 포숙아보다
더 많은 지분(持分)을 스스로 취했고, 전쟁터에서는 도망치기 일쑤였다.

그러나 포숙아는 그런 관중을 비난하지 않았다. 관중이 그런 행동을 했던 건 노모(老母)를 봉양하기 위해서라고 생각했기 때문이고, 또 그것이 후에 관중이 자기 행동을 합리화하기 위해 내놓은 핑계이기도 했다. 즉위 후 관중을 죽이려는 환공에게 '만약 왕께서 제나라만 다스리기를 바라신다면 제 지혜로도 충분하지만, 패자(霸者)가 되고자 하신다면 관중이 꼭 필요합니다. 그는 자신을 중용하는 나라를 반드시 강국으로 만들 만큼의 능력을 갖추고 있습니다'라고까지 말한 이런 포숙아를, 사납고 고집이 세다며 재상으로 발탁해선 안 된다고 말하는 관중. 적반하장(賊反荷杖)도 유분수(有分數)다.

✱ 424. 진(秦)나라가 한(韓)나라의 의양(宜陽)을 공격하기로 하면서 한나라의 운명이 위급하던 때가 있었다. 한나라의 재상 공중붕(公仲朋)이 한나라 왕에게 말했다. "동맹국인 초(楚)나라의 도움을 확신할 수 없으니, 진나라와 평화 조약을 맺는 편이 상책이라 생각됩니다. 성 하나를 떼어 진나라에 (뇌물로) 바치시고, 함께 남쪽의 동맹국 초나라를 치십시오. 그렇게 하면 진나라는 초나라 공격에 집중할 것이고, 우리는 진나라의 공격에 대해 걱정하지 않아도 될 것입니다." 한나라 왕이 공중붕의 말을 따르기로 하자, 이 소식을 들은 초나라 왕은 진진(陳軫)을 불러 상의했다. "어떻게 하면 좋겠는가?" "왕께서는 빨리 사신을 한나라에 보내 예물을 바치고, '우리나라는 작은 나라입니다만 귀국을 돕기 위해 전국에 동원령을 내렸습니다. 귀국이 진나라를 공격하실 때 분명 큰 도움이 될 것입니다'라고 말씀하십시오."

초나라의 말이 사실인지 확인하고자 한나라는 초나라에 사신을 보냈다. 초나라 왕은 친히 나와 사신을 맞이하면서, 전국에서 병사들이 국경으로 집결 중이니 걱정하시지 말라고 전하기를 당부했다. 사신이 돌아와서 초나라 왕의 말을 그대로 전하자, 한나라 왕은 기뻐하면서 진나라와의 평화 조약 체결을 중지시켰다. 그러자 공중붕이 말했다. "안 됩니다. 초나라는 말만 앞세워 우리를 구한다고 하지만, 실제로 우리를 해칠 수 있는 능력을 갖추고 또 그러려고 하는 것은 진나라입니다. 초나라의 허언(虛言)만 믿고서 코앞에 닥친 진나라의 화(禍)를 경시하는 것은, 국가를 위태롭게 하는 결과를 초래하게 될 것입니다." 그러나 한나라 왕이 끝내 결심을 바꾸지 않자, 공중붕은 그 길로 돌아가 10일이나 왕을 알현하지 않았다. 진나라의 공격이 임박하면서 초조해진 한나라 왕은 초나라에 원조(援助)를 독촉했지만, 아무런 반응도 없었다. 의양은 마침내 진나라에 의해 함락되었고, 한나라 왕의 결정은 천하의 웃음거리가 되었다.

…『한비자』10편 〈십과〉 ⑨

✱ 425. 진(晉)나라 공자(公子) 중이(重耳)가 조(曹)나라에 들른 적이 있었다. 조나라 왕 공공(共公)은 중이의 늑골이 괴이하게 생겼다는 말을 듣고는, 강제로 그의 윗옷을 벗겼다. 이때 그곳에 있던 이부기(釐負羈)가 너무도 무례한 짓이라 여겨 조나라 왕에게 말했다. "제가 보기에 중이는 보통 인물이 아닌데, 왕께서 무례를 범하셨습니다. 만일 중이가 귀국해 군사를 일으키면 우리가 승리를 장담할 수 없으니, 당장 죽이는 것이 좋을 듯합니다." 그러나 조나라 왕은 괜찮다며 이부기의 말을 흘려들었다. 집으로 돌아온 이부기의 안색이 어두워 보여 그의 아내가 이유를 물었고, 이부기의 자초지종을 듣고는 아내가 말했다. "제가 보기에도 그 공자는 대국(大國)의 군주가 될 상인데, 무례하게 욕을 보였다니 반드시 보복이 있을 것입니다. 그러니 당신은 왕과 같은 마음이 아니었다는 것을 그 공자에게 빨리 해명하시는 게 좋겠습니다."

이부기는 황금단지 속에 옥을 넣고 그 위를 음식으로 덮어 밤중에 중이에게 보냈다. 중이는 음식은 받았으나 옥은 사양했다. 그 후 중이는 초(楚)나라를 거쳐 진(秦)나라로 갔다. 중이가 진(秦)나라에 있은 지 3년쯤 되어, 진(秦)나라 목공(穆公)이 중이에게 전차 500대와 기병 2,000 그리고 보병 5만을 주며 조(曹)나라를 치게 했다. 중이는 조나라에 들어서자마자 이부기에게 사신을 보내 말했다. "이제 조나라를 멸망시킬 겁니다. 그러나 귀공은 그 옛날 제게 예의를 지키셨으니, 귀댁에 표시해 놓으십시오. 그러면 병사들에게 일러 귀댁만큼은 어떤 해도 입지 않게 하겠습니다." 나라가 작은데도 예의를 지키지 않고, 충신의 말을 듣지 않으면 멸망하고 마는 것이다.

…『한비자』 10편 〈십과〉 ⑩

✽ 426. 나라를 잃은 군주들을 살펴보면 두 가지 결함을 찾을 수 있다. 첫 번째는 군사 면에서 저지른 과실이고, 두 번째는 시민의 증오를 샀든가 아니면 시민의 편을 들어 귀족에게 미움을 받았든가 하는 결함이다. (…) 나라를 잃은 책임은, 전적으로 군주들 스스로가 무력(無力)한 데 있다. 하늘이 맑은 날, 벼락을 생각하지 않는 것은 인간의 공통된 약점이다. 그들은 평온한 시대에 살면서 닥칠 수 있는 변화를 예상하지 못했던 것이다. 그래서 막상 적이 돌진해 오자 당황한 나머지, 지킬 생각보다 도망칠 궁리부터 먼저 한다. 그러고는 점령자들의 횡포에 견디지 못한 시민들이 조만간 자기를 다시 불러주기만을 하늘같이 믿는다. 달리 방법이 없다면 모르나, 이 방법만 믿으면서 다른 모든 방법을 생각하거나 시도하지도 않는 것은 있어서는 안 될 일이다. 그것은 마치 누군가가 일으켜 주기를 기대하면서 스스로 쓰러지는 격이다. 아무도 일으켜 세워주지 않는다. 또 설혹 시민들이 당신을 다시 불렀다고 해도, 이는 군주 스스로의 행동이 아니기에 오히려 군주의

가치를 떨어뜨린다. 그러므로 군주에게 있어서는 모든 방비(防備)를 스스로의 역량에 바탕을 둬야 하며, 또 그래야만 훌륭하고 확실하며 장구(長久)한 것이 될 수 있다.

…『군주론』 24장

✱ 427. 원래 세상일이란 운명과 신이 지배하는 것으로서, 아무리 인간이 용의주도하게 살아도 이 세상의 흐름을 바꾸어 놓을 수는 없으며 그래서 어떤 대책도 소용없다고 믿는 사람들이 많다. 더구나 오늘날까지 인간의 예측을 뒤엎는 격변을 겪어온 탓에, 이런 운명론적인 견해는 거침없이 퍼져나갔다. 그러나 우리 인간의 자유의지만은 어떻게든 잃어서는 안 되겠다. 가령 운명이 인간 활동의 절반을 마음대로 주무른다고 하더라도, 적어도 나머지 절반은 우리들의 지배에 맡겨져 있는 것이 아닐까?

운명의 여신은 무서운 파괴력을 지닌 강에 비유할 수 있다. 이 강은 화가 나면 들녘으로 넘쳐흐르고 수목(樹木)이나 집을 파괴하며 땅의 지형도 바꿔놓기도 한다. 그러나 평온할 때 미리 제방이나 둑을 쌓아 단단히 준비해 둘 수 있다. 그래서 강물이 범람하더라도 운하(運河) 쪽으로 흘러가도록 하면, 강은 그 맹위(猛威)를 잃게 된다. 운명도 이와 같은 것이다. 저항이 준비되어 있지 않은 곳에서 그 힘을 더욱 발휘하는 것이 운명이다. 저지할 만한 장애물이 없으면, 더욱 그 맹위를 떨치는 것이다. (…) 세상의 변천에 따라 자기의 나아갈 길을 일치시키는 사람은 성공하며, 반대로 시대와 자기의 처신이 어긋나는 사람은 곤란을 면치 못한다.

인간은 모두 영광과 부(富)를 위해 산다. 그러나 이 똑같은 목표로 가는 길은 여러 갈래이다. 신중한 사람이 있는가 하면 과감한 사람도 있고, 힘을 앞세운 자가 있는가 하면 꾀와 재주를 앞세운 자도 있으며, 참을성이 많은 사람도 있고 끈기가 전혀 없는 사람도 있다. 서로 다른 두 가지 행위가 같은 결과를 가져올 수도 있고, 똑같은 행동이 상반된 결과를 초래할 수도 있다. 그러므로 좋은 것이라고 어떤 때나 좋을 수는 없다. 이런 모든 차이는 시대의 성격이나 상황에 개인의 처신이 적합하게 들어맞는가 아닌가에 달려있다. 그러나 이처럼 현명한 사람은 드물다.

…『군주론』 25장

'자율(오토노미아, autonomia) · 운명(포르투나, fortuna) · 역량(비르투, virtu)'은 마키아벨리의 핵심 사상이다. 마키아벨리가 운명에 맞서자는 건, 니체가 위버멘쉬를 강조한 것과 비슷하다(112번/170번). 시대와 상황에 맞게 자기의 비르투를 변화시키는 사람만이 항상 성공할 수 있지만, 대체로 과거의 성공 경험이 그걸 방해하고(20번 설명), 타고난 성향과 굳어버린 가치관이나 편견을 버리지 못하기 때문이다(174번/175번/177번/178번). 그런데 이것들은 모두 삶의 경험에서 비롯되는 것으로, 어찌 보면 포르투나의 산물이기도 하다. 그렇다면 그것들은 운명에 대항하는 자율적인 힘이 될 수 없다는 모순이 발생한다.

틀을 깨는 건 어떨까? 문제 설정을 다시 할 수도 있다는 말이다. 엄마가 좋은지 아빠가 좋은지 물을 때와 비슷하다. 질문의 틀을 깨지 못하면 딜레마에서 빠져나올 방법이 없다. 엄마와 아빠를 제외한 다른 사람이 좋다고 답하거나, 때에 따라 다르다고 답할 수 있다면, 절반은 틀을 깬 셈입니다. 왜 어떤 의도로 그런 질문을 하냐고 되묻는다면, 틀을 완전히 깬 셈이고. 문제는 어디까지가 비르투이고 어디까지가 포르투나인가 하는 건데, 틀을 깨보자. 첫째는 포르투나라는 개념 자체를 없애 버리는 것이다. 그러면 고민할 것도 사라진다. 매 순간의 선택과 삶을 이뤄가는 과정 그 모든 것이 오로지 개인의 책임이 되니까. 둘째는 포르투나를 사회와 문화의 개념으로 바꾸는 것이다. 그러면 또 특별히 고민할 게 없다. 사회 및 문화와 개인의 관계는 누구나 어느 정도 상식적으로 답을 알고 있거나 알고 있다고 느끼기 때문이다.

✱ 428. **어쩔 수 없을 때의 싸움은 정의(正義)이며, 무력(武力)만이 단 한 가지 남은 방법이라면 무력 또한 신성한 것입니다.** 만백성의 희망이 당신을 부르고 있습니다. 그리고 이 하나로 뭉친 정신이 뒷받침하는 한, 당신의 성공은 명약관화합니다. 남은 건 당신의 활약뿐입니다. 하느님이 일체의 것을 모두 맡아 하시지 않음은, 우리로부터 자유의지를 빼앗거나 우리 인간들에게 조금 남은 영광마저 없애지 않으시려는 배려 때문입니다. 지금의 이탈리아는 머리에는 힘이 없어도, 수족(手足)에는 힘이 넘쳐흐릅니다. 각 개인은 용맹하지만, 지도자가 없다는 말입니다. 결투나 소수의 싸움에서는 이탈리아인들이 힘에서나 민첩성에 있어서나 재지(才智)에 있어서나 한결같이 우수합니다. 그러나 일단 군대라는 단위로 전쟁이 확대되면, 그들의 그런 모든 역량이 소멸합니다. 이것은 지도자들이 무력한 데 기인합니다. 역량이나 운에 있어서 우수한 각 개인을 모두 감복(感服)시킬 만한

걸출한 인물이 나타나지 않았기에, 과거 20년간 수많은 전투에서 이탈리아 군대는 언제나 결과가 나빴던 것입니다.

당신의 가호(加護) 아래 (14세기 이탈리아의 시인) 페트라르카(Francesco Petrarca)의 (시집 『칸초니에레(Canzoniere)』에 실린) 시구(詩句)가 현실로 나타나주기를 천지신명게 빌어 마지않습니다. '미덕(美德)은 광포(狂暴)를 무찌르려는 무기를 들었노라! 싸우면 곧 이기리라! 이탈리아의 민심(民心)에 아직도 그 옛날의 용맹이 사라지지 않았으니!'

…『군주론』 26장

이탈리아가 아니라 마치 우리나라를 이야기하는 듯한 착각이 들 정도다. 어느 나라면 어떤가? 내용에 공감만 하면 됐지. 작사를 누가 하든 무슨 상관인가? 마치 내 이야기같이 공감하고 부르면 그만인 것처럼 말이다. 마키아벨리의 당부와는 조금 다르지만, 우리 한 명 한 명이 구세주의 정신으로 무장해서 자기 삶의 구세주가 되어 일어나자! 이 손톱만 한 나라가 경제적으로 세계 10위 안에 진입한 게 이미 오래전이다. 정말 한강의 기적이 아닐 수 없다. 선진 시민 의식은 이젠 세계 제일이라고 해도 과언이 아니다. 카페나 식당에, 지하철에, 길에, 공원 벤치에 물건을 깜빡 두고 가도 십중팔구 찾을 수 있는 나라는 우리나라가 거의 유일하다. 민주주의적 의사 표현의 방식도 꽃을 피웠다. 각종 시위와 탄핵 집회 등이 충분히 이를 증명했다. 그렇다면 이제 하나 남았다. 정신과 인격 즉 내면적으로도 세계에서 제일가는 성숙한 민주주의의 역량을 보여주는 건 어떨까? 동양의 고전(古典)이라는 깊이 있는 내공(內功)이 있기에, 할 수 있고 그래서 부탁한다.

〔 6장 〕

계륵(鷄肋)

✽ 429. 어찌 (촌스럽고) 가난한 사람과 함께 군주를 섬길 수 있겠는가? (촌스럽고 가난한 사람은) 부귀를 얻기 전에는 얻을 것을 걱정하고, 이미 얻고 나서는 잃을 것을 걱정하고, 진실로 잃게 될 것을 걱정한다면 못하는 짓이 없게 된다.

…『논어』 17편 〈양화〉

✽ 430. 여자와 소인은 대하기가 어렵다. 가깝게 잘 대해주면 불손해지고[근지 즉불손(近之 則不孫)], 그렇다고 멀리하면 원망하기 때문이다[원지 즉원(遠之 則怨)].

…『논어』 17편 〈양화〉

뭐 비슷한 이야기이긴 하지만, 피지배계층을 차별하고 비난한다기보다는 피지배계층의 성향이 이러이러하니 조심해야 한다고 지배계층에 충고하는 말이다. 공자의 시선이 어디에 고정되어 있었는지 여실히 드러나는 말이기도 하고. 지금이야 큰일 날 소리이고 생각이지만, 공자가 지금으로부터 무려 2500년 이전의 사람이니 이해해 줄 수 있는 부분이다. 공자보다 200여 년 후의 아리스토텔레스도 여성과 아이와 노예는 사람으로 생각하지 않았고, 우리나라도 조선 시대가 끝날 때까지 여성은 남성의 소유물이지 사람이 아니었으며, 아이는 20세기 중반이 되어서야 비로소 사람으로 인식되기 시작했잖은가.

사실 지금도 수많은 남성이 여성을 소유물로 생각하고 있다. 사귀기 시작한 순간부터 여성은 자기 '것'이고, 그래서 여성의 헤어지자는 말을 받아들이지 못해 격분한다. 소유물이 어떻게 주인의 허락도 없이 자기 의견을 갖고 자기 마음대로 행동할 수 있는가? 이것이 많은 남성의 무의식에 깔린 생각이다. 무섭다.

✸ 431. 아침에 도(道)를 듣는다면[조문도(朝聞道)], 저녁에 죽더라도 여한이 없겠다[석사가의(夕死可矣)].

…『논어』 4편 〈이인〉

도(道)를 '진리'로 생각하면 어려울 게 없다. 하지만 공자는 철학자가 아니라 정치가요 공무원이었고, 지배계층의 변화에만 몰두한 인물이다. 그렇다면 조금 달리 봐야 한다. 극기복례한 군자가 다스리고, 그의 통치로 인해 지배계층과 피지배계층 사이에 예라는 조화로움이 자리 잡은 사회 전체의 모습을 '도'라고 표현한 건 아닐까 싶다.

✸ 432. (공자가 아끼는 말이 있던) 마구간에 불이 났다[구분(廐焚)]. 조정(朝廷)에서 퇴청해 (집으로) 온 공자는, 다친 사람은 없는지 물었을 뿐[상인호(傷人乎)] (자신이 아끼던) 말은 어떻게 됐는지는 묻지 않았다[불문마(不問馬)].

…『논어』 10편 〈향당〉

✸ 433. 산 사람도 제대로 섬기지 못하는데[미능사인(未能事人)], 어찌 귀신을 섬길 수 있겠는가[언능사귀(焉能事鬼)]? 삶도 아직 잘 알지 못하는

데[미지생(未知生)], 어찌 죽음에 대해 알 수 있겠는가[언지사(焉知死)]?

…『논어』11편 〈선진〉

사람이 가장 소중한 존재라는 말이다. 그러나 우리의 일상은 대체로 이와 반대다. 자기가 아끼는 물건에 흠집을 냈다고, 자녀에게 친구에게 타인에게 불같이 화를 내며 잡아 죽일 듯 덤비곤 한다. 433번의 형식은 수사 의문문(修辭 疑問文) 즉 설의법(設疑法)이다. 귀신을 섬길 시간이 있으면 가족과 친구 등 산 사람이나 제대로 챙기고, 죽은 후의 세상에 대해 궁금해할 시간이 있으면 이 세상에서 사람으로 살아간다는 것이 무엇이고 어떻게 살아야 하는지나 제대로 고민하라는 것이다. 부처와 예수가 한 말과 다를 바 없다. 다만, 귀신과 사후세계를 고민하는 것 자체가 쓸데없는 짓이라는 말은 절대 아니다. 그것을 핑계로 맡은바 해야 할 일을 제대로 하지 않는 사람들을 책망하는 말일 뿐.

✱ 434. 옛것을 배워 전하기만 할 뿐 (마음대로 덧대거나 빼서) 창작하지 않는다[술이부작(述而不作)].

…『논어』7편 〈술이〉

공자가 역사서『춘추』를 기록할 때 고수(固守)했던 방식인 춘추필법(春秋筆法)으로, 유명한 구절이다. 전쟁에서 창피할 정도로 크게 패했을 땐 으레 자연재해를 가져다 자신들의 패배를 포장하곤 했던, 중국인들의 역사 기록 방식이다. 사건을 간단명료하게 기록할 뿐, 해당 사건에 대한 설명이나 비판은 하지 않는 것이 특징이라서 술이부작(述而不作)이라고도 부른다. 그러나 그 속에도 공자의 비판이 담겨있다. 사실의 취사선택과 어휘의 차별을 통해서 말이다.

예를 들어 즉위 사실이 기록된 왕들과 기록되지 않은 왕들이 있다. 이것은 즉위 사실을 의도적으로 생략하면서 그 왕들의 잘못이 컸음을 암시하는 취사선택의 예이고, 전투에서 쉽게 이기면 취(取) 어렵게 이기면 극(克)이라고 쓰는 것은 어휘 차별의 예이다. 어휘 차별의 예로 '죽이다'라는 뜻의 살(殺)·시(弑)·주(誅)를 예로 들 수 있다. 살(殺)이 그냥 죽였다는 사실 중립적이라면, 시(弑)는 아랫사람이 윗사람을 죽인 정당하지 못한 행동이라는 비판이 내포되어 있고, 주(誅)는 마땅히 죽을만한 죄를 지어 죽인 것이라는 정당성을 내포하고 있다.

그러나 과연 이런 방법이 옳은 것인지는 고민할 필요가 있다. 역사를 비롯해 모든 일이, 모두가 동의할 수 있는 완전히 객관적인 사실인 경우는 없다. 성장배경·계급·가치관·경제 상황·문화적인 배경 등 수많은 요소가 만들어 낸 필연적으로 왜곡될 수밖에 없는 색안경을 누구나 끼고 살아가기 때문에, 열 명이 동시에 똑같은 사건을 목격했다고 해도 그 해석은 열 가지가 나올 수 있다. 따라서 온전히 객관적으로 기술(記述)했다는 자신감 넘치는 이 말은, 폭력적이고 배타적으로 기능할 소지(素地)도 다분하다. 너무도 명확히 지배계층 편에 서 있던 공자가 하나도 손대지 않고 있는 그대로 기록했다면?

✱ 435. 세상의 주장은 양주(楊朱)로 귀결되지 않으면, 묵자로 귀결되고 있다. 양주는 자신만을 위하는 위아(爲我)이니 통치자를 인정하지 않는 셈이며, 묵자는 모든 사람을 친애하는 겸애(兼愛)이니 부모를 인정하지 않는 셈이다. 통치자와 부모를 인정하지 않는 것은 짐승이다. (…) 양주와 묵자의 도(道)가 약해지지 않으면 공자의 도는 드러나지 못한다. 이는 온갖

사설(邪說)이 인의(仁義)를 가로막고 있기 때문이다. 그래서 나는 논쟁을 통해 애써 옛 성인의 도를 수호하고, 사악한 학설을 펴는 자들이 다시는 고개를 들지 못하도록 노력하는 것이다. 사악한 주장이 (귀나 눈을 통해) 마음에 들어오면 잘못된 행동을 하게 되고, 그런 사람들이 관리나 통치자가 되면 정치를 그르치게 된다. (…) 나는 인심(人心)을 바로잡고 싶다. 이런 내게 어찌 논쟁을 좋아한다고 하느냐? 난 부득이해서 그러는 것뿐이다.

…『맹자』 3편 〈등문공 하〉 9장

✽ 436. 양주는 '나를 위함[위아]'만 취하므로, 털 하나를 뽑아 천하를 이롭게 할 수 있다고 해도 하려 하지 않는다. 묵자는 '차별 없이 모든 이를 평등하게 사랑[겸애]'한다고 하니, 자기 이마를 갈아서라도 천하를 이롭게 한다면 할 것이다. (노나라 현인(賢人)) 자막(子莫)은 중간만 고집했는데, 중간을 고집함이 도(道)에 가깝긴 해도 중간을 고집할 뿐 일[사물]의 경중을 재어봄이 없었기에 한 가지만을 고집한 것과 같다. 한 가지만 고집함을 미워하는 까닭은, 그 한 가지를 올려 듦으로써 백 가지를 폐기(廢棄)해서 도(道)를 상하게 하기 때문이다.

…『맹자』 7편 〈진심 상〉 26장

공자의 사상을 다시 일으키려던 맹자가 양주와 묵자를 주된 공격 대상으로 삼은 이유는, 그들의 사상이 당시의 대세였기도 했지만, 무엇보다도 극단적이라고 생각했기 때문이다. 양주의 개인주의는 토머스 홉스(Thomas Hobbes)의 '만인에 대한 만인의 투쟁'[38]으로 치달아 가정과 사회와 국가의 근본을 뿌리째 흔들 수 있고, 정확히 같은 이유로 겉으로는 정반대처럼

---

38 토머스 홉스, 『리바이어던』 (1651)

보이는 묵자의 겸애도 결과적으로는 양주의 사상과 마찬가지가 된다. '극과 극은 통한다'라는 말처럼, 양주와 묵자의 사상을 극단까지 밀고 가면 결국엔 모두 무정부주의(無政府主義, anarchism)로 귀결되기 쉽다. 그 결과는 악마들의 소굴인 팬더모니엄(복마전(伏魔殿), pandemonium)[39]일 테고.

개인주의의 폐해야 분명하니 언급할 필요도 없지만, 묵자의 사상을 지지할 땐 다음과 같은 질문에 답하기가 곤혹스럽다. 내 아이와 옆집 아이가 같이 물에 빠졌을 때 누구를 먼저 구해야 할까? 다른 나라가 침략해 왔을 때, 적군을 죽일 수 있을까? 특히 후자는 여호와의 증인 신도들이 병역을 거부하는 이유 중 하나다. 그런데 정확히 말해서 이것은 '종교적 병역 거부'이지, '양심적 병역 거부'는 아니다. **양심이란 개인의 타고난 본성이 아니라 '시대마다 모든 사람이 공유하는 가치관이나 상식'을 가리키는데, 우리나라 대부분 국민은 여호와 증인 신도들이 병역을 거부하는 이유를 공유하지 않기 때문이다. 그리고 양심에 대한 이와 같은 정확한 정의(定義)를 알고 있어야만, 반(反)사회성 인격장애나 연쇄살인범 또는 완전히 생각이 없는 사람에게 양심의 가책을 기대하는 것 자체가 잘못임을 알 수 있다.**

✱ 437. 사람에게 존재하는 것 중 눈동자보다 좋은 것이 없다. 눈동자는 능히 그 악(惡)을 가리지[숨기지] 못한다. 가슴속이 바르면 눈동자가 밝은 법이고, 가슴속이 바르지 않으면 눈동자가 흐린 법이다.

…『맹자』 4편 〈이루 상〉 15장

✱ 438. **내가 남의 아버지를 죽이면 남도 또한 내 아버지를 죽일 것이고, 내가 남의 형을 죽이면 남도 또한 내 형을 죽이리니, 그러면 스스로 내 아버**

---

39 존 밀턴, 『실낙원』 (1667)

지와 형을 직접 죽인 것은 아니지만 그와 별반 차이가 없는 셈이다.

…『맹자』7편 〈진심 하〉 7장

✽ 439. (제자) 만장이 물었다. "감히 벗 사귐을 여쭙습니다." "나이 많음을 품지[고려하지] 말며 신분이 귀함을 품지 말며 형제의 권세를 품지 말고 벗할지니, 벗한다는 것은 그 사람의 덕(德)을 벗함이므로[우야자 우기덕야(友也者 友其德也)] 그 사이에 품는 것이 있어서는 안 된다[불가 이유협야(不可 以有挾也)]."

…『맹자』5편 〈만장 하〉 3장

✽ 440. 『시경』은 말한다. "(중국 북동쪽 산시성[산서성(山西省)]에서 발원해 남쪽으로 흘러 황하로 들어가는 지금의 기하(淇河)인) 기수(淇水)의 굽이 굽이를 바라보니, 푸른 대나무가 무성하네. (광채가 날 정도로) 훌륭한 군자는, 깎은 듯 갈아낸 듯[여절여차(如切如磋)] 다듬은 듯 광택을 낸 듯하구나[여탁여마(如琢如磨)]. 점잖으면서 위엄이 있으며 빛나면서 뚜렷하니, (그렇게 광채가 날 정도로) 훌륭한 군자여 끝내 잊을 수가 없구나!"

깎은 듯하고 갈아낸 듯하다는 것은 도(道)를 배움을 말하고, 다듬은 듯하고 광택을 낸 듯하다는 것은 스스로를 수양한다는 것이며, 점잖으면서 위엄이 있다는 것은 엄하면서 두려워할 만한 것이 있다는 것이고, 빛나면서 뚜렷하다는 것은 그 몸가짐과 거동에 위엄이 있다는 것이며, 훌륭한 군자를 끝내 잊을 수 없다는 것은 (언행에 있어서) 크고 훌륭한 덕의 지극히 선함을 백성들이 잊을 수 없음을 말하는 것이다.

…『대학』《전문》3장 〈지어지선〉

『시경』의 인용문은, 지금의 대중가요처럼 위(衛)나라의 한 여성이 멋진 남성을 보고 읊은 노래다. 그러나 학자들의 정설(定說)은, 위나라 11대 왕

무공(武公)을 칭송한 시(詩)라고 한다. 사실이 무엇이든, 의미는 같다. 바로 여기에서, 사전적 의미로 '옥이나 뿔 등을 갈고 닦아서 빛을 낸다는 뜻으로, 학문·도덕·기술 등을 배우고 익혀 수련한다'라는 절차탁마(切磋琢磨)라는 말이 유래했다.

그런데 그에 관한 주희의 설명은, 아무리 좋게 봐도 주희 본인이 원하는 대로 뜻을 갖다 붙인 아전인수(我田引水)격 해석이다. 로제와 브루노 마스가 부른 〈APT.〉는 가볍고 흥겹다. 그걸로 충분하다. 그런데 주희의 해석은 아파트의 가사 중 '잠은 내일 자고 오늘 밤은 미쳐보자'라는 건 상대에 대한 강한 애착과 필요성을 강조하면서 현재에 충실 하자는 카르페 디엠(carpe diem)을 가리키고, '찾아가겠다'라는 가사는 바쁜 삶 속에서도 누군가와 함께하는 시간을 소중히 여기는 마음의 표현이며, 제목인 '아파트'는 단순히 공간을 넘어 현대사회에서는 결핍된 사람과 사람 사이의 연결성의 회복을 상징한다는 억지 해석과 다르지 않다. 이런 해석에 '주희'라는 브랜드(Brand) 하나 달랑 붙었다고, 거의 1,000년을 이와 다른 해석을 하는 즉시 사문난적(斯文亂賊)으로 낙인찍혀 목숨까지 위협을 받곤 했다.

이런 말도 안 되는 '권위에 대한 맹신(盲信)'은 지금도 계속되고 있다. 오랫동안 중국을 섬겨왔고 수십 년 전부터는 미국을 섬겨오는 사대주의적 노예근성 때문에, 우리나라 사람들에게 더욱 심하게 나타나는 불치병이다. 뭔가를 공중으로 던져보지 않은 사람은 없다. 돌멩이가 날아가서 떨어지는 것을 선으로 이으면? 당연히 '포물선'이다. 모르면 바보다. 그런데도 물체를 날아가게 만든 힘이 바닥나는 순간 날아가던 물체는 '수직'으로 땅에 떨어진다는 아리스토텔레스(Aristotle)의 주장에, 갈릴레이(Galileo Galilei)가 딴지를 걸기까지 거의 1,800년 동안 반박한 사람이 없었다. 매일 자고 나면 방 전체가 피로 흥건한가? 매 순간 피를 흘리며 생활하는가? 갈릴레이와 동시대 사람인 윌리엄 하비(William Harvey)가 피는 일회용이 아니라 몸속에서 계속해서 순환한다고 주장하기까지 거의 1,300년 동안, 흡수된 음식물이 간으로 들어가 혈액으로 변한 후 심장을 통해 온몸으로 이동한 다음 '감쪽같이 사라진다'라는 갈레노스(Galen)의 주장에 반박한 사람 역시 아무도 없었다.

❋ 441. 〈초서(楚書)〉는 말한다. "초(楚)나라는 보배로 삼을 만한 것이 없기에, 오로지 선(善)한 신하만을 보배로 삼을 뿐이다." 구범(舅犯)은 말했다. "(정치적인 이유로) 망명 생활하는 사람에게는 보배로 삼을 만한 것이 없기에, 어짊과 화목하게 지냄만을 보배로 삼을 뿐이다."

…『대학』《전문》 10장 〈치국/평천하〉

〈초서〉는 기원전 5세기 초 노나라 좌구명(左丘明)이 춘추시대 8개국의 역사를 기록한 『국어(國語)』의 일부인데, 좌구명은 공자의 역사서 『춘추』에 주석을 단 해설서인 『춘추좌씨전』으로 더 유명하다. 앞 문장은 진나라의 조간자가(92번) 자기 나라를 방문한 초나라 관리 왕손어(王孫圉)에게, 제복(制服)의 좌우에 늘어 차던 흰색의 노리개[백형(白珩)]인 패옥(佩玉)을 자랑하면서 초나라에도 그 정도로 값진 게 있는지 묻자 왕손어가 한 대답이다. 그러나 이 한 문장만 가지고 조간자를 가벼운 인물이라고 평가하는 건 옳지 않다.

송나라 사마광의 『자치통감(資治通鑑)』《주기(周紀)》〈위열왕(威烈王)〉에도 조간자가 등장한다. 조간자가 윤탁(尹鐸)을 한 지역의 수령으로 임명하자, 윤탁이 물었다. "(누에고치에서 실을 뽑듯) 견사(繭絲)를 위주로 할까요, 아니면 (제방[둑]을 쌓아 보호하듯) 보장(保障)을 위주로 할까요?" 조간자가 대답했다. "보장을 위주로 하시게." 이에 윤탁은 선정(善政)을 베풀었다. 견사는 세금을 무리하게 걷는 것이고, 보장은 백성을 보호하는 정책을 의미한다.

구범(舅犯)도 진(晉)나라 사람으로 본명은 호언(狐偃)이고 호(號)는 '자범(子犯)'이며, 왕자 중이(重耳)의(425번) 장인(丈人)이었다. 헌공(獻公)이 첩으로 맞은 여희(驪姬)에게 빠지자, 여희는 헌공의 아들들을 모두 죽인 후 자기 아들을 왕으로 만들려고 했다. 그래서 호언과 함께 망명길에 오른 왕자 중이는 그때부터 19년 동안이나 망명 생활했지만, 그 와중에도 그의 덕과 능력으로 높은 명성을 얻었다. 헌공이 병사한 후 여희의 아들이 왕위에 올랐으나 곧 쿠데타에 의해 살해되는 등 진나라가 혼란에 빠지자, 당시 호언과 중이가 머물고 있던 진(秦)나라 목공(穆公)이 호언에게 빨리 귀국해서 왕위에 오르라고 권하는 말에 호언이 한 대답이 두 번째 문장이다. 말은 이렇게 해놓고 호언과 중이는 서둘러 귀국했으며, 중이는 문공(文公)으로 즉위했다. 그러면서 호언은 왕의 장인인 '구(舅)'가 되었고, 거기에 그의 호 뒷자리를 합쳐서 이후 '구범'이라고 부르게 되었다.

✱ 442. 군자의 도(道)는 비유컨대 멀리 가려면 반드시 가까이에서부터 (한 걸음씩) 떼어야 하는 것과 같고[비여 행원필자이(辟如 行遠必自邇)], 비유컨대 높이 올라가려면 반드시 낮은 곳에서부터 (한 단계씩) 올라가야 하는 것과 같다[비여 등고필자비(辟如 登高必自卑)].

…『중용』15장

'천 리 길도 한 걸음부터'라는 속담과 '태산이 높다 하되 하늘 아래 뫼이로다…'로 시작하는 조선 전기인 16세기의 명필가 양사언(楊士彦)의 시조를 연결한 듯하다(32번 설명).

✻ 443. 공자가 말했다. "눈에 보이지 않는 것들의 작용[덕]이[귀신지위덕(鬼神之爲德)], (참으로 천지에) 충만하다. (그것들은 우리가) 보려 해도 보이지 않으며[시지이불견(視之而弗見)] 들으려 해도 들리지 않지만[청지이불문(聽之而弗聞)], 만물의 본체인 까닭에 (외면하거나) 버릴 수도 없다. (따라서 자연스럽게) 천하의 사람들이 (몸과 마음을) 깨끗이 재계(齋戒)하고 정성스레 옷을 차려입고[재명성복(齊明盛服)] 제사 지내(게 된 것이)니, (그것들의 작용[덕]이) 흐르고 충만해서 (제사 지내는 사람들) 위에 있는 것도 같고 사람들 좌우(와 사이)에 있는 것도 같다."

…『중용』16장

현실주의자인 공자가 갑자기 '귀신'을 언급해서 그런가? '귀신'이 무엇인가부터 시작해서 인용된 공자의 말 전체에 대한 해석은 거의 히말라야 꼭대기로 올라간다. 장자는 귀신을 '음양의 조화'로 보았고, 주희는 '천지의 작용이자 조화의 흔적'이라고 보았으며, 정약용은 '옥황상제'와 비슷한 독립된 존재로 파악했다. 특히 잘게 구분하기를 좋아하는 주희는 역시 여기에서도 '귀(鬼)'는 음이요 접거나 뒤로 돌아가는 것이고, '신(神)'은 양이요 펴거나 앞으로 나아가는 것이라는 주석을 달았다. 그렇다면 정작 공자 본인은 어떨까? 본문을 보면 알 수 있듯이, 공자도 귀신이 무엇인지 모른 채 이 말 저 말 툭툭 던지기만 할 뿐이다.

첫 문장에서 뭔가 눈에 보이지 않는 존재나 작용이 있긴 있는데 그것이 뭔지는 모르겠다면서도 '만물의 본체'라고 툭 던진 걸 보면 '기(氣)' 정도로 생각한 것도 같고, 제사 때 실제로 찾아왔다가 돌아가는 '조상의 영혼'으로 생각한 것도 같다. 그런데 『논어』 6편 〈옹야〉에서는 '귀신을 공경하되 멀리하라'라고 말하고, 나아가 '산 사람도 제대로 섬기지 못하면서 (죽은) 귀신을 섬기는 게 말이 되느냐?'라고도 말했다(433번). 예(禮)를 강조한 공자이니 당연히 조상신은 잘 섬겨야 하지만, 그 외의 귀신은 사람들의 본성을 흐리고 미풍양속을 해치는 잡귀로 규정해서 멀리하라고 말한 걸 것이다. 이렇든 저렇든 공자 자신조차 오락가락한 상태에서 귀신을 언급했으니, 후세(後世)로 갈수록 장님 코끼리 만지기 식으로 말도 안 되게 왜곡된 게 당연했다는 생각이다. 그저 '눈에 보이지 않는 천지의 작용'이요, '도(道)'요, '사람의 본성'이자 지극한 정성[간절함]인 '성(誠)'으로 생각하면 될 듯싶다.

✽ 444. 무왕이 말년에 명을 받으시니[무왕 사후(死後)에], (무왕의 동생) 주공이 문왕과 무왕의 덕을 완성해서 태왕과 왕계를 왕으로 추존했고 (태왕) 이전의 공(公)[선조(先祖)]들을 황제의 예(禮)로써 제사 지냈다. 그 예는 (위로는) 제후와 대부를 비롯해 (아래로는) 사(士)와 서민들에게까지 적용되는 것이니, 아버지가 대부를 지내다 돌아가셨고 아들이 현재 사(士)라면 대부로서 장례를 치르고 사(士)로써 제사 지내며, 아버지가 사(士)를 지내다 돌아가셨고 아들이 현재 대부라면 사(士)로서 장례를 치르고 대부로써 제사 지내야 한다. **기년복(朞年服)은 (서민에서부터) 대부까지만 적용되고 삼년복(三年服)은 (제후와) 황제에게 적용되지만, 부모의 상은 귀천 없이 (삼년상) 하나이다.**

…『중용』 18장

'하늘의 명을 받는다'라는 표현이 심지어 왕의 죽음까지 의미하게 된 이유는, 무엇이든 하늘과 연결해서 정당성을 획득하려 했기 때문이다. 인용문은 13세의 나이에 즉위한 무왕의 아들 성왕이 너무 어린 탓에, 주공단이 7년간 섭정하면서 제정한 제도 중 하나다. 문왕의 장남이 일찍 죽어 차남인 무왕이 왕이 되었고, 주공은 넷째였다. 주공이 섭정하자 셋째 관숙(管叔)과 주공 아래의 동생들이 반란을 일으켰고, 주공이 직접 반란을 진압하면서 관숙은 죽이고 동생들은 추방했다. 이것은 자기를 죽이려는 부모의 계략에서 어떻게든 살아남은 순임금의 마음과 정반대의 행동임에도 불구하고, 공자는 『논어』 7편 〈술이〉에서 '공을 꿈에서도 못 본 지 오래되었다'라며 그리워하기까지 했다. 주공이 왕위를 찬탈(簒奪)하지 않고 약속대로 7년 후 조카 성왕에게 넘겨준 것을 인(仁)으로 보아서라면 칭송이 너무 과한 셈이고, 공자의 조국인 노나라를 세운 사람이라는 이유라면 이미 중용을 잃고 팔이 안으로 굽은 평가다. 공자가 말하는 효와 인의 기준은 참으로 모호하다. 이런 까닭에, 더더욱 조직과 국가의 통치 원리는 될 수 없다는 생각이다.

당시 장례[상(喪)]는 '죽은 이의 신분[관직]'에 따라 치르고, 제사는 살아 있는 '후손의 신분[관직]'에 따라 지냈다. 인용문의 대부는 '공·경·대부'의 총칭이고, 황제[왕]와 제후 그리고 신분의 귀천을 떠나 부모의 상(喪)은, 예외 없이 삼년상이었다. 모든 사람이 태어나는 순간부터 부모의 품에서 적어도 3년 동안은 양육을 받아야 비로소 혼자서 움직일 수 있다는 사실에 착안해서, 부모가 그리했으니 자녀도 그리해야 한다는 것이다. 그 정신만은 전적으로 공감한다. 다만 일하지 않고도 먹고사는 데 걱정 없던 지배계층을 제외한 일반 백성들이, 3년이나 일하지 않고 부모의 묘를 지킬 수 있을까? 그전에 온 가족이 굶어 죽기 십상이다. 주공이나 공자나, 모두 자기들 입장만 생각하고 일반 백성들을 위한 별도의 예외를 두지 않았다는 점에서 잘못이 크다. 그 둘의 잘못을 시작으로 수천 년간 일반 백성들은 뭔지 모를 원죄(原罪)에 짓눌려 살았기 때문이다. 이것이 장자가 지적한, 공자의 인(仁)이 지닌 잠재적 폭력성과 배타성이리라.

선조(宣祖)(재위 1567~1608) 때를 기점으로 정계의 전면에 등장한 사림파(士林派)는 동인(東人)과 서인(西人)으로 나뉘었다가, 임진왜란(1592~1598) 후 광해군(光海君)(재위 1608~1623) 때 동인 내 주류(主流)였던 북인(北人)이 정권을 장악했다. 그러자 서인이 광해군의 패륜과 폭정을 명분으로 내세워 **인조반정(仁祖反正)(1623)**을 성공시키면서, 인조(仁祖)(재위 1623~1649)와 함께 그리고 동인 내 비주류였던 남인(南人)을 포섭해서 정권을 장악했다.

인조와 서인은 이어진 후금(後金)의 **정묘호란(丁卯胡亂)(1627)**은 어찌어찌 넘겼지만, 청나라의 **병자호란(丙子胡亂)(1636.12~1637.1)** 때는 남한산성에서 두 달 정도 버티다 결국 항복하고 말았다. 1637년 정축년에 남한산성에서 내려와 항복했다고 해서 **정축하성(丁丑下城)**이라고 부른다. 인조는 눈 덮인 바닥에 꿇어앉아, 한 번 절할 때마다 세 번 머리를 땅에 찧기를 세 번 해야 하는 **삼배구고두(三拜九叩頭)**의 치욕을 당했다. 이것도 원래는 청나라가, 남한산성에 나올 때부터 두 손을 묶고 죽은 사람처럼 구슬을 입에 물고서 빈 관과 함께 걸어 나와 항복하라는 처음의 요구를 많이 양보한 것이다. 이때를 배경으로 한 영화가 **〈최종병기 활〉(2011)**과 **〈남한산성〉(2017)**이다.

이때 인조의 장남 소현세자(昭顯世子)(1612~1645)와 차남 봉림대군(鳳林大君)이 청에 인질로 끌려갔다가 8년 만에 귀국한다. 그러나 청에서 서양 문물을 접한 소현세자가 자신에게 씻을 수 없는 모욕을 안긴 청에 적대감이 아닌 호감을 느끼고 있음을 알게 된 인조는 소현세자를 비롯해 그의 가족 모두를 독살하고, 몇 년 후 차남 봉림대군이 효종(孝宗)(재위 1649~1659)으로 즉위한다. 내용은 완전히 다르지만, 이때를 배경으로 한 영화가 〈창궐〉(2018)이다. 현빈이 봉림대군이고, 장동건이 오로지 사익(私益)만을 추구했던 김자점(金自點)(1588~1651)이다.

그러나 관직과 기득권은 제한되어 있었고 지배계층의 탐욕은 끝이 없어, 서인과 남인의 연합은 오래가지 못했다. **예송(禮訟)[예법에 관한 소송] 논쟁**이 그들의 대립을 가장 잘 보여주는 사례다. 효종은 가문에서 보자면 서자[차남]였지만, 국가로 보면 왕이었으니 적자[장남]인 셈이었다. 그런 효종이 죽자, 여전히 살아 있던 인조의 계비(繼妃)이자 효종의 계모(繼母)인 자의대비(慈懿大妃) 장렬왕후 조씨(1624~1688)가 아들 효종의 장례에 어떤 상복을 입고 몇 년 상을 치러야 하는지가 논쟁의 핵심이었다. **관점의 차이였는데, '(가족적) 혈연'의 관점을 우선시했던 서인은 1년[기년복(朞年服)]을 주장했고 '(사회적) 신분'의 관점을 우선시했던 남인은 3년[삼년복(三年服)]을 주장했다. 결과는 당시 정권을 장악하고 있던 서인의 승리로 끝났고.** 이것이 현종(顯宗)(재위 1659~1674) 때 벌어진 **기해예송(己亥禮訟)(1659)**이다.

오래 사는 게 좋은 것만은 아닌 듯싶다. 현종의 뒤를 이은 숙종(肅宗)(재위 1674~1720) 때 효종의 정비(正妃)였던 인선왕후(仁宣王后)(1619~1674)가 죽었는데, 그때까지도 자의대비가 살아 있던 탓에 또다시 똑같은 논쟁이 벌어졌다. 이것이 **갑인예송(甲寅禮訟)(1674)**인데, 이번에 며느리의 장례에 시어머니가 어떤 상복을 입고 몇 년 상을 치러야 하는지가 논쟁의 핵심이었다는 차이만 있었을 뿐. 사실 65세까지 산 자의대비가 당시로서는 장수한 셈이기도 했지만, 왕들의 재위 기간이 너무 짧은 탓도 있었다. 여하튼 **서인은 9개월[대공복(大功服)]을 주장했고 남인은 1년[기년복(朞年服)]을 주장했는데, 당시 정권은 남인이 장악하고 있었기에 남인의 승리로 끝났다.**

예(禮)를 내세우면서 서로 수많은 피를 흘리는 암투를 서슴지 않는 것은 참으로 표리부동한, 정권 장악이라는 개인 또는 집단 이기주의의 민낯이 아닐까 싶다. 신의 이름을 내세우면서 잔혹한 살인을 서슴지 않는 종교인과 종교 집단처럼 말이다.

✽ 445. 공자가 말했다. "무왕과 주공이야말로 효에 도통(道通)하신 분들이었다. 무릇 효라는 것은, 선인(先人)의 뜻을 잘 계승하고 선인의 일을 더욱 발전시키는 것이다. 봄과 가을로 조상들의 묘를 손보고 제사용 그릇들을 진열하며 (선조들이 입던) 옷을 펴놓고 제철 음식을 올려야 한다. 종묘의 예는 사당(祠堂)에 조상의 신주(神主)[위패]를 모시는 순서[서열]를 세우기 위함이고, 작위[신분]에 순서[서열]를 두는 것은 (신분의) 귀천을 (분명하게) 구별하기 위함이며, (제사를 돕는) 집사에 순서[서열]를 두는 것은 (제사의 원활한 진행을 위해) 현명한 사람을 분별하기 위함이고, 제사 후 술을 권할 때 먼저 아랫사람들끼리 서로 권하게 하는 것은 미천한 사람에게 (복이) 미치게 하기 위함이며, 제사 후 음복(飮福) 때 (머리나 수염이) 하얗게 센 사람을 구별하는[먼저 챙기는] 것은 연장자를 공경하기 위함이다.

…『중용』19장

황제[왕]는 건국 시조와 자신부터 위로 6대조를 모시고, 제후는 성(姓)의 시조(始祖)와 자신부터 위로 5대조를 모시며, 공·경·대부는 건국 시조와 자신부터 위로 2대조를 모신다. 『주자가례(朱子家禮)』에도 그리고 『경국대전(經國大典)』에도, 공자가 제시한 주례(周禮)에 따라 7품 이하 관리는 조부모까지 그리고 일반 백성들은 부모 제사만 지내라고 규정했다. 그런데 지금처럼 그때도, 그저 남들보다 조금이라도 더 잘 나 보이려고 웬만하면 4대조까지 모셨던 듯하다. 주희가 『주자가례』에서 '지금 4대조까지 제사 지내는 건 주제넘은 짓[이금제사대 이위참(而今祭四代 已爲僭)]'이라고 비난하고 있는 걸 보면 말이다.

여하튼 황제[왕]의 경우 총 7명을 모셔야 했다. 헷갈리지 않으려면 순서가 중요했다. 그렇다면 그냥 단순하게 동쪽의 목(穆)부터 서쪽의 소(昭) 순서로 위패를 모시면 쉬울 것을, 1대는 정중앙에 짝수인 2대·4대·6대는 서쪽의 소(昭)에 모시고 홀수인 3대·5대·7대는 동쪽의 목(穆)에 모셨다. 지금의 장례도 이 순서를 지킨다. 평상시 그리고 살아있는 사람들 사이에서의 순서는 '남동여서'다. 즉 정중앙의 상석(上席)을 기준으로, 동쪽이 우선이다. 하지만 제사 때 그리고 죽은 사람들 사이에서의 순서는 '남서여동[고서비동(考西妣東)]', 즉 정중앙의 상석을 기준으로 서쪽이 우선이다. 죽은 사람은 산 사람과 정반대로 취급하기 때문이다.

이 순서의 출처는 아마도 『도덕경』 31장이 아닐까 싶다. '좋은 일이 있을 때는 왼쪽을 상석(上席)으로 하고[길사상좌(吉事尙左)], 나쁜 일이 있을 때는 오른쪽을 상석(上席)으로 삼는 (것이 법도)다[흉사상우(凶事尙右)]. (그래서 전쟁 시) 부사령관은 왼쪽에 위치하고 사령관은 오른쪽에 위치하는 이유는, (전쟁을 상(喪) 당했을 때의) 장례(葬禮)(상황으)로 여기기 때문이다[언이상례처지(言以喪禮處之)].' 다만 '아랫사람들끼리 먼저 서로 술을 권하는 것'과 '그들에게 복이 미치는 것'이 어떤 관련성이 있는 건지는 모르겠다.

✼ 446. 노담(老聃)[노자]이 죽었다는 소식에 진일(秦失)이 조문(弔問) 갔는데, 형식적으로 세 번 곡만 하고 나오자 (노담의) 제자가 친구를 그처럼 소홀히 대하는 게 옳은 일이냐고 진일(秦失)을 힐난(詰難)했다. "옳지 않지만, 이번 경우엔 옳다. 나는 노담을 도(道)를 깨우친 지인(至人)[진인(眞人)]

으로 알고 있었는데, 그렇지 않음을 방금 알게 되었기 때문이다. 내가 들어가 조문할 때 보니, 젊은 사람부터 늙은 사람까지 수많은 이들이 마치 어버이나 자식이 죽은 것처럼 곡하고 있었다. 그의 죽음에 저처럼 수많은 이들이 모여 목 놓아 곡하고 있다는 것은, 생전에 (자기가 죽으면) 다들 와서 슬피 울라고 말은 하지 않았다고 해도 은연중에 자신의 호불호(好不好)를 모두가 알 수 있게 내비쳤기 때문이 아니겠는가?

이것은 (하늘로부터) 부여받은 본성을 망각한 (부끄러운) 짓이다. 옛날에는 이를 천리(天理)에서 벗어난 죄라고까지 일컬었었다. (누구든) 세상에 태어난 것은 때가 이르러서이듯[적래부자 시야(適來夫子 時也)], 세상을 떠나는 것도 하늘의 순리[때가 이르러서]일 뿐이다[적거부자 순야(適去夫子 順也)]. 그렇게 하늘의 순리[때]를 거스르지 않고 편안히 와서 (편안히) 머물다가 (편안히) 간다면, (거기엔) 슬픔이나 즐거움 따위의 감정이 끼어들 자리가 없는 법이다. (그런데 저렇게들 목 놓아 곡하고 있으니, 여기 어디에 도를 알거나 따르는 사람이 있다고 말할 수 있겠느냐? 나는 이런 자리에 조금도 머물기를 원치 않는다)

…『장자』《내편》3편 〈양생주〉

장자는 노자의 친구인 진일의 주장을 그대로 행동으로 옮겼다. 자기 아내의 장례에서 슬퍼하기는커녕 악기를 연주하고 노래했으니 말이다. 통치자가 자기의 호불호를 드러내는 건 좋지 않을 때가 더 많다(385번 설명). 진일은 도를 체득한 사람을 통치자와 동일시한 듯하다.

✽ 447. 장자의 아내가 죽어 (친구) 혜자가 문상(問喪) 갔는데, 장자는 두 다리를 쭉 뻗고 앉아 항아리를 두드리며 노래를 부르고 있었다. "자네

와 부부의 인연을 맺어 자녀를 낳아 키웠으며 (늙을 때까지) 오랜 세월을 함께 살아온 아내가 죽었는데, 비록 곡은 하지 않더라도 그렇게 즐겁게 박자를 맞춰가며 노래를 부르는 건 너무 심하다고 생각하지 않는가?" "그렇지 않네. 처음에는 나라고 어찌 슬퍼하지 않았겠는가? 그러나 내 아내가 태어나기 이전 상황에 관해 곰곰이 생각해 보니, (그때는) 본래 생명[삶]이란 없었던 것이고 형체[육신]도 없었으며 (음양이라는) 기운조차 없었을 것이네. 모든 것이 (태초의) 혼돈 속에 섞여 있던 중에 변화를 얻어 기운이 생겼고, 그 기운이 변화해 형체[육신]가 생겼으며, 형체가 변화해 생명[삶]이 있게 된 것이고, 지금은 그런 아내가 또다시 변화해 본래의 상태로 돌아간[죽은] 것뿐일세. 이것은 계절의 변화와 다를 바 없고, 지금 내 아내는 천지라는 거대한 방안에서 편안히 잠들어 있는데, 내가 슬프게 곡을 해댄다면 그것은 자연의 이치를 모르는 창피한 짓이 아닌가?"

… 『장자』《외편》11편 〈지락〉

'나도 슬프다네. 나도 사람인데, 너무 슬프고 보고 싶어 어찌 마음이 아프고 눈물이 나지 않겠는가? 하지만 아내의 처지에서는 가장 잘된 일 아닌가? 무(無)에서 나와 이 세상에서 갖은 고생을 하다가 다시 원래 왔던 곳으로 돌아가 안식(安息)을 취하게 되었으니, 지금은 아내가 우선이고 그런 아내를 축하하기 위해 내 감정은 억누른 채 이렇게 억지로라도 즐거워하며 노래를 부르는 것이라네.' 그래서 나도 장례 둘째 날 입관하기 전까지는 유족들이 충분히 슬퍼하게 하지만, 입관 후부터는 슬픔보다는 기쁨의 감정을 조금씩 더 가지시라고 부탁드린다.

✱ 448. 63. (지금까지) 모든 비밀 중의 비밀인 지혜를 그대에게 말했으

니, 깊이 생각한 후에 그대가 하고 싶은 대로 행하라. 65. 마음을 내게 쏟고 나를 정성껏 믿으며 내게 몸을 바치고 나를 공경하라. 그것이 내가 (원하고) 사랑하는 것이다. 66. (필요 이상의) 모든 (종교적) 의식(儀式)을 버리고, 오직 내게만 의지하라. 내가 그대를 모든 죄악에서 벗어나게 할 것이니, 그대는 (조금도) 걱정하지 말라. 67. (다만) 그대는 (지금까지 내가 말한) 이 지혜를 고행하지 않거나, 참된 믿음이 없거나, 들으려는 마음이 없는 자에게나 또 나를 비방(誹謗)하는 자에게는 (결코) 말하지 말라.

…『바가바드기타』18장

크리슈나는 최종 결정을 아르주나의 선택에 맡긴다. 신이 참으로 원하는 것은, 우리가 다 각각 제 자유로운 뜻[의지]으로 자기한테 오기를 바라는 마음이다. 자유로이 자진해 오는 것이야말로 귀한 것이기 때문이다. 라다크리슈난은 "하느님은 우리가 넘어졌을 때면 언제나 우리를 도와주시고, 우리가 실망에 떨어졌을 때 위로하시기를 지체(遲滯)하지 않지만, 우리를 위해 우리 갈 곳을 대신 가시지는 않는다"라고 말한다. 인간의 자유의지와 신의 예정론은 지금도 어려운 문제이다.

13세기 이탈리아 신학자 아퀴나스(Thomas Aquinas)와 16세기 프랑스 종교 개혁가 장 칼뱅(캘빈, Jean Calvin)의 주장처럼 인간에게 자유의지가 있다고 해도, 부처님 손바닥 안의 손오공처럼 신의 예정론이라는 필연에서 결코 벗어날 수 없는 것인가? 13세기 이탈리아 신학자 상투스 보나벤투라(Sanctus Bonaventura)의 주장처럼, 신은 마치 자연의 법칙처럼 그저 다르마에 따라 자신이 해야 할 일을 하듯 모두에게 편애 없이 은총을 베풀 뿐이고 그래서 그것을 받을 준비가 되어 있는 사람만이 받을 수 있는 것인가? 그도 아니면 인간의 자유의지는 자연의 법칙처럼 확정된 것이어서 신조차도 어찌할 수 없는 것인가? 함석헌은 두 번째가 옳다고 말한다. 예수도 누누이 들을 귀 있는 자만 들으라고 외치지 않았는가?[40] 『바가바드기타』는 그리스도교에서 하나님의 섭리라고 부르는 비인격적인 운명, 즉 우주적인 필연(모이라, moira)을 긍정한다.

함석헌의 말처럼 '자유의지'와 '신의 예정론'은 해결할 수 없는 문제로 여겨지고 있다. 과연 그럴까? 이것을 이분법적 양자택일의 문제로 본다면, 그럴 것이다. 그러나 정확한 '개념 정의'와 음과 양 또는 지식과 실천의 '조화로움[통합]'이라는 관점에서 본다면, 해답을 찾을 수도 있어 보인다. 이 문제를 어렵게 만드는 요인은, 사소한 것 하나까지 모두 자기 마음대로 행위를 하는 방종(放縱)이 '자유의지'로, 그리고 사소한 것 하나까지 계획에서 한 치의 벗어남도 없어야 한다는 기계주의(mechanism)가 '예정론'으로 잘못 인식되고 있다는 사실이다. 이런 전에 하에서는 두 개념이 당연히 부딪치고, 절대 화해될 수 없다.

이 문제 자체가 종교적인 문제이니, 종교적인 틀 내에서 생각해 보자. 인간은 신의 형상대로 만들어졌다. 이 말은 겉모습뿐만 아니라 정신적인 면에서도 모든 피조물 중에서 신과 가장 닮았다는 말이다. 신은 찬미 받기 '위해' 세상을 창조했고, 신은 인간 한 명 한 명을 위한 '계획'을 가지고 있다고 한다. 즉 신은 자신이 하는 모든 행위 하나하나에 '이유와 근거'가 있고, 그것은 원대한 '계획' 속에서라야 그 의미를 지니게 된다. 전자(前者)가 인간의 '자유의지'이고, 후자(後者)가 '예정론'이라고 볼 수 있다. 함석헌은 『뜻으로 본 한국 역사』의 넷째 판에 붙이는 말에서, '자유'를 멋지게 풀이한다. '제(自)'가 곧 '까닭(由)'이라고, 그래서 '자유'는 곧 '스스로 이유와

---

40 〈마태복음〉 4:9

근거를 갖고 행위 함'이라고 말이다. 칸트는 이것을 '강요 없이 스스로[자유] 목적[계획/의지]을 세우고 갖는 것'이라고 말하고.

함석헌의 말을 조금 더 보자. '생명의 근본 원리는 스스로 이유와 근거를 갖고 행위 함이다. 하나님은 인간이 종(從)처럼 또는 기계처럼 복종하는 것을 원치 않는다. 그래서 우리에게 자유의지를 주고 우리가 스스로 자기에게 오기를 바란다. 간섭하는 것이 아니라 기르고 보호하고 이끌려고 한다. (…) 자유의 가치는 제 마음대로 하는 데 있지 않고, 오히려 제 마음대로 하지 않는 데 있다.' '자유의지'가 어떤 양은 자고 어떤 양은 뛰노는 것처럼 각각의 양이 결정한 행위라면, '예정론'은 그 양들의 생존과 특정 주인에게 보살핌을 받을 수 있는 존재 의미를 위해 쳐진 울타리인 셈이다. 즉 인간은 신의 예정론이라는 울타리 내에서 마음껏 자기만의 자유의지를 발휘할 수 있는 것이다.

애초부터 전혀 충돌하지 않는 두 개념을 잘못 정의한 탓에, 충돌하고 해답이 없어 보였던 것뿐이다. '큰 수의 법칙'처럼 확률[가능성/자유의지]은 개체로 보면 우연이지만, 집단으로 보면 필연[규칙/계획]이다. 단순화시켜서 말하자면 '결과[운명]는 필연'이지만, '과정[개별적인 사건]은 우연'이다. 회사 경영자가 모든 계획을 세운다고 해도, 그것이 직원 개개인의 일거수일투족을 강제한다는 뜻이 되는 건 아니다. 좋은 시나리오는 반전(反轉)을 통해 놀라움과 재미를 주지만, 스토리라인(story line)이라는 큰 틀 자체가 없는 시나리오는 낙서와 다르지 않다. 게임을 흥미롭게 만드는 건, 게임을 하면서 따라야 하는 일련의 규칙이다. '규칙' 없이 시행되는 게임은 이미 게임이 아니며, 어떤 재미와 흥미와 만족도 불러일으킬 수 없다.[41]

---

41 스티븐 존슨, 『이머전스』(2001)

448번은 성경 구절과 많이 닮았다. 65절은 '마음을 다하고 지혜[성품]를 다하고 힘을 다해서 하나님을 사랑하는 것 그리고 이웃을 자기 자신처럼 사랑하는 것, 이 두 가지가 모든 율법을 지키는 것보다 낫다.'[42], 66절은 '두려워 말아라. 내가 너와 함께하고 있으니. 놀라지 말아라. 내가 (너와 만물을 창조한) 네 하나님이니. 내가 너를 굳세게 하고 너의 모든 것을 도울 것이며 너를 단단히 붙잡아 주리라.'[43]와 '내가 네게 명령하지 않았느냐? 강하고 담대하라. (앞으로 벌어질 일에) 두려워 말고 놀라지도 말아라. 네가 어디로 가든지 네 하나님 여호와(인 내)가 (늘 그리고 반드시) 너와 함께할 것이니.'[44], 67절은 '귀 있는 자는 들을지어다.'[45]와 자연스럽게 연결된다.

---

42 〈마가복음〉 12:33
43 〈이사야〉 41:10
44 〈여호수아〉 1:9
45 〈마가복음〉 4:9

고전일까
정치일까

초판 1쇄 인쇄 2025년 06월 20일
초판 1쇄 발행 2025년 06월 27일
지은이 별

펴낸이 김양수
책임편집 이정은
교정교열 연유나

펴낸곳 휴앤스토리
　　　　　출판등록 제2016-000014
　　　　　주소 경기도 고양시 일산서구 중앙로 1456 서현프라자 604호
　　　　　전화 031) 906-5006
　　　　　팩스 031) 906-5079
　　　　　홈페이지 www.booksam.kr
　　　　　이메일 okbook1234@naver.com
　　　　　블로그 blog.naver.com/okbook1234
　　　　　페이스북 facebook.com/booksam.kr
　　　　　인스타그램 @okbook_

ISBN 979-11-93857-20-5 (03140)

휴앤스토리, 맑은샘 브랜드와 함께하는 출판사입니다.